KB099716

한국어 통사론

한국어 통사론

권재일

The
Humanities

2

민음사

책 머리에

이 책은 지금까지 이루어진 앞선 학자들의 연구업적과, 다음과 같이 제시하는 지은이의 생각을 바탕으로 하여 한국어 통사 현상의 특성을 체계적으로 밝힐 목적으로 쓴 책이다.

지은이는 아직 공부한 기간이 길지 않아 언어학 이론에 대한 깊은 이해가 모자라기는 하지만, 그 동안 공부하는 가운데 깨달아 얻은 것은, 한국어의 통사 현상을 체계적으로 밝히기 위해서는 다음과 같은 생각에 바탕을 두어야 한다는 것이다. 이러한 생각은 지은이가 이 책을 쓰면서 꾸준히 지니고 있었던 집필 방향이기도 하다.

첫째, 한국어 통사론의 연구는 우리말이 교착어적이고 형태론 중심의 언어라는 언어유형론적인 관점에서 볼 때, 먼저 문법형태소를 확인하고 그 기능을 밝히는 형태론적 현상의 정확한 기술을 통하여, 통사 현상을 올바르게 포착하고 이를 설명하여야 한다고 생각한다. 둘째, 한국어 통사론의 연구는 우리말의 통사 현상을 체계적으로 설명할 수 있는, 타당하고 일관된 이론을 추구하여야 한다고 생각한다. 이러한 연구방법은 통사 현상의 본질을 전체와 부분, 부분과 부분의 관계를 고려하여, 타당성과 일관성을 가지는 기준을 설정하여 체계적으로 밝히는 것이다. 셋째, 한국어 통사론은 연구대상이 어느 특정 과제에 편중되지 않고 통사 현상 전체를 감싸는 균형 있는 연구가 되어야 한다고 생각한다. 과제에 있어서뿐만 아니라 공시적, 통시적 분야에 있어서도 그러하다. 통사 변화를 이 책의 연구대상에 포함시킨 것도 이러한 생각에 따른 것이다.

이 책은 크게 네 부분으로 나누어 모두 18장으로 구성하였다. 제 1 부는 〈총론〉으로서, 한국어 통사론은 무엇을 어떻게 연구하는가를 이해하는 데에 초점을 두었다. 제 1 장에서는 통사론의 연구대상으로 문장구성론과 문법범주론, 두 가지를 세웠다. 제 2 장에서는 한국어 통사 현상을 기술하고 설명하는 연구방법론으로, 우리말 통사 현상의 특성을 고려하여 〈문법형태소에 바탕을 둔 연구방법론〉을 제시하였다. 제 3 장은 연구사의 서술인데 전통문법 이론, 기술문법 이론, 변형생성문법 이론의 수용과 관련해서 우리말 통사론 연구의 흐름을 검토하여 앞으로의 연구가 지향해야 할 연구대상과 연구방법의 방향을 제시하였다.

제 2 부는 〈문법범주론〉에 대한 구체적인 서술이다. 문법범주 각론에 앞서 제 4 장에서는 문법범주의 개념을 세우고 그 실현방법의 특징을 분석하였다. 이를 근거로 우리말의 언어유형론적인 특성을 밝히고자 하였다. 제 5 장부터 제 11 장까지는 의향법, 높임법, 시제법, 사동법, 피동법, 부정법, 강조법 등 문법범주 각각에 대한 개념, 실현방법, 통사 특성을 고찰하였다.

제 3 부는 〈문장구성론〉에 대한 구체적인 서술이다. 제 12 장에서는 문장과 문장성분의 기본 개념을 밝히고, 문장유형을 단순문 구성과 복합문 구성으로 체계를 세웠다. 제 13 장은 문장성분의 유형과 성격을, 제 14 장과 제 15 장은 복합문 구성, 즉 접속문 구성과 내포문 구성의 통사 특성을 고찰하였다.

제 4 부는 〈통사 변화〉에 대한 서술이다. 우리말의 역사통사론 연구의 필요성을 강조하면서, 제 16 장에서는 언어 변화와 통사 변화에 대한 일반론을 개관하였다. 제 17 장에서는 문법범주의 변화 유형과 양상을, 제 18 장에서는 접속문 구성과 내포문 구성의 변화 양상을 고찰하였다.

올해는 개인적으로 여러 가지 뜻깊은 해이다. 지은이가 1972년에 서울대학교 언어학과에 입학하였으니, 언어학 공부를 시작한 지 꼭 스무 해가 되는 해이기도 하다. 그래서 올해 이 책을 펴내게 된 것을 지은이는 뜻깊은 보람으로 생각한다. 그러나 이제 이 책을 마무리하고 보니, 지난 스무 해 동안 공부한 학문적인 성과가 너무나 보잘것없음을 깨닫게 되어 부끄러운 마음 감출 수 없다. 다만 앞으로 더욱 성실히 공부하여 또 다른 스무 해 뒤에는 깊이 있고 무르익은 학문적인 성과를 이루어야겠다는 각오를 굳게 다져 본다. 아울러 〈모든 것이 합력하여 선을 이루느니라〉라는 말씀과 〈잘 가노라 닫지 말며, 못 가노라 쉬지 말라〉라는 가르치심으로 늘 지켜 주신 어버이와 스승의 은덕을 새삼 되새겨 본다.

이 책을 펴내면서, 언어학 연구와 우리말 문법 연구를 이만큼이라도 할 수 있도록 늘 가까이서 자상하게 보살펴 주신 스승, 허웅 선생님, 김방한 선생님, 그리고 언어학과의 여러 선생님들께 감사드린다. 아울러 이 책의 원고를 미리 읽고 귀중한 도움말을 주신 여러 동료 교수들, 또한 이 책의 심사를 맡아 친절하고 유익한 가르침을 주신 익명의 심사교수께도 고마운 인사를 드린다. 그러나 이 책에서 발견될 수 있는 잘못은 모두 지은이의 책임이다. 끝으로 출판의 값진 기회를 마련해 주신 대우재단과 민음사에 대하여 깊이 감사드린다.

1992년 12월
권재일

한국어 통사론

차례

제2부 문법범주론

제1부

총론

제 1 장

연구대상

　일반적으로 어떤 주어진 대상에 대하여 과학적인 방법으로 연구하는 것을 학문이라고 한다면, 한 학문의 성격을 이해하는 길은 그 학문이 〈무엇을〉, 〈어떻게〉 연구하는가를 아는 것이다. 즉 그 학문의 연구대상과 연구방법을 올바르게 이해하는 것이다.

　한국어의 통사현상을 과학적으로 연구하는 것을 〈한국어 통사론〉이라고 할 때, 한국어 통사론을 이해하기 위해서는 무엇보다도 그 연구대상과 연구방법을 올바르게 이해하여야 한다. 이러한 관점에서 한국어 통사론이 무엇을 어떻게 연구하는가를 이해하는 것은 기본적이면서 또한 대단히 중요한 과제이다. 아울러 지금까지 구체적으로 무엇을 어떻게 연구하여 왔는가를 밝히는 연구사도 중요하다. 이러한 연구사에 대한 이해는 지금까지의 연구성과를 평가하여 앞으로의 연구를 전망한다는 점에서 중요한 과제가 된다. 따라서 한국어 통사론의 성격을 이해하기 위해서 제 1 부에서는 위에서 언급한 세 가지 사실, 곧 연구대상, 연구방법, 연구사에 대하여 살펴보기로 한다. 먼저 제 1 장에서는 한국어 통사론의 연구대상에 대하여 살펴보기로 한다. 학문의 이름은 대체로 그 학문의 연구대상을 표현한다. 따라서 한국어 통사론은 〈한국어의 통사현상〉이 바로 연구대상이다.

1.1 문법의 개념

언어의 본질과 기능 사람은 누구나 선천적으로 말할 수 있는 능력을 가지고 태어나며, 언어는 사람만이 가지는, 사람에게 있어서 대단히 중요한 가치를 가진다. 먼저 이러한 언어의 성격에 대하여 기능과 본질로 나누어 살펴보기로 하겠다.

언어의 기능은 인간의 의사전달의 기본적인 수단이라는 점에 있다. 언어를 통하여 사회구성원들은 서로 작용하고 협동하게 되고, 이러한 동시적이면서도 계기적인 협동을 통하여 인류의 문화가 발전한다. 이러한 언어를 통하여 그 언어를 사용하는 사회구성원들의 사고방식과 사물을 파악하는 방법이 형성된다. 한국인들은 태어나 한국어를 배움으로써 이러한 문화적 전통을 습득하고 문화적 동질감을 가지게 되며, 더 나아가서 민족적 유대감을 형성한다. 한국인은 한국어를 통하여 어려서 습득한 문화적 전통을 바탕으로 하여 다시 새로운 문화를 창조해 나가는 것이다. 이것이 바로 언어의 기능이다.

언어의 본질은 무엇보다도 기호의 일종이라는 점에 있다. 기호란 반드시 일정한 내면적인 내용과 외면적인 형식이라는 두 가지 기본 속성을 갖추고 있는데, 언어 역시 이러한 두 속성을 가진다. 그런데 언어기호는 형식의 측면이 인간의 말소리로 되어 있음이 특징이다. 따라서 언어기호는 말소리(음성)의 측면과 뜻(의미)의 측면, 두 속성을 가진다.[1] 그런데 언어의 두 속성, 음성과 의미는 서로 떨어져서 존재하는

---

1) 언어기호의 내용과 형식의 관계는 자의적(恣意的)이다. 이를 언어기호의 자의성(言語記號의 恣意性 arbitrariness of language)이라 한다. 구조주의 언어학의 창시자 소쉬르 F. de Saussure는 형식의 측면을 청각영상(시니피앙 signifiant)이라 하고, 내용의 측면을 개념(시니피에 signifié)이라 한다. 그런데 문제가 되는 것은 이 둘의 관계이다. 〈頭〉를 한국 사람들은 /məri/, 몽고 사람들은 /tolgoi/, 영국 사람들은 /hed/, 프랑스 사람들은 /tɛt/라고 한다.

것이 아니라 서로 밀접한 관계를 맺으면서 존재한다. 말소리는 뜻을 실어나르는 형식이며, 거기에 실린 뜻은 상대방에게 전달하고자 하는 내용이다. 이러한 관계는, 일정한 규칙이나 원리로 맺어져 있다. 이와 같은 음성의 측면과 의미의 측면을 밀접하게 맺어 주는 관계를 문법이라 하며, 이러한 문법은 언어능력으로서 일정한 규칙이나 원리로 이루어져 있다. 이와 같은 언어의 본질로 보면, 언어를 이루는 세 가지 측면은 바로 음성, 의미, 그리고 문법이다.

문법의 개념 언어에도 자연현상처럼 그 구조에 일정한 규칙과 원리가 있는데, 이러한 언어에 내재하고 있는 규칙과 원리가 문법이다. 사람들이 언어를 안다는 것은 곧 언어를 이루고 있는 문장을 안다는 것이며, 문장을 안다는 것은 바로 문장을 이루고 있는 규칙이나 원리를 안다는 것이다. 그리고 문장을 이루고 있는 규칙이나 원리를 안다는 것은 전에 들어본 적이 있든 없든 어떠한 문장이라도 규칙이나 원리에 어긋남이 없도록 생성해 낼 수 있으며, 또 그렇게 생성한 문장을 이해할 수 있다는 것을 뜻한다. 사실 한국어를 모국어로 배워 아는 토박이 화자라면 전에 들어 본 일이 있든 없든 관계없이 한국어를 올바로 구

같은 내용에 대해서 표현이 각각 다른 것은 〈頭〉를 부르는 언어습관이 각각 다르기 때문이다. 만일 인간이 〈頭〉를 이러이러하게 불러야만 한다는 필연성이 있다면 그 표현은 모든 언어에서 같아야 할 것이다. 그러나 정반대이다. 이와 같이 언어기호의 내용과 표현 사이에는 어떤 자연, 필연, 절대적인 관계가 있는 것이 아니라, 관습에 의해서 내용과 표현이 결합된 것이다. 이러한 내용과 형식의 관계를 언어기호의 자의성이라고 한다. 그런데 언어기호의 내용과 형식이 자의적으로 결합되었다 하더라도 실제 언어활동에서 이 둘의 관계를 마음대로 바꿀 수는 없다. 왜냐하면 언어는 사회구성원에게 공통된 기호이어야 하기 때문이다. 따라서 언어기호는 자의성을 가지지만, 사회구성원에 대해서 강제적이고 구속적인 면을 가지고 있다. 곧 언어기호는 자의성과 구속성의 상반된 두 측면을 가지고 있다. 한편 소쉬르 이래 언어기호의 자의성이 너무 강조된 나머지 야콥슨R. Jakobson은 언어기호의 필연성, 즉 *iconicity*를 강조하는데 표현구조에는 기호의 가치나 의미를 상기시키는 요소가 있다고 보는 관점이다.

성할 수 있으며, 옳고 그름을 가려내어 이해할 수 있다. 이러한 언어
능력이 문법이다. 문법은 문장구조의 적격성의 판단능력과 문장의 의
미해석의 능력을 포함한다. 즉 문장에 대하여 그 문법성을 판단하고
문장의 의미를 파악할 수 있는 언어능력이 문법이다.[2] 그러므로 문법
을 연구한다는 것은 이러한 언어능력을 명시적으로 밝히는 일, 곧 언
어능력을 이루고 있는 일정한 규칙과 원리를 밝히는 일이다.

　　문법의 단위　언어는 음성의 측면과 의미의 측면이라는 두 속성을
가지고 있으며, 이들은 문법에 의하여 서로 밀접한 관계를 맺고 있다
고 하였다. 따라서 문법의 대상이 되기 위해서는 반드시 음성과 의미
가 서로 일정하게 맺어 있어야만 한다. 이와 같은 관점에서 일정한 음
성형식과 일정한 의미형식을 갖추고 있는 형식을 〈언어형식〉이라고
한다. 몇 가지 형식의 예를 들어 살펴보기로 한다.

1) ㄱ) /ㄱㄷㅎㅗㄹㅈㄴㅒㅜㅎㅔㄴㄹㅎ/
　　ㄴ) 게하이미의 할를힛
　　ㄷ) 꽃
　　ㄹ) 꽃이 예쁘게 피었다.
　　ㅁ) 뜰 앞에 있는 꽃이 예쁘게 피어 있었다.

　　위에 제시한 1 ㄱ)은 한국어의 자음과 모음이 연결되어 있는 형식이
다. 비록 한국어의 음운목록에 포함되어 있는 자음과 모음이 연결되어
있지만 이는 음절구성의 규칙에도 맞지 않다. 따라서 형식 1 ㄱ)은 일

---

2) 문법은 언어의 내재적 지식이라 하였다. 내재적 지식이란 화자가 그 지식이
　　주어지는 상황에 따라 무의식적으로 알맞게 부려쓸 줄은 알지만, 전문가가 아
　　닌 한, 그 지식의 체계라든지 됨됨이를 명확히 인식하고 있지 못하거나, 체계
　　적이고 명시적으로 진술해 낼 수 없는 것이다. 과학적으로 이를 밝히려고 할
　　때에는, 토박이 화자들에게 내재되어 있는 문법 규칙과 원리를 밝혀 내어 명시
　　적 지식으로 체계적으로 기술하고 설명하여야 한다. 그런데 이를 체계화하기
　　위해서는 모든 문법적인 문장들에 토박이 화자의 언어직관에 맞는 문장구조를
　　부여하고 이들을 분석하여야 한다.

정한 음성형식이 될 수 없다. 따라서 1 ㄱ)은 언어형식이 아니다. 그러나 형식 1 ㄴ)은 음절구성 규칙에 맞는 연결을 이루고 있다. 한국어 토박이 화자라면 누구든지 발화할 수 있는 형식이다. 따라서 1 ㄴ)은 일정한 음성형식을 갖추고 있다. 그러나 형식 1 ㄴ)은 일정한 의미형식이 되지 못한다. 이 발화를 들었을 때 한국어의 언어지식으로는 어떠한 의미도 떠올릴 수 없다. 따라서 1 ㄴ)은 비록 일정한 음성형식은 갖추고 있지만, 일정한 의미형식을 가지지 못하기 때문에 역시 언어형식이 아니다. 그러나 형식 1 ㄷ), 1 ㄹ), 1 ㅁ)은 일정한 음성형식과 일정한 의미형식을 갖추고 있다. 따라서 이들 형식들은 모두 언어형식이다.

이와 같은 언어형식들이 바로 문법의 연구대상이 된다. 그런데 이러한 언어형식은 1 ㄷ)처럼 짧은 것이 있는가 하면, 1 ㅁ)처럼 긴 것도 있다. 그래서 문법기술에서는 이들 언어형식을 몇 개의 층위로 나누고 있다. 이렇게 나눈 것을 언어형식의 단위, 또는 문법의 단위라고 한다. 문법의 단위에서 가장 작은 단위를 형태소라고 하고, 가장 큰 것을 문장이라고 한다. 1 ㄹ)은 문장인데 〈꽃, -이, 예쁘-, -게, 피-, -었-, -다〉라는 형태소들로 구성되어 있다. 그런데 이러한 형태소들은 우선 몇 개의 좀더 큰 단위들을 구성하고 있다. 〈꽃〉과 〈-이〉가 모여서 〈꽃-이〉라는 구성을, 〈예쁘-〉와 〈-게〉가 모여서 〈예쁘-게〉라는 구성을, 〈피-〉, 〈-었-〉, 〈-다〉가 모여서 〈피-었-다〉라는 구성을 이루고 있다. 이러한 형태소가 모여서 이루어진 구성을 형태론적 구성이라 한다. 그리고 이러한 형태론적 구성이 모여서 다시 이룬 구성을 통사론적 구성이라 하고 통사론적 구성이 모여서 이룬 구성을 문장이라고 한다. 이와 같은 언어형식의 단위, 즉 문법의 단위를 계층적으로 설정하면 다음과 같다.

2) 문법의 단위
형태소 ──→ 형태론적 구성 ──→ 통사론적 구성 ──→ 문장

형태소　형태소는 앞에서도 규정하였듯이 최소의 언어형식의 단위이다. [3] 이와 같이 형태소는 언어형식의 가장 기초적인 단위이기 때문에, 문법의 기술에 앞서 그 성격을 미리 밝혀 둘 필요가 있다. 형태소의 유형은 다음과 같은 세 가지 관점으로 분류된다.

첫째, 형태소가 가지는 의미특성에 따라 성격이 드러난다. 즉 형태소는 일정한 의미형식을 갖추고 있기 때문에 반드시 의미를 가지는데, 그 의미가 어휘적 의미를 가질 때를 어휘형태소라 하고, 문장에 대한 문법기능을 수행하는 문법적 의미를 가질 때를 문법형태소라고 한다. 다음 문장에서 밑줄 그은 형태소가 문법형태소이다.

3) 뜰 앞-에 꽃-이 피-어 있-었-다.

둘째, 형태소 가운데는 발화에서 앞뒤에 다른 형태소를 결합하지 않고 따로 떼어서 말하더라도 충분히 자립하여 실현이 가능한 형태소가 있는가 하면 그렇지 못하고 다른 형태소에 반드시 의존해야만 실현이

---

3) 형태소를 전통적으로 〈의미를 가지는 최소의 음성형식〉이라고 정의하는 것도 결국 이와 같은 뜻이다. 또한 어떤 형식이 다른 형식과 소리-뜻으로 부분적인 유사성을 가지는 형식을 복합형식이라 하고, 그렇지 않은 형식을 단순형식이라 할 때, 이 단순형식이 형태소이다.

　문법형태소의 경우, 형태 분석의 한계가 한국어 문법 기술에서 문제가 되어 왔다. 예를 들어 접속어미 〈-으나〉, 〈-으니까〉를 더 분석하지 않은 하나의 단위로 볼 것인가, 〈-은〉+〈-아〉, 〈-은〉+〈-이〉+〈-ㅅ-〉+〈-가〉 등으로 극단적으로 분석하여 둘 이상의 단위로 볼 것인가 하는 문제이다. 이 책에서는 통사현상의 설명에서 꼭 필요한 경우가 아니면, 극단적인 분석방법을 지양하고 하나의 단위로 하여 기술한다. 이것은 현대 한국어의 공시적인 인식에 근거하여 분석하려는 태도이다. 예를 더 들어 보면, 접속어미의 분석에서 〈-더-〉는 분석하되, 〈-거-〉는 분석하지 않은 편에 선다. 〈-더-〉는 현대 한국어에서 회상법을 실현하는 보편적인 형태소로 인식이 가능하기 때문에 〈-던〉은 〈-더-〉와 〈-은〉으로, 〈-더니〉는 〈-더-〉와 〈-으니〉로 분석하지만, 현대 한국어에서 〈-거-〉는 독자적인 형태소로서 인식되지 않기 때문에 〈-거든〉은 〈-거-〉와 〈-든〉으로, 〈-거니〉는 〈-거-〉와 〈-으니〉로 분석하지 않는다.

가능한 형태소가 있다. 이와 같은 자립성 여부에 따라, 자립할 수 있는 형태소를 자립형태소라 하고, 그렇지 못하고 다른 형태소에 반드시 의존해야만 실현이 가능한 형태소를 의존형태소라 한다. 다음에서 밑줄 그은 형태소가 의존형태소이다.

4) 뜰 앞-<u>에</u> 꽃-<u>이</u> <u>피-어</u> <u>있-었-다</u>.

한국어의 어휘형태소 가운데, 명사, 대명사, 수사, 그리고 부사, 감탄사는 대부분 자립형태소이다. 그리고 동사, 형용사, 지정사, 그리고 관형사 등은 의존형태소이다. 다만 명사 가운데는 〈것, 바, 줄〉 등과 같이 의존형태소인 것이 있는데 이들이 의존명사이다. 문법형태소는 모두 의존형태소이다.

셋째, 일반적으로 주어진 형태론적 구성이 있으면, 여기에 결합하고 있는 형태소 가운데, 그 구성 안에서 중심 의미를 가지는 형태소가 있는가 하면 이 중심 의미를 가지는 형태소를 의미적으로 도와 주는 형태소가 있다. 문장 4)에서 형태론적 구성 〈꽃-이〉에서 〈꽃〉이 가장 중심되는 형태소이며, 〈-이〉는 〈꽃〉이 문장의 주어 기능을 가지도록 도와 주고 있다. 형태론적 구성 〈있-었-다〉에서는 〈있-〉이 중심되는 형태소이며, 〈-었-〉과 〈-다〉는 이를 의미적으로 도와 주는 형태소이다. 이와 같이 형태론적 구성 안에서 차지하는 의미적인 비중에 따라 형태소의 성격이 결정되는데, 중심 의미를 가지는 형태소를 어근형태소, 어근형태소를 의미적으로 도와 주는 형태소를 접사형태소라 한다. 다음 문장에서 밑줄 그은 형태소가 접사형태소이다.

5) 산-<u>돼지-가</u> <u>올-벼-를</u> <u>짓-밟-았-다</u>.

그런데 접사형태소는 이들이 가지고 있는 의미 특성에 따라 두 가지 성격으로 나뉜다. 문장 5)에서 〈올-, 짓-〉과 같이 어휘적 의미를 가지는 접사를 어휘접사, 또는 〈파생접사〉라 하고, 〈-가, -를, -았-, -다〉와 같이 문법적 의미를 가지는 접사를 문법접사 또는 〈굴곡접사〉라 한다. 뿐만 아니라 접사는 어근에 결합하는 위치에 따라 접두사, 접미사, 그리고 접요사 등으로 나뉜다.

1.2 통사론의 연구대상

결합과정과 통합과정 형태소는 앞에서도 규정하였듯이 최소의 언어형식의 단위이다. 이러한 형태소들은 하나 혹은 둘 이상 모여서 더 큰 단위의 언어형식을 이루는데, 이러한 언어형식이 형태론적 구성이고, 형태소가 모여서 형태론적 구성을 이루는 과정을 〈결합과정〉이라고 한다. 문장 6)에서 〈뜰〉은 하나의 형태소가 하나의 형태론적 구성을 이루고 있으며, 〈있-었-다〉는 세 개의 형태소가 결합하여 하나의 형태론적 구성을 이루고 있다. [4]

6) 뜰 앞의 꽃이 예쁘게 피어 있었다.

형태론적 구성은 하나 혹은 둘 이상 모여서 더 큰 단위의 언어형식을 이루는데, 이러한 언어형식이 통사론적 구성이다. 형태론적 구성이 모여서 통사론적 구성을 이루는 과정을 〈통합과정〉이라고 한다. 문장 6)에서 형태론적 구성 〈피어〉와 〈있었다〉가 통합하여 〈피어 있었다〉라는 통사론적 구성을 이루고 있다. 궁극적으로 통사론적 구성이 하나 혹은 둘 이상 모여서 의사전달의 완성된 내용을 표현하는 것이 바로 문장이다. 통사론적 구성이 모여서 문장을 구성하는 과정도

---

4) 최소자립형식을 형태론적 구성이라 하기도 하는데, 한국어 문법 기술에서는 흔히 〈어절〉이라 한다. 한편 한국어의 맞춤법 규정에서 띄어쓰기의 단위는 바로 형태론적 구성의 단위이다.

역시 〈통합과정〉이다. 즉 결합과정은 형태소가 형태론적 구성을 이루는 과정을 말하며, 통합과정은 형태론적 구성이 통사론적 구성을, 통사론적 구성이 문장을 이루는 과정을 말한다. 이 과정은 다음과 같다.

7) 결합과정과 통합과정
$$\underbrace{\text{형태소} \longrightarrow \text{형태론적 구성}}_{\text{(결합과정)}} \underbrace{\longrightarrow \text{통사론적 구성} \longrightarrow \text{문장}}_{\text{(통합과정)}}$$

그런데 전통적으로 문법론은 그 연구대상을 형태론과 통사론으로 체계화하고 있다. 이것을 위에서 설정한 결합과정과 통합과정이라는 개념으로 정의하면, 문장 안에서 결합과정의 여러 현상들을 연구대상으로 하는 문법론의 연구분야가 형태론이며, 통합과정의 여러 현상을 연구대상으로 하는 것이 통사론이다. 문장 6)을 통해 이러한 결합과정과 통합과정을 설명하면 다음과 같다. 문장 6)은 〈뜰, 앞, -의, 꽃, -이, 예쁘-, -게, 피-, -어, 있-, -었-, -다〉와 같은 12개의 형태소로 구성되어 있다. 이러한 형태소들은 〈뜰, 앞의, 꽃이, 예쁘게, 피어, 있었다〉와 같은 형태론적 구성으로 구성되어 있다. 또한 〈뜰 앞의〉, 〈뜰 앞의 꽃이〉, 〈피어 있었다〉, 〈예쁘게 피어 있었다〉 등과 같은 통사론적 구성으로 구성되어 있으며, 궁극적으로 이들은 문장 〈뜰 앞의 꽃이 예쁘게 피어 있었다〉를 구성하고 있다.

결합과정 : 형태론 형태소가 형태론적 구성을 이루는 과정을 결합과정이라고 하였는데, 결합과정에서 나타나는 문법현상을 연구하는 분야가 바로 형태론이다. 형태론에서 제기되는 문법현상은 다음과 같은 두 가지이다.

첫째는 어떠한 방법으로 형태소가 결합하여 형태론적 구성을 이루는가 하는 것이다. 예를 들어 문장 6)에서 〈앞-〉과 〈-의〉가 결합할 때 왜 〈앞-의〉로 결합하며, 〈의-앞〉으로는 결합하지 못하는가, 그리고 형태소 〈-었-〉이 〈있-었-다〉에서는 결합이 가능한데, 왜 〈피-어〉에서는 결합하지 못하는가 하는 것이 과제가 된다. 즉 형태소 결합의 성격과 그 제약에 대한 과제이다. 따라서 형태론에서는 이러한 현상을 다음과 같이 기술하고서 이를 타당한 방법으로 설명하려 한다.

8) 한국어에서 굴곡형태소는 어근형태소 뒤에 결합한다.
9) 굴곡형태소 〈-었-〉은 〈-다〉 앞에는 결합할 수 있으나, 〈-어 있다〉 앞에는 결합할 수 없다.

둘째는 이렇게 이루어진 형태론적 구성이 어떠한 기능을 수행하는가 하는 것이다. 구체적으로 문장 6)에서 굴곡형태소 〈-이, -게, -었-, -다〉 등이 문장에서 어떠한 기능을 수행하는가 하는 과제이다. 〈-다〉는 서술법의 기능을, 〈-었-〉은 시제법의 기능을, 〈-이〉는 선행하는 명사를 주어가 되게 하는 기능을 수행한다는 것을 기술하고서 이를 타당한 방법으로 설명하려 한다.

이상에서와 같이 형태론에서 연구대상은 〈어떻게 구성되는가〉라는 과제와 〈어떠한 기능을 가지는가〉라는 과제, 두 가지이다.

통합과정 : 통사론 형태론적 구성이 통사론적 구성을 이루는 과정을 통합과정이라고 하였는데, 이러한 통합과정에서 나타나는 문법현상을 연구하는 분야가 바로 통사론이다. [5] 통사론에서 제기되는 문법현상

---

5) 통사론(統辭論)이란 술어는 그리스어 syntassein에 기원하는데, 단어를 체계적으로 배열하여 의미있는 문장을 만들어 내는 법칙이라는 뜻이다. 한편 통사론에 대하여 한국어 문법학계에서 〈월갈, 문장론, 구문론, 통사론, 통어론〉 등으로 부르고 있다. 이러한 여러 술어 가운데 보편적으로 쓰이는 것이 통사론이다. 통어론은 〈단어를 통합한다〉 혹은 〈어절을 통합한다〉라는 뜻으로 볼 수 있으나, 자칫 통어(統御)로 번역되는 문법 술어 command와 혼동될 우려가 크다.
한편 언어학자 촘스키 Chomsky는 개별언어의 문장형성 원리와 그 과정을 연구하는 것을 통사론으로 정의하였다. "Syntax is the study of the principles and process by which sentences are constructed in particular languages (Chomsky 1957)."

역시 형태론에서와 마찬가지로 다음과 같은 두 가지이다.

첫째는 어떠한 방법으로 형태론적 구성이 통합하여 통사론적 구성을, 통사론적 구성이 통합하여 문장을 이루는가 하는 것이다. 예를 들어 문장 6)에서 〈피어〉와 〈있었다〉가 통합할 때 왜 〈피어 있었다〉로 통합하며, 〈있었다 피어〉로는 통합하지 못하는가, 그리고 〈뜰 앞의〉가 〈꽃이〉에는 통합할 수 있는데, 왜 〈예쁘게〉나 〈피어 있었다〉에는 통합하지 못하는가 하는 것이 과제가 된다. 즉 형태론적 구성의 통합의 성격과 그 제약에 대한 과제이다. 따라서 통사론에서는 이러한 현상을 다음과 같이 기술하고서 이를 타당한 방법으로 설명하려 한다.

10) 의존동사는 자립동사 뒤에 통합한다.
11) 관형절은 명사 앞에 통합한다.

둘째는 이렇게 이루어진 통사론적 구성은 어떠한 기능을 수행하는가 하는 것이다. 구체적으로 문장 6)에서 통사론적 구성 〈피어 있었다〉 등이 문장에서 어떠한 기능을 수행하는가 하는 과제이다. 예를 들어 〈-어 있-〉이라는 통사론적 구성은 시제법이라는 기능을 수행한다는 것을 기술하고서 이를 타당한 방법으로 설명하려 한다.

이상에서와 같이 통사론에서 연구대상은 역시 〈어떻게 구성되는가〉라는 과제와 〈어떠한 기능을 가지는가〉의 과제, 두 가지이다.

문법론의 연구대상 결합과정에서 나타나는 문법현상들을 연구하는 문법론의 연구분야가 형태론이며, 통합과정에서 나타나는 문법현상들을 연구하는 문법론의 연구분야가 통사론이라고 하였다. 그런데 형태론이든 통사론이든 연구하는 두 과제는 첫째 〈어떻게 구성되는가〉와, 둘째 〈어떠한 기능을 가지는가〉이다. 이러한 바탕에서, 결합과정과 통합과정이 어떻게 구성되는가를 연구하는 분야를 〈문장구성론〉으로, 결합과정과 통합과정이 어떠한 기능을 가지는가를 연구하는 분야를 〈문법범주론〉으로 설정하고자 한다. 이러한 논의를 바탕으로 하면 결국 문법론의 연구대상은 다음과 같은 두 가지 측면에서 규정할 수 있다.

12) 문법론의 연구대상

(제1관점 : 결합과정/통합과정, 제2관점 : 구성방법/기능수행)

위에서 기술한 바와 같이, 문법론의 연구대상은 제1관점에 따라 형태론과 통사론으로, 제2관점에 따라 문장구성론과 문법범주론으로 나뉜다. 제1관점에서 결합과정에 나타나는 여러 문법현상들을 연구하는 분야가 형태론이며, 통합과정에 나타나는 문법현상들을 연구하는 분야가 통사론이다. 이는 전통적인 문법론의 하위분야이다. 제2관점에서 결합과 통합의 과정 그리고 그 제약현상들을 연구하는 분야가 문장구성론이며, 결합과 통합이 수행하는 기능들을 연구하는 분야가 문법범주론이다.

결론적으로 〈한국어 통사론의 연구대상은 통사론적 구성과 문장이 어떻게 구성되는가 하는 것과 구성된 문장에서 이들이 어떠한 기능을 수행하는가 하는 것, 즉 문장구성론과 문법범주론이다.〉 이 책에서 서술할 대상 역시 이 두 가지이다. 이 책의 제2부는 문법범주론에 대한 내용이고, 제3부는 문장구성론에 대한 내용이다. 이제 이 두 대상에 대하여 좀더 구체적으로 살펴보기로 한다.

통사론의 연구대상 1 : 문장구성론 통사론에서의 문장구성론은 형태론적 구성이 통사론적 구성으로, 더 나아가서 문장으로 통합하는 과정을 연구대상으로 한다. [6] 문장은 문장성분으로 분석되는데, 이러한 문

---

6) 한편 〈형태론에서의 문장구성론〉은 형태소의 성격과 그 결합방식을 연구대상으로 한다. 형태소가 결합하는 방식은 다음과 같다.

장성분의 성격과 이들의 통합과정을 밝히는 것이 중요한 과제이며, 구성된 문장이 접속이나 내포를 통해서 확대해 가는 과정도 중요한 과제이다. 아울러 통사론적 구성이 문장에서 위치를 옮기거나(이동), 다른 요소로 바뀌거나(대치), 없애거나(생략) 하는 현상을 밝히는 것도 통사론의 문장구성론에서 중요한 과제이다. 물론 통사론적 구성이 통합되는 순서(어순)도 연구대상이다. 따라서 통사론의 문장구성론에서는 다음을 연구대상으로 한다.

13) 통사론의 문장구성론 대상
    ㄱ) 한국어의 문장성분을 설정하고 그 성격과 통합과정의 특성을 연구한다.
    ㄴ) 어순의 특성과 문장성분의 이동, 대치, 생략의 특성을 연구한다.

  (ㄱ) 어근 〔예〕 뜰
  (ㄴ) 어근＋어근 산-돼지
  (ㄷ) 어근＋접사(파생접사) 올-벼, 짓-밟-
  (ㄹ) 어근＋접사(굴곡접사) 돼지-가, 벼-를, 밟-았-다

이러한 결합방식에서, 어근과 어근이 결합하는 방식을 합성법, 어근과 파생접사가 결합하는 방식을 파생법, 어근과 굴곡접사가 결합하는 방식을 굴곡법이라고 한다. 그런데 합성법과 파생법은 새로운 단어를 만드는 과정이므로 이 두 결합방식을 묶어서 조어법이라고 한다.

그리고 합성법에 의해 조어된 단어를 합성어, 파생법에 의하여 조어된 단어를 파생어라 하며, 합성어와 파생어를 함께, 어근 하나로 구성된 단순어에 대하여 복합어라고 한다.

ㄷ) 문장의 확대(접속과 내포)과정과 여기에 나타나는 통사현상의 특성을 연구한다.

통사론의 연구대상 2 : 문법범주론 구성된 문장 안에서 각각의 성분요소가 어떠한 기능을 수행할 수 있도록 일정한 속성을 부여한 것을 전통적으로 문법범주라고 하였다. 전통적으로 제시되어 온 문법범주는 성, 수, 격, 인칭, 시제, 양상, 양태, 태 등이다. 따라서 이러한 문법범주들에 대한 특성을 연구대상으로 하는 것이 문법범주론이다. 문법범주를 어떻게 규정할 것인가는 쉽지 않은 문제이다. 따라서 이 책에서는 일단 문법적 관념을 표현하는 모든 범주를 다 문법범주로 받아들인다(구체적인 설명은 제4장, 2. 4. 1 참조). 그리고 문법적 관념은 〈언어활동의 환경에 나타나는 요소들 사이의 관계〉로 보고자 한다. 언어활동의 환경에 나타나는 요소들은 화자, 청자, 전달되는 언어내용, 그리고 시간과 공간이다. 따라서 언어활동의 환경에 나타나는 요소 사이의 관계에는 화자가 청자에 대해 가지는 관계, 화자가 언어내용에 대해 가지는 관계, 언어내용 안에서의 여러 요소들의 관계 등이 있을 수 있다. 이러한 여러 관계들이 문법범주를 형성한다. 따라서 통사론의 문법범주론에서는 다음을 연구대상으로 한다.

14) 통사론의 문법범주론 대상
    ㄱ) 한국어의 문법범주를 설정하고 이들에 대한 개념과 성격을 연구한다.
    ㄴ) 문법범주의 구체적인 실현방법을 기술하고 그 특징을 연구한다.
    ㄷ) 문법범주가 가지는 통사현상의 특성을 연구한다.

참고문헌

고영근 1989, 『국어 형태론 연구』, 서울대학교 출판부.

권재일 1985, 『국어의 복합문 구성 연구』, 집문당.

김민수 1971, 『국어문법론』, 일조각.

김방한 1992, 『언어학의 이해』, 민음사.

김방한·문양수·신익성·이현복 1982, 『일반 언어학』, 형설출판사.

김석득 1992, 『우리말 형태론——말본론——』, (주) 탑출판사.

김승곤 1991, 『한국어 통어론』, 건국대학교 출판부.

김영배·신현숙 1987, 『국어문법론——통사현상과 그 규칙』, 한신문화
　　사.

김진우 1985, 『언어——그 이론과 응용』, 탑출판사.

남기심·고영근 1985, 『표준 국어 문법론』, 탑출판사.

남기심·이정민·이홍배 1977, 『언어학 개론』, 탑출판사.

박영순 1985, 『한국어 통사론』, 집문당.

박지홍 1986, 『고쳐 쓴 우리 현대 말본』, 과학사.

안병희 1965, 「문법론」, 『국어학개론』, 수도출판사.

이익섭 1986, 『국어학개설』, 학연사.

이익섭·임홍빈 1983, 『국어문법론』, 학연사.

주시경 1910, 『국어문법』, 박문서관.

최현배 1971, 『우리 말본』, 네번째 고침판, 정음사.

허웅 1981, 『언어학——그 대상과 방법』, 샘문화사.

────── 1983, 『국어학——우리 말의 오늘·어제』, 샘문화사.

Bloomfield, L. 1933, *Language*, Holt, Rinehart and Winston, New
　　York.

Chomsky, N. 1957, *Syntactic Structures*, Mouton, The Hague.

────── 1981, *Lectures on Government and Binding*, Foris
　　Publications, Dordrecht.

Ramstedt 1937, *A Korean Grammar*, Suomalais-Ugrilainen Seura,
　　Helsinki.

Saussure, F. de 1916/1972, *Cours de Linguistique Générale*, Payot,
　　Paris.

제 2 장

연구방법

2.1 문법형태소와 통사론의 연구방법

2.1.1 문법형태소의 성격

문법형태소 형태소는 제1장에서 규정하였듯이 최소의 언어형식의 단위이다. 그리고 형태소는 의미특성에 따라, 어휘형태소와 문법형태소로 나뉜다. 다음 문장에서 밑줄 그은 형태소가 문법형태소인데, 이들은 문장에서 반드시 다른 형태소에 의존해야만 실현이 가능한 의존형태소이다. 그리고 문법형태소는 형태론적 구성 안에서 어근형태소를 문법적 의미로 도와주는 굴곡접사, 즉 굴곡형태소이다.

그런데 한국어에서 문법형태소는 선행하는 요소의 성격에 따라 두 가지 유형으로 나뉜다.

1) 철수-<u>가</u> 집-<u>에서</u> 책-<u>을</u> 읽-<u>었</u>-<u>다</u>.

위 문장에서 〈-가〉, 〈-에서〉, 〈-을〉은 명사를 앞세우며, 〈-었-〉과 〈-다〉는 동사를 앞세우고 있다. 이와 같이 문법형태소가 앞세울 수 있는 것은, 첫째 명사와 같은 체언의 경우와, 둘째 동사와 같은 용언의 경우이다. 첫째 경우에는 명사, 대명사, 수사를 비롯, 명사절, 그리고 체언에 상당하는 부사, 문장 등을 포함한다. 앞으로 이들을 묶어서 언급할 때에는 〈명사〉라는 술어로 대표하고, 문장 안에서 명사와 같은 기능을 수행하는 구성단위는 〈명사구〉라 하기로 한다. 둘째 경우에는 동사, 형용사, 지정사 등을 포함한다. 앞으로 이들을 묶어서 언급할 때에는 〈동사〉라는 술어로 대표하고, 문장 안에서 동사와 같은 기능을 수행하는 구성단위를 〈동사구〉라 하기로 한다.[1]

조사와 어미 선행하는 요소가 명사인 경우 문법형태소가 관여하는 기능을 〈곡용〉이라 하며, 선행하는 요소가 동사인 경우, 문법형태소가 관여하는 기능을 〈활용〉이라 한다. 따라서 굴곡은 곡용과 활용으로 유형화된다.

곡용에 관여하는 문법형태소를 곡용접사, 또는 곡용어미라 한다. 일반적으로 한국어 문법기술에서 〈조사〉(토씨)라 한다. 활용에 관여하는 문법형태소를 활용접사, 또는 활용어미라 한다. 일반적으로 한국

---

1) 명사구에서는 다음과 같은 구성들이 포함된다.

(ㄱ) 학교	(명사)
(ㄴ) 나, 너, 우리	(대명사)
(ㄷ) 하나, 둘, 셋	(수사)
(ㄹ) 학교와 가정	(명사-와/과 명사)
(ㅁ) 철수가 다니는 학교	(관형어+명사)
(ㅂ) 철수가 학교에 다님	(명사절 : 명사구 내포문)
(ㅅ) 철수가 학교에 다니느냐(-가 문제이다)	(문장)

동사구에는 다음과 같은 구성들이 포함된다.

(ㄱ) 가다	(동사)
(ㄴ) 아름답다	(형용사)
(ㄷ) 학생-이다	(명사-지정사)
(ㄹ) (나는) 철수를 가게 하였다.	(동사구 내포문)
(ㅁ) (나는) 철수가 간다고 말했다.	(동사구 내포문)
(ㅂ) (나는) 철수가 좋다.	(문장)

어 문법기술에서 〈어미〉(씨끝)라 한다. 따라서 문법형태소는 선행요소의 유형에 따라 조사와 어미로 체계화된다. [2]

2) 문법형태소(굴곡접사)의 유형
  ㄱ) 조사 : 명사 또는 명사구의 형태론적 구성에서 실현되어 곡용에 관여하는 문법형태소
  ㄴ) 어미 : 동사 또는 동사구의 형태론적 구성에서 실현되어 활용에 관여하는 문법형태소[3]

어미 체계 어미는 활용에 관여하는 문법형태소이다. 다음 문장 3)에서 형태론적 구성은 〈읽-으면서〉, 〈하-고〉, 〈읽-었-다〉 등이다. 이들 동사의 형태론적 구성에서 〈-으면서, -고, -었-, -다〉 등이 어미

---

2) 굴곡법을 순수한 굴곡법과 준굴곡법으로 나누는 데 대해서는 허 웅(1983 : 186) 참조. 활용을 순수한 굴곡법이라고 하는 것은 이들 형태론적 구성은 하나의 단어인 데 비하여, 곡용은 그 형태론적 구성이 하나의 단어가 아니라는 점에서 준굴곡법이라고 한다. 〈피-었-다〉는 하나의 단어이지만, 〈꽃-이〉는 두 단어로 구성되어 있다.

한편 조사와 어미의 품사적인 지위에 대해서는 전통적으로 다음과 같은 세 가지 견해가 있다. 첫째, 둘 다 독립된 품사로 보는 견해. 둘째, 둘 다 품사적 지위를 가지지 못하는 굴곡접사로 보는 견해. 셋째, 조사는 독립된 품사로 보고, 어미는 동사를 구성하는 한 부분으로 보는 견해.

그러나 조사는 그 선행요소인 명사구가 조사 없이도 자립하여 문장에 실현된다는 점과 보조조사의 경우는 문법적 관념뿐만 아니라 상당히 어휘적 관념도 실현하고 있기 때문에, 어미와는 달리 독립된 품사로 설정한다.

3) 동사의 형태론적 구성은 다음과 같이 두 가지 관점에서 살펴볼 수 있다.

첫째, 어근과 접사(파생접사/굴곡접사)
둘째, 어간과 어미

예를 들어 〈휘-날-리-었-다〉에서 〈날-〉은 어근이며, 〈휘-, -리-, -었-, -다〉는 접사이다. 〈휘-, -리-〉는 파생접사, 〈-었-, -다〉는 굴곡접사이며, 〈휘-〉는 접두사, 〈-리-, -었-, -다〉는 접미사이다. 그리고 〈휘-날-리-〉는 어간, 〈-었-다〉는 어미이다.

이다.

3) 철수는 책을 읽-으면서, 딴 생각을 하-고 있-었-다.

어미의 성격을 파악하기 위하여 체계를 세워 볼 수 있다. 체계를 세우기 위하여 다음과 같은 두 가지 기준을 설정하고자 한다 : [1] 형태론적 구성에서의 위치, [2] 문법기능의 수행.

첫째 기준은 형태론적 구성에서의 위치이다. 어미는 동사(동사/형용사/지정사)의 형태론적 구성에서의 위치에 따라 다음과 같은 두 부류로 나뉜다. 동사의 형태론적 구성을 끝맺는 위치에 분포하는 경우와 그렇지 않고 끝맺지 않은 위치에 분포하는 경우가 그것이다. 문장 3)의 〈읽으면서〉에서 〈-으면서〉는 끝맺는 위치에, 〈읽었다〉에서 〈-었-〉은 끝맺지 않은 위치에, 〈-다〉는 끝맺는 위치에 분포하고 있다. 끝맺는 위치에 분포하는 어미를 〈종결어미〉, 끝맺는 위치가 아니고 어간과 끝맺는 위치 사이에 분포하는 어미를 〈비종결어미〉라고 한다.[4] 따

---

4) 허웅(1975 및 1983)에서 어미를 체계화하면서 형태론적 구성의 맺음위치에 분포하는 것을 〈맺음씨끝〉, 맺지 않은 위치에 분포하는 것을 〈안맺음씨끝〉이라고 규정하였다. 학교문법(1985/1991)에서는 이들을 〈어말어미〉와 〈선어말어미〉라고 규정하고 있는데, 이 술어는 외국인학자 M. Yokoyama와 S. Martin의 책에서 직접 영향을 받은 것으로 짐작된다고 한다(고영근 1989-ㄴ : 243-5 참조). 〈선어말어미〉라는 술어에 대하여 남기심·고영근 (1985 : 21)에서 남기심 교수는 다음과 같이 진술하고 있다 : "그러나 이른바 선어말어미는 어말어미 앞에 온다고 하는 것보다 어근이나 어간 뒤에 오는 것이며, 어말어미는 그 맨 끝자리에 와서 단어를 끝맺는 것이라고 하는 것이 옳다. 왜냐하면 국어는 첨가어이며, 첨가어에서는 언제나 왼쪽의 어근에 접사나 어미가 차례로 붙는 것이기 때문이다. 언제나 기준은 어근이다. 그러나 선어말어미란 말은 어말어미를 기준으로 하여 그 앞 자리에 온다는 뜻이 되어 첨가어의 기본 성질에 어긋나는 표현이 된다. 〈선어말어미〉는 바른 명칭이라고 할 수 없다. 그보다는 비어말어미(非語末語尾), 또는 비종결어미(非終結語尾)와 같은 명칭이 국어의 첨가적 성질에 더 부합할 것 같다." 이러한 진술에 대해 고영근 교수는 고영근(1989-ㄴ : 243-5)에서 "남교수의 견해는 구조적 상관성

라서 〈-으면서〉, 〈-다〉는 종결어미이며, 〈-었-〉은 비종결어미이다.

둘째 기준은 문법기능의 수행이다. 다음 문장에서 동사의 형태론적 구성은 〈읽-었-음〉, 〈알-고〉, 〈계시-었-다〉 등이다.

4) 선생님은 철수가 그 책을 읽-었-음을 알-고 계시-었-다.

문장 4)에서 〈-음〉, 〈-고〉 등의 어미들은 복합문 구성에 관여하여 각기 명사구 내포문과 동사구 내포문을 구성하는 기능을 한다. 그리고 〈-었-〉, 〈-다〉 등은 각각 시제법, 의향법 등의 문법범주의 기능을 가진다. 이와 같이 어미는 각각 문장 안에서 그 기능을 수행하고 있다. 그래서 어미 체계의 둘째 기준을 문법기능의 수행에 두고자 한다. 문법기능의 수행이라는 기준에 따르면, 어미는 복합문 구성에 관여하는 어미와 문법범주를 실현하는 어미로 나뉜다.

이상의 기준을 바탕으로 어미를 체계화하면 다음과 같다.

5) 어미의 기본 체계
   [기준 1] 형태론적 구성에서의 위치
     ㄱ) 종결어미
     ㄴ) 비종결어미
   [기준 2] 문법기능 수행
     ㄱ) 복합문 구성에 관여하는 어미
     ㄴ) 문법범주를 실현하는 어미

예를 들어 〈-음〉은 종결어미이면서 복합문 구성에 관여하는 어미이

을 생각하지 않은 매우 평면적인 관찰의 소산이며, 어미구조체를 기능에 따라 나눈다면 〈선어말어미〉라는 용어가 만들어지지 않을 수 없다"고 하였다. 한편 서정목(1987)에서는 이들을 문말어미(文末語尾), 선문말어미(先文末語尾)라 하고 있다. 최근의 변형생성문법 기술에서 INFL은 비종결어미, COMP는 종결어미에 대응되고 있다.

며, 〈-다〉는 종결어미이면서 문법범주를 실현하는(의향법을 실현하는) 어미이며, 〈-었-〉은 비종결어미이면서 문법범주를 실현하는(시제법을 실현하는) 어미이다. 복합문 구성에 관여하는 어미는 접속어미, 내포어미 등을, 문법범주를 실현하는 어미에는 주체높임법, 시제법, 의향법 등을 포함한다.

조사 체계 조사는 곡용에 관여하는, 명사 또는 명사구의 형태론적 구성에 관여하는 문법형태소이다. 문장 6)의 명사구의 형태론적 구성에서 〈-와, -가, -을, -도, -는, -에〉 등이 조사이다.

6) ㄱ) 철수와 영희가 음악을 들으면서, 책도 읽었다.
   ㄴ) 우리는 모두 학교에 갔다.

명사는 홀로 문장성분으로 기능할 수도 있다. 그러나 대개는 조사가 결합하여 일정한 문장성분으로 기능한다. 명사에 결합해서 일정한 문장성분으로 기능하게 하는 조사가 격조사이다. 문장 6)에서 〈-가〉, 〈-을〉, 〈-에〉 등이 그러하다. 격이란 문장성분들이 문장 안에서 차지하는 자리이다. 결국 격조사는 이런 기능을 명사에 부여하는 조사이다.

그런데 조사는 모두 격을 나타내는 것만이 아니다. 조사 가운데는, 여러 가지 문장성분에 결합할 수 있어서 일정한 문장성분을 나타내지 못하고, 그것이 결합한 구성의 의미를 한정해 주는 것이 있다. 문장 6)에서 〈-도〉, 〈-는〉 등이 그러하다. 〈-도〉가 결합함으로써 [역시]라는 의미를 실현한다. 이와 같이 특정한 의미를 한정해 주는 조사를 보조조사라 한다.

이외에도 조사에는 명사와 명사를 잇는 기능을 가지는 조사도 있으며, 또 종결된 문장 뒤에 결합하는 조사도 있다. 문장 6 ㄱ)에서 〈-와〉는 잇는 기능을 수행하고 있는데 이를 접속조사라 하고, 문장 7)에서 〈-요〉, 〈-마는〉, 〈-그려〉 등은 이미 종결된 문장 7′)에 다시 결합하여 문법적, 혹은 어휘적 의미를 더해 주는 기능을 수행하고 있는데 이를 문장종결조사라 한다.

7) ㄱ) 우리는 어제 관악산에 다녀왔어-요.
ㄴ) 지금 비가 오긴 합니다-마는, 출발하시겠습니까?
ㄷ) 출발합시다-그려.
7') ㄱ) 우리는 어제 관악산에 다녀왔어.
ㄴ) 지금 비가 오긴 합니다. 출발하시겠습니까?
ㄷ) 출발합시다.

이상의 기준을 바탕으로 조사를 체계화하면 다음과 같다.

8) 조사의 기본 체계[5]
ㄱ) 격조사
ㄴ) 보조조사
ㄷ) 접속조사
ㄹ) 문장종결조사

---

5) 대체로 격조사는 문법적 관념을, 보조조사는 어휘적 관념을 실현하지만, 격조사의 경우에 반드시 격의 기능인 문법적 관념만 실현하는 것이 아니라 어휘적 관념을 실현하기도 한다. 예를 들어 〈-을〉은 목적격을 실현하는 격조사이지만, [강조], [주의집중] 등과 같은 어휘적 관념도 실현한다. 그러하기 때문에 모든 조사는 문법적 관념과 어휘적 관념을 함께 가지고 있으며, 다만 문법적 관념의 비중에는 조사에 따라 정도의 차이가 있을 따름이라고 할 수 있다.

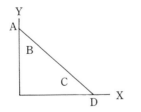

X축 : 문법적 관념
Y축 : 어휘적 관념

모든 조사들이 AD 선 위에 죽 놓여 있다고 한다면 , A점에 있는 조사는 문법적 관념의 비중이 매우 높고 D점에 있는 조사는 문법적 관념의 비중이 매우

2.1.2 문법형태소(특히, 어미)에 바탕을 둔 연구방법

한국어의 언어유형론적 특징 문법을 기술하고 설명하는 데에는 여러 가지 연구방법이 전제될 수 있다.[6] 한국어는 언어유형론적인 관점에서 볼 때 교착어에 속한다. 명확한 문법적 관념을 가진 각각의 문법형태소(굴곡접사)를 계속 첨가하여 문법기능을 실현하는 언어이다. 교착어는 문장구성이나 문법범주가 이러한 문법형태소에 의하여 실현되기 때문에 한국어 역시 그러한 문법특성을 가진다. 뿐만 아니라 언어유형론의 한 관점인 〈문법범주 실현방법〉이라는 기준에 따르면 한국어는 문법범주 실현에 있어서 형태론의 방법이 통사론의 방법보다 비중이 높은 언어에 속한다. 이에 대해서는 제2부에서 본격적으로 논의할 바이지만, 문법범주의 실현방법은 크게 형태론에 의한 것과 통사론에 의

낮은 성격을 가졌다고 볼 수 있다. 주격조사 〈-가〉와 같은 경우는, 주격 기능인 문법적 관념의 실현이 거의 전적이기 때문에 A점에 위치한다면, 보조조사들은 어휘적 관념의 실현이 거의 전적이기 때문에 D점에 위치한다고 볼 수 있겠다. 다른 격조사들은 A점과 D점 사이에 놓여 있다고 볼 수 있다. 한국어 조사에서 문법적 관념의 비중이 높은 순서는 대체로 다음과 같다. 주격＞목적격＞관형격＞부사격(위치격＞방편격＞비교격). 한편 조사 생략의 정도는 대체로 문법적 관념의 정도에 비례한다. 도표에서 A점 쪽일수록 생략이 자유롭고, D점 쪽일수록 생략이 부자연스럽다. 이러한 조사 기술에 대해서는 권재일(1989-ㄷ) 참조. 이남순(1988)에서도 부정격으로 실현되거나 격표지가 생략될 가능성이 높은 순서를 (화제)＞주격＞대격＞처격＞조격＞공동격으로 설정한 바 있다.

6) 현재 제기되고 있는 통사 이론은 일반적으로 형식주의(formalism)에 입각한 이론과 기능주의(functionalism)에 입각한 이론을 들 수 있다. 형식주의에 입각한 문법이론은 문장의 구조 기술로 문법을 파악하고 있으며, 기능주의에 입각한 문법이론은 의사소통의 체계로서 문법을 파악하고 있다. 즉 전자는 언어를 문장의 집합으로 보면서 문장의 생성-해석-판단의 능력을 중시하는 반면, 후자는 언어를 사회적 상호작용의 수단으로 보면서 사회적 상호작용의 능력을 중시한다.

한 것으로 나누어지는데, 언어에 따라 그 비중에 차이가 있다.[7] 간단히 다음 문장을 예를 들어 설명하기로 한다.

9) ㄱ) John loved Mary.
　　ㄴ) Did John love Mary?
　　ㄷ) 철수가 영희를 사랑하였다.
　　ㄹ) 철수가 영희를 사랑하였느냐?

　영어에 있어서 시제법은 〈-ed〉에 의해 (형태론의 방법), 주격, 목적격 등의 격은 문장구조에 의해 (통사론의 방법), 서술법, 의문법 등의 의향법은 역시 문장구조에 의해 (통사론의 방법) 실현된다. 한국어에 있어서 시제법은 〈-였-〉에 의해 (형태론의 방법), 주격, 목적격 등의 격은 〈-가〉, 〈-를〉에 의해 (형태론의 방법), 서술법, 의문법 등의 의향법은 〈-다〉, 〈-으냐〉에 의해 (형태론의 방법) 실현된다. 비록 몇 가지의 예를 들어 보았지만, 영어는 대체로 통사론의 방법에 의해, 한국어는 대체로 형태론의 방법에 의해 문법범주가 실현된다. 이렇게 보면 영어와 같은 언어는 문법범주 실현의 측면에서 보면 통사론에 비중이 더 놓인 언어이며, 한국어와 같은 언어는 형태론에 비중이 더 놓인 언어이다. 영어와 한국어는 이런 관점에서 그 문법특징을 달리하는 언어이다. 이와 같은 언어유형론의 관점에서 바라볼 때 한국어의 통사 연구에서는 문법형태소를 확인하여 그 기능을 밝히고 이를 바탕으로 통사 특성을 규명하는 것이 가장 기본적인 과제가 된다고 하겠다. 즉 영어와 같은 인도-유럽어와는 다른, 이러한 교착어적인 언어구조를 중시하는 측면에서, 형태론적 구성으로의 결합방식과 거기에 따르는 제

---

7) 문법범주의 실현방법을 형태론의 방법과 통사론의 방법으로 구별한다면, 문법에서 이들이 차지하는 비중은 언어에 따라 다르다. 이에 대한 구체적인 설명은 제4장 참조. 한국어는 통사론의 방법보다는 형태론의 방법에 상당한 비중이 놓인다.

약현상, 통사론적 구성으로의 통합방식과 거기에 따르는 제약현상과, 결합과정과 통합과정을 통해 실현되는 문법범주를 기술하고 설명할 수 있는 방법이 모색되어야 할 것이다. 따라서 외국의 어떤 특정한 한 문법 연구방법만이 한국어에 적용되어야 하는 것은 바람직하지 않다. 따라서 어느 특정한 문법 연구방법을 받아들이는 편에 서지 않고, 한국어의 통사 특성을 포괄적으로 해명하며, 문장구성의 성격과 문법범주의 기능과 이에 따르는 통사 제약을 적절히 그리고 명시적으로 밝힐 수 있는 연구방법을 마련해야 한다고 본다.

어미에 바탕을 둔 연구방법론 한국어의 통사 특성을 기술하고 설명하는 데에는 위에서 서술한 바와 마찬가지로 무엇보다도 문법형태소를 확인하고 체계적으로 이의 기능을 밝히는 것이 대단히 기본적이며 또한 중요한 과제라고 본다. 문법형태소에 대한 분석은 체계적인 형태론, 통사론, 더 나아가서는 의미론의 바탕이 된다. 예를 들어 〈내일은 비가 오겠다〉라는 문장에서 우선 〈-겠-〉이라는 형태소를 분석해 내지 않고서는 이 문장의 형태, 통사, 의미의 성격을 밝힐 수 없으며, 〈-겠-〉이 가지는 기능을 밝히지 않고서는 이 문장에서의 결합과 통합의 제약을 규명할 수 없어, 이 문장에 대한 통사연구는 전혀 불가능하게 될 것이다.

문법형태소는 앞에서 곡용에 관여하는 조사와 활용에 관여하는 어미로 설정한 바 있는데, 이 둘 가운데서도 순수한 굴곡에 해당하는 어미가 더욱 기본적이라고 생각한다. 따라서 동사의 활용인 〈어미〉를 바탕으로 하는 연구방법이 제시될 수 있다. 언어의, 특히 한국어의 문장성분 가운데 가장 중심적인 기능을 맡고 있는 것은 서술어이다. 그리고 한국어는 활용어미가 다양하게 발달되어 있어, 문장의 문법적 관념들이 이들 어미에 의해 실현되는 것이 큰 특징이다. 시제법, 높임법, 의향법 등의 관념이 모두 그러하다. 이러한 점에서 한국어의 통사 특성을 밝히는 데는 무엇보다도 서술어를 중심으로, 특히 활용에 해당하는 어미를 바탕으로 해야 한다고 본다. 이것은 한국어 자체의 분석을 통해 연구방법을 수립하려는 데 의의가 있다. 즉 형태론적인 현상의 정밀한 기술을 거쳐 각각 어미들이 갖는 통사 기능을 밝히고, 그 어미들을 바탕으로 여러 통사 특성의 관련성을 체계적으로 설명하려는 것이 곧 이러한 연구방법이다.

한국어의 문법범주의 설정도 어미의 통사 특성을 정밀하게 분석한 결과를 토대로 하여 이루어져야 하며, 이미 설정된 어떠한 틀에 따라서 한국어의 통사현상이 맞추어지는 것이 아니라, 어미들의 통사 특성을 살펴 이를 바탕으로 범주 체계가 이루어져야 하는 것도 모두 이러한 방법론에 바탕을 두는 것으로 본다. 이는 한국어 통사 기술에서 매우 중요한 과제라고 생각한다. 어순 등에 의해 통사 특성이 설명되는 다른 언어들에서는 이와는 다른 방법론이 더 타당할지 모르지만, 한국어의 통사 특성을 설명하는 데는 이러한 〈어미에 바탕을 둔 통사 연구방법론〉이 훨씬 더 타당한 연구방법이 될 것이다.

접속문 구성의 한 예 예를 들어, 접속문 구성에서 선행절과 후행절의 주어가 반드시 같아야 하는 경우가 있다. 접속어미 〈-고자〉가 나타난 다음 문장 10)이 그러하다.

10) 그는 우리 말의 문법을 밝히고자, 연구를 계속해 왔다.

그러나 문장 11ㄱ)과 11ㄴ)은 같은 접속어미 〈-어서〉가 나타났지만, 11ㄱ)은 선행절과 후행절이 같은 주어이고, 11ㄴ)은 서로 다른 주어이다.

11) ㄱ) 그는 연구를 계속해서, 우리 말의 문법을 밝혔다.
    ㄴ) 그가 연구를 계속해서, 우리 말의 문법이 밝혀졌다.

이와 같이 어떠한 접속어미에 의해 접속문이 구성되느냐에 따라, 선행절과 후행절의 동일 주어 요구가 필수적이거나 수의적이게 된다.

접속어미 〈-고서〉에 의해 선행절이 구성될 때는, 12)와 같이 후행절에 모든 의향법이 다 허용된다.

12) ㄱ) 아름다운 우리 말을 두고서, 외래어를 쓰고 있다.
  ㄴ) 아름다운 우리 말을 두고서, 외래어를 쓰느냐?
  ㄷ) 아름다운 우리 말을 두고서, 외래어를 쓰지 말아라.
  ㄹ) 아름다운 우리 말을 두고서, 외래어를 쓰지 말자.

그러나 문장 11)에서 살핀 〈-어서〉의 경우는 후행문에 명령법, 청유법 등이 허용되지 않는다.

13) ㄱ) *공부를 해서, 가지 말아라.
  ㄴ) *공부를 해서, 가지 말자.

위의 예에서 보면, 〈-어서〉라는 접속어미에 의해서, 이는 〈-고서〉와는 달리, 후행절 의향법은 명령법과 청유법의 제약을 받고 있다. 이와 같이 접속어미 〈-어서〉가 접속문 구성의 통사현상을 제약한다. 〈-어서〉가 가지는 특성이 이러한 통사 제약을 불러일으키는 바탕이 된다. 이러한 관점에서 어미에 바탕을 둔 연구방법론이 의의를 가진다고 본다.

총괄 최근의 한국어 통사론 연구는, 첫째는 한국어 특성에 대한 고찰보다는 언어의 보편성을 추구하는 데에 더 관심을 보였으며, 둘째는 형태론과 통사론의 구분 근거를 불분명하게 하여 모호하게 된 상태에서 연구가 이루어져서, 구조주의 언어학에서 이미 높은 수준에까지 끌어올렸던 형태론 연구의 튼튼한 기초 위에서 발전·계승되지 못하고 있다. [8] 그러나 이와는 달리, 위에서 제시한 어미에 바탕을 둔 연구방

---

8) 한국어 통사 연구의 최근 경향에 대한 논의는 제3장 참조.

법론은 이를 극복할 수 있으리라 생각한다. 이는 구조주의적 방법론에 입각한 형태론적 연구의 결과와 변형생성문법 이론에 의한 한국어 분석의 결과를 함께 수용하는 연구방법이라고 할 수 있기 때문이다.

2.2 통사 기술방법

기술의 중요성 과학적인 연구는 다음과 같이 세 단계를 거치게 된다. 주어진 현상에 대한 수집·관찰이 그 첫째 단계이며, 수집·관찰된 자료에 대한 분석·기술이 그 둘째 단계이다. 셋째는 그 현상에 대한 해석·설명의 단계이다. 학문이 과학적인 연구로 충족되자면 당연히 셋째 단계인 현상에 대한 해석·설명의 단계에 이르러야 한다. 특히 현대 언어학이 이상으로 삼고 있는 목표는 인간의 언어능력에 대한 합리적인 규명, 즉 설명이기도 하다.

그러나 언어학의 궁극적인 목표가 언어능력의 규명인 설명에 있다고 하는 말이, 그 앞 단계인 언어 자료의 구조적인 분석·기술을 소홀히 해도 된다는 것을 의미하지는 않는다. 왜냐하면 언어자료에 대한 충실한 분석·기술이 전제되지 않고서는 어떠한 이론으로도 언어능력을 지배하고 있는 규칙과 원리를 설명할 수 없다. 따라서 설명이 앞선 나머지 정확하고 철저한 기술이 소홀히 되어서는 안된다는 것이 통사론의 올바른 연구태도라고 본다. 이제 이러한 관점에 입각해서, 설명을 위한 전제조건으로서 언어자료를 정확하고 합리적으로 기술하기 위한 방법을 제시하고자 한다. 통사 기술에 있어서의 〈체계화〉에 관한 문제와 〈정도성〉에 관한 문제가 그것이다. 특히 언어현상의 기술, 통사 기술에서 주어진 현상들을 전체 테두리에서 체계를 세워 기술하는 방법은 매우 의의있는 것이라고 생각한다.

2.2.1 통사 기술에서의 체계화

체계화의 개념 과학적인 연구방법의 현대적인 경향은 체계화와 일반화이다. 주어진 특정현상을 합리적으로 이해하기 위해 체계를 세워서 파악하는 방법이 체계화이다. 현상 전체는 부분과, 부분은 다시 부분끼리 서로 논리적인 관계를 가지고 있는 것이 현상의 기본 속성이다. 그러므로 이러한 전체와 부분, 부분과 부분끼리의 관계를 체계화한다면, 현상의 본질은 밝혀질 것이다.

이러한 체계를 수립하기 위해서는 무엇보다도 타당성과 일관성을 지니는 〈기준〉이 설정되어야 한다. 주어진 현상을 합리적으로 체계화하기 위해서는 객관적으로 의의있는 기준이 설정되어야 하는데 이것이 타당성있는 기준이다. 또한 어느 한 부분을 체계화하기 위해 설정된 기준은 그 부분의 체계화에만 그치는 것이 아니고, 같은 현상 안에서 다시 다른 부분을 체계화하기 위해서도 쓰일 수 있어야 하는데 이것이 일관성있는 기준이다. 즉 현상을 합리적으로 기술하기 위해서 체계화가 필요하며, 그 체계화가 올바르게 세워지기 위해서는 타당성과 일관성을 지니는 기준이 설정되어야 하는 것이다.

통사현상을 기술하는 방법도 이와 같다. 타당성과 일관성을 지니는 기준을 설정해서, 통사현상 전체의 모습을, 전체와 부분, 또는 부분과 부분끼리의 관계를 체계화해서 그의 본질을 밝혀 볼 수 있다. 그러므로 한국어 통사 기술의 올바른 방법 가운데 하나가 바로 〈타당성과 일관성을 지니는 기준을 설정하여 체계화하는 것〉이다. 문법범주 기술의 경우, 통사 관계 기술의 경우를 예를 들어 살펴보겠다.

문법범주 기술의 경우 문법 관념을 표현하는 문법범주는 실제 그 관념이 복잡하고 또 그 실현방법도 다양해서 합리적으로 기술하기란 매우 어렵다. 그래서 제시될 수 있는 유용한 방법은, 타당성과 일관성을 지니는 기준을 설정해서 체계화하는 방법이다. 실제로 체계화를 통해 보면 복잡하고 다양한 문법범주의 통사 특성이 정연히 드러나게 된다.

　의향법의 예를 들어 보기로 한다. 청자에 대한 화자의 의향을 나타내는 문법범주, 즉 의향법은 화자가 청자에게 언어 내용을 전달할 때, [1] 청자에 대한 요구함이 있음과 없음, [2] 행동수행이 있음과 없음, 두 가지 근거가 기준이 되어 체계를 이룬다. 이 기준에 따라 의향법은 다음과 같이 체계화된다(이에 대한 구체적인 설명은 제5장 참조).

14) 의향법의 체계
　　[기준]
　　① 청자에 대하여 요구함이 있음/없음
　　② 행동수행이 있음/없음
　　[체계]
　　요구함(−) ·· (1) 서술법
　　요구함(+)
　　　행동수행성(−) ·· (2) 의문법
　　　행동수행성(+)······[청자] ······················ (3) 명령법
　　　　　　　　······[청자+화자] ······················ (4) 청유법

　이와 같이 한국어의 의향법은 두 가지 기준에 의하여 체계화된다. 물론 다른 문법범주들도 마찬가지이다. 이는 바로 타당성과 일관성을 가지는 기준에 근거를 둔 체계화가 통사 현상의 합리적인 기술을 위하여 매우 의의있는 방법임을 보여 준다. 그런데 이러한 합리적인 기술은 또한 기술의 다음 단계인 설명에도 정확한 근거를 제공해 준다. 즉 의향법의 통사 특성은 명령법, 청유법, 그리고 약속법이 공통적인 제약을 가지는데, 이것은 이들이 모두 〈행동수행이 있음〉이라는 기준의 특성을 가지기 때문인 것으로 설명될 수 있다.

　통사 관계의 경우　통합과정인 통사 관계를 기술하는 경우에도 체계화가 유용한 방법이 될 수 있다. 특히 이 경우에는 하나의 기준이 여

러 통사 관계를 체계화하는 데 공통적으로 일관성있게 적용될 수 있다면, 이는 언어학적으로도 의의있는 방법이 될 것이다. 예를 들어 〈의존성〉의 통사 관계에 대해 살펴보기로 한다.

한국어 문법에서, 주어진 언어형식의 자립성 여부는 통사 관계를 살피는 데에 의의있는 개념이 된다. 예를 들어 형태론적 구성 A와 B가 통합하여 통사론적 구성 X를 구성하는 A+B=X에서, A가 B를 수식·보완하는 구성일 때, B가 필수적으로 A를 요구하는 구성 X가 있는가 하면, 그렇지 않고 A를 수의적으로 요구하는 구성 X가 있다. 이 경우에 A의 실현이 필수적인가 수의적인가가 B의 자립성 여부의 기준이 된다. 즉 A의 실현이 필수적인 경우에 B는 의존적인 언어형식이며, A의 실현이 수의적인 경우에 B는 자립적인 언어형식이다. 따라서 주어진 언어형식의 자립성 여부에 대한 체계화의 기준은 〈A의 실현이 필수적으로 요구되느냐 수의적으로 요구되느냐〉가 된다.

기준의 설정은 일관성있게 설정되어야 한다고 했다. 그러므로 이와 같은 기준은 어느 하나의 문법 현상에만 적용되어서는 안된다. 적용 가능한 기술에는 모두 적용되어야 그 기준은 타당성과 일관성을 함께 지니며, 통사 기술에 올바른 기여를 할 수 있게 되는 것이다.

구성 A+B=X에서 A의 실현이 필수적이냐 수의적이냐에 따라 B의 자립성을 체계화한다는 하나의 기준으로, 다음과 같이 한국어의 의존명사/자립명사, 의존동사/자립동사를 일관되게 체계화할 수 있다. 의존명사(A+B=X에서 B)는 관형어(명사, 명사절, 관형사, 관형절, 즉 A+B=X에서 A)의 실현이 필수적인 명사이며, 자립명사는 관형어의 실현이 수의적인 명사이다. 의존동사(A+B=X에서 B)는 동사구 내포문, 혹은 명사(A+B=X에서 A)의 실현이 필수적인 동사이며, 자립동사는 이의 실현이 수의적인 동사이다. [9]

---

9) 한편 체계적인 기술은 문법 술어 설정에도 유용한 방법이 된다. 한 가지 예를 들면, 어떤 현상의 체계를 세울 때 〈그 관계가 1:1의 관계인가와 1:n(n≥2)의 관계인가〉의 기준을 설정할 수 있다.

2.2.2 통사 기술에서의 정도성

정도성의 개념 주어진 대상, 특히 언어 사실에 나타나는 현상을 기술하고 설명하는 방법 가운데는 양분적 방법과 정도의 차이에 따라 여러 가치를 인정하는 방법이 있다. 언어 사실을 체계화하여 기술하는 데 있어서 로만 야콥슨의 양분적 방법이 도입된 이래, 이 방법은 언어현상과 그 규칙의 기술을 대단히 간결하게 일반화할 수 있었다. 그러나 지나치게 엄격한 양분적 방법에 의한 언어 기술은 인간의 사고를 일정한 범위와 틀 안에 묶어 두고 있으며, 때로는 언어현상의 기술을 필요없이 복잡하고 까다롭게 만든 결과를 가져오기도 했다. 따라서 통사현상을 체계화하여 기술하는 데에는 양분적 방법보다는 어떤 경우에는 정도의 차이에 따라 여러 가치를 인정하는 방법에 의한 기술이 더 타당성을 가질 수 있다.

주어진 현상은 항상 양극의 두 가치로만 규제할 수는 없고, 정도의 차이로 연결된 연속적 현상이 고려되어야 한다. 마찬가지로 언어표현

주어진 문장에서 〈문장 : 서술기능〉이 1 : 1의 관계일 때를 단순문(simple sentence)이라고 하고, 〈문장 : 서술기능〉이 1 : n(n≥2)의 관계일 때를 복합문(complex sentence)이라고 한다. 즉 이 기준에 따라 문장 구성은 〈단순문(simple sentence)–복합문(complex sentence)〉으로 체계화된다. 따라서 체계적인 기술을 위해서라면 모든 기술에서 일관되게 그 관계가 1 : 1일 때는 〈단순–〉이라는 술어를, 1 : n(n≥2)일 때는 〈복합–〉이라는 술어를 사용하는 것이 타당할 것이다.

단어 의미를 체계화할 때도 이 기준을 적용하여 하나의 시니피에가 하나의 시니피앙과 관계를 맺을 때, 즉 1 : 1의 관계일 때를 〈단순의미어〉, 하나의 시니피에가 둘 이상의 시니피앙과 관계를 맺거나, 혹은 하나의 시니피앙이 둘 이상의 시니피에와 관계를 맺을 때, 즉 1 : n(n≥2)의 관계일 때를 〈복합의미어〉로 체계화할 수 있다.

단어 구성을 체계화할 때에도 〈단어 : 형태소의 수〉의 관계에 따라 1 : 1이면 〈단순어〉, 1 : n(n≥2)이면 〈복합어〉로 체계화할 수 있다.

도 양극의 두 가치로만 규제할 수 없고, 항상 개념과 개념과의 정도의 차이로 연결된 연속적 현상으로 파악되어야 한다. 어떤 현상이든, 생각이든, 언어표현이든 〈두-가치 논리〉로만 해명되는 것이 아니라 〈여러-가치 논리〉로서 해명된다.

　문법성 기술의 경우　문장의 문법성 기술에서 이와 같은 현상을 찾아볼 수 있다. 문장을 통사적인 적절성을 가지는 문법적 문장과 통사적인 적절성을 가지지 못하는 비문법적 문장으로만 규제한다면, 문장의 문법성을 충실히 해명할 수 없다. 다음 문장들의 문법성은 문법적 문장, 비문법적 문장, 두-가치로만 규제할 수 없고, 그 가운데 정도의 차이로 통사적인 적절성을 나타낼 수 있다.

15) ㄱ) 내가 책을 꼭 사 주마.
　　ㄴ) 내가 책을 꼭 사 줄게.
16) ㄱ) 책을 꼭 사 준다고 약속한 나.
　　ㄴ) ?책을 꼭 사 주마고 약속한 나.
　　ㄷ) *책을 꼭 사 줄게고 약속한 나.

　현대 한국어에서 약속어미 〈-으마〉, 〈-을게〉에 의한 약속문이 상위문에 내포될 때에, 가장 통사적으로 적절성을 가지는 것은 문장 16 ㄱ)과 같이 〈-다〉로 내포되는 경우이고, 〈-을게〉에 의해서는 통사적으로 적절성을 가지지 못한다(문장 16 ㄷ)의 경우). 그러나 〈-으마〉에 의한 경우는 문장 16 ㄴ)의 경우와 같이, 어느 정도는 적절성을 가진다. 따라서 약속문이 내포될 때의 통사적인 적절성은 문법적 문장과 비문법적 문장이라는 두-가치로 규제하기보다는 〈-다〉>〈-으마〉>〈-을게〉와 같은, 정도의 단계로 문법성을 파악하는 것이 더 타당한 기술이 될 것이다.

참고문헌

고영근 1983, 『국어문법의 연구——그 어제와 오늘』, 탑출판사.

—— 1989, 『국어 형태론 연구』, 서울대학교 출판부.

권재일 1982, 「어미 체계와 통사 기술」, 《언어학》 5, 한국언어학회.

—— 1985, 『국어의 복합문 구성 연구』, 집문당.

—— 1986, 「문법 형태소의 성격」, 『국어학 신연구』(약천 김민수 교수 화갑기념), 탑출판사.

—— 1987, 「문법 기술에서의 '체계'에 대하여」, 《건국어문학》 11-12, 건국대학교 국어국문학연구회.

—— 1988, 「문법 기술에서의 '정도성'에 대하여」, 《국어국문학》 100, 국어국문학회.

남기심·고영근 1985, 『표준 국어 문법론』, 탑출판사.

서정수 1989, 「분석 체계와 종합적 설명법의 재검토——국어문법은 분석 체계로 기술되어야 한다」, 《주시경학보》 4, 주시경연구소.

서태룡 1981, 「문법형태소 중심의 통사론 연구에 대하여」, 《한국학보》 25, 일지사.

이익섭·임홍빈 1983, 『국어문법론』, 학연사.

최현배 1971, 『우리말본』, 네번째 고침판, 정음사.

허웅 1981, 『언어학——그 대상과 방법』, 샘문화사.

—— 1983, 『국어학——우리 말의 오늘·어제』, 샘문화사.

제 3 장

연구사

한국어 통사론 연구가 지금까지 구체적으로 무엇을 어떻게 연구하여
왔는가를 밝히는, 연구사의 흐름을 이해하는 일은 대단히 중요하다.
이러한 연구사에 대한 이해는 지금까지의 연구성과를 평가하여 앞으로
의 연구를 전망한다는 점에서 의의가 있다. 따라서 한국어 통사론의
연구의 흐름을 이해하기 위해서 언어이론이 어떠한 양상으로 수용되
어, 통사론의 어떤 대상이 어떤 방법으로 연구되었는지를 밝혀, 이를
바탕으로 한국어 통사론 연구가 지향해야 할 방향을 제시하고자 한다.

3.1 언어이론 수용의 양상

언어이론의 수용 한국어 통사론 연구는 자의적이든 그렇지 않든 간
에 외래의 언어이론을 바탕으로 성립되었다는 것은 부인할 수 없는 사
실이다. 따라서 이러한 연구의 과거를 되돌아보아, 언어이론 수용의
양상과 그 성과와 문제점을 논의해 볼 필요가 있다. 과거의 연구를 되
돌아보는 것은 단순히 그 업적을 소개하고 긍정적으로 평가하는 데에
있는 것이 아니라, 오히려 한계와 문제점을 분명히 제시함으로써 앞으

로의 연구가 지향해야 할 방향을 제시하는 데 있다고 생각한다.

이를 위하여 먼저 한국어 통사론 연구에서 언어이론 수용의 일반적인 양상을 검토한 다음, 한국어 통사론 연구에 영향을 끼친 전통문법 이론, 기술문법 이론, 변형생성문법 이론을 중심으로 서술한다. 이 가운데에서도 특히 변형생성문법 이론에 비중을 두고 서술하기로 한다. 이 이론은 이론-중심적, 통사론-중심적이어서 한국어 통사론 연구에 상당한 영향을 주었다.

이론 수용의 방향 언어이론을 수용하는 데는 대체로 두 가지 방향이 있다. 첫째는 직접수용의 방향이고, 둘째는 간접수용의 방향이다. 직접수용은 그 이론을 직접 접하여 수용하는 것이 전형적인 방법이다. 간접수용은 제삼국을 통하여 그 나라에서 이미 수용한 이론을 통해서 간접적으로 받아들이는 방법이다.

한국어 연구에서 초기에는 대부분 일본의 언어학계를 통한 간접수용의 방향에 치우쳐 있었다. 한국의 언어학 전통에 소쉬르의 언어관과 방법론이 깊이 뿌리박고 있는 것이 바로 이러한 영향이다. 소쉬르의 『일반 언어학 강의』가 아주 이른 시기에 일본어로 번역될 정도로 소쉬르의 언어학은 일본의 언어학계에 깊이 뿌리내려 있었다. 일본의 언어학계에 전반적으로 의지하고 있었던 초기의 우리 언어학계로서는 당연히 이러한 소쉬르 언어학에 영향을 받게 되었다. 소쉬르뿐만 아니라 유럽의 언어학 이론을 수용한 초기의 한국어 연구는 이와 같이 일본을 경유한 간접수용의 방향이었다. 이러한 초기의 방향과는 달리 그 이후의, 구체적으로 광복 이후의 한국어 연구는 미국의 언어학 이론에 대한 직접수용의 방향으로 나타났다. 그 결과 광복 이후의 한국어 연구는 미국의 언어학 이론에 지나치게 편향된 경향을 보였다. [1]

---

1) 미국의 언어학 이론에 치우치게 된 이유는 다음과 같다. 첫째는 이론 자체의 우수성에 있다. 아무리 다른 계기가 마련되어 있다고 하더라도 그 이론이 타당성을 가지지 못한다면 수용되지 않을 것이다. 둘째는 미국과의 국제 관계에 있다. 광복 이후 문화를 비롯 정치, 경제, 사회 모두가 미국의 영향을 받게 되었

이론 수용의 자세　외래이론을 수용하는 자세는 다음과 같은 세 가지 유형으로 나타난다. 첫째 유형은 무비판적인 수용이고, 둘째 유형은 수용에 대하여 무비판적인 배척 혹은 무관심인데, 이러한 두 유형은 모두 다 경계해야 할 자세이다. 셋째 유형은 비판적인 수용의 자세인데, 이러한 자세는 외래이론을 비판적으로 수용하여서 이것을 독창적인 이론으로 발전시켜 계승하려는 자세이다. 따라서 외래이론을 수용하는 바람직한 자세는 무비판적인 수용이나, 수용에 대한 무비판적인 배척이나 무관심은 모두 경계하여야 하며, 비판적인 관점에서 외래이론을 수용하여, 이것을 독창적으로 발전, 계승하여야 하는 것이다.

3.2　전통문법 이론과 통사론 연구

전통문법 이론의 성격　전통문법 이론은 그 성격이 규범적이다. 이제 이러한 전통문법 이론의 수용과 한국어 통사론 연구에 대하여 살펴보기로 한다.

비록 초기에 선교 목적에 의해서 또는 다른 계기로 소개가 되었든 간에 전통문법 이론은 한국어 문법론 및 통사론 연구에서 처음으로 수용한 서양의 언어이론이었다. 이러한 점에서 전통문법 이론의 수용은

다. 이러한 문화의 미국적 영향에 기대어 학문, 좁게는 언어이론에 대해서도 미국의 영향을 입게 되었다. 셋째는 학자들의 외국어 능력에 있다. 대부분 학자들의 외국어 능력은 영어에 국한되어 있었다. 불어나 독어, 노어 등에 익숙해 있지 않았기 때문에 유럽의 언어이론을 수용할 수가 없었고 자연히 익숙한 영어로 미국의 언어이론을 수용하게 된 것이다. 넷째는 학자들의 언어학사적인 인식의 부족에 있다. 언어학의 전반적인 경향을 이해하는 데에 비교적 무관심하였기 때문에 언어학에 대한 시각이 넓지 못하였다. 언어학의 연구 경향을 이해한 바탕에서 외래이론을 수용하여야만 어떤 한 언어이론의 정당한 평가 속에서 그 이론을 수용할 수 있을 텐데, 그렇지 못할 때에는 일방적으로 어느 한 이론만을 바라보고 절대시하여 수용하게 된다.

연구사의 관점에서 대단히 중요한 평가를 받을 수 있다. 전통문법 이론의 수용은 동양적인 사고의 기준을 서양의 새로운 기준으로 환원시키는 일이었기 때문에, 한국어 연구에 새로운 방법론으로 인식되었으며, 그 결과 전통문법 이론의 수용은 그 이후 지금까지 한국어 연구의 발전을 가져온 밑바탕이 되었다고 할 수 있을 것이다.

전통문법 이론의 수용 양상 전통문법 이론은 19세기말부터 서양의 문법서를 통해서 수용하였다. 물론 서양 선교사들을 중심으로 선교 목적으로 한국어 문법서가 발간되어, 이러한 문법서를 통하여 서양의 전통문법 이론을 수용하는 계기가 되었다고 하겠다.[2] 이와 같은 수용을 직접수용의 방법이라면, 일본어 문법서의 영향을 받은 수용은 간접수용의 방법이다. 개화기 당시에는 서양의 문법서나 일본어 문법을 학습하는 가운데 서양의 전통문법 이론을 수용하였지만, 일제시대에는 서양의 문법 이론서를 직접 읽고 이론을 수용하는 경우는 아주 드물었고 대부분 일본어 문법 연구에서 세운 문법 체계에 기대거나, 일본어로 번역된 서양의 이론을 통하여 수용하였다.

전통문법 이론의 성과 전통문법 이론은 한국어 문법론 연구에 상당한 영향을 미쳤다. 실은 문법론 연구에 그치지 않고 언어생활 전반에 큰 영향을 미쳤다고 할 수 있다. 무엇보다도 문법을 과학적인 방법으로 연구하는 기틀을 마련하였다는 데에 의의가 있었다. 주요한 영향이라고 생각되는 몇 가지를 들어 보면 다음과 같다.

첫째, 문법론 연구의 분야를 확립하였다. 전통문법 이론이 추구하는 언어연구의 영역이 음운론, 문법론이 중심이었기 때문에 문법론의 연구분야가 확립되었다. 그때까지의 한국어 연구의 연구분야가 문자론, 음운론, 어휘론이 주가 되었는데 이제 문법론이 언어연구의 중심을 차지하면서, 품사론과 통사론에 대한 연구분야가 명시화되었다.

둘째, 연구방법이 체계화되었다. 전통문법 이론을 수용하면서 한국

---

2) 1877년 영국 선교사 존 로스에 의해 본격적으로 시도된 이래 상당수의 문법
연구서가 출판되었는데, 구체적인 자료와 해설은 고영근(1983 : 206-) 참조.

어 문법론 연구는 학문적인 체계를 갖추게 되었다. 전통문법의 체계가 한 문장의 의미에 따라, 그리고 화자의 의도에 따라 설명하려는 문법 분석의 체계로서 문장의 구성요소, 구와 절의 통사 단위, 품사의 단위 등을 정의, 분석하고 분류하는 것이었다. 따라서 이러한 방법론에 따라서 연구방법론이 체계화되었다.

셋째, 전통문법이 가지고 있는 규범문법적인 성격에 의해서 언어와 문자 생활의 규범을 정하는 데 큰 역할을 하였다. 기술문법 이론이나 변형생성문법 이론은 순수 이론만을 강조하고, 언어와 문자 생활에 대한 관심은 보이지 않는 데 비해 전통문법 이론은 그 성격이 규범문법적이기 때문에 실용적인 문제에 관심을 가졌다. 그 결과 언어생활과 문자생활의 규범을 확립하는 데 상당한 영향을 미쳤다.

전통문법 이론의 문제점 전통문법 이론에 의한 연구의 문제점은 다음과 같다. 전통문법 이론이 가지는 규범문법적인 성격에 의해 한국어의 특징이 고려되지 못한 것이 한계점이다. 전통문법 이론이 서양적인 사고의 산물이라고 한다면 이로 인하여 동양적인 전통사고를 단절시켰다는 점도 전통문법 이론의 수용이 남긴 문제점이다. 또한 전통문법 이론에 바탕을 둔 연구에서 품사문제에 지나치게 관심을 가지게 되어, 본격적인 한국어 통사론에 관한 연구를 이룰 수 없었던 점도 전통문법 이론의 수용이 남긴 문제점이다.

결론적으로 한국어 문법론 및 통사론 연구에서 전통문법 이론의 수용은 그 연구사적인 의의는 대단히 크며, 비록 본격적인 한국어 통사론 연구가 이루어지지는 못했지만, 이에 의한 연구업적이 밑바탕이 되어 오늘날 한국어 통사론 연구가 발전하였다고 할 수 있다.

3.3 기술문법 이론과 통사론 연구

기술문법 이론의 성격 기술문법 이론은 미국의 구조주의 언어학 이론이다. 20세기 구조주의 언어학은 흔히 유럽의 구조주의 언어학과 미국의 구조주의 언어학으로 나뉜다. 유럽의 구조주의 언어학은 광복 이전에 일본의 언어학계를 통해 간접 수용하였다. 소쉬르의 언어학 이론이 깊이 한국 언어학계에 뿌리내린 것은 여기에 기인하는 것이다. 광복 이전의 이러한 유럽의 구조주의 언어학 이론의 수용과는 달리 미국의 구조주의 언어학 즉, 기술문법 이론의 수용은 광복 이후 미국 문화의 수용과 함께 급속하게 이루어졌다. 이를 계기로 이제 한국어 연구가 이론적으로 미국의 언어학 이론에 치우치기 시작하였다.

미국의 기술문법은 실제 유럽의 구조주의 언어학과는 직접 관련을 가지지 않으면서, 원래 아메리카인디언 문화를 연구하는 데서 그 방법론이 확립되었다. 아메리카인디언 문화를 연구하기 위해서 인류학자들이 제일 먼저 관심을 가지게 된 것은 무엇보다도 언어에 관한 문제였다. 이러한 배경에서 미지의 언어를 연구하는 방법론이 싹텄다. 미지의 언어를 연구하기 위해서는 그 언어를 우선 관찰하여 자료를 정확하게 수집하고, 이를 바탕으로 언어를 분석하여 그 언어의 모습을 기술하는 것이다. 이러한 기술문법 이론은 결과적으로 다음과 같은 특징을 가지게 되었다. 미지의 언어를 연구대상으로 하였기 때문에 자료를 중심으로 이를 기술하는 것이 중심 방법론이 되었다. 따라서 귀납적이고 철저히 객관적인 연구방법론이 성립되었다. 그리고 언어자료를 분석하여 기술하였기 때문에 언어의 음성부터 분석하여, 음운의 체계를 세우고, 이를 바탕으로 형태소를 분석하고 나아가서 문장구조를 기술하였다. 따라서 층위적인 연구방법론이 또한 성립되었다. 그 결과 음운론과 형태론 연구는 그 방법론이 확립되어 주요 연구분야로 자리잡았으나 통사론에 대한 방법론은 거의 확립되지 못하였다. 아울러 연구방법론이 철저히 객관적이었기 때문에 주관적인 성격을 가지는 의미에 대한 연구는 거의 소홀히 되거나 배제되었다. 문법론에서 보면, 형태론 연구는 문법 연구의 핵심분야가 되었지만, 통사론 연구는 거의 이루어지지 못하였다.

기술문법 이론의 수용 양상 기술문법 이론의 수용은 전적으로 직접 수용의 방향이었다. 미국 문화의 수용과 함께 자연스럽게 수용되었다. 기술문법의 이론서가 본격적으로 소개되었다.[3] 무엇보다도 이 이론을 수용하는 데에 있어 이론서의 출판이 상당히 기여하였다.[4]

기술문법 이론의 성과 기술문법 이론에 의한 한국어 문법론 연구의 성과는 다음과 같다.

첫째, 형태론 중심의 문법 이론을 확립하여 한국어 문법의 본질을 밝히는 데에 기여하였다. 한국어는 주로 문법형태소에 의해 문법범주가 실현되기 때문에, 형태소의 정밀한 형태분석을 토대로 형태소의 성격, 형태소의 결합 관계 등을 밝혀 기술하려 한 기술문법 이론에 의한 연구는, 한국어의 특징을 밝히는 데에 기여하였다.

둘째, 한국어 문법론 연구를 이론문법으로 승화시키는 데에 기여하였다. 지금까지 전통문법에 입각한 연구가 그 성격상 다분히 규범문법적이었는 데 비하여, 기술문법 이론은 이론문법적인 성격으로 인하

---

3) 기술문법 이론을 수용하는 데에 기여한 당시의 주요 이론서는 다음과 같다.
   Sapir, E. 1921, *Language : An Introduction to the Study of Speech.*
   Bloomfield, L. 1933, *Language.*
   Bloch, B.-G. Trager 1942, *Outline of Linguistic Analysis.*
   Hockett, C. 1958, *A Course in Modern Linguistics.*
   Nida, E. 1949, *Morphology : The Descriptive Analysis of Words.*
   Harris, Z. 1951, *Methods in Structural Linguistics.*
   Gleason, E. 1955/1965, *An Introduction to Descriptive Linguistics.*
4) 특히, 다음의 저서는 기술문법 이론을 정확하고 자세하게 소개하여 한국어 연구에 오랫동안 지침서가 되었다는 점에서 그 가치는 대단히 높이 평가된다.
   허웅 1963, 『언어학 개론』, 정음사.
   한편 번역된 기술문법 이론서들은 다음과 같다.
   김종훈 (역) 1961, 『언어학 개론』, 일우사(Sapir 1921).
   김선기 (역) 1963, 『언어분석론』, 대한교과서주식회사(Bloch-Trager 1942).
   김태한 (역) 1965, 『언어분석개론』, 형설출판사(Bloch-Trager 1942).
   박창해 (역) 1961, 『기술언어학개론』, 경문사(Gleason 1955).

여, 한국어 문법론 연구도 규범문법적인 성격에서 벗어나, 학문문법으로 체계를 세우게 되었다.

셋째, 기술문법 이론은 자료-중심적인 귀납적인 연구방법론에 힘입어 문법자료를 훨씬 더 정확하고 철저히 분석하여 기술하게 되었다. 한국어 문법론 연구에서 대단히 중요한, 형태소의 정확한 분석을 가능하게 하였다. 기술문법 이론의 수용을 통하여 자료에 대한 정확한 기술태도를 확립한 것은 한국어 연구사에서 중요한 의의를 가진다.

기술문법 이론의 문제점 기술문법 이론이 한국어 문법 연구에 남긴 문제점은 역시 이 이론 자체가 가지고 있는 한계점과 관련을 가지고 있다.

첫째, 형태론 중심의 기계주의적인 분석에 연구가 머무르고 말았다. 따라서 통사론에 대해서는 거의 연구가 이루어지지 못하였다.

둘째, 언어자료의 정확하고 객관적인 기술을 강조한 결과 언어현상에 대한 언어학적인 설명, 해석의 단계에 이르지 못하였다.

셋째, 공시적인 연구방법론이 강조되었기 때문에, 문법사의 연구가 소홀히 되었다.

3.4 변형생성문법 이론과 통사론 연구

변형생성문법 이론의 성격 변형생성문법 이론은 미국의 기술문법 이론의 한계점을 극복하면서 촘스키에 의해 성립된 언어이론이다. 기술문법이 가지는 한계점을 극복하였기 때문에 기술문법 이론과는 이론적인 배경, 연구방법, 연구대상 모든 것이 대조적이다.

첫째, 변형생성문법 이론의 목표는 인간의 인지능력을 밝히기 위한 즉, 언어능력을 설명하려는 것이다. 이와 같은 촘스키의 변형생성문법 이론은, 비록 그 방법론적인 변모를 여러 차례 거듭하여 왔지만, 이론의 이러한 목표는 지금까지 변하지 않고 있다. 이 목표를 달성하기 위하여 변형생성문법은 문장구조의 적격성을 설명하고, 그 문장의 의미를 해석하려 하였다.

둘째, 변형생성문법 이론은 통사론 중심의 이론이다. 기술문법 이론은 위에서도 밝혔듯이 그 방법론적인 특징 때문에 통사론의 이론은 개발되지 못하였다. 이를 극복하기 위하여, 통사론 중심의 언어인 영어의 문법구조를 밝히기 위하여, 통사론 중심의 이론이 대두되었다. 이러한 필요성에 의해 성립된 변형생성문법 이론의 특징은 통사론 중심의 이론이 될 수밖에 없었다.

셋째, 변형생성문법 이론은 가설-검증적인 이론이다. 위에서 제시한 목표를 달성하기 위하여, 다시 말하여 언어능력을 설명하기 위하여, 가설을 설정하고 그것을 검증하는 논리의 방법이다. 따라서 더 나은 가설과 검증 방법이 제시된다면 이론은 얼마든지 수정될 수 있다. 변형생성문법 이론이 그간 수없이 변모해 온 근본적인 이유는 바로 여기에 있다.

넷째, 변형생성문법 이론은 수리-논리적인 방법론이다. 위에서 제시한 방법으로 언어능력을 설명하기 위해서 가장 효율적인 방법이 수리-논리적인 방법일 수밖에 없다. 그러나 논리가 대상을 분석하고 본질을 추구하는 도구가 된다는 것은 의심의 여지가 없지만, 논리는 이미 주어진 데에서 그것를 얻으려는 것이기 때문에 수학적인 논리 자체에서 어떤 해결책을 얻으려는 것은 대부분의 경우 순환론에 빠질 위험이 있다.

이상과 같은 변형생성문법 이론의 특징을 통해서 볼 때, 촘스키 이론이 추구하는 목표는 참된 언어연구의 목표가 될 수 있지만, 그 방법론에 있어서는 연역적인 가설에 입각하여 언어현상을 맞추어 설명하려 하기 때문에, 이론의 한계점을 안고 있다. 그래서 일반적으로 변형생성문법적인 사고는 존중하되, 과신해서는 안된다고 하는 이유가 여기에 있다.

변형생성문법 이론의 수용 양상 한국어 연구에서 변형생성문법 이론의 수용 방향은 직접수용의 방향이었다. 이론서가 직접 소개되기도 하였고, 기본적인 이론서가 번역되기도 하였으며, 이론에 대한 해설논문, 비평논문 등도 상당히 발표되었다. 1970년대 이후 변형생성문법 이론에 대한 이론서와 개론서가 대량으로 국내에 소개되었다. 더 나아가서 미국에서 출판되는 즉시, 혹은 아직 출판도 되지 않은 원고본까지 국내에 그대로 소개되어 왔다. 5) 아울러 이러한 이론서는 번역되어

5) 변형생성문법 이론의 수용 초기에 널리 소개된 주요 이론서 및 개론서들은 다음과 같다.
Chomsky, N. 1957, *Syntactic Structures.*
―――― 1965, *Aspects of the Theory of Syntax.*
Jacobs, R.-P. Rosenbaum 1968, *English Transformational Grammar.*
Langacker, R. 1968, *Language and Its Structure.*
최근의 변형생성문법 이론에 관한 이론서들은 다음과 같다.
Chomsky, N. 1981, *Lectures on Government and Binding.*
―――― 1986, *Knowledge of Language : Its Nature, Origin and Use.*
Radford, A. 1981, *Transformational Syntax.*
―――― 1988, *Transformational Grammar : a first course.*
Riemsdijk, H.-E. Williams 1986, *Introduction to the Theory of Grammar.*
Newmeyer, F. 1983, *Grammatical Theory : Its Limits and its Possibilities.*
Sells, P. 1985, *Lectures on Contemporary Syntactic Theory.*
Haegeman, L. 1991, *Introduction to Government and Binding Theory.*
양동휘 1989, 『지배-결속 이론의 기초』, 신아사.
한학성 1990, 『GB 통사론―――그 기본원리 및 방법론』, 한신문화사.
김동석 1991, 『N. Chomsky의 보편문법』, 형설출판사.
양동휘·김용석·이홍배·임영재 1990, 『지배-결속 이론의 기초』, 한신문화사.
한편 기능주의에 입각한 이론서들에는 다음과 같은 것이 있다.
Dik, S. 1978, *Functional Grammar.*
Givón, T. 1979, *On Understanding Grammar.*
―――― 1984, *Syntax : A Functional Typological Introduction.*

국내 연구에 변형생성문법 이론을 정착시키는 데에 기여하였다. [6)]

변형생성문법 이론을 한국어 통사론 연구에 수용하면서 한국어 문법 학계가 보인 수용의 자세는 다음과 같은 세 가지로 나타났다.

첫째는 무비판적인 수용의 자세이다. 한국어 문법 현상 자체를 관찰하여 기술하기보다는, 지금까지 이루어진 현상을, 미국 언어학에서 논의되는 대상에 맞추어 변형생성문법의 변모하는 여러 이론에 따라 설명해 보려는 시도가 있었다. 즉, 한국어 통사론의 내적 필요성에 의한 연구가 되지 못하였다.

둘째는 무비판적인 배척 혹은 무관심의 수용 자세이다. 이러한 변형생성문법 이론에 대한 무관심 혹은 배척의 태도는 다음과 같은 이유에서 나온 자세라고 생각된다. 이론에 대한 이해가 어려웠기 때문에, 혹은 이론 자체의 결함 때문에, 이론이 한국어의 유형론적인 특징과 맞지 않기 때문에, 무관심하거나 배척하기도 하였다.

셋째는 비판적인 수용의 자세이다. 변형생성문법 이론에 대한 비판적인 수용의 자세는, 구조주의적 방법론에 입각한 형태론에 대한 충실한 연구가 바탕이 되고, 변형생성문법 이론에 의한 한국어 분석의 결과를 비판적으로 수용한 연구 자세이다. 이러한 수용 자세는 변형생성

Haiman, J. 1985, *Iconicity in Syntax.*
Halliday, M. 1985, *An Introduction to Functional Grammar.*
박승윤 1990, 『기능문법론』, 한신문화사.
6) 그 주요 번역서는 다음과 같다.
　　이승환·이혜숙 (역) 1966, 『변형생성문법의 이론』(Chomsky 1957).
　　이승환·임영재 (역) 1975, 『생성문법론』(Chomsky 1965).
　　이환묵 (역) 1971, 『변형문법의 이론적 배경』(Chomsky 1966).
　　서정목·이광호·임홍빈 (역) 1984, 『변형문법이란 무엇인가』(Radford 1981).
　　서정목·이광호·임홍빈 (역) 1990, 『개정신판 변형문법, 그 만남의 첫 강좌』(Radford 1988).
　위의 번역서 가운데 특히 서정목·이광호·임홍빈(역)(1984)은 변형생성문법 이론을 한국어 통사론에 정착시키는 데에 크게 기여한 것으로 평가된다.

문법 이론 수용의 초기에 보였던 무비판적인 수용에 대한 반성과 한국어 문법 본질에 대한 반성이 있은 뒤 1980년대에 이르러 나타났다.

변형생성문법 이론의 성과 변형생성문법 이론의 수용은 한국어 통사론 연구에 새로운 방향을 제시하는 데에 크게 기여하였다. 이제 변형생성문법 이론의 수용이 한국어 통사론 연구에 어떠한 영향을 끼쳤는지, 연구방법론적 관점과 연구대상론적 관점에서 검토한다.

먼저 연구방법론적 관점이다. 첫째, 한국어 통사론 연구에서 설명 중심의 연구방법론을 확립하였다. 지금까지의 연구가 언어자료를 수집하여 이를 분석하고 기술하는 것에 관심을 가진 데 비하여, 변형생성문법 이론을 수용하면서, 언어자료를 분석하여 기술하는 데에 그치지 않고, 기술한 언어현상을 가지고 이론화하려는 연구방법을 확립하였다. 언어현상에 대한 설명의 단계에 이르게 되어 진정한 과학적인 연구로의 한국어 통사론을 가능하게 하였다.

둘째, 언어보편성의 이해에 기여하였다. 변형생성문법 이론이 언어의 보편성에 큰 관심을 가지고 있기 때문에, 이 이론을 수용하면서 언어보편성에 대한 인식을 새로이 하고, 아울러 언어유형론적인 측면도 함께 이해하게 되었다. 이것은 결과적으로 다른 언어와의 관계 속에서 한국어의 특징을 더욱 분명하게 파악하는 데에 기여하였다.

다음에는 연구대상론적인 관점이다. 첫째, 통사론의 연구를 본격화하였다. 지금까지 소홀하게 다루었던 통사론 연구에 관심을 높이고, 문장구조를 이론에 입각해서 기술한다는 것을 인식하고, 통사현상들을 발굴하여, 통사론 연구를 문법 연구의 중심이 되게 하였다.

둘째, 통사론 연구의 영역을 확대하였다. 통사현상 가운데 아직까지 발굴되지 못했던 현상을 찾아 연구를 심화시켰다.

셋째, 의미론의 연구를 촉진시켰다. 형태소의 의미 기능이든, 문장의 의미든, 의미에 대한 연구는 대단히 중요한 역할을 한다. 이러한 관점에서 변형생성문법 이론의 수용에 의하여 의미에 대한 새로운 연구가 가능하게 된 것은 큰 의의를 가진다.

변형생성문법 이론의 문제점 변형생성문법 이론이 한국어 통사론 연구에 남긴 문제점도 연구방법론과 연구대상론의 관점에서 검토한다.

먼저 연구방법론의 관점이다. 첫째, 변형생성문법 이론 자체의 문제점을 들 수 있다. 이론의 맹목적 추구는 이론 자체의 결함까지 받아들이게 된다. 따라서 일일이 들지는 않겠지만 변형생성문법 이론이 가지고 있는 방법론적인, 그리고 대상론적인 결함을 그대로 수용한 결과를 남겼다.

둘째, 언어보편성의 문제를 들 수 있다. 언어보편성 이론이 한국어에 그대로 적용될 수 있다는 생각에 입각해서 한국어의 통사 특성이 무시되는 연구가 만연되었으며, 보편성을 추구하다가 지나친 단순화의 방법론이 대두하였다.

셋째, 가설-검증적, 수리-논리적 방법론의 문제를 들 수 있다. 이론의 철학적 배경에 대한 인식이 부족하여서 변형생성문법 이론의 피상적인 적용, 적용상의 오류가 있었다. 이론적인 검토 없이 규칙을 설정하여, 문장구조와 의미 관계를 설명하려 하였다.

다음에는 연구대상론의 관점이다. 첫째, 형태론이 경시되고, 통사론에 지나치게 치우친 연구가 되었다.

둘째, 특정 주제에 한정되어 연구하였다. 통사론 전반의 체계가 고려되지 않고, 특정 과제에만 한정되어 연구되었다. 이것은 이론이 내적 요구에 의한 수용이 아니었기 때문이었다. 특히 사동법, 피동법, 관계화, 보문화, 주제화 등에 대한 연구가 한동안 관심을 가진 것도 영어에서 이러한 과제가 중시되었기 때문이라고 본다. 따라서 이러한 과제에만 한정된 연구는 바람직한 태도가 아닐 것이다. 더욱이 최근에는 재귀사, 특히 〈자기〉에 대한 연구가 한국어 문법의 특징과 무관하게 연구의 초점이 되어 버렸다.

셋째, 통사 변화의 연구가 위축되었다. 변형생성문법 이론이 수용되면서 역사적인 연구는 상당히 위축되었다. 변형생성문법 이론은 자료의 문법성 판단을 직관에 의존하는데 문헌자료는 직관으로 판단이 불가능하다. 물론 변형생성문법 이론 자체가 역사적인 연구의 방법론을 제시하지 못했다.

아울러 변형생성문법 이론에 입각한 연구에서 연구자료에 대한 문제점도 지적할 수 있다. 이론은 자료를 바탕으로 성립된다. 그럼에도 불구하고 충실한 자료의 관찰과 기술이 소홀히 되어 연구가 이루어진 경우가 많았다. 이것은 근본적으로 이 이론이 자료를 경시한 이론-중심의 연구이었으며, 직관에 근거하여 언어자료를 평가하였으며, 이론화를 위하여 만든 자료를 가지고 연구하였기 때문이었다.

3.5 한국어 통사론 연구의 방향

지난날 연구의 흐름을 되돌아보는 것은 단순히 그 성과를 소개하고 긍정적으로 평가하는 데 있는 것이 아니라, 오히려 한계와 문제점을 분명히 제시함으로써 앞으로의 연구에 적극적으로 기여하여야 한다. 이러한 바탕에서 지금까지 한국어 통사론 연구에서 외래의 언어이론을 수용한 양상을 중심으로 전통문법 이론, 기술문법 이론, 변형생성문법 이론을 살펴보았다. 이제 이를 바탕으로 한국어 통사론 연구가 지향하여야 할 바람직한 방향을, 연구방법론적 관점과 연구대상론적 관점에서 제시해 본다.

연구방법론의 관점 첫째, 변형생성문법 이론은 설명 중심의 이론이기 때문에 하루가 다르게 개발, 발전, 수정된다. 적절한 검토과정 없이 무비판적으로 특정 이론을 수용하여 한국어 통사론 연구에 적용하는 방법론은 지양되어야 할 것이다.

둘째, 통사현상을 체계적으로 파악할 수 있는 방법론이어야 한다. 통사현상 전체의 모습을, 전체와 부분, 부분과 부분의 관계를 통해 타당성과 일관성을 가지는 기준을 설정하여 체계적으로 통사의 본질을 밝혀야 할 것이다.

셋째, 한국어 통사 특성을 밝힐 수 있는 보편성 있는 이론이어야 한다. 공간적으로는 특정 외래이론에 치우치지 않고, 비판적인 관점에서 이론을 수용하며, 시간적으로는 앞 시대의 연구업적을 인식, 계승하여 수용하여야 할 것이다. 서로 다른 가치 체계를 함께 체험하여, 교조적인 사고에 빠지지 말아야 할 것이다.

넷째, 문법형태소(특히, 어미)에 바탕을 둔 연구방법론이어야 한다. 한국어 통사 특성을 밝히는 데에는 무엇보다도 서술어를 중심으로, 특히 활용에 해당하는 어미를 바탕으로 하는 연구방법을 수립하여야 할 것이다. 이는 한국어의 유형론적인 특성을 고려하는 것이다. 즉, 형태론적 현상의 정밀한 기술을 거쳐 각각 어미들이 가지는 통사 기능을 밝혀 그 어미들을 바탕으로 여러 통사 특성의 관련성을 체계적으로 설명해야 한다.

연구대상론의 관점 첫째, 형태론 연구를 기반으로 한 통사론 연구가 이루어져야 한다. 한국어 연구에서 형태론이 중시되어야 한다는 것은 앞에서 강조한 바 있다.

둘째, 통사현상 전반을 체계적으로 연구하여, 어느 특정분야만 연구되지 않도록 해야 한다.

셋째, 통사현상에 대하여 공시적 연구뿐만 아니라 통시적 연구도 함께 이루어져야 한다.

참고문헌

강명윤 1990, 「GB이론과 한국어 연구」, 《주시경학보》 6, 주시경연구소.
강복수 1972, 『국어문법사 연구』, 형설출판사.
고영근 1983, 『국어 문법의 연구—— 그 어제와 오늘』, 탑출판사.
——— (편) 1985, 『국어학 연구사—— 그 흐름과 동향』, 학연사.
고영근·성광수·심재기·홍종선 (편) 1992, 『국어학연구 백년사』, 일조각.

국어국문학회 (편) 1989, 『국어국문학과 구미 이론』, 지식산업사.

국어연구회 (편) 1990, 『국어연구 어디까지 왔나』, 동아출판사.

권재일 1990, 「외래 이론 수용과 한국어 문법 연구」, 《대구어문논총》 8, 대구어문학회.

김민수·하동호·고영근 (편) 1977-1986, 『역대한국문법대계』, 탑출판사.

김석득 1983, 『우리말 연구사』, 정음문화사.

김영희 1989, 「이론 수용과 통사론의 전개」, 《국어학》 19, 국어학회.

남기심·고영근 1985, 『표준 국어 문법론』, 탑출판사.

서정목 1992, 「지배와 결속 이론에 의한 국어 연구」, 『국어학연구 백년사』, 일조각.

서정목·이광호·임홍빈 (역) 1990, 『개정신판 변형문법, 그 만남의 첫 강좌』(Radford 1988, *Transformational Grammar : a first course*), 을유문화사.

서태룡 1985, 「통사」, 『국어국문학 연구사』, 우석.

이익섭·임홍빈 1983, 『국어문법론』, 학연사.

임홍빈 1992, 「생성문법의 도입과 전개」, 『국어학연구 백년사』, 일조각.

허웅 1981, 『언어학——그 대상과 방법』, 샘문화사.

제 2 부

문법범주론

제 4 장

문법범주 개관

현대 한국어의 문법범주 각각을 기술하기에 앞서 제 4 장에서는 우선
문법범주의 개념을 규정하고 문법범주의 구체적인 실현방법에 대하여
살펴보기로 한다. 전통적으로 문법범주를 굴곡범주로 파악하고 있지
만, 이 책에서는 〈문법적 관념의 표현〉을 포괄적으로 문법범주로 규
정한다. 그리고 문법범주의 실현방법은 언어에 따라 다른데, 한국어
의 문법범주 실현방법의 특징을 밝히는 것은 곧 한국어의 언어유형론
적인 특징을 밝히는 것이 된다.

4.1 문법범주의 개념과 실현방법

4.1.1 문법범주의 개념

전통적인 문법범주 언어에 있어서 범주는 전통적으로 형태-통사적인
개념범주를 말한다. 문장을 구성하기 위하여 단어들이 결합할 때, 이
단어들이 의미작용을 할 수 있도록 단어에 일정한 형태-통사적 속성을
부여하는 것을 문법범주라고 하였다. 성, 수, 격, 인칭, 시제, 양상,

양태, 태 등이 전통적으로 다루어 온 문법범주이다. 그리고 이들은 대개 단어에 첨가되어 굴곡하는 형태를 지니고 있으면서 문장 안에서 일정한 통사-의미적 기능을 수행하였다.

문법범주는 아리스토텔레스의 「범주론」에서 기원을 찾아볼 수 있다. 그는 언어의 범주를 규정짓기 위하여서가 아니라 사고의 특성을 규명하고 분류하기 위하여 범주를 세웠는데, 이것이 결국은 언어의 범주로 통용되었다. 아리스토텔레스는 사물들은 각기 실체, 양, 질, 관계, 장소, 시간, 어떤 자세에 처해 있음, 어떤 상태에 있음, 행위, 행위의 입음 등의 8가지 범주로 언어에 의해 의미화한다고 하였다. 그 후 아리스토텔레스의 사상을 계승하는 학자들과 라틴문법가, 중세의 사변문법가들에 의해 언어의 문법범주가 확립되었다. 그러나 이러한 범주들은 그리스어에 기초하여 설정된 것으로서 그리스어에 고유한 범주들도 있으므로 이들을 그대로 보편적인 언어범주로 간주할 수는 없다. 더욱이 최근에 와서 다양한 언어들이 기술되고 연구됨에 따라 과거의 전통문법에서 인식되지 못한 범주들이 있음도 밝혀졌다. Lyons (1968)에서 제시하고 있는 문법범주는 person, number, gender, honorific, case, tense, mood, aspect 등이다. 이와 같이 문법범주는 전통적으로는 굴곡범주가 실현하는 관념을 가리킨다.

포괄적인 문법범주   그러나 이 책에서는 문법적 관념을 표현하는 모든 범주를 다 포함하는, 포괄적인 의미로 문법범주의 개념을 받아들인다. 그런데 〈문법적 관념〉(어휘적인 관념과 대립되는)을 어떻게 규정할 것인가 하는 문제는 그리 쉽지 않다. 문법적 관념은 매우 다양하여 순수한 관계 관념과 같은 매우 추상적인 사실을 나타내기도 하고, 상황을 나타내기도 하고, 경우에 따라서는 화자의 감정이나 의지를 나타내기도 하기 때문이다. 따라서 이 책에서는 〈언어활동의 환경에 나타나는 요소들 사이의 관계〉를 문법적 관념의 표현으로 보고자 한다. 언어활동의 환경에 나타나는 요소들은 화자, 청자, 전달되는 언어내용, 그리고 시간과 공간이다. 전달되는 언어내용은 구체적으로 문장으로 실현된다. 따라서 언어활동 환경에 나타나는 요소들 사이의 관계라는 것은 화자가 청자에 대해서 가지는 관계, 화자가 언어내용에 대해 가지는 관계, 언어내용 안에서의 여러 요소들의 관계 등이 있을 수 있다. 그러므로 문법범주란 이러한 문법적 관념이 구체적으로 문장에서 표현되는 범주라고 할 수 있다.

예를 들어 〈화자가 청자에 대해서 가지는 관계〉라는 것이 하나의 문법적 관념을 이루는데, 이것은 하나의 문법범주를 이룬다. 따라서 언어내용 전달에서 청자에 대해서 화자가 가지는 태도를 실현하는 것을 〈의향법〉이라는 문법범주로 설정할 수 있다. 그런데 이러한 의향법은 현대 한국어에서 굴곡형태소인 의향어미에 의하여 실현된다. 문장 1)과 같이 의향법은 굴곡형태소에 의하여 문법적 관념이 실현되는 굴곡범주로서 전형적인 문법범주라고 볼 수 있다.

1) ㄱ) 철수는 그 책을 읽었-다.
   ㄴ) 철수는 그 책을 읽었-느냐?
   ㄷ) 그 책을 빨리 읽-어라.
   ㄹ) 우리도 그 책을 읽어 보-자.

그러나 문법범주는 반드시 굴곡범주로만 실현되는 것은 아니다. 다음 문장에서 보듯이 한국어의 사동 표현은 전혀 굴곡범주가 아닌, 다른 여러 가지 방법으로 실현되고 있다.

2) ㄱ) 나는 철수를 학교에 보냈다.
   ㄴ) 나는 철수를 학교에 가게 하였다.
3) ㄱ) 나는 철수에게 옷을 입히었다.
   ㄴ) 나는 철수가 옷을 입게 하였다.

문장 2ㄱ)은 〈보내다〉라는 어휘에 의하여, 2ㄴ)은 통사론적 구성

〈-게 하-〉에 의하여, 철수를 학교에 가도록 한 것이며, 3ㄱ)은 파생 접미사 〈-히-〉에 의하여, 3ㄴ)은 통사론적 구성 〈-게 하-〉에 의하여 철수가 옷을 입도록 한 것이다. 비록 약간의 의미 차이가 있지만, 사동 표현을 실현하기 위해서 어휘에 의한 방법, 파생법에 의한 방법, 통사론적 구성에 의한 방법 등으로 나타나고 있다. 2ㄱ)의 어휘적 방법에 의한 경우는 우선 젖혀 두더라도, 파생법과 통사론적 구성에 의한 방법은 충분히 문법적 관념의 실현이라고 볼 수 있다. 그렇다면 이러한 방법을 굴곡범주가 아니라고 해서 문법범주에서 제외시킬 수는 없을 것이다. 따라서 문법범주의 개념은 그것이 실현되는 방법과는 상관없이 포괄적으로 문법적 관념을 표현하는 총체라고 하여야 할 것이다.

화자와 전달되는 언어내용에 나타나는 객어(구체적으로 목적어, 부사어)와의 관계를 표현하는 객체높임법의 실현이 또한 이를 증명하여 준다. 문장 4)와 같이 15세기 한국어에서 〈-숩-〉에 의하여 실현되었던 객체높임법의 굴곡범주가 현대 한국어에서는 사라졌다. 그러나 문장 5)와 같은 다른 방법으로, 즉 어휘에 의한 방법으로 현대 한국어에서 객체높임법이 실현된다.

4) 벼슬 노푼 臣下ㅣ 님그믈 보ᅀᆞᄫᆞ라.
5) 나는 책을 선생님께 드리었다.

역사적으로 볼 때 분명히 굴곡범주였다면 5)에서와 같이 굴곡적 방법이 아닌 다른 방법으로 실현되더라도 문법적 관념의 실현임은 분명하다. 따라서 현대 한국어에서 굴곡범주로 실현되지 않고 다른 방법으로 실현되는 문법적 관념도 문법범주의 범위에 포함시켜야 할 것이다.

문법범주의 개념   위와 같은 근거에 따라, 문법범주 실현방법과 관련하여, 문법범주의 개념을 다음과 같이 규정하고자 한다.

6) 문법범주의 개념 : 굴곡범주로 실현되는 관념뿐만 아니라, 비록 다양한 층위에서 실현되더라도, 그것이 문법적 관념의 실현이라면, 문법범주에 포함된다.

물론 위와 같이 문법범주의 개념을 잡더라도, 전형적인 문법범주는 굴곡범주이다. 더욱이 한국어에서는 대부분의 문법범주는 굴곡적 방법으로 실현되는 굴곡범주이다. 한편 이와 같이 문법범주의 개념을 설정하였을 때 한국어 통사론에서 논의될 수 있는 문법범주들은 대체로 다음 7)과 같다.

7) 한국어 문법범주의 유형
   ㄱ) 화자와 관계됨
     ① 청자에 대한 태도 … 의향법, 청자높임법
     ② 명제에 대한 판단 … 시제법, 강조법
   ㄴ) 문장성분 사이의 관계 … 주체높임법, 객체높임법, 사동법, 피동법, 부정법, 격

4.1.2 문법범주의 실현방법

실현방법의 다양성 하나의 문법범주가 단지 하나의 방법으로만 실현되는 것은 아니다. 위 문장 2) 3)에서 사동법은 어휘적 방법, 파생적 방법, 통사적 방법으로 실현된다. 이와 같이 문법범주는 실현방법이 다양하다. 현대 한국어 통사 현상을 분석한 결과를 바탕으로 하면, 문법범주 실현방법의 층위는 다음과 같이 설정된다. [1]

---

1) 문법범주 실현방법에 대하여, Bybee(1985)에서는 굴곡법을 언어유형론적인 관점에서 논의하면서, 문법범주 실현방법에 대한 층위를 다음과 같이 나눈 바 있다 : (ㄱ) 어휘적 방법, (ㄴ) 파생적 방법, (ㄷ) 굴곡적 방법, (ㄹ) 자립 형

8) 문법범주 실현방법의 층위
 ㄱ) 음운적 층위
 ㄴ) 어휘적(=어근) 층위
 ㄷ) 파생적(=파생접사) 층위
 ㄹ) 굴곡적 층위
 ㅁ) 통사적 층위

음운적 층위 음운적 층위에서 문법범주의 실현방법은, 문장끝 억양이 그 한 예가 될 수 있다. 즉 의향법을 실현하는 어미 〈-어〉는 문장끝의 억양에 따라 서술법, 의문법 등으로 실현된다. 내림억양은 서술법, 올림억양은 의문법을 실현한다. 또한 말소리의 길이, 높이, 세기가 때로는 감정적 색채를 수반하는 일이 있어 강조법을 실현한다.

어휘적 층위 어근으로 어휘적 층위에서 실현되는 문법범주는 앞에 든 문장 2ㄱ)에서와 같이 〈보내(-다)〉라는 어근에 의해서 〈가-다〉의 사동 표현이 실현되는 것이 한 예가 될 것이다. 어휘적 층위에서 실현되는 문법범주는 이러한 사동법 외에도, 현대 한국어의 강조법, 주체높임법, 객체높임법 등을 들 수 있다. 어근을 반복하여 합성어를 형성하여 강조법을 실현하는 경우(예 : 집집, 곳곳, 가지가지……), 특정한 동사로 주체높임법을 실현하는 경우(예 : 계시다, 주무시다, 잡수시다……), 객체높임법을 실현하는 경우(예 : 모시다, 여쭈다, 드리다……) 등이다.

파생적 층위 파생접사로 파생적 층위에서 실현되는 문법범주는 앞에 든 3ㄱ)의 사동법이 한 예가 될 것이다. 〈먹-이-다〉의 경우 사동 접미사 〈-이-〉에 의하여 사동법을, 〈먹-히-다〉의 경우 피동 접미사 〈-히-〉에 의하여 피동법을, 〈깨-뜨리-다〉의 경우 〈-뜨리-〉에 의하여 강조법을 실현한다.

태소의 방법, (ㅁ) 통사적 방법. 그러나 이러한 실현방법 외에도 여기에 음운적 방법을 더 추가할 수 있다.

굴곡적 충위　굴곡적 충위에서 ·실현되는 문법범주에는 의향법을 비롯, 시제법, 청자높임법, 주체높임법, 격 등 대부분이 이에 속한다. 굴곡형태소에 의한 실현방법이다.

통사적 충위　통사적 충위에서 실현되는 문법범주는 둘 이상의 형태론적 구성이 통합되어 통사론적 구성을 이루어 하나의 문법적 관념을 실현하는 경우이다. 위에서 문장 2ㄴ), 3ㄴ)에서 본 〈-게 하-〉구성에 의한 사동법을 비롯하여, 피동법, 시제법, 강조법, 부정법 등을 실현하는 경우도 이러한 방법이다.

4.2　문법범주 실현방법의 특징

4.2.1　문법범주들의 실현방법 양상[2]

[1] 의향법　의향법은, 언어내용 전달에서 청자에 대해서 화자가 가지는 태도를 실현하는 문법범주이다. 이러한 의향법은 위 1)에서와 같이 의향어미에 의하여, 즉 굴곡적 방법에 의하여 실현된다. 그런데 의향어미 가운데는 같은 형태이면서 문맥에 따라 그 하위범주를 달리 하는 어미가 있는데, 〈-어〉가 그 예이다. 이러한 의향어미는 억양에 의하여 하위범주가 변별된다. 예를 들어 어미 〈-어〉는 문장끝 억양에 따라 내림억양은 서술법, 올림억양은 의문법을 실현한다. 따라서 이들 의향어미는 억양과 함께 의향법을 실현한다. 이것이 음운적 방법에 의한 문법범주 실현이다. 이러한 논의를 바탕으로 하면, 의향법의 실현방법은 다음과 같이 정리된다.

---

2) 여기서 문법범주를 제시하는 차례에 대한 근거는 특별히 없다. 다만 굴곡적 방법이 주 실현방법인 문법범주를 앞세워 제시하기로 하겠다. 따라서 의향법, 높임법, 시제법, ……순으로 제시하겠다. 제2부에서 제시하는 차례도 마찬가지이다.

9) 의향법의 실현방법
　　음운적 : 억양에 의하여
　　굴곡적 : 의향어미에 의하여

[2] 높임법　높임법은 화자가 청자나 언어내용 가운데 등장하는 대상에 대하여 높임의 의향을 실현하는 문법범주이다. 높임법은 화자의 높임의 대상에 따라 청자높임법, 주체높임법, 객체높임법 등으로 체계화된다. 높임법의 실현방법은 이러한 체계에 따라 서로 다르다.

　주체높임법은 주된 실현방법은 주체높임어미 〈-으시-〉에 의한 것이지만, 조사로도 실현된다(문장 10ㄴ) 참조). 주격조사 〈-가〉에 대해 〈-께서〉가 주체높임법을 실현한다. 어미 〈-으시-〉와 조사 〈-께서〉에 의한 것은 굴곡적 방법인데, 어휘적 방법(〈먹다〉에 대하여 〈잡수시다〉), 파생적 방법(〈선생〉에 대하여 〈선생-님〉)으로도 실현된다(문장 10ㄷ) 참조).

10) ㄱ) 철수가 집에 간다.
　　ㄴ) 아버지께서 집에 가신다.
　　ㄷ) 선생님께서 진지를 잡수신다.

　객체높임법은 어미에 의하여서는 실현되지 않는다. 다만 굴곡적 방법으로는 부사격조사 〈-에게〉에 대하여 〈-께〉에 의하여 실현된다. 역시 주체높임법에서와 마찬가지로 다음 문장 11)과 같이 어휘적 방법, 파생적 방법으로도 실현된다.

11) ㄱ) 나는 이 책을 철수에게 주었다.
　　ㄴ) 나는 이 책을 선생님께 드렸다.

　청자높임법의 주된 실현방법은 굴곡적 방법이다. 청자높임법은 청자높임어미와 청자높임조사 〈-요〉에 의하여 실현된다. 역시 청자높임 법에서도 어휘적 방법(〈나〉에 대하여 〈저〉)으로도 실현된다.

12) ㄱ) 나는 학교에 간다.
    ㄴ) 저는 학교에 갑니다.
    ㄷ) 저는 학교에 가요.

이러한 논의를 바탕으로 하면, 높임법의 실현방법은 다음과 같이 정리된다.

13) 높임법의 실현방법
    [주체높임법]
       어휘적 : 높임명사에 의하여
                주체높임동사에 의하여
       파생적 : 높임접미사(-님)에 의하여
       굴곡적 : 주체높임어미(-으시-)에 의하여
                주격조사(-께서)에 의하여
    [객체높임법]
       어휘적 : 높임명사에 의하여
                객체높임동사에 의하여
       파생적 : 높임접미사(-님)에 의하여
       굴곡적 : 부사격조사(-께)에 의하여
    [청자높임법]
       어휘적 : 높임명사에 의하여[3]
       파생적 : 높임접미사(-님)에 의하여
       굴곡적 : 청자높임어미에 의하여

---

3) 엄밀한 의미로는, 〈나〉에 대해서 〈저〉는 화자의 겸양을 나타낸다. 화자겸양은 결과적으로 청자높임이 된다.

청자높임조사(-요)에 의하여
호격조사에 의하여[4]

[3] 시제법　시제법은 언어내용 전달에서 시간과 관련을 맺는 문법
범주이다. 발화시에 대한 사건시의 시간적인 위치(tense), 일이 일어
나는 모습(aspect), 일에 대한 화자의 심리적인 태도(modality) 등의
관념을 실현하는 범주를 크게 시제법으로 묶을 수 있다. 이와 같은
시제법의 주된 실현방법은 굴곡적 방법이다. 〈-었-〉, 〈-겠-〉, 〈-으리
-〉, 〈-느-〉, 〈-더-〉와 같은 시제어미와 〈-은〉, 〈-을〉, 〈-느-은〉,
〈-더-은〉과 같은 관형화 어미가 그러하다.[5]
　시제법은 어휘적 방법으로도 실현된다. 이것은 특정한 단어에 시제
법의 특성이 내재해 있는 경우이다. 시간부사의 경우가 그러하고(예 :
지금, 늘, 곧……), 양상동사의 경우도 그러한데, 상태, 동작(순간, 과
정, 완성, 비완성) 등의 특성을 실현한다.
　시제법은 통사적 방법으로도 실현된다. 둘 이상의 형태론적 구성의
통합에 의하여, 즉 통사론적 구성에 의하여, 시제법이 실현되는 경우
이다. 〈-고 있-〉 구성이 [진행상]의 시제법을 실현하는 것이 그러하다.
　이러한 논의를 바탕으로 하면, 시제법의 실현방법은 다음과 같이 정
리된다.

　14) 시제법의 실현방법
　　　어휘적 : 시간부사에 의하여
　　　　　　　양상동사에 의하여
　　　굴곡적 : 시제어미에 의하여
　　　　　　　관형화 어미에 의하여
　　　통사적 : 통사론적 구성에 의하여

---

4) 높임의 호격조사는 〈-이여〉, 〈-이시여〉 등이 있다.
5) 시제어미 〈-느-〉에 대한 전반적인 기술은 제7장, 특히 각주 7) 참조.

[4] 사동법 사동으로 표현되는 상황은 두 상황이 하나되어 나타나는 상황으로, 즉 원인과 결과라는 두 개의 상황을 하나의 복합 상황으로 표현하는 것인데, 이러한 사동 상황을 실현하는 문법범주가 사동법이다. 사동법의 실현방법은 다음과 같다. 먼저 어휘적 방법이다. 예를 들어 동사 〈시키다〉, 〈보내다〉 등에 의해 사동법이 실현된다. 다음으로는 파생적 방법이다. 현대 한국어에서 사동법은 파생접미사에 의해 실현된다. 동사나 형용사에 파생접미사 〈-이-, -히-, -리-, -기-, -우-, -구-, -추-〉 등이 결합하여 실현된다. 다음으로는 통사적 방법이다. 15)와 같이 두 형태론적 구성이 통합해서 통사론적 구성을 이루는 통사적 방법으로 사동법이 실현된다.

15) ㄱ) 나는 철수를 가-게 하-였다.
    ㄴ) 나는 철수에게 책을 읽-게 하-였다.

이러한 논의를 바탕으로 하면, 사동법의 실현방법은 다음과 같이 정리된다.

16) 사동법의 실현방법
    어휘적 : 동사에 의하여
    파생적 : 사동접미사에 의하여
    통사적 : 통사론적 구성에 의하여

[5] 피동법 피동은 문장의 주어가, 남의 힘을 입어서, 그 동작을 하는 것으로 정의되는, 능동과 대립되는 태의 표현이다. 피동법의 실현방법은 대체로 사동법과 같다. 어휘적 방법으로 〈동작성명사+되-/받-/당하-〉로 구성된 동사에서 실현된다(예 : 걱정되다, 존경받다, 협박당하다……). 파생적 방법으로는 피동접미사 〈-이-, -히-, -리-, -기-〉 등에 의하여 실현된다(예 : 먹-다→먹-히-다, 쌓-다→쌓-이-다

……). 역시 통사론적 구성(예 : -게 되-, -어 지-)에 의하여 실현된다. 이러한 피동법의 실현방법은 다음과 같이 정리된다.

17) 피동법의 실현방법
　　어휘적 : 동사에 의하여
　　파생적 : 피동접미사에 의하여
　　통사적 : 통사론적 구성에 의하여

　[6] 부정법　부정법의 실현방법 역시 앞의 사동법, 피동법과 마찬가지이다. 〈모르다, 없다, 아니다〉 등과 같은 동사(및 형용사, 지정사)에 의한 어휘적 방법으로 실현되며, 부정접두사 〈비-, 미-, 불-, 무-, 부-〉 등에 의한 파생적 방법으로 실현된다. 역시 통사론적 구성 〈아니/못+동사〉 및 〈-지 아니하다, -지 못하다, -지 말다〉 등과 같은 통사적 방법으로 실현된다. 이러한 부정법의 실현방법은 다음과 같이 정리된다.

18) 부정법의 실현방법
　　어휘적 : 동사, 형용사, 지정사에 의하여
　　파생적 : 부정접두사에 의하여
　　통사적 : 통사론적 구성에 의하여

　[7] 강조법　강조법은 전달되는 언어내용에 대하여 화자가 강조의 태도를 나타내는 문법범주이다. 그런데 이러한 강조법은 현대 한국어에서 일정한 굴곡범주로 실현되지 않고, 다양한 여러 방법으로 실현되는 것이 특징이다. 음운적, 어휘적, 파생적, 굴곡적, 통사적 방법 등으로 실현된다. 이것은 강조법이 하나의 굴곡범주를 이루지 못하고 있기 때문에, 다양한 여러 방법으로 실현되고 있는 것이라고 본다. 특히 굴곡적 방법으로는 일정한 굴곡범주에 의하지 않고, 종결된 문장 뒤에

다시 굴곡형태소가 결합해서 강조법을 실현한다. 그리고 통사적 방법으로는 형태론적 구성을 이동하거나, 중첩시키거나, 분열문 구성을 하여 강조법을 실현한다. 이러한 강조법의 실현방법은 다음과 같이 정리된다.

19) 강조법의 실현방법
　　음운적 : 소리의 길이, 세기, 높이에 의하여
　　어휘적 : 반복합성어에 의하여
　　파생적 : 강조 접두사, 접미사, 내적 파생법에 의하여
　　굴곡적 : 종결어미의 중첩에 의하여
　　통사적 : 형태론적 구성의 이동에 의하여
　　　　　　형태론적 구성의 중첩에 의하여
　　　　　　분열문 구성에 의하여

[8] 격　격은 문장성분이 문장 안에서 차지하는 지위, 곧 서술어에 대해서 한 성분이 가지는 관계관념이다. [6] 격은 격조사에 의하여 실현된다. 격조사는 굴곡형태소이다. 따라서 격은 굴곡적 방법으로 실현된다. 어순에 의하여 격을 실현하는 언어가 있지만, 한국어에서는 어순이 결정적인 역할을 하지 못한다.

20) 격의 실현방법
　　굴곡적 층위 : 격조사에 의하여

[9] 그 밖　그 밖에 살펴볼 수 있는 문법적 관념들에는 성, 수, 인칭 등이 있을 수 있으나, 이러한 문법적 관념들은 현대 한국어 통사론

---

6) 격과 문장성분과의 관계, 격조사 등에 대해서는 제3부 제12장, 12.2 참조. 따라서 제2부 문법범주론에서는 〈격〉에 대하여 따로 장을 설정하여 다루지 않고, 제3부 문장구성론에서 다루기로 한다.

에서 문법범주화하기가 어렵다. 체계적인 통사현상이 나타나지 않기 때문이다. 따라서 이들의 문법적 관념은 대부분 어휘적 층위에서 실현된다.

4.2.2 문법범주 실현방법의 특징

문법범주 실현방법 위에서 살펴본 현대 한국어의 문법범주들의 실현방법을 정리하면 다음 21)과 같다.

21) 현대 한국어 문법범주의 실현방법

문법범주	음운적	어휘적	파생적	굴곡적	통사적
1 의향법	○			◉	
2 청자높임법		○	○	◉	
주체높임법		○	○	◉	
객체높임법		○	○	○	
3 시제법		○		◉	○
4 사동법		○	◉		◉
5 피동법		○	◉		◉
6 부정법		○	○		◉
7 강조법	○	○	○	○	○
8 격				◉	

(◉표시는 주 실현방법이며, ○표시는 부 실현방법이다.)

문법범주 실현방법의 특징 이러한 분석결과를 바탕으로 하면, 현대 한국어의 문법범주 실현방법의 특징은 다음과 같다.

첫째, 한국어의 문법범주의 실현은 주로 굴곡적 방법으로 이루어지고, 부분적으로는 어휘적, 파생적, 통사적, 음운적 방법으로도 이루어진다. 실현되는 순서는 대략 다음과 같다 : 굴곡적>어휘적>파생적>통사적>음운적.

둘째, 문법범주는 굴곡범주에 의하여 실현되는 것이 가장 자연스럽지만, 표현하여야 할 문법적 관념이 일정한 굴곡형태소로는 실현되지 않을 경우, 다양한 여러 방법으로 실현된다. 강조법이 그 대표적인 예이다. 일정한 굴곡형태소에 의해서 [강조]라는 문법적 관념이 실현되지 않기 때문에 다양한 여러 층위에 걸쳐서 실현된다. 사동법과 피동법의 경우도 그러하다. 역시 일정한 굴곡형태소에 의하여 [사동]과 [피동]이라는 문법적 관념이 실현되지 않기 때문에 주 실현방법이 파생적 방법과 통사적 방법이다.

언어유형론적 성격   여러 언어들을 역사적인 계통관계가 아닌 언어구조상의 특징에 기초하여 분류, 연구하는 것이 언어유형론적 연구이다.[7] 언어유형론이란 구조적인 특징에 따라 언어를 분류함으로써 언

7) 세계 언어들을 언어구조상의 특성에 기초하여 분류하는 것이 언어유형론적 연구이다(한국어에 대한 언어유형론적인 관심은 고영근 1986-ㄱ 및 1989-ㄱ 참조). 세계 여러 언어들을 분류하는 전통적인 방법이다. 언어유형론이란 구조적인 특징에 따라 언어를 분류함으로써 언어의 보편성 즉, 다양한 언어를 통한 일반화를 탐구하는 것을 목표로 한다. Schleicher가 행한 것처럼 접사나 굴곡의 유무 등의 형태론적인 특성에 근거하여 이루어질 수도 있고, 이외에도 형태론적/통사론적 문법자질에 근거하여(Sapir), 음운론적/운율론적 자질에 근거하여(Trubetzkoy), 의미자질에 기초하여(Ullmann) 이루어질 수도 있다. 특히 Sapir의 경우 19세기의 역사-비교언어학 연구에 바탕을 둔 언어의 유형 연구는 외형적인 즉, 피상적인 연구에 머물렀다고 비판하였다. 예를 들어 고립어, 굴절어, 교착어 등과 같은 유형의 분류는 다른 언어들과 관련해서 상대적인 정도의 문제라고 하였다. 그는 이와 같은 비판을 토대로 언어의 유형론적 분류는 기준이 다양해야 하며, 문법관념의 유형에 바탕을 두고 이루어져야 한다고 하였다(Sapir 1921). 한편 미국의 구조주의 언어학에서 언어유형론은 1960년대에 들어서면서 언어의 보편성에 대한 연구가 여러 각도에서 이루어지면서 새로운 양상의 유형론이 활발하게 행해지기 시작하였다. 종래의 언어유형론이 굴곡어미에 기초한 형태론적 연구였는 데 반해, 최근에는 음운론적인 면에서나 어순 등의 통사적인 면에서 새로운 연구가 전개되었다. 이러

어의 보편성 즉, 다양한 언어를 통한 일반화를 탐구하는 것을 목표로
한다. 그런데 최근에는 시제-양상-양태 등을 비롯한 문법범주에 관심
을 두고 언어유형론적 연구가 이루어지고 있다. 특히 문법범주의 실현
방법에 의한 언어의 유형에 관심을 가진다.

　언어유형론적인 관점에서, 세계 언어들을 그 형태의 특징으로 분류
한다면, 크게는 분석적 언어와 종합적 언어로 나눌 수 있다. 분석적
언어의 전형적인 예는 중국어인데, 중국어에 있어서는 파생이나 굴곡
은 거의 없어서 형태론의 문제는 매우 경시된다. 한 음절이 한 단어가
되며, 이것은 어근임이 원칙이다. 따라서 어근에 붙는 접사는 거의 없
다. 이에 대하여 종합적인 언어는 단어와 문장의 한계가 거의 없다.
한 문장은 한 단어로 나타난다. 이를테면 에스키모어에서 〈나는 낚시
줄에 알맞은 것을 찾고 있다〉라는 문장은 한 단어인 [a:wlisa-ut-iss?
ar-si-niarpu-ŋa](Bloomfield 1933 : 207)로 나타난다.

　중국어와 같은 분석적 언어에서는 형태론의 문제가 경시될 수밖에
없다. 어근에 접사가 붙어 단어가 만들어지거나 굴곡을 하는 일도 별
로 없고, 기껏해야 약간의 허사의 용법을 설명하는 일에서 형태론이
거론될 뿐이다. 그래서 문법론에서 거의 대부분은 통사론이 차지한
다. 이러한 언어를 〈통사론 중심의 언어〉라고 할 수 있다. 이와 반대
로 종합적 언어에서는 통사론의 문제는 거의 제기되지 않고 문법론에
는 형태론이 대부분을 차지하게 된다. 예를 든 에스키모어의 단어는
바로 하나의 문장이기 때문에, 문법론에서 거의 대부분은 형태론이 차
지한다. 이러한 언어는 〈형태론 중심의 언어〉라고 할 수 있다.

　한국어는 이 두 가지 언어유형 어느 편에도 들지 않는다. 그러나 위
에서 문법범주의 실현방법의 특징을 검토해 본 결과, 통사론의 방법에

　한 언어유형론에서 논의되는 대상은, 어근 요소의 융합의 정도, 어순 등을 비
롯하여 관계관형절 구성, 접속문 구성의 방식, 동작주와 피동작주의 표시방식
등이 주로 되어 왔다. 또한 언어유형론은 언어보편성의 문제와 깊이 결합되어
있다.

비해서 형태론의 방법에 상당한 비중이 놓인다. 따라서 문법범주 실현 방법을 기준으로 보면, 한국어는 언어유형론적으로 형태론 중심의 언어라고 할 수 있다.

4.3 문법범주와 실현방법의 관계

실현방법의 다양성 이상에서 살펴본 바와 같이, 한국어의 문법범주 실현방법은 굴곡적 방법이 중심이지만, 문법범주에 따라 그 방법이 다양하다. 더욱이 같은 문법범주가 실제 여러 방법으로 실현되고 있다. 예를 들어 사동법은 파생적 방법으로도 실현되고, 통사적 방법으로도 실현된다. 이것을 실현방법의 다양성이라고 한다. 그런데 문법범주는 근본적으로, 비록 같은 문법범주를 실현하고 있더라도, 실현방법에 차이가 있는 만큼 그 특성에도 차이가 있다. 이러한 실현방법의 다양성에 따르는 특성의 차이에 대해 사동법을 예로 삼아 설명하기로 한다 (사동법 실현의 다양성에 대한 구체적인 논의는 제8장 참조). 사동법의 주실현방법은 파생적 방법과 통사적 방법이다.

의미해석의 차이 이들은 무엇보다도 그 의미해석이 서로 다르다. 사동의 의미는 직접사동과 간접사동으로 해석된다. 그런데 두 실현방법에 따라 그 의미해석에 차이가 있다. 파생적 사동법인 문장 22ㄱ)은 직접사동으로도 해석이 가능하고 간접사동으로도 해석이 가능하지만, 통사적 사동법인 문장 22ㄴ)은 간접사동으로만 해석이 가능하다.

22) ㄱ) 어머니께서 아이에게 약을 먹였다.
    ㄴ) 어머니께서 아이에게 약을 먹게 하였다.

이와 같이 같은 사동법이라 할지라도 그 실현방법에 따라 의미해석이 서로 다르다. 비록 같은 문법범주를 실현하고 있더라도, 실현방법에 차이가 있으면 그 의미 특성에도 차이가 있다. 이러한 관계는 사동법뿐만 아니라 피동법, 부정법에도 나타난다.

통사 제약 이들은 통사 제약에 있어서도 차이를 보인다. 부사의 수식 범위, 주체높임법의 실현방법 등에서 두 사동법은 차이를 보인다. 문장 23)에서와 같이, 파생적 사동법은 주어가 다른 격으로 이동하는 데 비해, 통사적 사동법은 주어가 다른 격으로 이동할 수도 있고, 그대로 유지될 수도 있다. 그리고 파생적 사동법은 주체높임법의 실현이 한자리인 데 비해, 통사적 사동법은 두자리이다.

23) ㄱ) 어머니께서 아기에게 약을 빨리 먹이셨다.
    ㄴ) 어머니께서 아기가 약을 빨리 먹게 하였다.

분포 제약 분포 제약에서도 차이가 나타난다. 파생적 사동법과 통사적 사동법에 차이가 있어, 파생적 사동법은 동사에 따라 제약된다. 현대 한국어에서 그 분포가 대단히 제한적이다. 상당 부분의 동사, 형용사에는 실현되지 않는다. 예를 들어, 다음 24)와 같이 파생적 사동법이 실현되지 않는다.

24) ㄱ) 형용사의 경우 : 깊다→ *깊-이-다, 흐리다→ *흐리-우-다……
    ㄴ) 자동사의 경우 : 오다→ *오-이-다, 가다→ *가-이-다……
    ㄷ) 타동사의 경우 : 얻다→ *얻-이-다, 만나다→ *만나-이-다……

그런데 통사적 사동법은 분포에 제약이 없다. 24′)와 같이 다 실현된다.

24′) ㄱ) 형용사의 경우 : 깊다→깊게 하다, 흐리다→흐리게 하다……
     ㄴ) 자동사의 경우 : 오다→오게 하다, 가다→가게 하다……

ㄷ) 타동사의 경우 : 만나다→만나게 하다, 얻다→얻게 하다······

따라서 파생적 사동법은 동사에 따라 분포가 대단히 제약적인 데 비해, 통사적 사동법은 그 제약이 없다.

참고문헌

권재일 1986, 「문법범주 실현방법과 국어의 특징」, 《배달말》 11, 배달말학회.
───── 1987, 「문법범주 실현의 다양성에 대하여」, 《한글》 196, 한글학회.
───── 1989, 「문법범주 실현방법의 역사성」, 《건국어문학》 13-14, 건국대학교 국어국문학연구회.
───── 1991, 「한국어 문법범주에 대한 언어유형론적인 연구」, 《언어학》 13, 한국언어학회.
남기심·고영근 1985, 『표준 국어 문법론』, 탑출판사.
이익섭·임홍빈 1983, 『국어문법론 』, 학연사.
최현배 1971, 『우리말본』, 네번째 고침판, 정음사.
허웅 1983, 『국어학──우리말의 오늘·어제』, 샘문화사.
Bybee, J. 1985, *Morphology, A Study of the Relation between Meaning and Form,* John Benjamins Publishing Company, Amsterdam.
Comrie, B. 1989, *Language Universals and Linguistic Tyupology,* second ed., The University of Chicago Press, Chicago.
Lyons, J. 1968, *Introduction to Theoretical Linguistics,* Cambridge University Press, Cambridge.

제 5 장

의향법

5.1 의향법의 개념

의향법의 개념 의향법은, 언어내용 전달과정에서 청자에 대하여 화자가 가지는 태도를 실현하는 문법범주이다. [1] 이러한 의향법은, [1]

---

1) 문법 기술에서, 양태(modality)는 화자의 주관적인 태도(certain attitude of the mind of the speaker)와 관련되는 문법적 관념으로서, 활용에 의한 굴곡적 층위를 비롯, 명사, 동사, 부사 등의 어휘적 층위, 어순 등의 통사적 층위, 억양 등의 음운적 층위에 두루 걸쳐 실현되는 범주이다. 이러한 양태는, 첫째 일에 대한 화자의 태도(event-oriented modality), 둘째 청자에 대한 화자의 태도(hearer-oriented modality)로 나뉜다. 제5장에서 논의하는 의향법은 바로 청자에 대한 화자의 태도를 나타내는 양태이다. 서법(Mood)은 양태가 일정한 굴곡적 층위에서 실현될 때의 문법범주를 말한다. 즉 서술어의 형태론적 범주로 실현되는 양태이다. 전통적인 인도-유럽어학에서는 직설법(indicative), 가정법(subjunctive), 명령법(imperative), 부정법(infinitive), 분사법(participle) 등을 설정하였으며, Jespersen(1924)에서는 indicative(fact-mood : 화자가 일을 사실로 파악하는 태도), subjunctive(thought-mood : 화자가 일을 비현실적으로 파악하는 태도), imperative(will-mood : 화자의 의지나 소원을 나타내는 태도) 등으로 설정하였다. 양태와 서법 등에 대한 개념은 이홍배(1971), 이 정(1978), 고영근(1986-ㄴ) 참조.

화자가 청자에 대하여 요구함이 있음과 없음, [2] 행동수행성이 있음과 없음, 두 가지 기준에 의하여 체계화되는데 서술법, 의문법, 명령법, 청유법 등이 그 하위범주이다.

의향법은 한국어 통사론에서 서법, 문체법 등으로도 기술되어 왔으며, 문장을 끝맺는 어미로 실현되기 때문에 마침법(문장종결법)으로도 기술되어 왔다. 의향법은 종결어미에 의하여 실현되는데 이것이 의향어미이다. 그런데 의향법은 화자의 청자에 대한 태도를 나타내기 때문에, 청자높임의 태도도 아울러 나타내어 늘 청자높임법과 겹쳐 실현된다. 2)

1) ㄱ) 철수는 책을 읽고 있-다.
   ㄴ) 철수는 책을 읽고 있-습니다.

문장 1)에서 〈-다〉, 〈-습니다〉 등이 의향어미이며, 이들은 화자의 청자에 대한 의향을 실현하며, 또한 〈-다〉와 〈-습니다〉의 대립에 의하여 청자높임법도 실현한다. 이제 이러한 의향법의 개념을 살펴보고, 아울러 하위범주를 세워 보기로 한다.

---

2) 15세기 한국어에서는 청자높임을 실현하는 형태와 의향법을 실현하는 형태가 서로 달랐으나 역사적으로 이 두 형태는 하나의 형태로 합류하였다. 이들은 다 같이 청자에 대한 태도를 실현하는 범주이었기 때문이다. 물론 15세기 한국어 동사의 형태론적 구성에서 배열 위치도 서로 이웃하고 있었다.
  한편 〈-습니다〉에서, 순수한 의향법을 실현하는 형태소는 〈-다〉이며, 〈-습-니-〉는 높임법을 실현하는 형태소로 분석하여 기술하는 것은 허 웅(1983), 서정목(1990) 참조. 서정목(1990)에서는 〈-습-니-〉를 〈-습-느-이-〉로 분리하여 〈-습-〉은 화자겸양, 〈-이-〉(혹은 〈-잇-〉)는 청자높임의 형태소로 정밀하게 분석하고 있다. 그러나 이 책에서는 〈-습-니-〉, 혹은 〈-습-느-이-〉로의 분석을 통시적 혹은 공시적으로 받아들인다 하더라도, 통사현상의 설명에서 꼭 필요한 기술이 아닌 경우에서는 〈-습니다〉를 하나의 단위로 기술하기로 한다. 이러한 이 책의 기술태도는 〈-습니까/습디다/습디까〉, 〈-은가/는가/던가/을까〉, 〈-으십시오/읍시다/으십시다〉 등에서도 마찬가지이다.

제4장에서 문법범주는 문법적 관념의 실현이라고 하였다. 그리고 〈언어활동의 환경에 나타나는 요소들 사이의 관계〉를 문법적 관념이라고 하였다. 언어활동의 환경에 나타나는 요소들은 화자, 청자, 전달되는 언어내용, 그리고 시간과 공간이다. 이러한 관점에 서면, 〈화자가 청자에 대하여 가지는 관계〉라는 것이 하나의 문법적 관념을 이룰 수 있는데, 이를 실현하는 문법범주를 의향법이라고 규정한다. 따라서 언어내용 전달에서 청자에 대하여 화자가 가지는 태도를 실현하는 문법범주가 〈의향법〉이다. 청자에 대한 태도를 나타내기 때문에 청자높임법과 겹쳐 나타난다.

의향법의 하위범주 체계 의향법은 다음과 같은 기준에 의해 하위범주로 나뉜다. 첫째, 화자가 청자에게 언어내용을 전달할 때 청자에게 무엇인가 요구하면서 언어내용을 전달하는 경우와 청자에게 특별히 요구를 하는 일이 없이 언어내용을 전달하는 경우가 있다. 이러한 관점에서 청자에 대하여 요구함이 있음과 없음이라는 기준을 설정한다. 둘째, 화자가 청자에게 언어내용을 전달할 때 어떠한 행동이 수행되는 경우와 그렇지 않은 경우가 있다. 이러한 관점에서 행동수행이 있음과 없음이라는 기준을 설정한다. 이 두 기준의 타당성에 대해서는 다시 논의하겠지만, 이 두 기준에 따라 의향법의 하위범주를 체계화하면 다음과 같다. 3)

---

3) 최현배(1971 : 262-280)에서는 〈마침법〉이라는 범주를 설정하고 베풂꼴, 물음꼴, 시킴꼴, 꾀임꼴 등으로 하위범주를 설정하였다. 허 웅(1983 : 225)에서는 〈마침법(의향법)〉이라는 범주를 설정하고 청자에 대한 화자의 태도에 따라 크게 두 가지로 체계화하고 있다. 하나는 청자에 대하여 특별한 요구를 하는 일이 없이, 청자에게 자기의 할 말을 해 버리거나, 자기의 느낌을 나타내거나, 또는 청자에게 약속을 하면서 문장을 끝맺는 방법인데, 이를 〈서술법〉이라 했다. 다른 하나는, 화자가 청자에게 무언가를 요구하면서 문장을 끝맺는 방법인데, 이것은 다시 대답을 요구하는가, 행동을 요구하는가에 따라 두 가지로 나누어지는데, 대답을 요구하는 방법을 〈물음법〉이라 했으며, 행동을 요구하는 방법은 또 두 가지로 나누어져서, 하나는 청자의 행동만을 요구하는 것

2) 의향법의 하위범주와 그 기준

　　[기준]　1 청자에 대하여 요구함이 있음/없음
　　　　　　2 행동수행이 있음/없음
　　[체계] 요구함(−) ··· (1) 서술법
　　　　　　　　　　　　　　　　　　 (평서법, 감탄법, 약속법)
　　　　　 요구함(+)
　　　　　　행동수행성(−) ······································· (2) 의문법
　　　　　　행동수행성(+)······[청자]　·························· (3) 명령법
　　　　　　　　　　······[청자+화자]　·············· (4) 청유법

　위와 같이 의향법의 기본 하위범주를 서술법, 의문법, 명령법, 청
유법 등 네 가지로 체계화할 수 있으며, 서술법은 다시 그 통사와 의
미 특성에 따라 평서법, 감탄법, 약속법으로 하위범주를 설정할 수 있
는데, 이에 대해서는 뒤에서 다시 기술하기로 하고(5.3.8. 참조), 우
선 네 하위범주의 개념을 다음과 같이 규정하기로 한다.

　3) 의향법과 그 하위범주의 개념
　　〈언어내용 전달에서 청자에 대하여 화자가 가지는 태도를 실현하는 문

과 다른 하나는 청자에게 화자 자신과 함께 행동하기를 요구하는 것인데, 이들
을 각각 〈시킴법〉, 〈꾀임법〉이라 했다. 이렇게 해서 의향법을 서술법, 물음
법, 시킴법, 꾀임법 등의 네 개의 기본 하위범주 체계를 정립했으며, 명시적
으로 밝히지는 않았으나 서술법은 평서법, 감탄법, 약속법의 세 가지의 하위
범주를 가진 것으로 이해된다. 의향법에 대한 구체적이고 체계적인 연구인 고
영근(1976)에서는 첫째, 청자의 의도에 영향을 안 미치는 것으로, 청자에게
진술하는 〈설명법〉, 청자에게 약속하는 〈약속법〉, 청자에게 감탄하는 〈감탄
법〉 등을, 둘째, 청자의 의도에 영향을 미치는 것으로, 청자에게 정보를 요구
하는 〈의문법〉, 청자에게 행동을 요구하되 단독행동을 요구하는 〈명령-허락
법〉, 공동행동을 요구하는 〈공동법〉, 청자에게 행동을 경계하는 〈경계법〉 등
을 세워 체계화하였다. 학교문법(1985/1991)에서는 평면적으로 평서법, 감탄
법, 의문법, 명령법, 청유법 등을 세워 체계화하였다.

법범주〉
> ㄱ) 서술법…청자에 대하여 특별한 요구를 하는 일이 없이, 청자에게
> 자기의 말을 해 버리거나, 느낌을 나타내거나, 청자에게 어
> 떤 행동을 해 주기를 약속하면서, 화자가 청자에게 언어내
> 용을 전달하는 문법적인 방법
> ㄴ) 의문법…청자에게 무엇인가 요구하되, 행동이 아닌, 말(=대답)을
> 요구하면서, 화자가 청자에게 언어내용을 전달하는 문법적
> 인 방법
> ㄷ) 명령법…청자에게 무엇인가 요구하되, 청자만 행동하기를 요구하면
> 서, 화자가 청자에게 언어내용을 전달하는 문법적인 방법
> ㄹ) 청유법…청자에게 무엇인가 요구하되, 화자와 청자가 함께 행동하
> 기를 요구하면서, 화자가 청자에게 언어내용을 전달하는 문
> 법적인 방법

한편 서술법을 실현하는 문장을 서술문(문장 4ㄱ)), 의문법을 실현
하는 문장을 의문문(문장 4ㄴ)), 명령법을 실현하는 문장을 명령문(문
장 4ㄷ)), 청유법을 실현하는 문장을 청유문(문장 4ㄹ))이라 한다.

4) ㄱ) 철수는 그 책을 읽었다.
   ㄴ) 철수는 그 책을 읽었느냐 ?
   ㄷ) 그 책을 읽어라.
   ㄹ) 우리도 그 책을 읽어 보자.

5.2 의향법의 실현방법

실현방법의 층위 의향법은 위의 4)와 같이 전적으로 굴곡적 방법인
의향어미에 의하여 실현된다. 그리고 의향법은 늘 청자높임법과 함께

90

실현되기 때문에 의향어미는 청자높임법의 등급에 따라 분화된다. 서술법의 예를 들어 보면 다음과 같이 청자높임법의 등급에 따라 의향어미가 〈-다, -어, -네, -습니다〉 등으로 분화된다.

5) ㄱ) 철수는 책을 읽고 있-다.
   ㄴ) 철수는 책을 읽고 있-어.
   ㄷ) 철수는 책을 읽고 있-네.
   ㄹ) 철수는 책을 읽고 있-습니다.

그런데 의향어미 가운데는 같은 형태의 어미이면서 문맥에 따라 그 하위범주를 달리하는 것이 있다. 이들을 상황의존형 의향어미라 하는데, 〈-어, -지, -으오, -소, -구려〉 등이 그 예이다. 이러한 상황의존형 어미는 억양에 의하여 그 하위범주가 변별된다. 예를 들어 상황의존형 어미 〈-어〉는 문맥에 따라 네 의향법을 모두 실현한다. 그런데 그 문맥을 변별해 주는 것이 바로 억양이다. 내림억양은 서술법, 올림억양은 의문법을 실현한다. 따라서 의향어미 가운데 상황의존형 어미는 억양과 함께 의향법의 문법범주를 실현한다. 이것이 음운적 방법에 의한 문법범주의 실현이다.

한편 다음과 같은 접속어미 〈-(느)- ㄴ데〉, 〈-었-거든〉과 명사화어미 〈-음〉, 〈-기〉에 의해서도 의향법이 실현되는데, 이는 이들이 본래 가지고 있던 문법기능에서 전용된 예이다. 문장 6), 7)에서 이들은 의향법의 문법적 관념을 실현하고 있다. 물론 이들 접속어미, 명사화 어미들도 역시 굴곡적 방법으로 문법범주가 실현된 셈이다.

6) ㄱ) 어제는 비가 왔는데-요.
   ㄴ) 어제는 비가 왔거든-요.
7) ㄱ) 모두 집으로 감(=가-음).
   ㄴ) 모두 집으로 가기.

이와 같은 논의를 바탕으로 하면 의향법의 실현방법은 다음과 같다.

8) 의향법의 실현방법
　음운적 : ○ 상황의존형 의향어미일 경우, 억양에 의하여
　굴곡적 : ⊙ 의향어미에 의하여
　　　　　○ 기능이 전용된 접속어미, 명사화 어미에 의하여

위에서 보는 바와 같이 의향법은 굴곡적 방법인 의향어미에 의하여 실현된다. 이제 이러한 의향어미들을 그 특성과 함께 제시하기로 한다. [4]

[1] 서술어미　서술법은 다시 평서법, 감탄법, 약속법으로 하위범주화되므로 서술어미는 평서어미, 감탄어미, 약속어미로 나뉜다.
　[평서어미]
　⟨-다⟩ : 어간에 바로 결합하기도 하고, 시제어미 ⟨-었-⟩, ⟨-겠-⟩, ⟨-느-⟩(⟨-는-⟩, ⟨-ㄴ-⟩으로 실현), [5] ⟨-더-⟩와 주체높임어미 ⟨-으시-⟩를 앞세워 결합할 수 있다. 동사의 경우 현실법의 시제에서는 ⟨-는/ㄴ-다⟩로 실현되는 것이 보편적인데 ⟨-φ-다⟩로 실현되는 경우에는 중립적인 표현이 된다. 문장 9ㄱ)에 대하여 9ㄴ)은 중립적인 표현이다. 그리고 10)에서처럼 ⟨-더-, -으리-⟩와 결합하거나 지정사 ⟨-이-⟩와 완형 동사구 내포어미 ⟨-고⟩ 사이에 결합할 때 ⟨-라⟩로 변동한다.

　9) ㄱ) 철수는 책을 읽-는-다.
　　　ㄴ) 철수는 책을 읽-다.

---

4) 의향어미들의 형태소 확인은 최현배(1971), 고영근(1976), 남기심·고영근(1985)에서 전반적으로 행해진 바 있다.
5) 시제어미 ⟨-느-⟩의 형태와 기능에 대한 전반적인 기술은 제7장, 특히 각주 7) 참조.

10) ㄱ) 철수는 책을 읽-더-라.

ㄴ) 철수는 책을 읽-으리-라.

ㄷ) 철수는 그 책을 재미있는 책-이-라-고 말했다.

〈-네〉: 어간에 바로 결합하기도 하고, 시제어미 〈-었-〉, 〈-겠-〉, 주체높임어미 〈-으시-〉를 앞세워 결합할 수 있다. 시제어미 〈-느-〉, 〈-더-〉와 결합할 수 없다.[6] 청자높임조사 〈-요〉가 결합할 수 있다.

〈-으이〉: 형용사 어간에 바로 결합하기도 하고 〈-더-〉를 앞세워 결합할 수 있다. 그러나 동사 어간에는 반드시 〈-더-〉를 앞세워 결합한다. 〈-더-〉를 앞세워 결합할 때에는 〈-데〉로 실현된다.

11) ㄱ) 오늘은 기분이 좋-으이.　　　　　　　(형용사의 경우)

ㄴ) 오늘은 기분이 좋-데(=좋-더-으이).　　　(형용사의 경우)

ㄷ) 철수는 책을 읽고 있-데(=있-더-으이)　　(동사의 경우)

〈-ㄹ세〉: 지정사 〈-이-〉에 결합한다.

〈-습-니-다〉, 〈-습-디-다〉: 어간에 바로 결합하기도 하고, 시제어미 〈-었-〉, 〈-겠-〉과 주체높임어미 〈-으시-〉를 앞세워 결합할 수 있다. 시제어미 〈-느-〉, 〈-더-〉와 결합할 수 없는 것은 〈습니다〉에 〈-느-〉가, 〈습디다〉에 〈-더-〉가 융합되어 있기 때문이다. 그리고 음운론적인 조건에 따라, 즉 모음 아래에서 〈-ㅂ니다〉로 변동한다.

평서어미에는 이외에 상황의존형 어미로서 〈-어, -지, -으오, -소〉가 있다. 그리고 〈습니다〉와 관련을 맺고 있는 옛스러운 형태인

---

6) 〈-네〉에 시제어미 〈-더-〉, 〈-느-〉가 앞설 수 없는 제약은 〈-네〉에 〈-느-〉가 융합되어 있기 때문이다. 다음에 제시할 의문어미 〈-나〉, 〈-니〉가 나타내는 이러한 제약도 마찬가지라 본다. 한편 이기동(1987)에서 〈-네〉의 의미를 〈화자가 무엇을 지각하는데 이것이 그의 생각과 다를 때〉로 풀이하였다.

〈-오리다, -올시다, -사오이다, -오이다〉 등과 〈-나이다〉가 있다. 그리고 앞에서도 언급하였듯이 〈-었-거든〉과 〈-은데〉도 쓰이는데, 이들은 접속어미로서 그 기능이 전용된 것이다. 〈-었-거든〉과 〈-은데〉에는 〈-요〉가 결합할 수 있다.

[감탄어미]

〈-구나〉: 어간에 바로 결합하기도 하고, 시제어미 〈-었-〉, 〈-겠-〉, 〈-느-〉(〈-는-〉으로 실현), 〈-더-〉와 주체높임어미 〈-으시-〉를 앞세워 결합할 수 있다. 다만 동사의 경우 현실법의 시제에서는 〈-는-구나〉로, 형용사와 지정사의 경우 현실법의 시제에서는 〈-구나〉로 실현된다. 〈-구나〉가 줄어진 형태인 〈-군〉에는 〈-요〉가 결합할 수 있다.

12) ㄱ) 하늘이 참 맑-구나.   (형용사의 경우)
    ㄴ) *저 자동차는 아주 빨리 달리-구나.   (동사의 경우)
    ㄷ) 저 자동차는 아주 빨리 달리-는-구나. (동사의 경우)
    ㄹ) 참 아름다운 꽃이-(로)구나.   (지정사의 경우)

〈-구만〉: 어간에 바로 결합하기도 하고, 시제어미 〈-었-〉, 〈-겠-〉, 〈-느-〉(〈-는-〉으로 실현), 〈-더-〉와 주체높임어미 〈-으시-〉를 앞세워 결합할 수 있다. 다만 현실법의 시제에서는 동사의 경우, 〈-는-구만〉으로 형용사와 지정사의 경우 〈-구만〉으로 실현된다. 그리고 〈-요〉가 결합할 수 있다.

감탄어미에는 이외에 상황의존형 어미로서 〈-어, -지, -구려〉가 있다. 그리고 이외에 옛스러운 형태인 〈-도다〉와, 〈-은/는/을 것을〉로 분석되는 〈-은걸, -는걸, -을걸〉의 형태가 있다.[7] 명령어미 〈-어라〉

---

7) 감탄법에 대한 본격적 연구인 노대규(1983)의 기술에 따르면, 감탄법을 서술법의 하위분류에 들어가는 한 종류로 보면서 감탄어미를 다음과 같이 설정하였다. (1) 아주높임 : -군요 (2) 예사높임 : -구려 (3) 예사낮춤 : -구먼, -군 (4) 아주낮춤 : -구나, -아라.

가 형용사와 결합할 경우에는 감탄법을 실현한다.

[약속어미]

〈-으마〉: 동사 어간에만 결합할 수 있다. 형용사, 지정사에 결합이 제약되며, 시제어미, 주체높임어미 등의 결합도 제약된다. 이러한 형태소 결합 제약은 다음에 기술할 바와 같이 약속어미의 특징이다.

〈-을게〉: 위의 〈-으마〉의 특성과 같으나, 〈-요〉가 결합할 수 있다.

〈-음세〉: 위의 〈-으마〉의 특성과 같다.

약속어미에는 이외에 상황의존형 어미로서 〈-어, -지〉가 있다.

[2] 의문어미

〈-으냐〉: 어간에 바로 결합하기도 하고, 시제어미 〈-었-〉, 〈-겠-〉, 〈-느-〉, 〈-더-〉와 주체높임어미 〈-으시-〉를 앞세워 결합할 수 있다. 그런데 동사 어간에 바로 결합하거나, 시제어미 〈-었-〉, 〈-겠-〉 등을 앞세울 때에는 반드시 〈-느/더-냐〉로 실현된다.

13) ㄱ) 철수는 책을 읽고 있-느-냐?　　　　　(동사의 경우)
　　ㄴ) 가을 하늘은 정말 높-으냐?　　　　　(형용사의 경우)
　　ㄷ) 이 책은 누구의 책이-냐?　　　　　　(지정사의 경우)
　　ㄹ) 있-었/겠-느-냐, 높-았/겠-느-냐, 책이-었/겠-느-냐
　　　　　　　　　　　　　　　　(〈-었-, -겠-〉을 앞세운 경우)

〈-니〉: 어간에 바로 결합하기도 하고, 시제어미와 주체높임어미를 앞세워 결합할 수 있다.

〈-나〉: 어간에 바로 결합하기도 하고, 시제어미 〈-었-〉, 〈-겠-〉과 주체높임어미 〈-으시-〉를 앞세워 결합할 수 있다. 그리고 〈-요〉가 결합할 수 있다.

〈-은가〉: 역시 어간에 바로 결합하기도 하고, 시제어미 〈-었-〉, 〈-겠-〉, 〈-느-〉, 〈-더-〉와 주체높임어미 〈-으시-〉를 앞세워 결합할

수 있다. 그리고 〈-요〉가 결합할 수 있다. 그런데 동사 어간에 바로 결합하거나, 시제어미 〈-었-〉, 〈-겠-〉 등을 앞세울 때에는 반드시 〈-느/더-ㄴ가〉로 실현된다.

〈-을까〉: 역시 어간에 바로 결합하기도 하고, 시제어미 〈-었-〉과 주체높임어미 〈-으시-〉를 앞세워 결합할 수 있다. 그리고 〈-요〉가 결합할 수 있다.

〈-습-니-까〉, 〈-습-디-까〉: 어간에 바로 결합하기도 하고, 시제어미 〈-었-〉, 〈-겠-〉과 주체높임어미 〈-으시-〉를 앞세워 결합할 수 있다. 시제어미 〈-느-〉, 〈-더-〉와 결합할 수 없는 것은 〈-습니까〉에 〈-느-〉가, 〈-습디까〉에 〈-더-〉가 융합되어 있기 때문이다. 그리고 음운론적인 조건에 따라, 즉 모음 아래에서 〈-ㅂ니까〉로 변동한다.

의문어미에는 이외에 상황의존형 어미로서 〈-어, -지, -으오, -소〉가 있다. 그리고 이외에 〈-으랴〉(-으리-어) 형태(14ㄱ)), 〈-을소-〉덧붙임형태(14ㄴ)) 〈-음〉 덧붙임형태(14ㄷ)), 그리고 〈-게〉(14ㄹ)) 등이 있다. 이들은 보편적 의문어미는 아니다.

14) ㄱ) 그 말을 어찌 우리 잊으랴 ?
   ㄴ) 〈-을소-냐/ -을소-ㄴ가〉
   ㄷ) 〈-나-ㅁ /-은가-ㅁ〉
   ㄹ) 이게 뭐-게 ?

한편 15세기 한국어나 현대 경상방언에서서와 같은, 문장 가운데 의문어가 있음과 없음에 따르는 의문어미의 형태적 분화는 현대 한국어에서는 없다. [8]

---

8) 중세 한국어와 현대 경상방언에서는 이러한 변별이 있다. 즉 설명의문법과 판정의문법에 따라 의문어미가 변별되는 현상이다. 허 웅(1975) 및 서정목 (1987) 참조.
   [15세기 한국어]
   의문어 있음 : 故園은 이제 엇더호-고?

[3] 명령어미

⟨-어라⟩ : 동사 어간에만 결합할 수 있다. 형용사, 지정사에 결합이
제약되며, 시제어미도 결합이 제약된다. 이러한 형태소 결합 제약은
명령어미의 특징이다. 형태론적 조건에 따라, 어간 ⟨가-, 오-, 하-⟩
아래에서 각각 ⟨-거라, -너라, -여라⟩로 변동한다. [9] ⟨-어라⟩의 변이
형태는 다음과 같다.

15) ㄱ) 음운론적 조건에 따라 : -어라, -아라
　　 ㄴ) 형태론적 조건에 따라 : -어라, -거라, -너라, -여라

⟨-으라⟩ : 동사 어간에만 결합할 수 있다. 형용사, 지정사에 결합이
제약되며, 시제어미도 결합이 제약된다. 이러한 형태소 결합 제약은
명령어미의 특징이다. 완형 동사구 내포문 구성(=인용절 구성)에 나
타나며, 단독으로도 쓰인다. 문장 16ㄱ)에 대해 문장 16ㄴ)은 중립
적인 표현이다.

16) ㄱ) 이 책은 꼭 읽어 보-아라.
　　 ㄴ) 이 책은 꼭 읽어 보-라.

⟨-게⟩ : 동사 어간에만 결합할 수 있다. 형용사, 지정사에 결합이
제약되며, 시제어미도 결합이 제약된다. 이러한 형태소 결합 제약은
명령어미의 특징이다.

　　　 의문어 없음 : 西京은 便安ᄒ-가 몯ᄒ-가?
　　　 [경상방언]
　　　 의문어 있음 : 니 어데 가-노?
　　　 의문어 없음 : 니 학교 가-나?
9) ⟨-거라⟩는 ⟨가다⟩ 외에도 ⟨-가다⟩ 복합동사, ⟨나다⟩ 및 ⟨-나다⟩ 복합동사,
　　⟨자다, 있다, 듣다, 서다, 죽다, 앉다, 꺾다, 먹다, 쓰다, 기다리다⟩ 등에도
　　결합이 가능하다.

〈-으십시-오〉: 동사 어간에만 결합할 수 있다. 형용사, 지정사에 결합이 제약되며, 시제어미도 결합이 제약된다. 이러한 형태소 결합 제약은 명령어미의 특징이다.

명령어미에는 이외에 상황의존형 어미로서 〈-어, -지, -으오, -구려〉가 있다. 그리고 이외에 〈-렴(으나)〉, 〈-소서〉 등이 있다. 한편 〈-으시오〉는 〈-으시-〉(명령문의 주체는 청자)와 〈-으오〉로 분석되는 형태이다.

[4] 청유어미

〈-자〉: 동사 어간에만 결합할 수 있다. 형용사, 지정사에 결합이 제약되며, 시제어미, 주체높임어미 등도 결합이 제약된다. 이러한 형태소 결합 제약은 청유어미의 특징이다.

〈-세〉: 동사 어간에만 결합할 수 있다. 형용사, 지정사에 결합이 제약되며, 시제어미, 주체높임어미 등도 결합이 제약된다. 이러한 형태소 결합 제약은 청유어미의 특징이다.

〈-읍시다〉: 동사 어간에만 결합할 수 있다. 형용사, 지정사에 결합이 제약되며, 시제어미, 주체높임어미 등도 결합이 제약된다. 이러한 형태소 결합 제약은 청유어미의 특징이다.

청유어미에는 이외에 상황의존형 어미로서 〈-어, -지, -으오, -구려〉가 있다.

[5] 상황의존형 어미

〈-어〉: 상황의존형 어미 중에서 가장 대표적이며, 서술법(평서법, 감탄법, 약속법), 의문법, 명령법, 청유법 모든 의향법을 다 실현할 수 있다. 〈-요〉가 결합하여 청자높임의 등급을 표시하며, 반드시 억양을 가진다.

〈-지〉: 〈-어〉와 같다. [10]

---

10) 〈-어〉와 〈-지〉의 의미 차이에 대해서는 장경희(1985 : 108-124) 참조.

〈-으오〉: 역시 모든 의향법이 다 가능하며, 억양을 가진다. 그러나 〈-요〉가 결합할 수 없다.

〈-소〉: 서술법, 의문법에 가능하며, 억양을 가진다. 〈-요〉가 결합할 수 없다.

〈-구려〉: 서술법(특히 감탄법), 명령법, 청유법에 가능하다. 그러나 〈-요〉가 결합할 수 없다.

이상의 의향어미들을 정리하면 다음 17)과 같다.

17) 현대 한국어의 의향어미

등급	서술법			의문법	명령법	청유법
	평서	감탄	약속			
1	-습니다 -습디다			-습니까 -습디까	-으십시오	-읍시다
2	-네, -으이, -ㄹ세	-구만,	-음세	-나, -은가, -을까	-게	-세
3	-다	-구나	-으마, -을게	-으냐, -니	-어라, -으라	-자
상황 의존	-어, -지, -으오, -소, -구려					

* 여기에서 〈등급〉은 어미형태에 따라 임의로 붙인 것이며, 1, 2, 3등급과 상황 의존형 어미들, 〈상황의존형 어미 + 요〉를 포함하여 청자높임법의 등급체계가 이루어진다. 따라서 이 도표에서 같은 서열에 속하는 어미들은 청자높임법에서 같은 등급이 된다.

〈-지〉의 의미를 [이미 앎]이라 하였다. 한편 이기동(1987)에서는 〈-지〉는 〈화자는 주어진 어떤 명제를 믿는 쪽으로 기울어져 있고, 청자도 마찬가지로 기울어져 있다고 판단할 때〉, 〈-어〉는 〈화자가 청자로부터 도전을 받거나 그에게 도전을 해야 한다고 느낄 때〉 쓰인다고 하였다.

5.3 의향법의 통사 특성

의향법과 관련하여 시제법, 높임법, 부정법, 그리고 접속문 구성, 내포문 구성에서 나타나는 통사현상을 기술하기로 한다. [11]

5.3.1 시제법 제약

시제법 제약 앞에서 의향어미들을 제시하면서 시제어미와의 결합 제약에 대하여 서술한 바 있다. 이를 바탕으로 의향법의 시제법 제약을 살펴보기로 한다. 의향법의 시제법 제약은 의향법의 의미적 특성에 기인한다. 행동수행성의 특성을 가지는 의향법은 시제법을 상당히 제약한다.

서술법의 평서법(문장 18ㄱ)), 감탄법(문장 18ㄴ))은 현실법(-느/ φ-), 완결법(-었-), 미정법(-겠-), 회상법(-더-) 등의 모든 시제법을 다 허용한다. 그러나 서술법의 약속법은 현실법만 허용하고, 나머지 시제법은 허용하지 않는다(문장 18ㄷ)). 이것은 평서법과 감탄법은 행동수행성의 특성이 없기 때문에 시제법의 제약이 없고, 약속법은 행동수행성의 특성을 가지고 있기 때문에 시제법의 제약이 있는 것으로 설명된다. 행동수행성과 관련을 맺는 의향법은, 그 행동의 수행과정을 진술하고 있는 것이 현실세계에서만 가능하기 때문에 현실법 외에는 시제법의 제약이 있는 것이다.

---

11) 의향법의 통사 특성과 관련하여 논의된 연구들은 다음과 같다. 제안문, 명령문에 대한 화용 분석은 양인석(1976), 김선호(1988)에서, 감탄문에 대한 종합적인 연구는 노대규(1983)에서, 변형에 의한 의향어미 삽입에 대한 논의는 이홍배(1971)에서 이루어진 바 있다. 한편 의향법과 부사어의 제약 현상은 김선호(1988), 최경자(1985)에서 분석된 바 있다.

18) ㄱ) 철수는 책을 읽는다/읽었다/읽겠다/읽더라.

　　ㄴ) 하늘이 참 맑구나/맑았구나/맑겠구나/맑더구나.

　　ㄷ) 내가 그 일을 하마/*했으마/*하겠으마/*하더마.

의문법의 경우는 평서법, 감탄법과 마찬가지로 모든 시제법을 허용하지만(문장 19)), 그러나 명령법이나 청유법의 경우는 약속법과 마찬가지로 시제법을 제약한다(문장 20)).

19) 철수는 책을 읽느냐/읽었느냐/읽겠느냐/읽더냐?

20) ㄱ) 네가 그 일을 해라/*하였어라/*하겠어라/*하더어라.

　　ㄴ) 우리가 그 일을 하자/*하였자/*하겠자/*하더자.

이와 같이 행동수행성의 특성을 가지는 의향법은, 그 행동의 수행과정을 진술하고 있는 것이 현실세계에서만 가능하기 때문에 현실법 외에는 시제법을 제약한다. 명령법은 청자의, 청유법은 청자와 화자의, 약속법은 화자의 행동수행과 관련을 맺고 있기 때문에 이렇게 제약이 있다.

5.3.2 높임법 제약

높임법 제약　의향법에서 청자높임법은 앞서 제시한 등급에 의해 실현되며, 주체높임법과 객체높임법은 의향법과 관련해서 통사적으로 비관여적이다. 다만 청유법과 약속법에서 주체높임법의 제약이 있다.

21) ㄱ) *우리가 그 일을 하시자.

　　ㄴ) *내가 그 일을 하시마.

문장 21)에서 주체높임을 허용하지 않는데, 이는 다음에 살피게 될 주어 제약과 관련을 맺고 있다. 청유법은 행동수행의 주체가 청자와 화자이고, 약속법은 화자 자신이기 때문에, 현대 한국어에서 화자 자신을 높이는 것은 용인되지 않는다. 따라서 주체높임법의 제약은 청유법과 약속법이 가지는 주어에 대한 제약 때문이다. 그런데 청유법의 의향어미 〈-읍시다〉에 〈-시-〉가 결합될 수 있다. 이것은 청자를 높이려는 의향이 강할 경우이다.

22) ㄱ) 우리 함께 갑시다.
   ㄴ) 선생님, 함께 가십시다.

5.3.3 서술어 제약

서술어 제약　행동수행성의 특성을 가지는 명령법, 청유법, 서술법의 약속법 등은 동사만 허용하고, 형용사, 지정사는 허용하지 않는다. 그러나 서술법의 평서법, 감탄법 그리고 의문법은 동사, 형용사, 지정사 모두 허용한다. 행동수행성을 가지는 의향법이 동사만 허용하는 것은 당연하다.

5.3.4 주어 제약

주어 제약　서술법의 평서법, 감탄법, 그리고 의문법은 주어에 대한 제약이 없으나, 행동수행성의 특성을 가지는 의향법은 주어 제약이 있다. 이들 의향법의 주어는 반드시 행동수행의 주체가 되어야 한다. 따라서 명령법은 행동주체가 청자이기 때문에 청자만 주어로 허용하며 (23ㄱ)), 청유법은 행동수행의 주체가 청자와 화자이기 때문에 청자와 화자를 함께 주어로 허용하며(23ㄴ)), 약속법은 행동수행의 주체가 화자이기 때문에 화자만 주어로 허용한다(23ㄷ)). 그리고 이들은 주어가 청자나 화자이기 때문에 주어가 표면에 실현되지 않는 경우가 대부분이다.

23) ㄱ) 네가 그 일을 하여라.
　　ㄴ) 우리가 그 일을 하자.
　　ㄷ) 내가 그 일을 할게.

5.3.5 부정법 제약

부정법 제약　서술법과 의문법에서는 〈아니하다〉 부정어가 쓰이고, 명령법과 청유법에서는 〈말다〉 부정어가 쓰인다.

24) ㄱ) 철수는 책을 읽지 않았다. /않았느냐?
　　ㄴ) 책을 읽을 때에는 한눈을 팔지 말아라/말자.

5.3.6 접속문 구성 제약

의향법과 접속어미　접속문 구성에서 선행절에 결합된 접속어미에 따라, 후행절의 의향법이 제약된다.

25) ㄱ) 아름다운 우리 말을 두고서, 외래어를 쓰고 있다.
　　ㄴ) 아름다운 우리 말을 두고서, 외래어를 쓰느냐?
　　ㄷ) 아름다운 우리 말을 두고서, 외래어를 쓰지 말아라.
　　ㄹ) 아름다운 우리 말을 두고서, 외래어를 쓰지 말자.

문장 25)에서는 네 개의 의향법이 모두 허용된다. 즉 접속어미 〈-고서〉에 의한 접속문 구성은 후행절의 의향법에 아무런 제약이 없다.

26) ㄱ) *날씨가 풀리거든, 산에 간다.

ㄴ) *날씨가 풀리거든, 산에 가느냐?

ㄷ) 날씨가 풀리거든, 산에 가거라.

ㄹ) 날씨가 풀리거든, 산에 가자.

문장 26)에서와 같이 접속어미 〈-거든〉은 서술법과 의문법을 제약한다. 그리고 명령법, 청유법 등의 행동수행성의 특성을 가지는 의향법은 허용한다(서술법의 약속법도 명령법, 청유법이 가지는 특성과 항상 같다). 다음 문장 27)에서 〈-느니〉는 의문법의 의향을, 28)에서 〈-어야〉는 명령법과 청유법을 제약하고 있다.

27) ㄱ) 철수와 같이 가느니, 가지 않겠다. /*가지 않겠느냐? [12]

ㄴ) 철수와 같이 가느니, 가지 말아라/말자.

28) ㄱ) 철수와 같이 가야, 그 일을 할 수 있다. /그 일을 할 수 있느냐?

ㄴ) *철수와 같이 가야, 그 일을 하여라/하자.

이와 같이 선행절에 결합된 접속어미에 따라 후행절의 의향법이 제약된다. 이러한 의향법과 접속문 구성의 제약에 대한 근거는, 명시적으로 설명이 되지는 않지만, 접속어미의 의미 특성이 의향법의 특성과 서로 어긋나는 데 있다고 본다. 특히 의향법의 특성 가운데 [행동수행성]이 관여한다고 생각한다. 명령법, 청유법, 그리고 서술법의 약속법이 똑같은 제약을 가지고 있다는 것이 이를 뒷받침해 준다. 그러면 이제 의향법과 접속문 구성의 제약현상을 기술하기로 한다. [13]

---

12) 다음 문장 (ㄱ)은 문법적인 문장으로 받아들여진다.

(ㄱ) 철수와 같이 가느니, 차라리 나와 같이 가지 않겠니?

그 이유는 이 문장이 궁극적 의미로는 청유법을 수행하고 있기 때문이다. 따라서 의향법 제약에서 담화의 궁극적 의미가 고려되면, 제약이 약화될 수 있다.

13) 그런데, 특정 조건으로 의향법이 제약을 받는 수가 있다. 이는 그러한 특정 조건이 제거만 되면 제약이 사라지게 되기 때문에 진정한 제약이라고 할 수가

[1] 서술법 제약 일반적으로 모든 접속어미가 서술법은 허용하는 것이 보편적이다. 다만 〈-거든〉에 의한 접속문 구성은 제약한다.

29) ㄱ) *날씨가 풀리-거든, 산에 간다.
   ㄴ) *날씨가 풀리-거든, 산에 가느냐?

〈-거든〉은 [조건]의 의미를 나타낸다. 문장 29)에서와 같이 〈-거든〉이 선행절에 결합된 접속문 구성은 서술법 및 의문법을 제약한다. 이것은 〈-거든〉이 포함하고 있는 의미 특성 때문이라 생각된다.[14] 왜

없다. 따라서 이러한 현상은 의향법의 접속어미 제약에서 제외되어야 한다. 다음과 같은 경우이다.

첫째, 시제법 제약의 경우인데, 〈-으니〉의 경우 〈-겠-〉과 결합하면 명령법, 청유법만 허용되고, 서술법, 의문법은 제약된다.

(ㄱ) 내가 집에 가겠으니, 따라오너라.
(ㄴ) *내가 집에 가겠으니, 따라온다.
(ㄷ) 내가 집에 가니, 따라온다.

(ㄴ)은 〈-겠-〉이 함께 쓰여서 서술법이 제약되지만, 〈-겠-〉이 없는 (ㄷ)은 서술법이 허용된다. 이러한 예는 〈-으면〉이 〈-겠-〉과 함께 결합할 때도 마찬가지이다.

둘째, 의향법 자체 제약의 경우인데, 명령법의 시제는 늘 현실법이어야 하기 때문에, 문장 (ㄹ)이 허용되지 않는다.

(ㄹ) *철수는 학교에 갔으며, 친구들을 만났자.
(ㅁ) 철수는 학교에 갔으며, 친구들을 만나자.

즉, 〈-으며〉는 선행절과 후행절의 의향법이 같기 때문에 〈-으며〉가 〈-었-〉과 결합되어 있는 접속문 구성의 후행절은 명령법이 제약되는 것이다.

14) 이 특성은 [행동수행성] 또는 [의도] 등이다. 왜냐하면 [행동수행성]을 가지는 명령법, 청유법, 그리고 서술법의 약속법과는 결합이 가능하기 때문이다.

(ㄱ) 날씨가 풀리거든, 갈게/가마.

그런데 서술법의 경우 〈-겠-〉이 결합하면 이 제약이 해제된다.

(ㄴ) 날씨가 풀리거든, 가겠다.

냐하면 조건의 의미를 나타내는 다른 접속어미 〈-으면〉, 〈-어야〉 등
은 서술법을 허용하기 때문이다(문장 30) 참조).

30) ㄱ) 날씨가 풀리-면, 산에 간다.
   ㄴ) 날씨가 풀리-어야, 산에 간다.

[2] 의문법 제약   의문법을 제약하는 것은 〈-거든〉 외에 접속어미
〈-지만, -으되, -느니, 그리고 -거니와〉 등에 의한 접속문 구성이다.

31) ㄱ) 날씨가 춥지만, 간다/*가느냐? /가거라/가자. [15]
   ㄴ) 날씨가 춥되, 나는 간다/*너는 가느냐? /가거라/가자.
   ㄷ) 그와 함께 가느니, 혼자 가겠다/*가겠느냐? /가거라/가자.
   ㄹ) 철수는 공부도 잘하거니와, 운동도 잘한다./*운동도 잘하느냐?

[3] 명령법, 청유법 및 약속법 제약   명령법과 청유법, 그리고 서술
법의 약속법을 제약하는 것은 접속어미 〈-어야, -건만, -어서, -느라
고, -자, -다시피, -은들, -으라고〉 등에 의한 접속문 구성이다.

문장 (ㄴ)은 담화에서는 약속법을 실현하기 때문이다. 이기갑(1987-ㄱ)에서
는 이러한 문제를 의도구문과 관련하여 검토한 바 있다.
   한편 이러한 제약현상을 구현정(1989-ㄷ)에서는 화용론적으로 설명하려 했
다. 서술법 제약은 준비규칙과 성실규칙으로 설명되며, 의문법 제약은 준비규
칙과 본질적 규칙으로 설명된다.
15) 그러나 [대조]의 다른 접속어미 〈-건만〉, 〈-어도〉는 이러한 의문법 제약이
   없다.
   (ㄱ) 날씨가 춥건만/추워도, 가느냐?
   혹 다음과 같은 문장이 가능한 것은 그것이 담화에서는 서술법(ㄴ)과, 청유
법(ㄷ)을 실현하기 때문이다.
   (ㄴ) 날씨가 춥지만, 그것이 무슨 문제가 됩니까?
   (ㄷ) 날씨가 춥지만, 우리 한번 가 볼까?

32) ㄱ) *철수와 같이 가야, 그 일을 해라/하자.

　　ㄴ) *날씨가 춥건만, 빨리 가거라/가자.

　　ㄷ) *철수도 가거니와, 너도 가거라/우리도 가자.

　　ㄹ) *값이 비싸서, 사지 말아라/말자.

　　ㅁ) *운동을 하느라고, 공부를 해라/하자.

　　ㅂ) *날씨가 풀리자, 곧 가거라/가자.

　　ㅅ) *너도 알다시피, 빨리 가거라/가자.

　　ㅇ) *날씨가 풀린들, 가거라/가자.

　　ㅈ) *보기에 좋으라고, 꽃을 꽂아라/꽂자.

[4] 제약 없음　앞에 든 문장 25)와 같이 접속어미 〈-고서〉에 의한 접속문 구성은 후행절의 의향법을 아무 제약 없이 허용한다. 접속어미 〈-고, -으며, -으면서, -고서, -은데, -으나(마), -어도, -으니, -으니까, -으면, -으러, -으려(고), -고자, -건대, -게(끔), -도록, -듯(이), -이, -다가, -을수록〉 등에 의한 접속문 구성이 그러하다.

5.3.7 완형 동사구 내포문 구성 제약

내포문 구성의 의향어미 제약　완형 동사구 내포문 구성(인용절 구성) (15.1.1 참조)에서는 내포문의 의향어미가 제약된다. 즉 서술문이 내포되는 경우, 내포문의 의향어미는 〈-다〉만 허용된다. 마찬가지로 의문문이 내포되는 경우에는 내포문의 의향어미는 〈-으냐〉, 명령문이 내포되는 경우에는 내포문의 의향어미는 〈-으라〉, 청유문이 내포되는 경우에는 내포문의 의향어미는 〈-자〉만 허용된다.

33) ㄱ) 나는 철수가 그 책을 읽었다-고 말했다.

　　ㄴ) 나는 철수가 그 책을 읽었느냐-고 물었다.

　　ㄷ) 나는 철수에게 그 책을 읽으라-고 말했다.

ㄹ) 나는 그 책을 읽자-고 제안했다.

　이와 같이 완형 동사구 내포문 구성(=인용절 구성)에서 내포문의 의
향어미는 반드시 청자높임법의 등급이 중화되었다고 볼 수 있는 어미
만 허용된다. 구체적으로 예를 들어 보면,

34) 서술법(평서법)의 경우
　　ㄱ) 철수가 그 책을 읽었다.
　　　→ 나는 철수가 그 책을 읽었다-고 말했다.
　　ㄴ) 철수가 그 책을 읽었네.
　　　→*나는 철수가 그 책을 읽었네-고 말했다.
　　　→ 나는 철수가 그 책을 읽었다-고 말했다.
　　ㄷ) 철수가 그 책을 읽었습니다.
　　　→*나는 철수가 그 책을 읽었습니다-고 말했다.
　　　→ 나는 철수가 그 책을 읽었다-고 말했다.
35) 의문법의 경우
　　ㄱ) 철수가 그 책을 읽었느냐?
　　　→ 나는 철수가 그 책을 읽었느냐-고 물었다.
　　ㄴ) 철수가 그 책을 읽었는가?
　　　→*나는 철수가 그 책을 읽었는가-고 물었다.
　　　→ 나는 철수가 그 책을 읽었느냐-고 물었다.
　　ㄷ) 철수가 그 책을 읽었습니까?
　　　→*나는 철수가 그 책을 읽었습니까-고 물었다.
　　　→ 나는 철수가 그 책을 읽었느냐-고 물었다.
36) 명령법의 경우
　　ㄱ) 그 책을 읽어라.
　　　→*나는 그 책을 읽어라-고 말했다.
　　　→ 나는 그 책을 읽으라-고 말했다.
　　ㄴ) 그 책을 읽-게.

→*나는 그 책을 읽게-고 말했다.

→ 나는 그 책을 읽으라-고 말했다.

ㄷ) 그 책을 읽-으십시오.

→*나는 그 책을 읽으십시오-고 말했다.

→ 나는 그 책을 읽으라-고 말했다.

37) 청유법의 경우

ㄱ) 그 책을 읽자.

→ 나는 그 책을 읽자-고 제안했다.

ㄴ) 그 책을 읽세.

→*나는 그 책을 읽세-고 제안했다.

→ 나는 그 책을 읽자-고 제안했다.

ㄷ) 그 책을 읽읍시다.

→*나는 그 책을 읽읍시다-고 제안했다.

→ 나는 그 책을 읽자-고 제안했다.

이와 같이 서술법에서는 〈-다〉만이, 의문법에서는 〈-으냐〉만이, 명령법에서는 〈-으라〉만이(〈-어라〉가 아님), 청유법에서는 〈-자〉만이 내포문에 허용된다. 서술법의 경우에는 문장 34)에서와 같이 평서법만을 살펴보았는데, 감탄법과 약속법의 경우는 다음과 같다. 문장 38)은 감탄법의 경우이고, 39)는 약속법의 경우이다.

38) 감탄법의 경우

ㄱ) 날씨가 꽤 춥구나.

→*날씨가 꽤 춥구나-고 말했다.

→ 날씨가 꽤 춥다-고 말했다.

ㄴ) 날씨가 꽤 춥구만.

→*날씨가 꽤 춥구만-고 말했다.

→ 날씨가 꽤 춥다-고 말했다.

39) 약속법의 경우 :

ㄱ) 내가 그 일을 하마.

　→ 내가 그 일을 하마-고 말했다.

　→ 내가 그 일을 하겠다-고 말했다.

ㄴ) 내가 그 일을 할게.

　→*내가 그 일을 할게-고 말했다.

　→ 내가 그 일을 하마-고 말했다.

　→ 내가 그 일을 하겠다-고 말했다.

문장 38)의 감탄법에서는 평서법으로 바뀌어 〈-다〉만 허용된다. 이는 감탄법은 평서법과 같은 의향법 범주, 서술법에 귀속되며, 서술법과 대등한 별도의 독자적인 의향법의 하위범주가 될 수는 없음을 뜻한다. 그러나 약속법의 경우는 문장 39)를 통해 다음 세 가지 사실을 보여 준다. 첫째, 약속어미 가운데 내포문에 실현되는 것은 〈-으마〉(청자높임의 등급이 〈-다〉와 같은)이다. 둘째, 평서어미 〈-다〉로도 자연스럽게 내포된다. 셋째, 〈-으마〉로 내포되기보다는 〈-다〉로 내포되는 것이 더 자연스럽다. 이러한 사실은 약속법의 중요한 통사 특성이 된다. 만약 〈-으마〉로 내포되는 것이 더 자연스럽다면, 서술법과는 별도로 독자적인 의향법으로 설정될 수 있을 것이다. 그러나 〈-다〉로의 내포가 가능하고, 또 그것이 오히려 훨씬 자연스럽다면 약속법은, 비록 어느 정도 독자적인 범주로 기능하지만, 서술법의 하위범주로 귀속될 수 있다는 근거가 될 것이다. 이를 통해 보면, 감탄법은 〈-다〉로만 중화되어 내포되고, 약속법은 〈-다〉와 〈-으마〉 두 가지로 내포된다. 이는 감탄법과 약속법이 서술법에 귀속되는 하위범주라는 사실과, 감탄법보다는 약속법이 훨씬 더 독자성이 있는 하위범주라는 사실을 시사해 준다.

5.3.8 통사 특성에 근거한 의향법의 하위범주

약속법의 지위　지금까지 의향법의 하위범주를 서술법, 의문법, 명령법, 청유법으로 설정하고, 이를 바탕으로 하여 의향법의 통사 특성을 기술하였다. 서술법은 평서법, 감탄법, 약속법 등으로 다시 하위범주화하여 특성을 서술하였는데, 그 가운데 약속법은 서술법의 다른 하위범주와는 꽤 다른 특성을 나타내었다. 평서법, 감탄법과 같은 특성도 있지만, 명령법, 청유법과 같은 특성도 있다(시제법 제약, 주어 제약, 서술어 제약, 접속문 구성 제약).

이러한 약속법의 통사 특성은 약속법의, 의향법 체계에서의 지위 설정에 어려움을 나타낸다. 약속법의 통사 특성을 보면, 명령법이나 청유법과 공통된 통사 특성을 많이 가지고 있는데, 이것은 모두 행동수행성이라는 특성에 따른 것이다. 즉 행동수행성이라는 특성 때문에 명령법, 청유법, 약속법이 공통된 통사 특성을 드러낸다. 근본적으로 의향법 체계에서 기준이 된, 청자에 대한 요구함이 있음과 없음이라는 점에서 볼 때 약속법은 명령법, 청유법과는 근본적으로 구별된다. 또한 부정법 제약, 완형 동사구 내포문 구성 제약(평서어미 〈-다〉로 내포된다는 점) 등도 명령법, 청유법과는 다르다. 결국 약속법은 서술법에 귀속되는 서술법의 하위범주이다. 이에는 다음의 두 가지의 근거가 뒷받침한다. 첫째, 화자가 청자에 대해 요구함이 없음. 둘째, 완형 동사구 내포문 구성(=인용절 구성)에서, 감탄법과 마찬가지로, 평서어미 〈-다〉로 내포됨. 이것은 현대 한국어에서 적어도 의향법의 독립된 범주가 되자면, 그 의향어미가 완형 동사구 내포문 구성에 허용되어야 한다는 사실을 말해 준다.

이상의 근거를 바탕으로, 약속법을 서술법의 하위범주로 그 지위를 설정하면서, 서술법을 다시 행동수행성의 관점에 따라 행동수행과 관련을 맺지 않는 평서법/감탄법과, 행동수행과 관련을 맺는 약속법으로 하위범주화한다. 한편 행동수행과 관련을 맺는 의향법은 명령법, 청유법 그리고 서술법의 하위범주인 약속법 등이라고 말할 수 있다.

의향법의 하위범주 체계 지금까지의 논의를 바탕으로, 현대 한국어의 의향법 하위범주 체계를 정리해 보면 다음 40)과 같다. 이와 같이 기본 의향법을 설정하는 통사적 증거로 완형 동사구 내포문 구성(=인용절 구성)의 제약, 내포될 수 있는 의향어미(-다, -으냐, -으라, -자)를 제시할 수 있다. [16)]

40) 의향법의 하위범주

[기준] 1 청자에 대하여 요구함이 있음/없음

     2 행동수행이 있음/없음

[하위범주 체계]

                        [기본 의향법]   [행동수행주체]

요구함(−)············ ① 서술법

              행동수행성(−)···평서법

                  감탄법

              행동수행성(+)···약속법 ··············[화자]

요구함(+)

   행동수행성(−)···② 의문법

   행동수행성(+)···③ 명령법·······································[청자]

         ④ 청유법······························[화자+청자]

참고문헌

고영근 1976, 「현대국어의 문체법에 대한 연구」, 《어학연구》 12-1, 서울대학교 어학연구소.

──── 1986, 「서법과 양태의 상관 관계」, 『국어학 신연구』(약천 김민수교수 화갑기념), 탑출판사.

---

16) 학교문법(1985/1991) 및 남기심·고영근(1985)에서는 감탄법을 평서법, 의문법, 명령법, 청유법과 대등하게 설정하고 있다. 그러나 위에서 서술한 통사 특성을 근거로 한다면, 약속법을 고려하지 않고 감탄법만을 따로 독립시키는 하위범주 체계는 타당하지 않다고 본다.

권재일 1984, 「현대국어의 약속문 어미 연구」, 《대구어문논총》 2, 대구
어문학회.

──── 1991, 「의향법과 그 통사 특성」, 《인문과학논총》 23, 건국대학교
인문과학연구소.

김선호 1988, 「한국어 행위요구월 연구」, 건국대학교 대학원 국어국문학
과 박사학위논문.

김승곤 1991, 『한국어 통어론』, 건국대학교 출판부.

김영희 1975, 「의문문의 이접적 특징」, 《문법연구》 2, 문법연구회.

김일웅 1990, 「의향법에 의한 월 분류의 문제점」, 《주시경학보》 5, 주시
경연구소.

남기심·고영근 1985, 『표준 국어 문법론』, 탑출판사.

노대규 1983, 『국어의 감탄문 문법』, 보성문화사.

──── 1990, 「한국어의 약속문 연구」, 《동방학지》 69, 연세대학교 국학
연구원.

박종갑 1987, 『국어 의문문의 의미기능 연구』, 홍문각.

서정목 1983, 「명령법 어미와 공손법의 등급──근대국어와 경상도 방언
의 경우」, 《관악어문연구》 8, 서울대학교 국어국문학과.

──── 1987, 『국어 의문문 연구』, 탑출판사.

서정수 1990, 『국어 문법의 연구 Ⅱ』, 한국문화사.

양인석 1976, 「한국어 양상의 화용론(1)」; 제안문과 명령문, 《언어》
1-1, 한국언어학회.

이기갑 1982, 「전남 북부방언의 상대높임법」, 《언어학》 5, 한국언어학
회.

이기동 1987, 「마침꼴의 의미 연구」, 《한글》 195, 한글학회.

이정 1978, 「서법의 정의와 분류」, 《말》 3, 연세대학교 한국어학당.

이홍배 1971, The Category of Mood in Korean Transformational
Grammar, 《어학연구》 7-1, 서울대학교 어학연구소.

임홍빈 1984, 「문장종결의 논리와 수행-억양」, 《말》 9, 연세대학교 한국
어학당.

장경희 1982, 「국어 의문법의 긍정과 부정」, 《국어학》 11, 국어학회.

───── 1985, 『현대국어의 양태범주 연구』, 탑출판사.

장소원 1986, 「문법기술에 있어서의 문어체 연구」, 《국어연구》 72, 서울
대학교 국어연구회.

최경자 1985, 「국어 명령문의 화행 분석」, 서울대학교 대학원 언어학과
석사학위논문.

최명옥 1976, 「현대국어의 의문법 연구──서부경남방언을 중심으로──」,
《논문집》 15, 학술원.

최현배 1971, 『우리 말본』, 네번째 고침판, 정음사.

한길 1991, 『국어종결어미 연구』, 강원대학교 출판부.

허웅 1983, 『국어학──우리말의 오늘·어제』, 샘문화사.

제 6 장

높임법

6.1 높임법의 개념

화자와 청자, 주체, 객체 문법범주는 문법적 관념의 실현이며, 언어 활동의 환경에 나타나는 요소들 사이의 관계가 문법적 관념이다. 언어 활동의 환경에 나타나는 요소들은 화자, 청자, 전달되는 언어내용, 그리고 시간과 공간이다. 전달되는 언어내용은 구체적으로 문장으로 실현되는데, 문장은 서술어와 이 서술어에 관여하는 몇몇 문장성분으로 구성된다. 그러한 문장성분 가운데 서술어와 1차적인 관계를 가지는 것이 주어이다. 문장 가운데 주어로 지시되는 사람이 있을 때, 이를 〈주체〉라 한다. 그리고 주어가 아닌 다른 문장성분들, 즉 목적어나 부사어를 객어라 하는데 객어로 지시되는 사람이 있을 때, 이를 〈객체〉라고 한다. [1] 이렇게 보면, 언어활동에 등장하는 사람은 화자, 청자, 주체, 객체 넷이다.

높임법의 개념과 체계 화자가 언어내용을 전달할 때에는 화자가 여러 가지 의향을 가지고 전달하게 되는데, 위에서 제시한 여러 대상,

---

1) 유동석(1991)에서는 객어를 〈동사구에 관할되는 명사구〉로 규정하였다.

곧 청자, 주체, 객체에 대하여 높임의 의향을 가지고 언어내용을 표현한다. 이와 같이 화자가 어떤 대상에 대하여 높임의 의향을 가지고 언어내용을 표현하는 문법범주가 높임법이다. [2] 흔히 한국어의 특징을 말할 때 외국어보다 높임법이 발달되어 있는 점을 들 정도로, 높임법은 한국어의 특징으로 지적되는 문법범주이다. 높임법이 언어활동에 등장하는 사람에 대해 화자가 높임의 의향을 표현한다는 점에서 화용론적 성격이 두드러진 문법범주이기도 하다.

이와 같이 높임법은 화자가 청자, 주체, 객체에 대하여 높임의 의향을 실현하는 문법범주이기 때문에, 높임의 의향이 어떤 대상에 있는가에 따라 청자높임법, 주체높임법, 객체높임법으로 체계화된다.

다음 문장 1)은 청자높임법과 관련한 문장이다. 1ㄴ)은 어미 〈-습니다〉[3]에 의해 화자가 청자에 대해 [높임]의 의향이 실현되어 있으나, 1ㄱ)은 어미 〈-다〉에 의해 그렇지 않다.

1) ㄱ) 철수는 어제 그 책을 다 읽었다.

---

2) 한국어 문법 연구에서 높임법에 대한 술어는 다양하게 사용되어 왔다. 높임법, 존대법, 대우법, 경어법(존경법, 겸양법, 공손법) 등이 대표적이다. 높임법에 대한 연구사적인 검토는 국어연구회(편)(1990) 참조.

3) 〈-습니다〉에서, 〈-다〉는 서술법을 실현하고, 청자높임을 실현하는 것은 〈-습-니-〉로 분석하여 기술하는 것은 허 웅(1983), 서정목(1990) 참조. 서정목(1990)에서는 〈-습-니-〉를 〈-습-느-이-〉로 분리하여 〈-습-〉은 화자겸양, 〈-이-〉(혹은 〈-잇-〉)는 청자높임의 형태소로 정밀분석을 하였다. 그러나 이 책에서는 〈-습-니-〉, 혹은 〈-습-느-이-〉로의 분석을 통시적 혹은 공시적으로 받아들인다 하더라도, 통사현상의 설명에서 꼭 필요한 기술이 아닌 경우에서는 〈-습니다〉를 하나의 단위로 기술하기로 한다. 〈-습니까/습디다/습디까〉도 마찬가지이다. 그리고 위에 제시한 〈-습-〉은 〈-으옵/으오-, -삽/사옵/사오-, -잡/자옵/자오-〉 등의 형태로 나타나기도 한다.

(ㄱ) 내가 들으니, 그 분은 대단히 훌륭하시다고 한다.
(ㄴ) 제가 들으니, 그 분은 대단히 훌륭하시다고 합니다.
(ㄷ) 제가 듣자오니, 그 분은 대단히 훌륭하시다고 하옵니다.

ㄴ) 철수는 어제 그 책을 다 읽었습니다.

문장 2)는 주체높임법과 관련한 문장인데, 2ㄱ)은 〈철수〉에 대해서 화자가 높임의 의향을 나타내지 않아 〈읽-φ-었-다〉로, 2ㄴ)에서는 〈선생님〉에 대해 화자가 높임의 의향을 나타냈기 때문에 〈읽-으시-었-다〉로 실현되어 있다.

  2) ㄱ) 철수가 그 책을 읽었다(=읽-φ-었-다).
     ㄴ) 선생님께서 그 책을 읽으셨다(=읽-으시-었-다).

문장 3)은 객체높임법과 관련한 문장인데, 3ㄱ)에서는 객어 〈영희〉에 대해서 화자가 높임의 의향을 나타내지 않아 〈주-었-다〉로, 3ㄴ)에서는 객어 〈선생님〉에 대해 화자가 높임의 의향을 나타냈기 때문에 〈드리-었-다〉로 실현되어 있다.

  3) ㄱ) 철수는 그 책을 영희에게 주었다.
     ㄴ) 철수는 그 책을 선생님께 드렸다.

이상의 논의를 바탕으로, 높임법의 개념과 체계는 다음과 같이 정리된다.

  4) 높임법의 개념과 체계
     ㄱ) 높임법의 개념 : 높임법은 화자가 청자와 언어내용 가운데 등장하는 대상인 주체와 객체에 대하여 높임의 의향을 실현하는 문법범주이다.
     ㄴ) 체계
        〈기준 : 높임의 대상이 누구냐에 따라〉
        청자높임법, 주체높임법, 객체높임법

6.2 높임법의 실현방법

높임법의 실현방법은 위에서 설정한 체계에 따라 서로 다르다. 그리고 이들은 역사적으로 변화해 왔다(제17장 17.2 참조). 15세기 한국어에서는 높임법의 주 실현방법은 어미에 의한 굴곡적 방법이었다. 청자높임법은 〈-으이-〉, 주체높임법은 〈-으시-〉, 객체높임법은 〈-ᄉᆞᆸ-〉에 의해 실현되었다. 그러나 이 가운데 현대 한국어까지 이어지는 것은 주체높임법의 〈-으시-〉뿐이다. 이는 문법범주 실현방법 변화의 한 예이다. 이제 이들 세 높임법의 실현방법들을 기술하기로 한다.

6.2.1 주체높임법

주체높임법의 실현방법 주체높임법은 문장의 주어가 지시하는 대상, 곧 그 문장이 서술하는 동작, 상태, 환언의 주체에 대하여 화자가 높임의 의향을 나타내는 문법범주이다. 현대 한국어에 있어서 주체높임법의 주된 실현방법은 어미 〈-으시-〉에 의한다.

5) ㄱ) 철수가 그 책을 읽었다.
   ㄴ) 선생님께서 그 책을 읽으셨다(=읽-으시-었-다).

문장 5ㄱ)과는 달리, 5ㄴ)에서는 주어인 〈선생님〉에 대해 화자가 높임의 의향을 실현하고 있다. 이와 같이 주체높임법의 주된 실현방법은 높임어미 〈-으시-〉에 의한다. 그러나 주체높임법은 조사에 의하여서도 실현된다(문장 6ㄴ) 참조). 주격조사 〈-가〉에 대해 〈-께서〉가 주체높임법을 실현한다. 이러한 높임어미 〈-으시-〉와 조사 〈-께서〉에 의한 것은 모두 굴곡적 방법에 의한 실현이다.

6) ㄱ) 철수-가 집에 간다.
   ㄴ) 아버지-께서 집에 가신다.

그런데 굴곡적 방법뿐만 아니라 주체높임법은 다음과 같이 어휘적 방법으로도 실현된다. [4]

7) ㄱ) 아버님께서 진지를 잡수신다.
   ㄴ) 선생님께서 학교에 계십니다.

문장 7)에서 〈아버님〉(〈아버지〉에 대하여), 〈진지〉(〈밥〉에 대하여), 〈잡수시다〉(〈먹다〉에 대하여), 〈계시다〉(〈있다〉에 대하여) 등은 어휘적 방법으로 주체높임법이 실현된 것이다. 즉 〈-님〉과 같은 파생접미사에 의하여 실현되기도 하고, 〈진지〉와 같은 높임명사에 의하여, 〈계시다〉와 같은 주체높임동사에 의하여 실현된다. 이러한 주체높임동사들의 몇 예를 제시하면 다음과 같다.

8) 먹다-잡수시다, 자다-주무시다, 있다-계시다, 아프다-편찮으시다, 죽다-돌아가시다

그런데 〈있다〉와 〈아프다〉의 경우 주체높임동사는 각각 〈있으시다〉와 〈계시다〉, 〈아프시다〉와 〈편찮으시다〉의 두 형식으로 실현되는데, 〈있으시다〉와 〈아프시다〉 형식은 간접높임에 쓰인다(6.3.2 참조).

9) ㄱ) 선생님께서 하루 종일 연구실에만 계신다.
   ㄴ) 오늘 오후에 선생님께서는 강의가 있으시다.

---

4) 어휘적 방법에 의한 높임법 실현에 대한 체계적인 고찰은 임홍빈(1990) 참조. 일련의 어휘선택과 관련하여 성립하는 대우법을 〈어휘적 대우〉라 하여 〈문법적 대우〉와 함께 높임법의 소재적 체계를 제시하였다. 위 논문에서는 이 책에서의 파생적 실현방법도 역시 어휘적 대우에 포함하고 있다. 파생접사 〈-님〉의 성격에 대한 논의도 위의 논문 참조.

10) ㄱ) 어머님께서 편찮으셔서 어제 입원하셨어.

　　ㄴ) 어머님께서는 수술한 자리가 그렇게 아프시대.

이상의 논의를 바탕으로 하면, 주체높임법의 실현방법은 다음과 같이 정리된다.

11) 주체높임법의 실현방법
　　어휘적 : ○높임명사에 의하여
　　　　　　○주체높임동사에 의하여
　　파생적 : ○높임접미사(-님)에 의하여
　　굴곡적 : ⊙주체높임어미(-으시-)에 의하여
　　　　　　⊙주격조사(-께서)에 의하여

6.2.2　객체높임법

객체높임법의 실현방법　객체높임법은 문장의 객어가 지시하는 대상, 곧 목적어나, 부사어 등이 지시하는 대상에 대하여 화자가 높임의 의향을 나타내는 문법범주이다. 현대 한국어의 객체높임법은, 15세기 한국어에서 〈-숩-〉으로 실현된 것과는 달리, 일정한 어미에 의해 실현되지 못한다. 다만 객어가 부사어일 경우, 부사격조사 〈-에게/한테〉에 대하여 〈-께〉에 의한 굴곡적 방법으로 실현된다.

12) ㄱ) 나는 이 책을 철수한테 주었다.

　　ㄴ) 나는 이 책을 선생님께 드렸다.

문장 12ㄱ)과 달리 12ㄴ)은 객어인 〈선생님〉에 대해서 높임의 의향을 실현한다. 그것은 바로 부사격조사 〈-에게/한테〉에 대하여 〈-께〉에 의한 것이다. 따라서 객체높임법의 굴곡적 방법의 실현은 객어가 부사어일 경우, 부사격조사에 의한다. 그런데 굴곡적 방법보다는 객체높임법은 다음과 같이 어휘적 방법으로 주로 실현된다.

13) ㄱ) 나는 이 책을 아버님께 드렸다.
　　ㄴ) 나는 어제 자네 춘부장을 찾아 뵈었었네.

　문장 13)에서 〈아버님〉(〈아버지〉에 대하여), 〈드리다〉(〈주다〉에 대하여), 〈뵙다〉(〈만나다〉에 대하여) 등은 어휘적 방법으로 객체높임법이 실현된 것이다. 즉 〈-님〉과 같은 파생접미사에 의하여 실현되기도 하고, 〈춘부장〉과 같은 높임명사에 의하여, 〈드리다〉와 같은 객체높임동사에 의하여 실현된다. 이러한 객체높임동사들의 몇 예를 제시하면 다음과 같다.

14) (객어가 목적어일 경우) 데리다-모시다, 보다-뵙다
　　(객어가 부사어일 경우) 묻다-여쭙다, 주다-드리다/올리다/바치다,
　　　　　　　　　　　　　　말하다-말씀드리다

　그런데 객체높임법은, 앞에서도 지적하였듯이, 15세기 한국어와는 달리 일정한 굴곡형태소에 의해서 실현되지 않고, 현대 한국어에 있어서는 그 쓰임도 아주 한정되어 있다. 주체높임법은 〈-으시-〉가 어떠한 동사, 형용사에서나 자유롭게 결합하여 쓰임이 아주 광범위한 데 비해, 객체높임법은 일정한 굴곡형태소가 따로 없고 다만 몇몇 특정 동사에 의해 실현될 뿐이다.
　이상의 논의를 바탕으로 하면, 객체높임법의 실현방법은 다음과 같이 정리된다.

15) 객체높임법의 실현방법
　　어휘적 : ○높임명사에 의하여
　　　　　　 ○객체높임동사에 의하여

파생적 : ○높임접미사 (-님)에 의하여
굴곡적 : ○부사격조사 (-께)에 의하여

6.2.3 청자높임법

청자높임법의 실현방법 청자높임법은 청자에 대하여 화자가 높임의
의향을 나타내는 문법범주이다. 청자높임법의 주된 실현방법은 어미
에 의한 굴곡적 방법이다. 청자높임법은 청자높임어미에 의하여 실현
된다. 문장 16)에서, 16ㄱ)은 〈-습니다〉에 의해 화자가 청자에 대해
높임의 의향이 실현되어 있으나, 16ㄴ)은 〈-다〉에 의해 그렇지 않다.
이와 같이 청자높임법은 전적으로 어미인 굴곡적 방법으로 실현된다.
문장 16)에서, 16ㄱ)은 〈-습니다〉에 의해 화자가 청자에 대해 높임
의 의향이 실현되어 있으나, 16ㄴ)은 〈-다〉에 의해 그렇지 않다.

16) ㄱ) 철수는 어제 그 책을 다 읽었습니다.
    ㄴ) 철수는 어제 그 책을 다 읽었다.

이와 같이 청자높임법은 전적으로 의향어미인 굴곡적 방법으로 실현
된다. 그리고 문장 17)과 같이 문장종결조사인 청자높임조사 〈-요〉에
의하여서도 청자높임법이 실현된다. 〈-요〉는 대부분의 상황의존형 의
향어미에 결합되어 청자높임법을 실현한다.

17) ㄱ) 철수는 어제 그 책을 다 읽었어.
    ㄴ) 철수는 어제 그 책을 다 읽었어-요.

그런데 역시 청자높임법도 어휘적 방법으로 실현된다. 문장 18)의
〈저〉(〈나〉에 대하여)가 그러하다. 화자겸양을 나타내는 〈저〉가 결과적
으로 청자높임을 실현하는 경우이다.

18) ㄱ) 나-는 학교에 간다.

   ㄴ) 저-는 학교에 갑니다.

한편 청자높임법은 청자를 부르는 말(문장성분으로는 독립어)을 통해서도 실현된다.[5] 부르는 말은 어휘적으로 항상 청자를 지시하기 때문에 화자의 청자에 대한 높임의 의향을 실현할 수 있다. 청자를 부르는 말과 청자높임법은 높임의 의향 실현에서 일치한다. 이것은 청자높임법에는 청자를 부르는 말이 상정될 수 있음을 뜻한다.

19) ㄱ) 선생님, 제가 다녀오겠습니다.

   ㄴ) 형, 내가 먼저 할게요.

   ㄷ) 철수-야, 이리 빨리 와 봐.

   ㄹ) 신-이시여, 우리가 착한 마음만 가지게 해 주소서.

이상의 논의를 바탕으로 하면, 청자높임법의 실현방법은 다음과 같이 정리된다.

20) 청자높임법의 실현방법

   어휘적 : ○높임명사(특히, 부르는 말)에 의하여

   파생적 : ○높임접미사(-님)에 의하여

   굴곡적 : ◉청자높임어미에 의하여

         ◉청자높임조사(-요)에 의하여

         ○호격조사에 의하여

청자높임의 등급 청자높임법은 청자높임의 의향에 따라 등급을 가진다. 위의 다른 두 높임법의 경우는 높임법이 실현되어 [높임]과 [높이

---

5) 청자높임법과 부르는 말과의 관계에 대해서는 유동석(1990-ㄱ, 1990-ㄴ), 김태엽(1992) 참조. 높임법 기술을 문장 내적인 문장성분과의 관련 속에서 검토하였다.

지 않음]이라는 두 가지 대립만 실현하지만, 청자높임법은 [높임]의 경우, 청자를 높이는 정도에 따라 여러 등급으로 나뉜다. 6)

청자높임법의 등급을 몇으로 나누느냐 하는 문제는 그리 간단치 않다. 그 근본 이유는 청자높임법의 등급 체계가 현대 한국어에서 동요되고 있기 때문이다. 세대에 따라서, 사회적 요인에 따라서 등급 의식이 동요되고 있는 현실이다. 그래서 우선 의향어미의 형태에 바탕을 두고 다음과 같이 등급을 설정하고자 한다.

서술법을 예로 들어 보기로 한다. 먼저 격식을 갖춘 형식과 격식을 갖추지 않은 형식으로 등급을 세워 볼 수 있다. 격식을 갖춘 형식을 격식체라 하는데, 이는 전형적 의향어미에 의해 실현된다. 격식을 갖추지 않은 형식을 비격식체라 하는데, 주로 상황의존형 의향어미(-어, -지, -군……)에 〈-요〉가 결합하여 실현된다. 이러한 격식체와 비격식체는 각각 [높임]과 [높이지 않음]으로 대립되는데, 격식체의 경우 [높임]은 그 정도에 따라 몇 등급으로 나뉠 수 있다. 이를 도표로 제시하면 다음과 같다.

21) 청자높임법의 등급 체계(서술법의 경우)

		[+격식]	[−격식]
[+높임]	1	-습니다	-어/지-요
	2	-으오	
	3	-네	
[−높임]		-다	-어/지

---

6) 청자높임의 등급에 대해서는 한국어 문법 연구에서 오랫동안 논의해 온 과제이다. 근본적으로 등급 체계의 변화가 이루어지고 있기 때문이다. 따라서 청자높임의 등급을 공시적으로 파악하기란 어려울 수밖에 없다. 청자높임의 등급에 대한 논의는 서정수(1984), 서정목(1990) 참조.

격식체에서 높임-1은 [아주-높임], 높임-2는 [보통-높임]이라 할
수 있으며, 높임-3은 [손아래-높임]이라 할 수 있다. 그런데 점차 높
임-2, 그리고 더 나아가서 높임-3은 현대 한국어에서 그 사용이 현격
히 줄어가고 있는 현실이다. 그래서 현대 한국어의 청자높임법은 점차
다음과 같은 등급으로 의식되어 가고 있다. 그리고 높임의 순서는
22)에서 제시한 순서와 대체로 일치한다.

22) 현대 한국어의 청자높임법의 등급

등급	서술법	의문법	명령법	청유법
1 [+높임, +격식]	-습니다	-습니까	-으십시오	-읍시다
2 [+높임, -격식]	-어/지-요			
3 [-높임, -격식]	-어/지			
4 [-높임, +격식]	-다	-으냐 -니	-으라/어라	-자

6.3 높임법의 통사 특성

6.3.1 높임법의 실현 조건

높임법의 실현 조건 높임법을 실현하는 조건은 곧 높임의 의향을 결
정짓는 조건이다. 대체로 화자와 대상자(청자, 주체, 객체)의 수직 관
계로서는 나이, 신분, 친족 관계 등이며, 수평 관계로서는 친밀도,
성별 등이다. 실제 이러한 조건이 함께 작용하여 높임의 의향을 결정
짓는다. 이러한 조건이 때로는 한 가지, 때로는 두 가지가 복합적으로
작용한다. 이들 조건들은 경우에 따라 서로 어긋나기도 하고, 화자의

심리적 태도가 깊이 적용하기도 하여 복잡한 양상을 보인다. 그런데 이러한 요소는 통사적으로는 잘 규명되지 않는다. 높임법은 앞에서도 밝혔듯이, 문법범주로서 통사적 성격을 가지지만, 화용론적 성격도 함께 가지고 있다.[7] 이러한 성격 때문에 높임법 실현에는 조건이 따른다. 그래서 높임법의 실현을 결정하는 데는 다음의 두 조건이 전제된다. [1] 화자의 의향 : 화자가 대상에게 높임의 의향을 가지고 있느냐 그렇지 않느냐, [2] 높임의 환경 : 화자가 높임의 의향을 실현할 수 있는 환경이 설정되어 있느냐 그렇지 않느냐.

화자의 의향 높임법을 실현하는 첫째 조건은, 화자가 대상에게 높임의 의향을 가지느냐 그렇지 않느냐 하는 것이다. 주체높임법의 예를 들어 보기로 한다. 다음 문장에서 주어는 화자의 높임의 의향을 받을 수 있다.

23) 민 선생님께서는 갑자기 시골로 가셨습니다.

그러나 〈민 선생〉에 대하여 화자가 높임의 의향을 가지지 않는다면, 다음 24)와 같이 표현한다.

24) 민 선생은 갑자기 시골로 갔습니다.

따라서 높임법의 실현은 화자가 대상에 대하여 높임의 의향을 가지느냐에 달렸다고 하겠다. 다만 그 문장을 언어상황에서 받아들일 수 있느냐 그렇지 않느냐 하는 것이 문제가 되는데, 이것은 문법성의 문제라기보다는 용인성의 문제가 된다.

---

7) 이러한 높임법의 성격 때문에, 높임법은 화용론적으로, 사회언어학적으로, 혹은 문화인류학적으로 연구되기도 하였다. 그 대표적인 연구는, 김정대 (1983), 박영순(1976), 왕한석(1986), 류구상·이상규·이기갑·현평효(1991), 이맹성(1975), 황적륜(1975, 1976-ㄱ, 1976-ㄴ).

높임의 환경 높임법을 실현하는 둘째 조건은, 화자가 높임의 의향을 실현할 수 있는 환경이 설정되어 있느냐 그렇지 않느냐 하는 것이다. 예를 들어 다음 문장을 대비해 보기로 한다.

25) ㄱ) 오늘 대통령이 국어정책에 관한 특별 담화를 발표하였습니다.
    ㄴ) 오늘 대통령께서 국어정책에 관한 특별 담화를 발표하셨습니다.

화자가 대통령에 대하여 높임의 의향이 없을 때에는, 위의 첫째 조건에 의해 문장 25ㄱ)으로 표현되지만, 높임의 의향이 있을 때에는, 문장이 표현되는 환경에 따라 위의 두 문장이 모두 가능하다. 예를 들어 같은 방송이라 하더라도, 객관성이 보장되어야 하는 일반 뉴스나 해설에서는 25ㄱ)이 선택되고, 그렇지 않은 대담 같은 데서는 25ㄴ)이 가능하다. 즉 아무리 대통령에 대한 높임의 의향이 있다 하더라도, 문장이 쓰이는 환경에 따라, 25ㄱ)이 가능하고 오히려 자연스러운, 곧 용인성이 높은 문장이 된다.

26) ㄱ) 세종대왕이 한글을 창제한 이래 500여 년이 지났다.
    ㄴ) 세종대왕께서 한글을 창제하신 이래 500여 년이 지났다.

마찬가지로 세종대왕에 대한 화자가 가지는 높임의 의향이 아무리 크다 하더라도 역사에 대한 객관적인 기술을 하는 자리에서는 26ㄴ)의 표현보다는 26ㄱ)의 표현이 더 용인성이 높다.
대상자 사이의 높임의 환경 높임의 환경은 다음과 같은 경우, 즉 대상자(청자, 주체, 객체) 사이의 관계에서도 고려 조건이 된다. 역시 주체높임법의 예를 들어 보기로 한다.

27) ㄱ) 큰형님께서 돌아오셨어요.
    ㄴ) 큰형이 돌아왔어요.

화자인 〈아우〉가 문장의 주체인 〈큰형〉에 대한 높임의 의향을 가질 때에는 당연히 문장 27ㄱ)이 실현되어야 한다. 그러나 아우가 이 말을 어떤 청자 즉, 누구에게 하느냐 하는 것이 고려된다. 즉 이 언어 표현의 환경에 청자가 누구로 나타나느냐의 문제이다. 우선 청자가 화자(=주체의 아우)의 친구거나 아우, 또는 주체의 친구 등일 때는 27ㄴ)보다는 27ㄱ)이 훨씬 더 용인성이 높은 문장이 된다. 문장 28ㄴ)보다는 28ㄱ)이 더 적절한 문장이다.

28) ㄱ) 작은형, 큰형님께서 돌아오셨어요.
    ㄴ) 작은형, 큰형이 돌아왔어요.

그러나 이번에는 청자가 화자의 아버지, 어머니, 선생님 등 손위일 경우에는 다음 문장에서 29ㄴ)이 적절한 표현이며, 29ㄱ)은 적절하지 못하다.

29) ㄱ) 할아버지, 큰형님께서 돌아오셨어요.
    ㄴ) 할아버지, 큰형이 돌아왔어요.

이번에는 다음과 같은 다른 예를 들어 보기로 한다.

30) ㄱ) 아버지 들어오셨니?
    ㄴ) 아버지 들어왔니?

〈형〉이 화자이고 〈동생〉이 청자인 환경에서는 당연히 문장 30ㄱ)이 적절한 문장이고, 30ㄴ)은 전혀 그렇지 못하다. 그런데 이번에는 화자가 〈청자의 할아버지〉(=주체의 아버지)인 환경에서는 30ㄴ)이 적절하다. 그러나 할아버지가 손자가 자기 아버지에 대해 가지는 높임의 의향을 고려하는 환경에서는 30ㄱ)이 쓰일 수도 있다. 시부모 앞에서

며느리가 자기 남편에 대하여 말하는 31)은 전자의 예이며, 자기 친구나 부인에 대한 이야기를 그들의 자식들에게 말하는 32)는 후자의 예가 된다. 즉 다른 환경 같으면, 〈집에 안 오셨습니다〉, 〈그 친구 집에 들어왔을까?〉, 〈당신 어디 가오?〉 등으로 표현할 관계인데, 31), 32)에서는 청자를 고려해서 높임법의 실현이 달리 나타났다.

31) 그이는 아직 집에 안 왔어요.
32) ㄱ) 아버지 들어오시면, 아저씨한테 전화하시라고 해라.
    ㄴ) 엄마 어디 가셨니?

이와 같이 화자와 청자, 주체 등의 관계에 의한 높임의 환경이, 화자가 대상에 대해 가지는 높임의 의향과는 별도로, 높임법을 실현하는 조건이 된다.

객체높임법의 경우 주체높임법의 경우뿐만 아니라, 객체높임법에서도 역시 높임의 환경이 조건으로 관여한다. 화자가 객체에 대해 높임의 의향을 가질 때, 그 환경에 어떠한 청자, 주체가 설정되느냐에 따라 객체높임법의 실현은 달라진다.

33) ㄱ) 제가 이 책을 형님께 드렸어요.
    ㄴ) 제가 이 책을 형한테 주었어요.

위 문장에서 화자는 객체인 〈형〉에 대한 높임의 의향이 있을 때, 당연히 33ㄱ)으로 표현해야 한다. 그러나 청자가 객체보다 더 높임의 대상이 되는 아버지나 할아버지일 환경에서는 33ㄴ)이 더 적절한 표현이 된다. 따라서 객체높임법에서도 청자라는 환경이 관여하고 있다. 마찬가지로 화자가 〈할아버지〉이고 청자가 〈손자(=주어의 아들)〉일 환경에서는 화자의 아들인 객체를 높여 표현하는 34ㄴ)이 적절하다.

34) ㄱ) 얘야, 이 책 아버지 주어라.

ㄴ) 얘야, 이 책 아버지 드려라.

객체높임법의 경우 주체도 환경에 관여한다.

35) ㄱ) 아버지께서 큰형께 이 책을 드렸다.
   ㄴ) 아버지께서 큰형한테 이 책을 주었다.

객체보다는 주체가 더 높임의 대상이 되는 환경에서는 그 객체는 화
자의 높이지 않음의 의향이 실현된 35ㄴ)이 적절한 문장이다.
  총괄 이상의 논의를 바탕으로 하면, 높임법의 실현 조건은 다음과
같다.

36) 높임법의 실현 조건
   [1] 주어진 수직 관계와 수평 관계에 나타나는 여러 요소를 통해 화
      자가 대상(청자, 주체, 객체)에 대하여 높임의 의향을 가지느냐
      의 여부
   [2] 주어진 상황에서 화자, 청자, 주체, 객체 등의 서로 관계가 높임
      의 환경을 충족하느냐의 여부

따라서 높임법은 위 두 조건이 사회적으로, 화용론적으로 결정되었
을 때 실현되는 문법범주라고 할 수 있다.

6.3.2 직접높임법과 간접높임법

  직접높임법과 간접높임법 높임법은 일반적으로 높여야 할 대상인 청
자, 주체, 객체 등에 대해 높임의 의향을 실현하는 것이지만, 그렇지
않고 높여야 할 대상의 신체 부분, 소유물, 생각 등을 나타내는 명사
를 통하여 높임의 의향을 실현하기도 한다. 이 때 앞의 것을 직접높임

법이라 하고, 뒤의 것을 간접높임법이라고 한다.

37) ㄱ) 할머니께서는 머리가 하얗게 세셨다.
　　ㄴ) 선생님께서는 댁이 가까우셔서, 걸어 다니십니다.
　　ㄷ) 회장님의 말씀이 타당하십니다.
　　ㄹ) 거기가 어디십니까?

　문장 37ㄱ)에서 〈세셨다〉(=세-시-었-다)의 주어는 〈머리〉이다. 〈머리〉는 〈할머니〉의 신체 부분이기 때문에 높임이 실현되었다. 마찬가지로 37ㄴ)에서 〈다니십니다〉의 주어 〈댁〉은 〈선생님〉의 소유물이기 때문에, 37ㄷ)에서 〈타당하십니다〉의 주어 〈말씀〉은 〈회장님〉의 것이기 때문에 높임이 실현되었다. 37ㄹ)의 〈어디십니까〉의 주어가 〈거기〉이지만, 전화를 받는 당신이 계시는 곳이기 때문에 간접높임법이 실현된 것이다.

　앞에서 밝힌 대로, 〈있다〉와 〈아프다〉의 경우 주체높임동사는 각각 〈있으시다〉와 〈계시다〉, 〈아프시다〉와 〈편찮으시다〉의 두 형식으로 실현되는데, 〈계시다〉와 〈편찮으시다〉는 직접높임에, 〈있으시다〉와 〈아프시다〉 형식은 간접높임에 쓰인다.

38) ㄱ) 선생님께서 하루 종일 연구실에만 계신다.
　　ㄴ) 오늘 오후에 선생님께서는 강의가 있으시다.
39) ㄱ) 어머님께서 편찮으셔서 어제 입원하셨어.
　　ㄴ) 어머님께서는 수술한 자리가 그렇게 아프시대.

참고문헌

강규선 1988, 「20세기 초기 국어의 경어법 연구」, 성균관대학교 대학원 국어국문학과 박사학위논문.

고영근 1974, 「현대국어의 존비법에 관한 연구」, 《어학연구》 10-2, 서울 대학교 어연.

김석득 1977, 「더낮춤법과 더높임법」, 《언어와 언어학》 5, 한국외국어대 학 언어연구소.

김영배·신현숙 1987, 『국어문법론──통사 현상과 그 규칙』, 한신문화 사.

김정대 1983, 「창원지역어 청자존대표현 '예'와 '요'──사회언어학적 접 근」, 《어문논집》 1, 경남대학교 국어교육과.

김태엽 1992, 「종결어미의 화계와 부름말」, 《대구어문논총》 10, 대구어 문학회.

남기심·고영근 1985, 『표준 국어 문법론』, 탑출판사.

류구상·이상규·이기갑·현평효 1991, 「경어 사용의 방언적 차이」, 《새 국어생활》 1-3, 국립국어연구원.

박병수 1984, 「통제 일치의 원리와 한국어 존칭어미」, 《언어연구》 4, 경 희대학교 언어연구소.

박양규 1980, 「존칭체언의 통사론적 특성에 대하여」, 《진단학보》 40, 진 단학회.

박영순 1976, 「국어 경어법의 사회언어학적 연구」, 《국어국문학》 72-73, 국어국문학회.

───── 1985, 『한국어 통사론』, 집문당.

서정목 1988, 「한국어 청자 대우 등급의 형태론적 해석 (1)」, 《국어학》 17, 국어학회.

───── 1990, 「한국어 청자 대우 등급의 형태론적 해석 (2)──〈오오체〉 에 대한 기술과 설명」, 『국어학논문집』(강신항교수 회갑기념), 태학 사.

서정수 1984, 『존대법의 연구──현행 대우법의 체계와 문제점』, 한신문 화사.

성기철 1985, 『현대 국어 대우법 연구』, 개문사.

왕한석 1986, 「국어 청자 존대어 체계의 기술을 위한 방법론적 검토」,

《어학연구》 22-3, 서울대학교 어학연구소.

유동석 1990, 「국어 상대높임법과 호격어의 상관성에 대하여」, 《주시경학
보》 6, 주시경연구소.

───── 1991, 「중세국어 객체높임법에 대한 통사론적 접근」, 『국어학의
새로운 인식과 전개』(김완진선생 회갑기념논총), 민음사.

이경우 1990, 「최근세 국어에 나타난 경어법 연구──개화기 신소설 자료
를 중심으로」, 이화여자대학교 대학원 국어국문학과 박사학위논문.

이규창 1992, 『국어존대법론』, 집문당.

이맹성 1975, 「한국어 존대어미와 대인 관계 요소의 상관 관계에 관한 연
구」, 《인문과학》 33-34, 연세대학교 인문과학연구소.

이익섭 1974, 「국어 경어법의 체계화 문제」, 《국어학》 2, 국어학회.

이익섭·임홍빈 1983, 『국어문법론』, 학연사.

임홍빈 1985, 「{-시-}와 경험주 상정의 시점」, 《국어학》 14, 국어학회.

───── 1990, 「어휘적 대우와 대우법 체계의 문제」, 『국어학논문집』 (강
신항교수 회갑기념), 태학사.

최현배 1971, 『우리 말본』, 네번째 고침판, 정음사.

한길 1986, 「현대국어의 반말에 관한 연구」, 연세대학교 대학원 국어국문
학과 박사학위논문.

허웅 1983, 『국어학──우리말의 오늘·어제』, 샘문화사.

황적륜 1975, Role of Sociolinguistics in Foreign Language Educa
tion with Reference to Korean and English Terms of Address and
Levels of Deference, Ph. D. Dissertation, Texas University.

───── 1976, 「국어의 존대법」, 《언어》 1-2, 한국언어학회.

───── 1976, 「한국어 대우법의 사회언어학적 기술──그 형식화의 가능
성」, 《언어와 언어학》 4, 한국외국어대학 언어연구소.

제 7 장

시제법

7.1 시제법의 개념

시제법 시제법은 언어내용 전달에서 시간과 관련을 맺는 문법범주
이다. 모든 문장은 동작이나 상태와 관련된 일을 나타내며, 이는 시간
표시의 대상이 된다. 언어내용이 전달되는 시점을 발화시라 하고, 일
(=동작이나 상태)이 일어나는 시점을 사건시라고 한다. 이러한 시간과
관련을 맺는 문법적 관념은 다음과 같은 세 가지가 있다 : 시제, 양상,
양태.

시제 시간과 관련을 맺는 관념에는 발화시에 대한 사건시의 시간적
인 위치를 나타내는 것이 있다. 발화시를 기준으로 해서 사건시가 앞
서 있는 경우, 사건시와 발화시가 같은 경우, 사건시가 뒤서는 경우
등이 있다. 이를 각각 과거, 미래, 현재라고 하는데, 이러한 문법적
관념을, 즉 발화시에 대한 사건시의 시간적인 위치를 나타내는 관념을
시제(tense)라고 한다.

1) ㄱ) 너는 지난 일요일에 뭐 했니 ?
   ㄴ) 친구들과 함께 관악산에 다녀 왔어.

2) ㄱ) 지금 어디 가니?

　　ㄴ) 도서관에 가.

3) ㄱ) 내일은 날씨가 좋겠다.

　　ㄴ) 아니야, 비가 올 거야.

문장 1)은 과거시제를, 문장 2)는 현재시제를, 문장 3)은 미래시제를 나타낸다. 이처럼 발화시에 대하여 어떤 일(=동작과 상태)의 시간적 위치를 나타내 주는 문법범주가 시제이다. 이러한 시제는 위에서 제시한 바와 같이 현재, 과거, 미래의 삼분 대립으로 인식되거나 또는 과거와 비과거, 현재와 과거 등 이분 대립으로 인식되기도 한다. 자연 세계의 시간에서는 현재, 과거, 미래의 구분이 분명하지만, 이것을 언어에서 범주화하는 방법은 일정하지 않기 때문이다.

양상　시간과 관련을 맺는 관념에는 시간의 흐름 속에서 일이 일어나는 모습을 나타내는 것이 있다. 발화시를 기준으로 해서 일이 일어나는 모습에는, 이어지고 있는 모습, 막 끝난 모습, 막 일어나는 모습, 되풀이되는 모습 등이 있다. 이를 각각 〈진행〉, 〈완결〉, 〈기동〉, 〈반복〉이라고 하는데, 이러한 문법적 관념을, 즉 발화시에 대한 사건의 일어나는 모습을 양상(aspect, 相, 時相)이라고 한다. 양상은 일정한 사건시와 발화시가 설정된 시간 영역 안에서 사건에 대한 시간적 양상을 나타내는 문법범주이다. 이렇게 볼 때, 시제는 상황 밖의 기준시와 관련하여 그 일의 시간적 위치를 정해 주는 데 반해서, 양상은 주어진 시간 안에서 일이 시간적으로 어떠한 모습으로 나타나는가를 나타낸다. [1] 양상의 가장 대표적인 것은 완결과 미완결의 대립이다. [2]

---

1) Lyons(1968 : 313)에 따르면, 양상은 본디 러시아어와 슬라브어에서 완료상과 미완료상을 구분하는 데서 비롯되었다.

2) 양상에 대한 여러 학자들의 개념과 정의가 다르게 나타나지만, 일반적으로 양상은 내적 시제의 구성요소와 관련되어 있다. 시제는 일의 순서에 중점을 둔다면 양상은 일의 내적 구조가 처음이냐, 중간이냐, 끝이냐 하는 데 관심을 둔다(Comrie 1976-ㄴ).

4) ㄱ) 철수는 학교에 갔다가(=가-았-다가) 왔다.
   ㄴ) 철수는 지금 학교에 가(=가-아) 있다.
5) ㄱ) 철수는 학교로 가다가(=가-ϕ-다가) 왔다.
   ㄴ) 철수는 지금 학교에 간다.

문장 4)는 〈학교에 간〉 동작이 완결되었거나 완결된 상태가 지속되는 모습을 나타낸다. 거기에 비해서 문장 5)는 그렇지 않다. 즉 4ㄱ)의 〈갔다가〉에서는 〈-았-〉에 의해서, 4ㄴ)의 〈가 있다〉에서는 〈-아 있-〉에 의해 완결상이 실현되어 있다.

〈끝남〉의 모습인 완결상이 대표적인 양상이지만, 이외에 〈시작〉, 〈진행〉 등의 모습도 있다. 이들이 각각 기동상, 진행상이다. 문장 6)은 기동상의 표현이며, 문장 7)은 진행상의 표현이다. 문장 6)에서 기동상은 〈-기 시작하다〉, 〈-어 지다〉와 같은 통사론적 구성에 의해, 문장 7)에서 진행상은 〈-기 계속하다〉, 〈-고 있다〉, 〈-는 중이다〉 등과 같은 통사론적 구성에 의해 실현된다. 물론 이 경우 〈시작하다, 계속하다, 중이다〉 등이 가지는 어휘적 의미가 관여하고 있다.

6) ㄱ) 이제 막 공부하-기 시작했다.
   ㄴ) 건강이 좋아 졌다(=좋-아 지-었-다).
7) ㄱ) 그는 공부하-기를 계속하였다.
   ㄴ) 그는 공부하-는 중이다.
   ㄷ) 그는 공부하-고 있다.

이외에도 문장 8)과 같은 반복상을 설정할 수 있다.

8) 그는 안개가 자욱하면, 호숫가에 가곤 한다(=가-고-는 하-ㄴ다).

양태 시간과 관련을 맺는 관념에는 일에 대한 화자의 심리적인 태도를 나타내는 것이 있다. 동작이나 상태를 지금-이곳의 현실세계에서 인식하기도 하고, 현실과 단절된 그때-그곳의 세계에서 인식하기도 한다. 또한 일에 대해 추측을 하거나 일에 대한 의지를 실현하기도 한다. 이를 각각 〈현실〉, 〈회상〉, 〈추정〉, 〈의지〉라고 하는데, 이러한 문법적 관념을, 즉 일의 시간과 관련한 화자의 심리적인 태도를 양태(modality)라고 한다.

9) ㄱ) 철수는 지금 학교에 간다.
   ㄴ) 영희는 비가 오는 날에는 꼭 호숫가로 나가더라.
   ㄷ) 철수는 내가 말하면 같이 가 줄 거야.
   ㄹ) 아무도 안 하면 나라도 해야겠다.

시제법 파악의 어려움   이상에서 언어내용 전달 과정에 시간과 관련을 맺는 문법적 관념들을 검토하였다. 시제, 양상, 양태는 모두 동작이나 상태의 시간을 표시하는 범주이다. 따라서 이들을 묶어 시간을 나타내는 하나의 문법범주로 설정할 수 있는데, 이 범주를 시제법이라 한다.

한 언어에서 시제법의 실현방법은 다양하다. 문장 4 ㄱ)의 〈-었-〉과 같이 굴곡형태소에 의해 실현되기도 하고, 문장 4 ㄴ)과 같이 통사론적 구성에 의해서 실현된다. 이에 대해서는 다시 살피겠지만, 이와 같이 시제법은 다양한 방법으로 실현된다. 그뿐만 아니라, 어느 한 굴곡형태소가 고정된 하나의 관념만을 실현하지도 않는다.

10) ㄱ) 나는 어제 시골에 갔다.
    ㄴ) 나는 내일 시골에 갔다가 올 거야.
11) ㄱ) 내일은 날씨가 좋겠다.
    ㄴ) 그는 어제 꽤 힘들었겠구나.
    ㄷ) 이번 대회 우승은 꼭 내가 해야겠다.

문장 10)에서 〈-었-〉이 과거, 완결 등을, 문장 11)에서 〈-겠-〉이 미래, 추정, 의지 등을 실현하고 있다. 즉 시제법을 실현하는 굴곡형 태소들이 시제, 양상, 양태의 세 관념 가운데 어느 것을 나타내고 있는가를 파악하기란 대단히 어렵다. 이 세 관념이 서로 별개로 작용하는 것이 아니고 늘 관련성을 가지고 시제법의 체계를 형성하고 있기 때문이다. 시제법의 체계를 파악하기 어려운 이유가 여기에 있다.

7.2 시제법의 실현방법

굴곡적 방법   시제법의 주된 실현방법은 굴곡적 방법이다. 첫째는 〈-었-〉, 〈-겠-〉, 〈-으리-〉, 〈-느-〉, 〈-더-〉와 같은 시제어미에 의한 것이고, 둘째는 〈-은〉, 〈-을〉, 〈-느-은〉, 〈-더-은〉과 같은 관형화 어미에 의한 것이다.[3] 이들 시제어미와 관형화 어미들은 모두 시제법의 관념을 실현한다.

12) ㄱ) 나는 어제 시골에 갔다.
　　ㄴ) 영희는 비가 오는 날에는 꼭 호숫가에 나가더라.

---

3) 제14장 접속문 구성에서 다루겠지만, 〈-어서〉, 〈-으려고〉, 〈-으면서〉 등의 접속어미도 시제법을 실현한다고 볼 수 있다.
　(ㄱ) 철수는 학교에 가서, 영희를 만났다.
　(ㄴ) 철수는 학교에 가려고, 영희를 만났다.
　(ㄷ) 철수는 학교에 가면서, 영희를 만났다.
　(ㄱ)에서 접속어미 〈-어서〉가 있으므로, 철수가 학교에 간 시점(선행절의 시점)이 영희를 만난 시점(후행절의 시점)보다 앞서 있는 것으로 해석된다. (ㄴ)에서는 〈-으려고〉에 의해 선행절의 시점이 뒤에 있는 것으로 해석되고, (ㄷ)에서는 〈-으면서〉에 의해 두 시점이 같은 것으로 해석된다. 이와 같이 특정 접속어미에 의해 선행절과 후행절의 시점이 결정되는데, 이들 접속어미에는 그러한 시제법의 특성이 내재해 있기 때문이다.

ㄷ) 이번 대회 우승은 꼭 내가 해야겠다.

ㄹ) 이 일은 내가 하리라고 마음 먹었었다.

13) ㄱ) 이 책을 읽은 사람들은 모두 감탄하였다.

ㄴ) 이 책을 읽는 사람들은 대체로 주부들이다.

ㄷ) 이 책을 읽을 사람들은 미리 신청하시기 바랍니다.

통사적 방법 시제법은 둘 이상의 형태론적 구성의 통합에 의한 통사론적 구성에 의해서도 실현된다.

14) ㄱ) 철수는 책을 읽고 있었다.

ㄴ) 철수는 집에 와 있었다.

문장 14ㄱ)에서 〈-고 있-〉 구성이 진행상을, 14ㄴ)의 〈-어 있-〉 구성이 완결상을 실현하는데, 이들이 통사적 방법이다. 시제법을 실현하는 통사론적 구성은 다음과 같은데, 대부분 의존동사 구문이다.

15) 통사적 방법에 의한 시제법의 실현

ㄱ) 진행상 실현 : -고 있-, -어 가/오-, -는 중이-, -는 중에 있-, -기 계속하-

ㄴ) 완결상 실현 : -어 있-, -어 버리-, -어 치우-, -어 놓-, -어 두-, -어 내-, -고 나-, -고 말-

ㄷ) 미정법 실현 : -을 것이-

ㄹ) 반복상 실현 : -고-는 하-, -어 대-, -어 쌓-

ㅁ) 기동상 실현 : -게 되-, -어 지-, -기 시작하-

어휘적 방법 시제법은 어휘적 방법으로도 실현된다. 이것은 특정한 단어에 시제법의 특성이 내재해 있는 경우이다. 첫째 시간부사의 경우가 그러하다.

16) 시간부사

늘, 지금, 곧, 방금, 이미, 벌써, 막, 장차, 아직, 언제나, 가끔, 종종, 자주, 어제, 오늘, 내일……

동사의 경우도 그러한데, 양상의 특성이 내재해 있어, 이 동사들은 이에 따라 통사 제약을 일으킨다. 양상의 특성을 나타내는 몇몇 동사들을 들어 보면 다음과 같다. [4]

17) 양상동사

시작하다, 계속하다, 종결하다, 끝내다, 마치다, 그치다, 멈추다, 잦다, 빈번하다, 되풀이하다, 거듭하다, 거푸하다……

총괄 이상의 논의를 바탕으로 하면, 시제법의 실현방법은 다음과 같이 정리된다.

18) 시제법의 실현방법
   ㄱ) 어휘적 : ○시간부사에 의하여
              ○양상동사에 의하여
   ㄴ) 굴곡적 : ⊙시제어미에 의하여
              ⊙관형화 어미에 의하여
   ㄷ) 통사적 : ○통사론적 구성에 의하여

---

4) 동사와 형용사를 양상의 특성에 따라 분류할 수 있다. 이 때 선택되는 양상의 의미 자질은 학자에 따라 서로 다르다. 油谷幸利(1978)에서는 [±상태성], [±결과성], [±순간성]을, 정문수(1984)에서는 [±상태성], [±결과성], [±순간성], [±한계성]을, 이남순(1981)에서는 [±동적], [±정적], [±국시적]을 설정하였다.

140

7.3 시제법의 통사 특성

시제법의 체계   현대 한국어에서 시제법을 실현하는 대표적 방법은
시제어미에 의한 것이다. 시제어미에는 〈-었-〉, 〈-겠-〉과 〈-으리-〉,
〈-느-〉, 〈-더-〉 등이 있다. 위에서도 밝혔듯이 이들 각각은 시제법의
어느 한 관념만을 실현하는 것이 아니다. 예를 들어 〈-었-〉은 과거시
제를 실현하기도 하며, 완결의 양상을 실현한다. 〈-겠-〉의 경우도,
미래시제를 실현하기도 하며, 추측이나 의지의 양태 의미도 실현한
다. 이처럼 하나의 형태소가 문맥에 따라 시제, 양상, 양태를 함께 나
타낸다. 이 점이 바로 한국어의 시제법 체계를 세우기 어려운 점이다.
따라서 이들 세 관념들을 함께 묶어 다음과 같은 기준을 바탕으로 시
제법의 체계를 세워 보기로 한다. 대체로 〈-었-〉은 이미 끝나 이루어
진 일을 나타내고, 〈-겠-〉과 〈-으리-〉는 아직 결정되지 않은 일, 또
는 추측적인 사실이나 의지를 나타내고, 〈-더-〉는 현실세계와 단절된
지난 일을 돌이켜 보거나 또는 경험한 일을 나타낸다. 그리고 방금 눈
앞에서 일어나고 있는 일이나, 그러한 것으로 생각하면서 기술할 때에
는 시제어미가 〈-느-〉 또는 영-형태(-ϕ-)로 나타난다. 이러한 네 가
지 관념은 대립되는 두 관념의 짝으로 풀이할 수 있다. 곧 현실적인
것과 그렇지 않은 것, 결정적인 것과 그렇지 않은 것의 대립으로 풀이
할 수 있다. 이를 [현실성]과 [결정성]이라는 관념의 기준으로 설정해
보면, 현실법, 회상법, 완결법, 미정법 등으로 시제법의 체계를 세울
수 있다. [5]

19) 시제법의 체계
    ㄱ) [현실성]
        있음──현실법 (-느-/-ϕ-)

---

5) 이와 같은 시제법 체계는 허 웅(1975 및 1983)에 바탕을 둔 것이다.

　　　　　　　없음──회상법 (-더-)
　　ㄴ) [결정성]
　　　　　　있음──완결법 (-었-)
　　　　　　없음──미정법 (-겠-, -으리-)

　시제법의 해석　시제로 보면, 대체로 현재시제는 현실법과, 과거시제는 완결법과, 미래시제는 미정법과 관련을 맺는다. 한편 시제어미들이 동사의 형태론적 구성에서 결합되는 순서는 다음과 같다.

$$20)\ \text{어간-주체높임어미-었-겠/으리-}\begin{Bmatrix}\text{느}/\phi\\\text{더}\end{Bmatrix}\text{-의향어미}$$

　이들 넷은 그 하나가 실현되거나 또는 둘, 셋이 겹쳐 실현된다. 예를 들어 문장 21)의 시제법 실현은 22)처럼 해석된다.

21) ㄱ) 철수는 책을 읽는다.
　　ㄴ) 철수는 책을 읽었다.
　　ㄷ) 철수는 책을 읽겠다.
　　ㄹ) 철수는 책을 읽더라.
　　ㅁ) 철수는 책을 읽었겠다.
　　ㅂ) 철수는 책을 읽었더라.
　　ㅅ) 철수는 책을 읽겠더라.
　　ㅇ) 철수는 책을 읽었겠더라.
22) ㄱ) 철수는 책을 읽$\phi\phi$는다.
　　ㄴ) 철수는 책을 읽었$\phi\phi$다.
　　ㄷ) 철수는 책을 읽ϕ겠ϕ다.
　　ㄹ) 철수는 책을 읽$\phi\phi$더라.
　　ㅁ) 철수는 책을 읽었겠ϕ다.
　　ㅂ) 철수는 책을 읽었ϕ더라.

ㅅ) 철수는 책을 읽 ϕ 겠더라.

ㅇ) 철수는 책을 읽었겠더라.

즉 문장 22 ㄱ)은 현실법의 실현으로, 문장 22 ㄴ)은 완결법의 실현
으로, 문장 22 ㄷ)은 미정법의 실현으로, 문장 22 ㄹ)은 회상법의 실
현으로 해석되며, 시제어미가 겹쳐 실현되어 있는 문장 22 ㅁ)은 완
결-미정법의 실현으로, 문장 22 ㅂ)은 완결-회상법의 실현으로, 문장
22 ㅅ)은 미정-회상법의 실현으로, 문장 22 ㅇ)은 완결-미정-회상법의
실현으로 해석된다. 이와 같이 체계를 세우게 되면, 문장에 실현되는
시제법을 모두 합리적으로 해석할 수 있게 된다. 그러면 이제 이러한
기본 시제법을 중심으로 시제법의 통사 특성을 차례대로 살펴보기로
하겠다.[6]

현실법   어떤 동작이나 상태가 방금 눈앞에 나타나고 있는 것을 기
술하거나, 방금 눈앞에 나타나 있는 것으로 생각하면서 기술하는 시제

---

6) 시제법 체계에 대한 주요 앞선 연구는 다음과 같다. 주시경(1910 : 99-101)
은 시제를 〈이 때(현재)〉, 〈간 때(과거)〉, 〈올 때(미래)〉로 삼분하였는데
〈간 때〉는 〈다 되어 잇는 것〉과 〈되엇다가 없어진 것〉을 뜻한다고 하고, 〈다
되어 잇는 것〉은 〈앗〉에 의해서, 〈되엇다가 없어진 것〉은 〈엇엇〉에 의해서 표
시된다고 기술하고 있다. 최현배(1971)에서는 시제를 〈더〉의 유무에 따라 〈바
로 때매김〉(직접시제), 〈도로 생각때매김〉(회상시제)으로 나누고 이들은 각각
〈움직임의 때〉를 기준으로 〈으뜸때〉(원시), 〈끝남때〉(완료시), 〈나아감때〉
(진행시), 〈나아가기 끝남때〉(진행완료시)의 네 가지로 다시 나누었으며 이
네 가지는 각각 〈이적〉(현재), 〈지난적〉(과거), 〈올적〉(미래)의 시제로 나타
나서 모두 스물네 가지 때매김의 체계를 형성하는 것으로 기술하고 있다. 그리
고 진행상(나아감)은 〈-고 있-〉, 〈-ㄴ다〉에 의해 표시되는 것으로, 완료상
(끝남)은 과거(지난적) 표시와 같은 꼴인 〈았〉에 의해 표시되는 것으로 기술
하였다. 나진석(1971)에서는 〈때, 상, 서법〉의 복합 범주로서의 시제 체계를
세웠으며, 남기심(1978)에서는 국어의 시제, 양상, 양태 범주에 대한 활발한
논의를 불러일으키게 했는데, 한국어에서 시제범주의 존재를 부정하고 양상과
양태 범주만을 인정하려 하였다.

법이 현실법이다. 따라서 시제로는 현재시제를 일반적으로 실현하는
데(문장 23ㄱ, ㄴ, ㄷ)), 미래시제도 실현할 수 있다(문장 23ㄹ)). 그리
고 이른바 영원한 진리를 표현할 때에도 이 시제법을 쓰는데(문장 23
ㅁ)), 영원한 진리는 현실적인 사실을 포함하기 때문이다.

　23) ㄱ) 나는 지금 책을 읽는다.
　　　ㄴ) 꽃이 참 아름답구나.
　　　ㄷ) 철수는 동생의 친구이다.
　　　ㄹ) 내년에 우리는 4학년이 된다.
　　　ㅁ) 지구는 둥글다. 그리고 스스로 돌며, 또한 태양 주위를 돈다.

현실법은 시제어미가 〈-느-〉 또는 영-형태(-φ-)로 실현된다.[7] 관

---

7) 15세기 한국어의 〈-ᄂᆞ-〉에 소급되는 현대 한국어의 〈-느-〉를 분석하는 견해
　는 대체로 다음과 같은 세 가지였다(김동식 1988 참조). 첫째, 후행 요소와
　합하여 하나의 형태소로 보는 견해인데, 〈-느-〉의 분포 제약과 문법 기술의
　간결성을 내세워 그 후행 요소와 합해서 한 형태소를 이루며 그 자체로는 형태
　소가 될 수 없다는 견해이다. 둘째, 모든 〈-느-〉를 독자적인 형태소로 기술하
　는 견해이다. 셋째, 〈-느-〉의 일부만 분석하여 하나의 형태소로 기술하는 견
　해이다. 결국 이러한 견해들은 〈-느-〉가 그 형태와 통사 기능의 측면에서 독
　자적인 형태소에서 점차 다른 형태소에 형태와 기능이 융합되어 형태와 기능이
　점차 약화되어 가고 있음을 의미한다. 따라서 이 책에서는 〈정도의 차이로 여
　러 가치를 인정하는 기술 방법〉에 따라 아래 제시하는 분포에 나타나는 〈-느
　-〉는, 회상법의 〈-더-〉와 대립하는, 독자적인 형태소로 설정하고 현실법을 실
　현하는 시제어미로 분석한다. 그러나 다른 경우에 나타나는 〈-느-〉는 후행 요
　소와 함께 하나의 단위로 기술하기로 한다 : 〈-습니다/습니까/습디다/습디까,
　-네/나/니, -느라고, -느니〉.
　　현실법 어미는 〈-느-〉와 영-형태(-φ-)이다. 이 둘은 상보적 분포를 이루기
　때문에 같은 형태소의 변이형태이다. 또한 〈-느-〉는 〈-느-, -는-, -ㄴ-〉 등
　으로 형태적인 변동이 심하여, 그 의미의 약화와 더불어 형태소로서의 지위가
　대단히 약화되어 가고 있다고 본다. 다음은 형태의 분포이다.

형절에서 현실법은 관형화 어미로 실현된다. 동사에는 ⟨-느-은⟩(⟨-는⟩으로 실현)이, 형용사와 지정사에서는 ⟨-은⟩이 나타난다.

24) ㄱ) 내가 읽는 책은 공상과학소설이다.
  ㄴ) 참 아름다운 꽃이구나.
  ㄷ) 세종대왕이 훌륭한 분인 것은 널리 알려진 사실이다.

한편 현실법은 시간부사와 함께 쓰여 시제를 분명히 한다. ⟨지금, 요즘, 현재⟩ 등과 함께 나타나면 현재시제가 분명해지고, ⟨내일, 앞으로, 장차⟩ 등과 함께 쓰이면, 미래시제가 분명해진다.

25) ㄱ) 나는 지금 공상과학소설을 읽는다.
  ㄴ) 나는 내일 그 친구와 만난다.

회상법 과거의 어느 때에다 기준을 두고, 화자가 그 때에 되어 나가던 일, 그 때에 직접 경험한 일, 따라서 현실과는 이미 관련을 끊게 된 일을 기술하는 시제법이 회상법이다. 현실성의 관점에서 현실법과 대립된다. 따라서 시제로는 과거시제와 관련을 맺는다.

[X-φ/느/는/ㄴ-Y]

X의 조건 \ Y의 조건		-다	-구나/구만/구려	-으냐/은가	-은데	-은	그밖
−었/겠		는/ㄴ	는	느	느	느	φ
+었/겠	+동사	φ	φ	느	느	느	φ
	−동사	φ	φ	φ	φ	φ	φ

(단, +동사는 동사, −동사는 형용사와 지정사, +었/겠은 ⟨어간-었-겠-⟩ 혹은 ⟨어간-었-⟩, ⟨어간-겠-⟩)

26) ㄱ) 철수가 그 때는 열심히 공부하더라.

　　ㄴ) 어제 날씨가 몹시 춥더구나.

　　ㄷ) 그는 아직 학생이더라.

회상법은 시제어미 〈-더-〉에 의해 실현된다. 26)은 화자가 주어에 대하여 직접 목격한 것을 회상하여 청자에게 전달하고 있다. 그런데 보통 주어가 화자 자신일 때 서술법에서는 회상법이 실현되지 않는다. 그러나 문장 28)과 같이 화자를 객관화한 경우에는 그러한 제약이 해제된다.

27) *나는 어제 집에서 공부하고 있더라.

28) 어제 밤 꿈에 보니까, 나는 집에서 공부하고 있더라.

회상법은 관형절에서는 〈-더-은〉(〈-던〉으로 실현)이 나타난다.

29) ㄱ) 그것은 내가 읽던 책이다.

　　ㄴ) 내가 보았던 것은 커다란 코끼리였다.

　　ㄷ) 아름답던 꽃이 떨어지기 시작하였다.

그러나 〈-더-〉 단독으로 쓰였을 때와는 다른 점이 많다. 29ㄱ, ㄴ) 과 같이 주어가 1인칭일 때도 쓰이고, 29ㄴ)과 같이 〈-었-〉과 결합되어 동작의 완결을 나타낼 수 있다.

완결법　이미 이루어지거나 완결된 일, 또는 그 상태를 지속, 유지하고 있는 일을 기술하는 시제법이 완결법이다. 따라서 시제로는 주로 과거시제를 실현한다.

30) ㄱ) 나는 설날 고향에 다녀왔다.

　　ㄴ) 지난 겨울에는 날씨가 무척이나 추웠다.

ㄷ) 그녀는 아직 40대의 나이였다.

완결법은 시제어미 〈-었-〉에 의하여 주로 실현된다. 〈-었-〉은 완결
을 의미 특성으로 한다. 그런데 이 〈-었-〉의 의미 특성에 대한 정확
한 판단은 쉽지 않다. 다음 예에서 〈-었-〉은 단순히 과거로는 설명
되지 않는다(남기심 1978).

31) ㄱ) 철수는 집에 가다가 왔다.
    ㄴ) 철수는 집에 갔다가 왔다.

31ㄱ)의 〈가다가〉는 과거의 일인데 〈-었-〉이 결합되지 않았다.
〈-었-〉을 결합하면 31ㄴ)과 같이 되는데, 31ㄱ)과 31ㄴ)의 〈가는〉
동작이 이루어진 것은 모두 과거의 일이며, 그들 사이에 시간상의 선
후 관계가 있는 것은 아니다. 다만 31ㄱ)은 목적지까지 다 가지 않고
중단한 것이며, 31ㄴ)는 목적지까지 다 가서 일단 그 〈가는〉 동작이
완결되었음을 보인다. 이것으로 보면, 〈-었-〉은 과거의 의미보다는
완결의 의미를 갖는다.[8]
관형절에서 완결법은 관형화 어미로 나타난다. 동사에는 〈-은〉이,

---

8) 최성호(1987)에서는 〈-었-〉의 기본 의미가 과거나 완결 또는 완결지속으로
는 설명될 수가 없다고 하여 그 기본 의미를 [이루어짐]으로 설정하였다. 이
의미 특성은 동사의 양상적 특성에 의해, 결과상, 순간상이면, 〈결과상태지
속〉으로, 완성상이면 〈완결지속〉으로, 상태상, 과정상이면 〈과거〉로 실현된다
고 하였다.
이효상(1991)에서는 이제까지의 〈-었-〉에 관련되어 제시된 여러 가지 의미
들은 화자의 목표나 관심과 같은 문맥적 요소에 의존한 것이지, 〈-었-〉의 기
본 의미는 아니라고 하면서, 이러한 문맥적 다양성을 설명할 수 있는 불변의
의미를 찾아야 하는데, 그것을 [앞섬]이라고 하였다. 이것은 시제나 양상에 중
립적이며, [앞섬]의 〈-었-〉은 단순히 과거뿐만 아니라 과거의 경험, 완결, 결
과의 완료 등을 나타내기도 한다고 하였다.

형용사와 지정사에서는 〈-더-은〉(〈-던〉으로 실현)으로 나타난다.

32) ㄱ) 그 책을 읽은 사람들은 모두 감탄하였다.
　　ㄴ) 아름답던 옛 모습을 이젠 찾을 수가 없군요.
　　ㄷ) 학생이던 지난 시절이 그리워집니다.

동사의 경우 관형절에 〈-었-는〉도 나타나지만, 의존명사 구문에서는 자연스러우나, 자립명사 구문에서는 그렇지 못하다.

33) ㄱ) 모두가 그 책을 읽-었-는 모양이더라.
　　ㄴ) *그 책을 읽-었-는 사람들은 모두 감탄하였다.

이미 끝난 일이 오래전에 이루어졌음을 나타내기 위해서 〈-었었-〉의 형태가 쓰인다. 그래서 이미 완결된 상태가 지속되어 있지 않은 일을 나타낼 때에도 〈-었었-〉이 쓰인다.

34) ㄱ) 작년에는 관악산 등산을 자주 했었다.
　　ㄴ) 할아버지께서는 젊으셨을 때 대단히 건강하셨었다.
　　ㄷ) 영희는 학창시절에 우등생이었었다.

한편 완결, 완결한 상태의 지속을 실현하기 위하여 통사론적 구성 〈-어 있-〉이 쓰인다(문장 14ㄴ) 참조). 이것은 완결법의 통사적 실현 방법이다. 〈-어 있-〉뿐만 아니라, 〈-어 버리-, -어 치우-, -어 지-, -어 두-, -어 놓-, -어 내-, -고 나-, -고 말-, -다가 말-〉 등도 완결법을 실현하는 통사론적 구성이다.

　미정법　방금 또는 장차 일어날 일을 기술하거나, 또는 추측이나 의지를 기술하는, 즉 이미 완결된 일이 아닌 사실을 기술하는 시제법이 미정법이다. 따라서 시제로는 미래시제를 일반적으로 실현한다.

35) ㄱ) 내일도 날씨가 몹시 춥겠다.
　　ㄴ) 제가 그 일을 하겠어요.

　문장 35)에서 〈-겠-〉이 미래시제로 쓰였다. 사건시가 모두 발화시
보다 뒤이다. 그러나 〈-겠-〉은 단순히 미래시제만 나타내는 것이 아
니라, 추측과 의지의 양태의 의미도 실현한다. 35ㄱ)의 〈춥겠다〉에는
추측, 35ㄴ)의 〈하겠어요〉에는 의지가 실현되어 있다. 그래서 문장
36)에서는 〈-겠-〉이 미래가 아닌, 현재나 과거의 일을 추측하는 데에
도 쓰였다.

36) ㄱ) 지금은 고향에 꽃들이 만발하겠지.
　　ㄴ) 어제 굉장히 기분이 좋았겠네.

　미정법은 시제어미 〈-겠-〉뿐만 아니라, 〈-으리-〉로도 실현된다. 그
러나 현대 한국어에서는 〈-으리-〉의 사용은 대단히 제한적이다. 다음
37)과 같이 몇몇 환경에 한정된다. 이들은 물론 〈-겠-〉으로 대치될
수 있다.

37) ㄱ) 나 이제 가-리-라.
　　ㄴ) 내가 이제는 가-리-라-고 마음 먹었다.

　관형절에서 미정법은 관형화 어미 〈-을〉이 나타난다.

38) 이 책을 읽을 사람들은 미리 신청하시기 바랍니다.

　미정법은 부사와 함께 쓰여 시제법의 특성을 분명히한다. 〈내일,
다음에〉 등의 시간부사와 함께 나타나면 미래시제가 분명해지고, 〈아
마, 틀림없이〉 등과 함께 나타나면 추측의 관념이, 〈꼭, 반드시〉 등

과 함께 나타나면 의지의 관념이 분명해진다.

한편 미정법을 실현하기 위하여 통사론적 구성인 〈-을 것이-〉가 쓰인다. 이것은 미정법의 통사적 실현방법이다.

39) ㄱ) 내일은 아마 눈이 올 것이다.
　　ㄴ) 우리는 이번에 이 일을 기필코 하고 말 것이다.

시제법의 겹침　다음 문장에는 회상법, 완결법, 미정법 등이 겹쳐 실현되어 있다.

40) ㄱ) 철수가 책을 읽겠더라.
　　ㄴ) 철수는 책을 읽었더라.
　　ㄷ) 철수는 책을 읽었겠다.
　　ㄹ) 철수는 책을 읽었겠더라.

이들은 다음과 같이 시제어미가 결합한 결과이다.

41) ㄱ) 철수는 책을 읽ϕ겠더라.
　　ㄴ) 철수는 책을 읽었ϕ더라.
　　ㄷ) 철수가 책을 읽었겠ϕ다.
　　ㄹ) 철수는 책을 읽었겠더라.

문장 40)은 41)과 같이 시제어미의 겹침에 의해 시제 관념이 겹쳐 실현되는 것으로 해석된다. 즉 문장 40ㄱ)은 미정-회상법의 실현으로, 문장 40ㄴ)은 완결-회상법의 실현으로, 40ㄷ)은 완결-미정법의 실현으로, 문장 50ㄹ)은 완결-미정-회상법으로 해석된다. 현대 한국어에서 이러한 시제법의 겹침 현상은 다음과 같다.

42) 시제법의 겹침

ㄱ) -φ-겠-더-   미정회상법

ㄴ) -었-φ-더-   완결회상법

ㄷ) -었-겠-φ-   완결미정법

ㄹ) -었-겠-더-   완결미정회상법

진행상, 기동상, 반복상 한편 현대 한국어에서 〈진행〉, 〈기동〉, 〈반복〉 등의 양상을 실현하기 위해서는 통사론적 구성이 쓰인다. 이것은 진행상, 기동상, 반복상의 통사적 실현방법이다.

43) ㄱ) 진행상의 실현 : -고 있-, -어 가/오-, -는 중이-, -는 중에 있-

ㄴ) 기동상의 실현 : -게 되-

ㄷ) 반복상의 실현 : -고-는 하-, -어 대-, -어 쌓-

참고문헌

고영근 1965, 「현대국어의 서법 체계에 대한 연구——선어말어미의 것을 중심으로」, 《국어연구》 15, 서울대학교 국어연구회.

―――― 1980, 「국어 진행상 형태의 처소론적 해석」, 《어학연구》 16-1, 서울대학교 어학연구소.

권재일 1985, 『국어의 복합문 구성 연구』, 집문당.

김기혁 1989, 「진행구성의 문법범주」, 《배달말》 14, 배달말학회.

김동식 1988, 「선어말어미 {느}에 대하여」, 《언어》 13-1, 한국언어학회.

김선희 1987, 「현대국어의 시간어 연구」, 연세대학교 대학원 국어국문학과 박사학위논문.

김성화 1990, 『현대국어의 상 연구』, 한신문화사.

김영배·신현숙 1987, 『국어문법론——통사 현상과 그 규칙』, 한신문화사.

김영희 1981, 「회상문의 인칭제약과 책임성」, 《국어학》 10, 국어학회.

김차균 1980, 「국어 시제 형태소의 의미──회상 형태소 '더'를 중심으로」, 《한글》 169, 한글학회.

──── 1990, 『우리말 시제와 상의 연구』, 태학사.

──── 1990, 「관계절의 시제와 상위문 속에서의 연산」, 《한글》 207, 한글학회.

나진석 1971, 『우리말의 때매김 연구』, 과학사.

남기심 1978, 『국어문법의 시제문제에 관한 연구』, 탑출판사.

남기심·고영근 1985, 『표준 국어 문법론』, 탑출판사.

노대규 1977, 「상황소(Deixis)와 한국어 시제」, 《문법연구》 4, 문법연구회.

민현식 1991, 『국어의 시상과 시간부사』, 개문사.

서정수 1990, 『국어 문법의 연구 I』, 한국문화사.

성낙수 1975, 「한국어 회상문 연구」, 《문법연구》 2, 문법연구회.

안명철 1983, 「현대국어의 양상 연구──인식양상을 중심으로」, 《국어연구》 56, 서울대학교 국어연구회.

양동휘 1978, 「국어 관형절의 시제」, 《한글》 162, 한글학회.

옥태권 1987, 「국어 상-조동사의 의미 연구」, 부산대학교 대학원 국어국문학과 박사학위논문.

이기동 1981, A Tense-Aspect-Modality System in Korean, 《애산학보》 1, 애산학회.

이기용 1980, 「몬테규 문법에 입각한 한국어 시제어 분석」, 《언어》 5-1, 한국언어학회.

이남순 1981, 「현대국어 시제와 상에 대한 연구」, 《국어연구》 46, 서울대학교 국어연구회.

이익섭 1978, 「상대시제에 대하여」, 《관악어문》 3, 서울대학교 국어국문학과.

이익섭·임홍빈 1983, 『국어문법론』, 학연사.

이지양 1982, 「현대국어의 시상형태에 대한 연구──'-었-', '-고 있-', '-어 있-'을 중심으로」, 《국어연구》 51, 서울대학교 국어연구회.

이효상 1991, Tense, Aspect, and Modality: a Discourse-Pragmatic Analysis of Verbal Affixes in Korean from a Typological Perspective, Ph.D. Dissertation, University of California, Los Angeles

임홍빈 1980, 「{-겠-}과 대상성」, 《한글》 170, 한글학회.

────── 1982, 「선어말 {-더-}와 단절의 양상」, 《관악어문연구》 7, 서울대학교 국어국문학과.

장경희 1985, 『현대국어의 양태범주 연구』, 탑출판사.

장석진 1973, 「시상의 양상 ; '계속', '완료'의 생성적 고찰」, 《어학연구》 9-2, 서울대학교 어학연구소.

정문수 1984, 「상적 속성에 따른 한국어 풀이씨의 분류」, 《문법연구》 5, 문법연구회.

정희자 1988, The Function of Tense in Korean Narrative, 《언어》 13-2, 한국언어학회.

주시경 1910, 『국어문법』, 박문서관.

최성호 1987, 「현대 국어의 안맺음씨끝의 의미 연구──특히 '었'과 '더'를 중심으로」, 서울대학교 대학원 언어학과 석사학위논문.

최현배 1971, 『우리 말본』, 네번째 고침판, 정음사.

한동완 1991, 「국어의 시제 연구」, 서강대학교 대학원 국어국문학과 박사학위논문.

허웅 1983, 『국어학──우리말의 오늘·어제』, 샘문화사.

황병순 1987, 『국어의 상 표시 복합 동사 연구』, 형설출판사.

油谷幸利 1978, 「현대한국어의 동사 분류──Aspect를 중심으로」, 《朝鮮學報》 87, 조선학회.

Comrie, B. 1976, *Aspect,* Combridge University Press, Cambridge.

────── 1985, *Tense,* Cambridge University Press, Cambridge.

Lyons, J. 1968, *Introduction to Theoretical Linguistics,* Cambridge University Press, Cambridge.

제 8 장

사동법

8.1 사동법의 개념

사동법의 연구   다음 문장 1 ㄴ)은 문장 1 ㄱ)에 대한 사동 표현의 실현이다.

1) ㄱ) 철수가 책을 읽었다.
   ㄴ) 나는 철수에게 책을 읽게 하였다.

이러한 사동법에 대한 연구는 최근 언어연구에서 중요한 역할을 담당하고 있다. 특히 언어유형론적 관점에서 그러하다. 사동법은 한 언어에서뿐만 아니라, 언어 상호 간의 특징에 대한 연구가 의미론, 형태론, 통사론을 포함한 모든 언어현상의 기술에 관여하고 있기 때문에 그 연구가 중요성을 가진다. 이것은 근본적으로 사동법이 다양한 실현방법을 가지기 때문이다. 그 동안 사동법 연구가 다양한 실현방법과 그것과 관련한 의미문제 등에 관심을 가지게 된 것도 모두 이에 근거한 것이다. 그뿐만 아니라 언어학의 인접분야에서도 관심의 대상이 되고 있다. 예를 들어 철학에서는 사동의 본질에 대해서, 인지인류학에서는 인간의 지각과 사동범주의 관련성에 대해서 관심을 가진다.

한국어의 사동법에 대한 연구는 변형생성문법에 의한 연구가 시작된 이래 본격적으로 시작되었는데, 주로 사동법의 유형(실현방법), 사동법의 의미, 그리고 피동법과의 동질성 등에 관하여 연구가 이루어졌다.[1]

사동법의 개념　전통적으로 〈다른 것(객체)으로 하여금 그 움직임을 하게 하는 것〉, 또는 〈월의 임자가 직접으로 실질적 움직임을 하지 아니하고, 남에게 그 움직임을 하게 하는 형식적인 움직임〉을 사동으로 정의하고 있다(최현배 1971 : 350, 410). 이러한 개념을 달리 표현하면, 사동으로 표현되는 상황은 두 상황이 하나되어 나타나는 상황이라고 할 수 있다. 즉 〈원인〉과 〈결과〉라는 두 개의 상황을 하나의 복합 상황으로 표현하는 것이 사동 상황이다. 따라서 이러한 사동 상황을 실현하는 문법적인 방법을 사동법이라 할 수 있다. 다음 문장 3)은 사동법이 실현된 문장인데, 이는 2)와 같은 두 상황을 한 상황으로 표현한 것이다.

2) ㄱ) 철수가 갔다.
　　ㄴ) 나는 철수에게 시킨다.
3) 나는 철수를 가게 하였다.

그런데 2ㄱ)을 3)과 비교해 보면, 격이 이동되었음을 볼 수 있다. 다시 말하여 2ㄱ)의 〈철수〉가 주격에서 3)에서는 목적격으로 격이 이동하였으며, 또한 2ㄱ)에 대해서 3)은 〈나〉라는 주격이 새로 만들어

---

1) 한국어에 대한 사동법의 연구사적인 고찰은 김석득(1979), 최기용(1983) 참조. 특히 피동법과 사동법과의 관련성 문제는 사동법의 특성을 밝히는 데 있어서 대단히 중요한 과제가 되는데, 이에 대한 대표적인 논의는 박양규(1978), 이향천(1990) 등이다.

졌다. 대응하는 비-사동 표현보다 1개의 격을 사동 표현이 더 가지고 있다. 주격만 있는 비-사동문에서는 주격이 목적격으로 이동하고 새로운 주격이 만들어지며, 주격과 목적격이 있는 비-사동문에서는 주격이 부사격으로 이동하고 새로운 주격이 만들어지며, 주격과 목적격과 부사격이 있는 비-사동문에서도 주격이 또 다른 격으로 이동하고 새로운 주격이 만들어진다. 다음 문장들이 각각 이러한 예이다.

4) 물이 맑다.
   나는 물을 맑게 한다.
5) 철수가 간다.
   나는 철수를 가게 한다.
6) 철수가 책을 읽는다.
   나는 철수에게 책을 읽게 한다.
7) 철수가 친구에게 책을 준다.
   나는 철수에게 친구에게 책을 주게 한다.

위와 같이 서술어의 자리값에 따라 격이 이동한다. 한자리 서술어인 형용사의 경우 문장 4)와 같이 주격인 〈물〉이 목적격으로 이동하고, 새로운 주격 〈나〉가 만들어졌다. 역시 한자리 서술어인 자동사의 경우도 문장 5)와 같이 그러하다. 문장 6)과 같이 두자리 서술어인 타동사의 경우에 주격인 〈철수〉가 부사격으로 이동하고, 새로운 주격 〈나〉가 만들어졌다. 세자리 서술어인 문장 7)도 역시 그러하다.

결국 사동 표현은 어떤 상황의 주격을 다른 격으로 이동시키고, 새로운 행위자를 새 주격으로 끌어들여 자리값을 늘리는 표현, 즉 두 개의 상황을 하나의 복합 상황으로 표현하는 것이다. [2]

---

[2] Comrie (1976-ㄱ), Shibatani (1976), 박양규(1978), 김석득(1987), 송문준(1990)의 논의 참조. 특히 송문준(1990)에서는 사동과 피동의 관계를 다음과 같이 제시하였다.

8.2 사동법의 실현방법

실현방법의 층위 사동법의 실현방법은 형태적인 사동이 일반적이다. 그러나 어휘적으로 또는 통사적으로도 실현된다. 그러나 언어에 따라 그 실현방법은 일정하지 않다. Comrie(1989)에서는 사동법의 실현방법을 언어유형론적으로 설명하면서 다음과 같은 세 가지 유형을 설정하였다.

8) 사동법 실현의 세 가지 유형
  ㄱ) 어휘적 사동법
  ㄴ) 형태적 사동법
  ㄷ) 통사적 사동법

어휘적 사동법은 동사의 어근 자체가 사동 표현을 수행하는 경우이고,[3] 형태적 사동법은 파생적으로나 굴곡적으로 사동 표현을 실현하는 경우이다.[4] 그리고 통사적 사동법은 원인과 결과를 표현하는 분리

피동 ⟵ 능동 ⟶ 사동
　자리바꿈　　행위자 끌어들임
　자리 올림　　자리 내림
　자리값 줄임　자리값 늘임

3) 영어에서 비-사동동사 die에 대하여 kill로써 사동 표현이 실현되고, 러시아어에서 umeret에 대하여 ubit로써 사동 표현이 실현되는 것이 이러한 경우이다.

4) 이는 다음과 같은 두 가지 특징을 가진다. 첫째, 비-사동사에 형태적인 수단으로, 즉 접사를 첨가하여 실현한다. 터어키어의 사동접미법이 그 예인데, -t, -dır을 비-사동동사에 접미하여 사동 표현을 실현한다. 다음이 그러하다.

　　öl　　(die)　　öl-dür　　(kill)
　　göster　(show)　　göster-t　(cause to show)

된 두 동사로 실현하는 경우이다. [5]

이와 같은 사동법 실현의 세 가지 유형은 한국어의 문법범주 실현방법의 층위로 보면, 각각 어휘적, 파생적, 통사적 방법에 해당한다. 물론 이러한 세 방법의 사동법 실현에 대해서는 전통적으로도 기술되어 온 바 있다. 대표적으로 최현배(1971)에서 파생적 사동법을 첫째 하임법으로, 통사적 사동법을 둘째 하임법으로, 어휘적 사동법을 셋째 하임법으로 기술하였다. 그러면 이제 이 세 실현방법의 사동법에 대하여 기술하기로 한다.

어휘적 방법 현대 한국어에서 어휘적 방법으로 실현되는 사동법은 다음과 같은 경우이다. 먼저 〈시키다〉 동사에 의한 사동법의 실현을 들 수 있다. 이 경우에는 늘 동작성 명사가 목적격으로 나타난다. 다음 문장 9)와 같다.

9) 동작성 명사-을/를+시키다
　ㄱ) 나는 철수에게 공부를 시킨다.
　ㄴ) 나는 철수에게 시계 수선을 시킨다.
　ㄷ) 나는 철수에게 일을 시킨다.

문장 9)는 다음 10)과 같은 비-사동 표현을 사동화한 것이다.

10) ㄱ) 철수가 공부를 한다.

둘째, 이러한 형태적인, 좀더 구체적으로는 파생적이든, 굴곡적이든, 이러한 형태적인 수단에 의한 표현은 비교적 생산적이다.
5) 영어의 사동법 실현을 예로 들고 있다.
　(ㄱ) I cause John to go.
　(ㄴ) I bring it about that John went.

문장 (ㄱ)(ㄴ)에서 cause, bring it about 등은 원인의 동사이고, go, went 등은 결과의 동사이어서, 분리된 두 동사로서 즉 통사적으로 사동법을 실현하고 있다.

ㄴ) 철수가 시계 수선을 한다.

ㄷ) 철수가 일을 한다.

그런데 9)의 〈동작성 명사-을/를+시키다〉 구성은 다음 11)과 같이 어휘화할 수 있다.

11) 동작성 명사-을/를+시키다→동작성 명사-시키다

ㄱ) 나는 철수에게 공부시킨다.

ㄴ) 나는 철수에게 시계를 수선시킨다.

ㄷ) 나는 철수에게 일시킨다.

다음으로는 〈보내다〉 동사에 의한 사동법의 실현을 들 수 있다. 문장 12ㄱ)의 상황을 사동화하면 12ㄴ)과 같다. 새로운 주격이 만들어지고, 12ㄱ)의 주격이 목적격으로 이동하였다.

12) ㄱ) 철수가 갔다.

ㄴ) 나는 철수를 보냈다.

한편 동사 〈주다〉, 〈끼치다〉 등에 의해 사동법이 실현되기도 한다. 박형익(1989)에 따르면, 사동기능 동사로서 〈주다〉를 설정한다. 다음 문장 13)이 그러한 경우이다. 이 때 〈주다〉는 〈끼치다〉로 대치될 수 있다.[6]

13) ㄱ) 영희가 걱정했다.

철수가 영희를 걱정하게 했다.

---

6) 그 외에 〈없다〉에 대한 〈없-애-다〉의 경우를 들 수 있다.

(ㄱ) 모기가 없다.

(ㄴ) 나는 모기를 없앤다.

철수가 영희에게 걱정을 주었다.
ㄴ) 영희가 괴롭다.
철수가 영희를 괴롭힌다.
철수가 영희에게 괴로움을 준다.

　파생적 방법　파생적 사동법은 현대 한국어에서 사동접미사에 의해 실현된다. 동사나 형용사에 사동접미사 〈-이-, -히-, -리-, -기-, -우-, -구-, -추-〉 등을 결합하여 실현한다. 그런데 이러한 다양한 사동접미사의 분포 환경은 아직 명시적으로 기술되지는 않는다. 음운론적인 조건만은 아니기 때문이다.

　파생적 사동법의 실현은 구체적으로 다음과 같다. 먼저 형용사의 경우이다.

14) 높다→높-이-다, 낮다→낮-추-다, 좁다→좁-히-다
　　넓다→넓-히-다, 밝다→밝-히-다, 늦다→늦-추-다

〈높이다, 좁히다……〉 등은 형용사에 사동접미사가 붙어서 된 타동사이다. 형용사에서 파생된 사동사가 쓰인 문장도 동사에서 파생된 사동사의 문장과 다름이 없다. 다음은 자동사의 경우이다.

15) 날다→날-리-다, 웃다→웃-기-다, 죽다→죽-이-다
　　속다→속-이-다, 녹다→녹-이-다, 익다→익-히-다
　　울다→울-리-다, 비다→비-우-다

다음은 타동사의 경우이다.

16) 먹다→먹-이-다, 읽다→읽-히-다, 잡다→잡-히-다
　　물다→물-리-다, 벗다→벗-기-다, 지다→지-우-다

그런데 사동접미사에 의한 사동법은 현대 한국어에서 그 분포가 대단히 제한적이다. 상당 부분의 동사, 형용사에는 실현되지 않는다. 예를 들어, 다음 17)과 같이 사동접미사에 의해서는 사동법이 실현되지 않는다.

17) ㄱ) 형용사의 경우 : 깊다→ *깊-이-다, 흐리다→ *흐리-우-다……
　　ㄴ) 자동사의 경우 : 오다→ *오-이-다, 가다→ *가-이-다……
　　ㄷ) 타동사의 경우 : 만나다→ *만나-이-다, 얻다→ *얻-이-다……

이와 같이 모든 동사와 형용사가 그에 대응하는 사동사가 있는 것이 아니라, 사동사의 파생은 극히 제한되어 있다.[7]

통사적 방법　통사론적 구성에 의한 통사적 방법으로도 사동 표현이 실현된다.

18) ㄱ) 나는 철수를 가-게 하-였다.
　　ㄴ) 나는 철수에게 책을 읽-게 하-였다.

문장 18)에서와 같이 내포어미 〈-게〉에 의한 내포문이 상위문 동사 〈하다〉에 내포된 구성으로 사동법이 실현된 것이다. 현대 한국어에서는 이러한 〈-게 하-〉 구성의 사동법 외에도 다음과 같은 통사적 실현 방법이 있다.

19) 통사론적 구성에 의한 사동법
　　-게 하-　　: 나는 철수를 가게 하였다.
　　-게 만들-　: 나는 철수를 가게 만들었다.

---

7) 한편 사동사는 파생동사인 만큼 단순히 사동으로서의 의미 외에 특수한 어휘적인 의미를 지니는 일이 있다. 〈먹이다〉는 〈먹다〉에서 파생된 사동사지만 〈먹다〉에 대한 사동의 뜻이 아니라 〈사육하다〉의 뜻으로 해석되기도 한다.

-도록 하- : 나는 철수를 가도록 하였다.
-도록 만들- : 나는 철수를 가도록 만들었다.

그런데 통사적 사동법은 파생적 사동법과는 달리 분포에 제약이 없
다. 위의 17)에서 파생적 방법으로 실현될 수 없었던 경우도 20)과
같이 다 실현된다.

20) ㄱ) 형용사의 경우 : 깊다→깊게 하다,   흐리다→흐리게 하다…
    ㄴ) 자동사의 경우 : 오다→오게 하다,   가다→가게 하다……
    ㄷ) 타동사의 경우 : 만나다→만나게 하다, 얻다→얻게 하다……

총괄 이상의 논의를 바탕으로 하면, 현대 한국어의 사동법 실현방
법은 다음과 같이 정리된다.

21) 사동법의 실현방법
    어휘적 : ○동사에 의하여
    파생적 : ⊙사동접미사에 의하여
           -이-, -히-, -기-, -리-, -우-, -구-, -추-
    통사적 : ⊙통사론적 구성에 의하여
           -게 하-, -게 만들-, -도록 하-, -도록 만들-

8.3 사동법의 통사 특성

같은 사동법이라 할지라도 그 실현방법에 따라 통사 특성이 다르다.
파생적 사동법과 통사적 사동법이, 비록 같은 사동법을 실현하고 있더
라도, 통사적 성격에 차이가 있다. 이것은 의미 관계, 동사의 분포 제
약 등에도 차이를 나타낸다. 그러면 지금부터 사동법의 주요한 두 실

162

현방법의 통사 특성을, 차이점에 유의하여, 살펴보기로 한다. 통사 특성에 앞서 우선 의미해석의 차이에 대하여 살핀다.

의미해석의 차이 두 사동법은 그 실현방법에 따라 그 가치가 같지 않다. 무엇보다도 의미해석이 서로 다르다. 사동의 의미는 직접사동과 간접사동으로 해석된다. 직접사동이란 주어의 직접적인 행위에 의한 사동을 말하고, 간접사동이란 주어의 간접적인 행위에 의한 사동을 말한다. 다음 문장에서 22ㄱ)은 직접사동(의미해석 23ㄱ))으로도 해석이 가능하고 간접사동(의미해석 23ㄴ))으로도 해석이 가능하지만, 22ㄴ)의 경우에는 간접사동(의미해석 23ㄴ))으로만 해석이 가능하다.[8]

22) ㄱ) 어머니께서 아이에게 약을 먹였다.
　　ㄴ) 어머니께서 아이에게 약을 먹게 하였다.
23) 의미해석
　　ㄱ) 직접사동 : 행위자＝어머니
　　ㄴ) 간접사동 : 행위자＝아이

실제 문장 22)의 두 사동법의 의미 관계, 곧 동의성에 대한 논의는 한국어 통사론 연구에서 오래 검토되어 온 과제였다. 사동법뿐만 아니라 피동법, 부정법에 있어서도 실현방법의 동의성 관계가 논의되어 왔다. 아무튼, 비록 같은 문법범주이지만 그 실현방법이 다른 만큼, 의미도 다르다는 것이 일반적인 견해이다. 짧은 형이 말하는 이에게 심리적으로 가깝고 직접적인 의미를 나타낸다.

격의 이동 사동법은 대응하는 비-사동 표현보다 1개의 격을 더 가지고 있다. 주격만 있는 비-사동문에서는 주격이 목적격으로 이동하고 새로운 주격이 만들어지며, 주격과 목적격이 있는 비-사동문에서

---

8) 특히 두 사동법의 의미해석 관계, 즉 동의성에 대한 논의는 한국어 통사론 연구에서 사동문의 기저구조 설정 문제와 함께 오래 검토되어 온 과제였다.

는 주격이 부사격으로 이동하고 새로운 주격이 만들어지며, 주격과 목적격과 부사격이 있는 비-사동문에서도 주격이 또 다른 격으로 이동하고 새로운 주격이 만들어진다. 그런데 파생적 사동법에서는 비-사동 표현에서 주격이었던 것이 목적격이나 부사격으로 반드시 이동한다. 다음 문장들이 각각 이러한 예이다.

24) ㄱ) 토끼가 죽었다.
   ㄴ) 사냥꾼이 토끼를 죽였다.
25) ㄱ) 철수가 책을 읽는다.
   ㄴ) 나는 철수에게 책을 읽힌다.

따라서 문장 26)과 같이 격의 이동이 일어나지 않으면 비문법적 문장이 되고 만다.

26) ㄱ) *사냥꾼이 토끼가 죽였다.
   ㄴ) *나는 철수가 책을 읽힌다.

그러나 통사적 사동법에서도 격이 이동하지만, 격조사가 바뀌지 않고 그대로 유지할 수가 있다.

27) ㄱ) 토끼가 죽었다.
   ㄴ) 사냥꾼이 토끼를 죽게 하였다.
   ㄷ) 사냥꾼이 토끼가 죽게 하였다.
28) ㄱ) 철수가 책을 읽는다.
   ㄴ) 나는 철수에게 책을 읽게 하였다.
   ㄷ) 나는 철수가 책을 읽게 하였다.

부정의 영역   파생적 사동법과 통사적 사동법에서 부정법이 실현되었을 때에, 부정의 영역에 차이가 있다. 문장 29)와 같은 파생적 사동법에서 부정의 영역은 주어(=나)의 행위에 한한다. 그러나 문장 30)과 같은 통사적 사동법에서 부정의 영역은, 30 ㄱ)은 주어(=나)의 행위에 한하고, 30 ㄴ)은 비-사동 표현에서의 주어(=철수)의 행위에 한한다.

29) 나는 철수에게 책을 읽히지 않았다.
30) ㄱ) 나는 철수에게 책을 읽게 하지 않았다.
    ㄴ) 나는 철수에게 책을 읽지 않게 하였다.

부사어의 수식 영역   파생적 사동법과 통사적 사동법에 나타나는 부사어의 수식 영역에 차이가 있다. 문장 31)과 같은 파생적 사동법에서 부사어의 수식 영역은 주어(=나)의 행위에 한한다. 그러나 문장 30)과 같은 통사적 사동법에서 부사어의 수식 영역은 비-사동 표현에서의 주어(=철수)의 행위에 한한다. 이와 같이 파생적 사동법과 통사적 사동법에서 부사어의 수식 영역에 차이가 있다. 이러한 현상을 시간부사어, 장소부사어, 방편부사어 등을 통하여 살펴보기로 한다.
먼저 시간부사어의 경우이다. 통사적 사동법은 이론적으로 사동 사건이 원인이 되어 피사동 사건을 일으키는 것이므로 사동 사건과 피사동 사건이 시간의 간격을 가질 수 있으나, 파생적 사동법은 그러한 시간적인 차이가 허용되지 않는다. 따라서 시간 부사어의 쓰임이 파생적 사동법에서는 제약된다.

31) ㄱ) 사냥꾼은 토끼를 10분 뒤에 죽였다.
    ㄴ) 사냥꾼은 토끼를 10분 뒤에 죽게 했다.

31 ㄱ)에서 〈10분 뒤에〉는 사냥꾼의 행위의 시점인 데 반해, 31 ㄴ)에서 〈10분 뒤에〉는 토끼의 행위의 시점이다.

32) ㄱ) *사냥꾼은 토끼를 내일 죽였다.
ㄴ) 사냥꾼은 내일 토끼가 죽게 하였다.

파생적 사동법인 문장 32ㄱ)에서 〈내일〉은 사냥꾼의 행위이므로 〈죽였다〉와 함께 나타날 수 없어 비문법적인 문장이다.
장소부사어의 경우도 마찬가지이다. 파생적 사동법인 33ㄱ)에서 〈마루에서〉는 어머니의 행위의 장소인 데 반해, 33ㄴ)에서 〈마루에서〉는 아이의 행위의 장소이다. 32ㄱ)과 마찬가지 이유로 다음 문장 34ㄱ)이 비문법적 문장이다.

33) ㄱ) 어머니가 아이를 마루에서 재웠다.
ㄴ) 어머니가 아이를 마루에서 자게 하였다.
34) ㄱ) *안방에서 어머니는 아이를 마루에서 재웠다.
ㄴ) 안방에서 어머니는 아이를 마루에서 자게 하였다.

방편부사어의 경우도 문장 35)와 같이 파생적 사동법과 통사적 사동법에서 차이가 있음을 볼 수 있다.

35) ㄱ) 사냥꾼이 토끼를 총으로 죽였다.
ㄴ) 사냥꾼이 토끼가 지쳐서 죽게 하였다.

의존동사 구문   의존동사 구문이 통사적 사동법에서 훨씬 더 자유롭다.

36) ㄱ) 나는 철수에게 책을 읽혀 보았다.
ㄴ) 나는 철수에게 책을 읽어 보게 하였다.
ㄷ) 나는 철수에게 책을 읽게 해 보았다.

파생적 사동법인 36ㄱ)에서는 의존동사 〈보다〉가 사동사 다음에만 쓰일 수 있으나, 통사적 사동법인 36ㄴ), 36ㄷ)에서는 의존동사의 실현 자리가 두 군데 있으며, 따라서 그 의미해석도 다르다.

주체높임의 실현　주체높임의 〈-으시-〉가 쓰일 수 있는 자리가 파생적 사동법에서는 한 자리밖에 없으나, 통사적 사동법에서는 두 자리가 있다.

37) ㄱ) 박 선생님께서 우리 아버지께 책을 읽히셨다.

　　ㄴ) 박 선생님께서 우리 아버지께 책을 읽게 하셨다.

　　ㄷ) 박 선생님께서 우리 아버지께 책을 읽으시게 하였다.

　　ㄹ) 박 선생님께서 우리 아버지께 책을 읽으시게 하셨다.

참고문헌

김석득 1971, 『국어구조론──피동 및 사동접미사의 공존관계와 변형 구조』, 연세대학교 출판부.

───── 1979, 「국어의 피사동」, 《언어》 4-2, 한국언어학회.

───── 1987, 「시킴법과 입음법」, 《국어생활》 8, 국어연구소.

김일웅 1978, 「{이}사역문과 타동사문」, 『눈뫼 허 웅박사 화갑기념 논문집』, 과학사.

김정대 1988, 「사동 논의에 대한 반성」, 《어문논집》 3, 경남대학교 국어교육학회.

김한곤 1983, 「이른바 '-이' 사역·피동의 화용론적 조건」, 《한글》 180, 한글학회.

김홍수 1991, 「사동주의 원인성」, 『국어학의 새로운 인식과 전개』(김완진 선생 회갑기념논총), 민음사.

남기심·고영근 1985, 『표준 국어 문법론』, 탑출판사.

박양규 1978, 「사동과 피동」, 《국어학》 7, 국어학회.

손호민 1978, 「긴 형과 짧은 형」, 《어학연구》 14-2, 서울대학교 어학연구소.

송문준 1990, 「하임말에 대하여」, 『신익성교수 정년퇴임기념 논문집』, 한
    불문화.

송석중 1977, 「사동문의 두 형식」, 《언어》 3-2, 한국언어학회.

송창선 1985, 「국어 사동법 연구」, 경북대학교 대학원 국어국문학과 석사
    학위논문.

양동휘 1979, 「국어의 피·사동」, 《한글》 166, 한글학회.

양인석 1974, Two Causative Forms in Korean, 《어학연구》 10-1, 서
    울대학교 어학연구소.

연재훈 1991, The interaction of the causative/passive and neutral
    -verb construction in Korean, 《언어연구》 3, 서울대학교 언어연구
    회.

이기동 1975, Lexical causatives in Korean, 《어학연구》 11-1, 서울
    대학교 어학연구소.

이남순 1984, 「피동과 사동의 문형」, 《국어학》 13, 국어학회.

이상억 1970, 「국어의 사동·피동 구문 연구」, 《국어연구》 26, 서울대학
    교 국어연구회.

이익섭·임홍빈 1983, 『국어문법론』, 학연사.

이정택 1991, 「사동과 문법범주」, 『국어의 이해와 인식』 (갈음 김석득교
    수 회갑기념 논문집), 한국문화사.

최기용 1983, 「한국어 첫째 하임법 연구」, 서울대학교 대학원 언어학과
    석사학위논문.

최현배 1971, 『우리 말본』, 네번째 고침판, 정음사.

Comrie, B. 1976, The syntax of causative constructions; Cross-lan-
    guage similarities and divergences." Shibatani, M. ed.

───── 1989, Language Universals and Linguistic Typology, second
    ed., The University of Chicago Press, Chicago.

Shibatani, M. 1976, The grammer of causative constructions:A
    conspectus, Shibatani, M. ed..

제 9 장

피동법

9.1 피동법의 개념

피동법의 개념   다음 문장 1 ㄴ)은 문장 1 ㄱ)에 대한 피동 표현의 실현이다.

1) ㄱ) 사냥꾼이 토끼를 잡았다.
   ㄴ) 토끼가 사냥꾼에게 잡히었다.

전통적으로 피동은 〈월의 임자가, 남의 힘을 입어서, 그 움직임을 하는 것〉(최현배 1971 : 420)으로 정의되는, 능동과 대립되는 태의 표현이다. [1] 어떤 행위나 동작이, 주어로 나타난 사람이나 사물이 제 힘

---

1) 태에 대한 개념은 이향천(1990), 연재훈(1989) 참조. 한편 이은규(1983)에서 국어의 태가 불분명한 이유를 다음과 같이 제시한 바 있다. 첫째, 한국어는 주어나 주제의 생략이 심하다. 둘째, 목적어가 주어 앞에 오는 어순상에 문제가 있다.
   한편 피동문의 여러 구체적인 문형에 대하여 이남순(1984)에서 다음과 같이 제시한 바 있다.

으로 행하는 것이 아니라, 남의 행동에 의해서 되는 행위를 피동이라 하는데, 이러한 피동 표현의 문법범주를 피동법이라 한다. 피동에 대해 남의 동작이나 행위를 입어서 되는 것이 아니라 스스로의 힘으로 행하는 행위나 동작을 능동이라 한다.

한국어의 피동법은 능동 표현의 주어를 다른 문장성분으로 격을 이동시키고, 새로운 주어를 선택하는 과정이다. 사동법은 서술어의 자리수를 늘리는 것이라면, 피동법은 자리수를 줄이는 과정이라 하겠다. 문장 1ㄱ)과 같은 능동 표현에서 〈사냥꾼〉이라는 주어가 피동 표현인 문장 1ㄴ)에서 부사어로 격이동하였고, 문장 1ㄱ)의 〈토끼〉가 피동 표현인 문장 1ㄴ)의 새로운 주어로 선택되었다. 그리고 서술어가 피동 표현으로 바뀌었다. 이것이 피동화의 기본 과정이다.

2) ㄱ) 사냥꾼이 토끼를 잡았다.
   ㄴ) 사냥꾼이 토끼를 그물에 잡았다.
   ㄷ) 사냥꾼이 토끼를 총으로 잡았다.

문장 2)는 능동 표현의 문장이다. 이들의 피동 표현은 다음 3)과 같다.

3) ㄱ) 토끼가 사냥꾼에게 잡혔다.
   ㄴ) 토끼가 사냥꾼에 의해 그물에 잡혔다.
   ㄷ) 토끼가 사냥꾼에 의해 총으로 잡혔다.

그런데 이들 피동 표현은 동작주가 생략되어 다음과 같이 실현되기

능동문	A-가	B-를	(C-에)	(D-로)	V
피동문	ϕ	B-가	C-에	D-로	V+히
	A-에게	B-를	A-의 C-에		
	A-에 의해	C-가			
	A-로				

도 한다.

4) ㄱ) (=3ㄴ) 토끼가 그물에 잡혔다.
　 ㄴ) (=3ㄷ) 토끼가 총으로 잡혔다.

또한 이 문장들은 다음과 같이 실현되기도 한다.

5) ㄱ) (=3ㄴ) 토끼가 사냥꾼의 그물에 잡혔다.
　 ㄴ) (=3ㄷ) 토끼가 사냥꾼의 총으로 잡혔다.

언어내용을 능동 표현과 피동 표현으로 실현할 수 있는데, 여기에는 정도의 차이가 있다. 일반적으로 동작주보다 비-동작주가 더 주제성이 강할 때는 피동 표현이 실현되고, 비-동작주보다 동작주가 더 주제성이 강할 때는 능동 표현이 실현된다.[2]

9.2 피동법의 실현방법과 통사 특성

실현방법의 층위　피동법의 실현방법은 대체로 사동법과 같다. 어휘적 방법으로 〈되다, 받다, 당하다〉 등의 동사에 의하여, 파생적 방법으로 피동접미사 〈-이-, -히-, -리-, -기-〉 등에 의하여, 그리고 통사적 방법으로 통사론적 구성에 의하여 실현된다. 그러나 가장 본질적인 파생법은 파생적 피동법이다. 엄밀한 의미에서, 어휘적 피동법과 통사적 피동법은 유사 피동법이다. 이제 이러한 세 가지 실현방법과 이의 통사 특성에 대하여 살펴보기로 한다.

---

2) 문장을, 이야기되는 것을 나타내는 부분과 그것에 대하여 말하는 부분으로 나눌 수 있는데, 이 때 이야기되는 것을 나타내는 부분을 〈주제〉라 한다. 피동문과 주제에 관한 논의는 이향천 (1990) 참조.

어휘적 피동법 현대 한국어에서 어휘적 피동법은 다음과 같다. 〈동작성 명사-이/가 되다〉, 〈동작성 명사-을/를 당하다/받다〉에 의해 피동법이 실현된다. 다음 문장 6)이 그 예이다.

6) ㄱ) 민 박사는 학생들에게 존경을 받는다.
　　ㄴ) 그 일은 용서가 될 수 있었다.
　　ㄷ) 그는 모든 사람들로부터 주목을 받았다.

문장 6)은 다음 7)과 같은 능동 표현에 대한 피동 표현이다.

7) ㄱ) 학생들은 민 박사를 존경을 한다.
　　ㄴ) (나는) 그 일을 용서를 할 수 있었다.
　　ㄷ) 모든 사람들은 그를 주목을 하였다.

그런데 이러한 피동법 구성에서 다음 8)과 같이 〈동작성 명사-이/가 되다〉, 〈동작성 명사-을/를 당하다/받다〉가 합성동사로 어휘화될 수 있다.

8) 동작성 명사-받다/되다/당하다
　　ㄱ) 민 박사는 학생들에게 존경받는다.
　　ㄴ) 그 일은 용서될 수 있었다.
　　ㄷ) 그는 모든 사람들로부터 주목받았다.

〈-받다/되다/당하다〉에 결합할 수 있는 동작성 명사는 분포에 제약을 가진다. 이러한 분포 제약은 앞서는 명사의 의미 특성에 의한 것이다.[3] 이러한 결합 제약의 유형은 다음과 같다.

9) 〈-되다/받다/당하다〉의 선행명사 결합 제약 유형

---
3) 김석득(1979) 참조.

ㄱ) 되다/받다/당하다 모두 가능

주목, 결박……

ㄴ) *되다/받다/당하다

협박, 도전……

ㄷ) 되다/*받다/당하다

감금……

ㄹ) 되다/받다/*당하다

존경, 용서……

ㅁ) *되다/받다/*당하다

사랑, 칭찬……

ㅂ) 되다/*받다/*당하다

취직……

한편 〈맞다, 듣다〉 등의 동사에 의한 피동법의 실현도 있다. 문장 10)과 같은 상황의 피동 표현은 11)과 같다. 새로운 주어가 만들어지고, 문장 10)의 주어가 부사어로 이동하였다.

10) ㄱ) 철수가 영수를 주먹으로 때렸다.

ㄴ) 그래서 선생님께서 꾸중을 하셨다.

11) ㄱ) 영수가 철수에게 주먹으로 맞았다.

ㄴ) 그래서 철수가 선생님한테 꾸중을 들었다.

파생적 피동법 파생적 피동법은 피동접미사에 의해 실현된다. 동사에 피동접미사 〈-이-, -히-, -리-, -기-,〉 등을 결합하여 실현한다. 이러한 피동접미사는 능동 표현의 동작동사가 지니는 [동작성]의 자질을 [비-동작성]으로 바꾸는 역할을 한다. 그런데 이러한 다양한 피동접미사의 분포 환경은 아직 명시적으로 기술되지는 않는다. 음운론적인 조건만은 아니기 때문이다.

파생적 피동법의 실현은 구체적으로 다음과 같다.

12) 능동사(타동사) → 피동사

　　보다→보이다, 쓰다→쓰이다, 섞다→섞이다

　　잡다→잡히다, 밟다→밟히다, 묻다→묻히다

　　물다→물리다, 풀다→풀리다, 듣다→들리다

　　안다→안기다, 끊다→끊기다, 감다→감기다

13) ㄱ) 멀리서 그의 모습이 보인다.

　　ㄴ) 경찰이 쫓던 범인이 드디어 잡혔다.

　　ㄷ) 풍경소리가 은은히 들려 온다.

　　ㄹ) 정 선생님과는 오랫동안 소식이 끊기었다.

그러나 피동접미사가 결합할 수 있는 동사에서, 주어진 능동 표현에 대해 그에 대응하는 피동 표현이 없거나, 주어진 피동 표현에 그에 대응하는 능동 표현이 없는 경우가 있다.

14) ㄱ) 철수가 풀을 열심히 뽑았다.

　　ㄴ) *풀이 철수에게(철수한테) 열심히 뽑혔다.

15) ㄱ) 철수는 영희한테 떠밀려서 가게 되었다.

　　ㄴ) *영희가 철수를 떠밀어서 가게 되었다.

14)는 주어진 능동 표현에 대해 그에 대응하는 피동 표현이 성립되지 않은 경우이고, 15)는 주어진 피동 표현에 대해 그에 대응하는 능동 표현이 성립되지 않은 경우이다.

타동사 중에서도 피동접미사에 의해 피동법이 실현되지 않은 동사가 많다. 즉 피동 접미사의 분포는 대단히 제약적이다. 대체로 다음과 같은 타동사들은 파생적 피동법이 실현되지 않는다.

16) ㄱ) 수여동사 : 주다, 드리다, 바치다

ㄴ) 수혜동사 : 얻다, 잃다, 찾다, 돕다, 입다, 사다[4]

ㄷ) 경험동사 : 알다, 배우다, 바라다, 느끼다

ㄹ) 대칭동사 : 만나다, 닮다

ㅁ) 〈-하다〉: 사랑하다, 조사하다, 좋아하다, 슬퍼하다

한편 파생적 피동법 구문에서 목적어를 가지는 경우가 있다. 이 표현은 대응되는 능동 표현의 타동사가 목적어가 겹쳐 나타나는 경우이다. 문장 17)은 피동 표현이며, 문장 18)은 이에 대응되는, 목적어가 겹쳐 나타나는 능동 표현이다.

17) ㄱ) 토끼가 사냥꾼에게 다리를 잡혔다.

　　ㄴ) 재건축아파트가 일꾼들에게 벽을 헐렸다.

18) ㄱ) 사냥꾼이 토끼를 다리를 잡았다.

　　ㄴ) 일꾼들이 재건축아파트를 벽을 헐었다.

그런데 이 경우 능동 표현 문장의 두 목적어가 모두 피동 표현 문장의 주어로 나타날 수도 있다.

19) ㄱ) 토끼가 사냥꾼에게 다리가 잡혔다.

　　ㄴ) 재건축아파트가 일꾼들에게 벽이 헐렸다.

그러나 피동주의 의미를 더 강조하기 위해서는 문장 17)의 표현이 자연스럽다고 하겠다.

통사적 피동법　통사론적 구성에 의한 통사적 방법으로 피동법이 실현된다.

20) ㄱ) 그 문제가 민 박사에 의해서 풀어 졌다.

---

4) 〈팔다〉는 수혜동사이면서 〈팔리다〉와 같이 피동사를 가진다.

ㄴ) 그 문제에 관한 획기적인 사실이 민 박사에 의해서 밝혀 졌다.

문장 20 ㄱ)에서와 같이 내포어미 〈-어〉에 의한 내포문이 상위문 동사 〈졌다(지-었-다)〉에 내포되어 피동법이 실현된 것이다. 즉 통사론적 구성에 의해 피동법이 실현되었다. 이 피동 구문은 다음 21)과 같은 능동 표현과 대응한다.

21) ㄱ) 민 박사가 그 문제를 풀었다.
　　ㄴ) 민 박사가 그 문제에 관한 획기적인 사실을 밝혔다.

한편 통사적 피동법 20 ㄱ)은 파생적 피동법으로 실현되나, 20 ㄴ)은 그렇지 못하다.

22) ㄱ) 그 문제가 민 박사에 의해서 풀렸다.
　　ㄴ) *그 문제에 관한 획기적인 사실이 민 박사에 의해서 밝혔다.

다음과 같은 문장도 의미적으로는 통사적 피동법의 실현이라고 할 수 있다.

23) ㄱ) 날씨가 따뜻해 졌다.
　　ㄴ) 철수가 학교에 가게 되었다.

이와 같은 통사적 피동법의 실현에서 대체로 〈-게 되-〉 구성은 [상태의 변화]를 나타내고, 〈-어 지-〉 구성은 의도적이 아닌 [상태변화의 과정]을 나타낸다.
　총괄　이상의 논의를 바탕으로 하면, 현대 한국어의 피동법 실현방법은 다음과 같이 정리된다.

24) 피동법의 실현방법

어휘적 : ○동사에 의하여
　　　　〈-당하-, -받-, -되-〉
파생적 : ⊙피동접미사에 의하여
　　　　-이-, -히-, -리-, -기-
통사적 : ⊙통사론적 구성에 의하여
　　　　-어 지-, -게 되-

참고문헌

김봉모 1985, 「입음표현과 입음월」, 《부산한글》 4, 한글학회 부산지회.
김석득 1971, 『국어구조론──피동 및 사동접미사의 공존관계와 변형구조』, 연세대학교 출판부.
────── 1979, 「국어의 피사동」, 《언어》 4-2, 한국언어학회.
────── 1987, 「시킴법과 입음법」, 《국어생활》 8, 국어연구소.
김차균 1980, 「국어의 수동과 사역의 의미」, 《한글》 168, 한글학회.
남기심 · 고영근 1985, 『표준 국어 문법론』, 탑출판사.
박양규 1978, 「사동과 피동」, 《국어학》 7, 국어학회.　.
배희임 1988, 『국어피동연구』, 고려대학교 민족문화연구소.
서정수 1991, 「국어 피동문의 몇 가지 특징」, 『들메 서재극박사 환갑기념 논문집』, 계명대학교 출판부.
양동휘 1979, 「국어의 피 · 사동」, 《한글》 166, 한글학회.
연재훈 1989, 「국어 중립 동사 구문에 대한 연구」 《한글》 203, 한글학회.
유동준 1982, 「국어와 능동과 피동」, 《국어학》 12, 국어학회.
이남순 1984, 「피동과 사동의 문형」, 《국어학》 13, 국어학회.
이상억 1970, 「국어의 사동 · 피동 구문 연구」, 《국어연구》 26, 서울대학교 국어연구회.
이은규 1983, 「국어피동법 연구」, 《문학과 언어연구》 13, 문학과 언어 연구.

이익섭 1978, 「피동성 형용사문의 통사 구조」, 《국어학》 6, 국어학회.

이익섭·임홍빈 1983, 『국어문법론』, 학연사.

이향천 1990, 「피동의 의미와 기원」, 서울대학교 대학원 언어학과 박사학
위논문.

임홍빈 1983, 「국어의 피동화의 통사와 의미」, 『국어의 통사·의미론』,
탑출판사.

최현배 1971, 『우리 말본』, 네번째 고침판, 정음사.

제 10 장

부정법

10.1 부정법의 개념

부정법의 개념 주어진 언어내용을 의미적으로 부정하는 문법적 방법을 부정법이라고 한다. 현대 한국어에서 부정법은 단순부정의 경우와 능력부정의 두 경우로 나뉜다. 단순부정은 어떤 상태가 그렇지 않음을 나타내거나 동작주의 의지에 의해서 어떤 일이 일어나지 않음을 나타내는 부정이고, 능력부정은 동작주의 의지가 아닌 그의 능력이나 그 외의 다른 외적인 원인 때문에 그 일이 일어나지 못함을 나타내는 부정이다. 이들은 각각 부정부사 〈아니〉와 〈못〉으로 대표된다. [1]

1) ㄱ) 철수는 그 논문을 아직 읽지 않았어.
   ㄴ) 철수는 그 논문을 아직 읽지 못했어.
2) 철수는 그 논문을 읽었어.

---

[1] 부정법을 실현하는 이 두 요소에 바탕을 두고, 부정법을 〈안-부정법〉과 〈못-부정법〉으로 나누어 기술하는 경우가 있다. 학교문법(1985/1991), 남기심·고영근(1985) 참조.

문장 2)에 대해서 문장 1ㄱ)은 단순부정이고, 문장 1ㄴ)은 능력부정이다. 그리고 문장 1)을 부정문이라 하고, 이에 대하여 문장 2)를 긍정문이라고 한다.

부정 아닌 부정   그런데 통사적으로는 부정의 관념을 실현하지만, 의미적으로는 부정의 관념을 실현하지 않는 문장이 있다. 다음 문장의 경우가 그러한데, 부정문의 형식을 가지고 있으나 3)은 [회의], 4)는 [확인]의 관념을 실현하고 있어 실제 부정은 아니다. [2]

   3) ㄱ) 철수가 가지 않을까 걱정스럽다.
      ㄴ) 철수가 갔지 않을까 걱정스럽다.
   4) ㄱ) 철수가 가지 않니?
      ㄴ) 철수가 갔지 않니?

문장 3)에서 화자는 철수가 가지 않을 것을 바라나 만일 그 일이 일어나면 어쩌나 하는 관념을 실현하고, 4)에서는 이미 긍정적인 전제를 가지고 있으면서 단순히 그에 대한 동의만을 묻는 관념을 실현한다.

10.2 부정법의 실현방법과 통사 특성

실현방법의 층위   부정법의 실현방법 역시 앞의 사동법, 피동법과 비슷하다. 〈없다, 모르다〉 등과 같은 어휘적 방법으로, 그리고 부정접두사 〈비-, 미-, 불-, 무-, 부-〉 등에 의한 파생적 방법으로 실현되

---

2) 부정법이 [회의]나 [확인]의 관념을 실현할 경우를 가부정(假否定)이라 분석하고, 이에 대한 논의를 전개한 김동식(1980), (1981) 참조.
   일반적으로 〈-지〉는 시제어미 〈-었-, -겠-, -더-〉와 결합이 제약되는데(제15장 참조), [확인] 구문에서는 시제어미의 결합이 가능하다. 문장 3)과 4)의 차이가 그러하다.

며, 통사론적 구성 〈아니/못 + 동사(및 형용사, 지정사)〉 또는 〈-지 아니하다, -지 못하다, -지 말다〉 등과 같은 통사적 방법으로 실현된다. 그런데 부정법을 실현하는 가장 전형적인 방법은 통사적 방법에 의한 것이다.

5) ㄱ) 철수는 아직 영희를 안 만났어.
　　ㄴ) 철수는 아직 영희를 못 만났어.
6) ㄱ) 철수는 아직 영희를 만나지 않았어.
　　ㄴ) 철수는 아직 영희를 만나지 못했어.
　　ㄷ) 영희를 아직 만나지 말아라.

문장 5)는 부정부사 〈아니, 못〉을 동사 앞에 통합하여 실현하는 부정법이고, 문장 6)은 내포어미 〈-지〉에 의한 내포문을 상위문 동사 〈아니하다, 못하다, 말다〉에 내포하여 실현하는 부정법이다. [3]

어휘적 방법　어휘적 방법으로 실현되는 부정법은 〈모르다, 없다, 아니다〉와 같은 동사, 형용사, 지정사에 의한 방법이다.

〈없다, 모르다〉는 다음에 살필 통사적 부정법처럼 명백한 부정법의 실현은 아니다. 그러나 이들은 통사적 부정법인 〈안 있다/있지 않다, 못 알다/알지 못하다〉의 대치 어휘로 볼 수 있기 때문에 어휘적 부정법으로 본다.

7) ㄱ) 나에게는 이번 일에 대한 확고한 신념이 있어.
　　ㄴ) 나에게는 이번 일에 대한 확고한 신념이 없어.
8) ㄱ) 나는 정 선생님의 본뜻을 알고 있었다.
　　ㄴ) 나는 정 선생님의 본뜻을 모르고 있었다.

---

3) 이를 문장의 단순한 길이에 근거하여 〈짧은 부정문〉, 〈긴 부정문〉이라 하는 경우가 있다. 손호민(1978), 학교문법(1985/1991), 남기심·고영근(1985) 참조.

〈-이다〉에 대한 부정법의 실현은 〈-이 아니다〉이다. 즉 서술어가
〈명사-이다〉로 된 문장의 부정은 이 명사에 주격조사를 붙이고, 〈-이
다〉대신 〈아니다〉를 통합한다.

9) ㄱ) 철수는 국어국문학과 학생이다.
  ㄴ) 철수는 국어국문학과 학생이 아니다.

파생적 방법 부정의 관념을 실현하는 파생접두사에는 한자어 〈몰-,
무-, 미-, 부-, 불-, 비-〉 등이 있다.

10) ㄱ) 몰(沒)-: 몰-지각, 몰-인정……
  ㄴ) 무(無)-: 무-자격, 무-비판적……
  ㄷ) 미(未)-: 미-완성, 미-지불,
  ㄹ) 불(不)-: 불-규칙, 불-명예, 불-완전……
  ㅁ) 부(不)-: 부-조화, 부-도덕……
  ㅂ) 비(非)-: 비-인간적, 비-무장, 비-공개……

통사적 방법 부정법을 실현하는 가장 전형적인 방법으로, 첫째 부
정부사 〈아니, 못〉을 동사, 형용사, 지정사 앞에 통합하거나, 둘째
내포어미 〈-지〉에 의한 내포문을 상위문 동사 〈아니하다, 못하다, 말
다〉에 내포하여 실현한다.
첫째 방법은, 대응하는 긍정문의 동사, 형용사, 지정사 앞에 부정
부사 〈아니〉나 〈못〉을 통합하여 부정법을 실현하는 것이다. 위의 문
장 2)에 대한 부정문이 문장 1)이다. 이 경우에 통합 제약이 있다.
〈아름답다, 울퉁불퉁하다, 화려하다, 사랑스럽다, 좀스럽다, 출렁거
리다, 살랑거리다……〉 같은 경우에는 부정법 구성이 제약된다. [4]

---

4) 이 이유를 남기심·고영근(1985 : 361)에서는, 이들이 너무 길기 때문인 듯
  하다고 설명하고 있다.

182

11) ㄱ) *눈 없는 겨울은 안 아름답다.
    ㄴ) *옆집 아기가 안 사랑스럽다.
    ㄷ) *바닷물이 안 출렁거렸다.

그리고 〈공부하다, 연구하다, 운동하다, 장사하다, 보고하다, 추천하다……〉와 같이 〈명사-하다〉로 되어 명사와 〈-하다〉가 분리될 수 있는 동사일 때는 〈아니, 못〉이 그 가운데 통합된다.

12) ㄱ) 나는 영어를 공부-했다.
    ㄴ) 나는 영어를 공부 안 했다.
    ㄷ) *나는 영어를 안 공부했다.
13) ㄱ) 나는 영어를 공부했다.
    ㄴ) 나는 영어를 공부 못 했다.
    ㄷ) *나는 영어를 못 공부했다.

둘째 방법은, 통사론적 구성 〈-지 아니하다/못하다/말다〉에 의해 부정법을 실현하는 것이다. 문장 15)가 그러한데, 문장 14)가 이에 대응하는 긍정문이다.

14) 철수는 오늘 영희를 만났어.
15) ㄱ) 철수는 오늘 영희를 만나-지 않-았어.
    ㄴ) 철수는 오늘 영희를 만나-지 못-했어.
    ㄷ) 영희를 오늘 만나-지 말-아라.

그런데 이 경우에는 동사, 형용사, 지정사에 대해서 분포의 제약이 없다. 앞의 문장 11)의 경우에서도 허용된다.

16) ㄱ) 눈 없는 겨울은 아름답-지 않-다.

ㄴ) 옆집 아기가 사랑스럽-지 않-다.

ㄷ) 바닷물이 출렁거리-지 않-았다.

그런데 통사적 부정법 〈-지 아니하다/못하다〉는 서술법과 의문법에만 허용되고, 명령법, 청유법에는 제약된다. 따라서 명령법이나 청유법의 부정은 〈아니하다, 못하다〉 대신 〈말다〉로 실현한다.

17) ㄱ) *너는 영희를 만나-지 않-아라.

ㄴ) *우리는 영희를 만나-지 않-자.

18) ㄱ) 너는 영희를 만나-지 말-아라.

ㄴ) 우리는 영희를 만나-지 말-자.

총괄   이상과 같은 부정법의 실현방법을 정리하면 다음과 같다.

19) 부정법의 실현방법

어휘적 : ○동사, 형용사, 지정사에 의하여

파생적 : ○부정접두사에 의하여

통사적 : ◉통사론적 구성에 의하여

10.3 부정의 의미 영역

의미 영역의 다양성   부정문은 부정이 미치는 의미 영역에 따라 같은 문장이라도 둘 이상의 의미해석을 가진다.

20) ㄱ) 나는 그 책을 안 읽었다.

ㄴ) 나는 그 책을 읽지 않았다.

문장 20)은 모두 다음과 같은 세 가지 의미해석을 가진다.

21) ㄱ) 부정의 영역-〈나〉: 그 책을 읽은 것은 내가 아니다.
　　ㄴ) 부정의 영역-〈그 책〉: 내가 읽은 것은 그 책이 아니다.
　　ㄷ) 부정의 영역-〈읽다〉: 내가 그 책에 관해 한 일은 읽은 것이 아니다.

뿐만 아니라, 부정문에 부사어가 있으면 부정의 영역에 부사가 들어
갈 수도 있고, 그렇지 않을 수도 있다.

22) ㄱ) 회원이 다 안 왔다.
　　ㄴ) 회원이 다 오지 않았다.

문장 22)는 부사 〈다〉가 부정의 영역에 들면 23 ㄱ)으로, 그렇지 않
으면 23 ㄴ)으로 해석된다.

23) ㄱ) 영역 안: 회원이 온 사람이 하나도 없다.
　　ㄴ) 영역 밖: 회원이 오긴 왔는데, 모두 온 것이 아니다.

그런데 통사적 부정법인 20 ㄴ), 22 ㄴ)에 보조조사 〈-는〉이 결합하
면(문장 24)), 각각 21 ㄷ), 23 ㄴ)의 의미 해석을 가진다.

24) ㄱ) 나는 그 책을 읽지는 않았다.
　　ㄴ) 회원이 다 오지는 않았다.

이상과 같은 〈아니하다〉에 의한 부정법의 경우와 같이, 〈못하다〉
부정법의 경우도 마찬가지이다. 문장 25)도 역시 26)과 같이 세 가지
의미해석을 가진다.

25) ㄱ) 나는 철수를 못 보았다.
　　ㄴ) 나는 철수를 보지 못했다.

26) ㄱ) 부정의 영역-〈나〉: 철수를 보지 못한 것은 나이다.

ㄴ) 부정의 영역-〈철수〉: 내가 보지 못한 것은 철수이다.

ㄷ) 부정의 영역-〈보다〉: 내가 철수를 보지만 못했을 뿐이다.

참고문헌

김동식 1980, 「현대국어 부정법의 연구」,《국어연구》42, 국어연구회.

──── 1981, 「부정 아닌 부정」,《언어》6-2, 한국언어학회.

남기심·고영근 1985,『표준 국어 문법론』, 탑출판사.

박순함 1967, A Transformational Analysis of Negation in Korean, Ph.D. Dissertation, The University of Michigan.

서정수 1974, 「국어의 부정법 연구에 관하여──변형·생성 문법적 분석 연구를 중심으로」,《문법연구》1, 문법연구회.

손호민 1978, 「긴 형과 짧은 형」,《어학연구》14-2, 서울대학교 어학연구소.

송석중 1974, 「동의성──언어학자의 Frankenstein」,《국어학》2, 국어학회.

──── 1981, 「한국말의 부정의 범위」,《한글》173-174, 한글학회.

양동휘 1976, Korean Negation Revisited,《언어》1-1, 한국언어학회.

이기용 1979, 「두 가지 부정문의 동의성 여부에 대하여」,《국어학》8, 국어학회.

이익환 1989, 「국어 외부부정의 의미 해석」,《동방학지》64, 연세대학교 국학연구원.

이환묵 1982, 「국어 함수표현에 관한 연구──아니, 또, -도」, 서울대학교 대학원 언어학과 박사학위논문.

임홍빈 1973, 「부정의 양상」,《논문집》5, 서울대학교 교양과정부.

──── 1987, 「국어 부정문의 통사와 의미」,《국어생활》10, 국어연구소.

전병쾌 1984,『한국어 부정구조의 분석──변형·생성 문법적 고찰』, 한신문화사.

한길 1978, 「한국어 부정어에 관한 연구——'아니다', '없다', '말다'의 해
체분석을 중심으로」, 연세대학교 대학원 국어국문학과 석사학위논문.

홍순성 1991, 「부정접사 '無-, 未-, 不-, 非-' 에 관하여」, 『들메 서재극
박사 환갑기념 논문집』, 계명대학교 출판부.

제 11장

강조법

11.1 강조법의 개념

실현방법의 다양성 굴곡범주뿐만 아니라 문법적 관념을 포괄적으로
문법범주라고 규정할 때, 문법범주의 실현방법이 다양하다는 것은 제
4장에서 기술한 바 있다. 이러한 특징과 관련하여 강조법의 개념을 규
정하기로 한다. 먼저 다음 문장을 살펴보기로 한다.

1) 철수가 학교에 갔다.
2) ㄱ) 철수가 학교에 갔다니까.
   ㄴ) 학교에 간 사람은 철수다.

문장 1)과 2)의 개념적 의미는 같다. 다만 2ㄱ)은 1)에 대해 〈-니
까〉라는 어미가 더 결합되어 있고, 2ㄴ)은 1)의 어느 한 성분이
[[[···관형화 어미]＋[명사]-은][···이다]] 구문(분열문 구문)으로 나타
나 있다. 이러한 문법적 과정에 의해 2)는 1)에 대해 [강조]라는 관념
이 더 실현되어 있다.

강조라 함은 일반적으로 〈말의 표현을 힘주어 하려거나, 말의 어조

를 다채롭게 하려거나, 또는 말의 어떠한 정서를 부여하는 것으로, 그 문법적인 뜻이 꽤 다채로운 표현 방법〉(허웅 1975 : 923)이다. 문장 1)에 대하여 2)는 그 문장이나 또는 문장의 어떤 한 성분의 표현을 한 층 더 강조하고 있다.

3) ㄱ) 철수가 학교에 갔어.
   ㄴ) 철수가 학교에 갔어.
4) ㄱ) 깊이
   ㄴ) 깊이깊이
5) ㄱ) 깨다
   ㄴ) 깨뜨리다
6) ㄱ) 철수가 학교에 갔어.
   ㄴ) 학교에 철수가 갔어.

위 ㄱ)에 대해서 ㄴ)은 언어내용을 강조하여 표현하고 있다. 이와 같은 표현도 모두 강조법을 실현하는 것이라고 할 수 있다. 구체적으로는 3)은 음운적 강세에 의하여, 4)는 어휘적 중첩에 의하여, 5)는 파생접미사에 의하여, 6)은 통사적 방법에 의하여, 강조법을 실현한다. 이와 같이 강조법은 어느 일정한 방법에 의하여 실현되기보다는 다양한 방법으로 실현된다.

강조법의 개념   그런데 15세기 한국어에서 강조법은 일정한 굴곡형태소(구체적으로는, 비종결어미)로 실현되어 굴곡범주를 이루었으며, 이는 근대 한국어에 이르도록 유지되었다. [1] 몇 예를 들면 다음과 같다.

7) ㄱ) 衆生이 定흔 길흘 일허다 ᄒᆞ며 (석보상절 23)   (-어-)
   ㄴ) 衆生이 福이 다ᄋᆞ거다 (석보상절 23)   (-거-)
   ㄷ) 여슷 하ᄂᆞ래 그듸 가 들 찌비 ᄇᆞᆯ쎠 이도다 (석보상절 6)   (-도-)

---

1) 강조-영탄법에 대한 역사성에 대해서는 허 웅(1975), 김정수(1985) 참조.

ㄹ) 너희돌히 힘뻐ㅅ라 (석보상절 23)   (-ㅅ-)

　　그러나 현대 한국어에서는 강조법을 실현하는 이와 같은 굴곡형태소
가 존재하지 않는다.[2] 강조법이 15세기 한국어에서 굴곡범주였다면,
이는 분명히 문법적 관념이다. 그렇기 때문에 현대 한국어에서 굴곡범
주로 실현되지 않는다 할지라도 강조는 역시 문법적 관념임에는 틀림
없다. 따라서 강조라는 문법적 관념을 강조법이라 규정하고 이의 개념
을 다음과 같이 설정하기로 한다.

　8) 강조법의 개념
　　강조법은 전달되는 언어내용에 대하여 화자가 강조의 태도를 나타내는
　　문법범주이다.

　　이러한 강조법은 화자가 청자에게 어떤 특정 언어내용을 좀더 분명
하게 전달하려는 마음, 즉 화자의 언어내용에 대한 표현 의도의 실현

---

　2) 다만 방언에서 강조법을 실현하는 굴곡형태소가 있을 뿐이다. 여러 방언에
　　다양하게 실현되고 있는 형태소 〈-이〉가 한 예가 된다. 경북방언의 〈-이〉가
　　그러한데, 다음 문장 (ㄱ)에 대해 〈-이〉(문장종결조사)가 결합된 (ㄴ)은 화자
　　에게 확인된 것을 전제로 하여 다짐하는, 강조의 관념을 더 가진다.

　　　(ㄱ-1) 니 그라면 안 좋다.
　　　(ㄱ-2) 우리 집에 놀러 온나.
　　　(ㄱ-3) 얼러 가 보자.
　　　(ㄴ-1) 니 그라면 안 좋대이.
　　　(ㄴ-2) 우리 집에 놀러 온내이.
　　　(ㄴ-3) 얼러 가 보재이.

　　따라서 〈-이〉를 강조법을 실현하는 굴곡형태소라고 볼 수 있다. 이와 같은 방
　　언의 경우를 제외하고는, 현대 한국어에서 굴곡형태소로는 강조법이 실현되지
　　않는다.
　　　경북방언의 문장종결조사 〈-이〉에 대한 설정 근거와 특성에 대해서는 권재
　　일(1982-ㄱ) 참조.

이다. 발화 가운데 강조되는 내용은 다른 것보다 더 중요한 요소로 기능하게 된다.

11.2 강조법의 실현방법

실현방법의 층위 강조법은 현대 한국어에서 일정한 굴곡형태소로 실현되지 않고, 여러 층위에 걸쳐서 실현되는 것이 특징이다. 음운적, 어휘적, 파생적, 굴곡적, 통사적 방법으로 실현된다. 이것은 강조법이 일정한 굴곡범주를 이루지 못하고 있기 때문에, 여러 층위에 걸쳐서 실현되는 것이라고 본다. 특히 문장 1)에 대한 2ㄱ)과 같이, 비록 굴곡적 방법이긴 하지만 일정한 굴곡형태소에 의하지 않고 이미 끝맺은 문장 뒤에 다시 굴곡형태소가 결합하여 강조법을 실현한다. 굴곡적 방법의 경우뿐만 아니라, 통사적인 다양한 방법을 통하여 실현하는 수도 있다. 문장 2ㄴ)은 분열문 구문으로 강조법을 실현하는데 이것이 통사적 방법의 경우이다.

음운적 방법 소리의 길이, 높이, 세기가 때로는 감정적 색채를 수반하는 일이 있다. 〈절대로〉의 /ㄸ/ 소리를 길게 발음하면, 단어의 의미를 강조하는 효과를 나타낸다. 〈먼 나라〉의 /어/ 소리를 길게 발음하면 역시 그 단어의 의미를 강조하는 효과를 나타낸다.[3] 이와 같은 소리의 길이뿐만 아니라 높이, 세기 등도 강조법을 실현하는 데 관여한다. 이것이 음운적 방법의 강조법 실현이다. 그러나 이들 실현방법은 모두 음운론적으로 비변별적이어서 체계화하기는 어렵다.

문장의 한 성분이 강세를 받는 경우도 음운적 방법으로 강조법이 실현된 것이다. 이러한 강세는 단어 강세와는 달리 문장성분 단위에 부여된다(정재형 1987 : 33).

---

3) 이병근(1986)에서는 〈발화에 있어서의 음장〉 문제를 여러 차원에서 다루면서 이것이 강조 표현에 관여할 수 있음을 제시하였다.

9) 철수가 사과를 먹었다.
10) ㄱ) 철수가 사과를 먹었다.
    ㄴ) 철수가 사과를 먹었다.
    ㄷ) 철수가 사과를 먹었다.

문장 9)에 대하여, 10ㄱ)은 〈철수가〉가 강세를 받는 경우로 〈철수가〉가 강조되었다. 마찬가지로 10ㄴ)에서는 〈사과를〉, 12ㄷ)에서는 〈먹었다〉가 강조되었다. 즉 강조법 실현에서 강세는, 특정 문장성분을 다른 성분보다 돋들리게 하기 위해 강한 세기로 발음하는 것이다.

어휘적 방법 합성어의 형성, 특히 다음 11)과 같은 반복에 의한 합성어 형성으로 강조법이 실현된다.

11) 반복합성어에 의한 강조법 실현
    ㄱ) 집집, 곳곳, 덜거덕덜거덕……
    ㄴ) 쿵작작, 아사삭……
    ㄷ) 울긋불긋, 얼룩덜룩, 알쏭달쏭……
    ㄹ) 차디차다, 크나크다……

이러한 반복합성어는 형태 전체를 반복하기도 하고(11ㄱ)), 일부분을 반복하기도 한다(11ㄴ)). 같은 형태를 반복하기도 하고(11ㄱ)), 비슷한 형태를 반복하기도 한다(11ㄷ)). 또한 다른 형태를 더 넣어 반복하기도 한다(11ㄹ)). [4]

파생적 방법 파생적 층위의 강조법은 파생접미사에 의하여(12ㄱ)), 파생접두사에 의하여(12ㄴ)), 내적 파생법(자음교체, 모음교체)에 의하여(12ㄷ)) 실현된다.

---

4) 채완(1986)에서는 반복 합성어의 전반적인 특성을, 임성규(1989-ㄱ)에서는 강조법과 관련한 반복 합성어의 특성을 언급하였다.

12) ㄱ) 〈-치-〉(놓치다), 〈-뜨리-〉(깨뜨리다) ……

ㄴ) 〈짓-〉(짓밟다), 〈싯-〉(싯꺼멓다), 〈치-〉(치솟다) ……

ㄷ) 가물가물→까물까물, 깜깜하다→캄캄하다, 덩덩→떵떵→텅텅

가뭇가뭇→거뭇거뭇, 노랗다→누렇다, 살며시→슬며시 ……

굴곡적 방법 현대 한국어에서는 일정한 굴곡형태소로는 강조법이
실현되지 않는다는 것은 이미 위에서 밝힌 바 있다. 다만, 굴곡적 방
법으로 실현되는 것은, 특정한 굴곡형태소가 끝맺은 문장 뒤에 다시
결합해서 강조법을 실현하는 경우이다(문장 2ㄱ)의 경우). 이에는 다
음과 같은 두 유형이 있다 : 첫째, 끝맺은 문장 뒤에 다시 접속어미 또
는 내포어미가 결합하는 경우(앞으로 〈제1유형〉이라 함). 둘째, 끝맺은
문장 뒤에 다시 의향어미가 결합하는 경우(앞으로 〈제2유형〉이라 함).
앞서 제시한 문장 1)에 대하여, 문장 13)은 〈제1유형〉, 14)는 〈제2유
형〉에 해당한다.

1) 철수가 학교에 갔다.

13) ㄱ) 철수가 학교에 갔다-니까.

ㄴ) 철수가 학교에 갔다-나.

ㄷ) 철수가 학교에 갔다-면서?

ㄹ) 철수가 학교에 갔다-고. / ?[5]

14) ㄱ) 철수가 학교에 갔다-ㄴ다.

ㄴ) 철수가 학교에 갔다-느냐?

〈제1유형〉 문장 13)에 나타난 접속어미 또는 내포어미들은 이들 본
래의 접속 또는 내포의 기능을 수행하지 않는, 끝맺은 문장 뒤에 결합
해서 강조법을 수행하는, 기능이 전용된 경우이다. 문장 13ㄱ)과 비

---

5) 이 경우의 〈-고〉는 다른 경우의 〈-고〉보다는 훨씬 더, 현재 서울말에서는,
〈-구〉로 발음되고 있다.

슷한 구문이지만 다음 15)는 본래의 기능인 접속 기능을 수행한다. 즉 15ㄱ)은 15ㄴ)에서 〈-고 하-〉 구성이 생략된 문장이다. [6]

15) ㄱ) 철수가 학교에 갔다-니까, 아무도 믿지 않았다.
ㄴ) 철수가 학교에 갔다-고 하-니까, 아무도 믿지 않았다.

〈제2유형〉 문장 1)에 대하여 문장 14)가 이에 해당된다. 문장 14 ㄱ)은 1)에 의향어미 〈-ㄴ다〉가 결합한 문장으로 1)에 대하여 강조법을 실현하고 있다. 서술법에서 〈-ㄴ다〉뿐만 아니라, 다른 의향어미들도 나타날 수 있다.

16) ㄱ) 철수가 학교에 갔다-네.
ㄴ) 철수가 학교에 갔다-ㅂ니다.

비록 결합하는 굴곡형태소가 다르지만, 근본적으로 앞의 〈제1유형〉과 같으며, 강조법을 실현하는 기능도 같다. 따라서 이와 같은 문장도 끝맺은 문장에 굴곡형태소가 더 결합해서 강조법을 수행하는 것이 된다. [7]

---

6) 첫째, 문장 15)는 접속 기능을 그대로 유지하고 있다는 점에서 문장 13ㄱ)과 구별된다. 문장 13ㄱ)은 절대로 접속 기능을 가지지 아니한다. 왜냐하면 문장 15)처럼 [인과]의 의미를 가지지도 않으며, 후행절도 없다. 둘째, 완형 동사구 내포문 구성(=인용절 구성) 〈학교에 갔다고 하-〉와 〈-니까〉 사이에 문장 (ㄱ)처럼 결합 가능한 비종결어미가 모두 결합할 수 있으나, 문장 13ㄱ)의 경우에는 (ㄴ)처럼 절대로 〈-니까〉 앞에 비종결어미가 결합하지 못한다.

(ㄱ) 철수가 학교에 갔댔으니까, ……
(ㄴ) *철수가 학교에 갔댔으니까.

위의 두 가지 특징만을 보더라도 강조법 구문과 완형 동사구 내포문 구성에서 〈-고 하-〉가 생략되어 그 구조가 비슷해진 구문은 분명히 구별된다.
7) 이 구문과 비슷하지만 완형 동사구 내포문 구성(=인용절 구성)은 다르다.

이들 두 유형은 형성과정에서 형태소 결합의 특징과 통사 특징에 있어서 공통점을 가진다. 모두 비종결어미를 앞세우지 않으며, 본래 문장의 의향어미가 중화된 의향어미(5.3.7 참조)로 바뀐다. 그리고 이들 구문은 서술법과 의문법에 한한다. 이러한 공통성으로 이 두 유형을 강조법의 굴곡적 실현방법이라는 같은 범주로 묶는 것이다.

통사적 방법 다음으로는 통사적 층위에서 강조법을 실현하는 경우를 살펴보기로 한다. 이에는 앞서 2ㄴ)과 같은 분열문 구성을 비롯 다음과 같은 유형들이 있다 : 첫째, 문장 안에서 형태론적 구성을 이동시키는 경우. 둘째, 형태론적 구성을 중첩시키는 경우. 셋째, 분열문 구성의 경우. 다음 문장 17)에 대해 18)은 첫째 경우에, 19)는 둘째 경우에 해당하는 강조법 실현의 통사적 방법이다.

17) ㄱ) 철수가 학교에 갔다.
    ㄴ) 우리가 할 일은 무엇이냐?
    ㄷ) 철수가 영희를 좋아했다.
18) ㄱ) 학교에 철수가 갔다.
    ㄴ) 무엇이 우리가 할 일이냐?
    ㄷ) 영희는 철수가 좋아했다.
19) ㄱ) 〈-고～-고〉
    ㄴ) 〈-으면서～-으면서〉

앞에서도 검토한 바 있는 완형 동사구 내포문 구성에서 〈-고 하-〉가 생략된 다음 문장을 살펴보면, (ㄱ)은 (ㄴ)에서 〈-고 하-〉가 생략된 것으로 해석된다.

(ㄱ) 철수가 학교에 갔단다.
(ㄴ) 철수가 학교에 갔다고 한다.

완형 동사구 내포문 구성과 〈제2유형〉 구문과의 차이점은 다음과 같다. 첫째, 그 문장의 기능 수행에서 볼 때, 완형 동사구 내포문 구성은 인용의 기능을 수행하고, 〈제2유형〉 구문은 강조법을 수행한다. 둘째, 완형 동사구 내포문 구성은 결합 가능한 비종결어미가 모두 결합할 수 있지만, 〈제2유형〉 구문은 비종결어미가 결합할 수 없다. 이와 같은 특성은 〈제1유형〉 구문과 같다.

ㄷ) 〈-다가~-다가〉

ㄹ) 〈-으나~-으나〉

ㅁ) 〈-자~-자〉

ㅂ) 〈-어도~-어도〉

ㅅ) 〈-으면~-을수록〉

ㅇ) 〈-기는 하-〉

총괄 이상에서 서술한 강조법의 실현방법을 정리하면 다음과 같다.

20) 강조법의 실현방법
　　음운적 : ○소리의 길이, 세기, 높이에 의하여
　　어휘적 : ○반복합성어에 의하여
　　파생적 : ○강조 접두사, 접미사, 내적 파생법에 의하여
　　굴곡적 : ○종결어미 중첩에 의하여
　　통사적 : ○형태론적 구성의 이동에 의하여
　　　　　　○형태론적 구성의 중첩에 의하여
　　　　　　○분열문 구성에 의하여

11.3 강조법의 통사 특성

굴곡적 방법에서 끝맺은 문장 뒤에 다시 종결어미가 결합하여 강조법을 실현하는 경우를 〈제 1 유형〉과 〈제 2 유형〉으로 나눈 바 있다. 이제 이러한 두 유형의 강조법이 실현될 때의 통사 특성에 대하여 살펴보기로 한다. 그리고 이를 통하여 강조법 기술이 문법범주 기술에 대하여 가지는 의의를 들어 보기로 한다.

〈제1유형〉의 특성 〈제1유형〉의 굴곡적 강조법의 특성을 〈-니까〉의 경우를 통해 살펴보기로 한다.

21) ㄱ) 철수가 학교에 갔다.
    ㄴ) 철수가 학교에 갔네.
    ㄷ) 철수가 학교에 갔습니다.

문장 21)에 각각 〈-니까〉를 결합해서 강조법을 실현해 보면, 21 ㄱ)만 가능하고, 21 ㄴ), ㄷ)은 그렇지 않다.

22) ㄱ) 철수가 학교에 갔다-니까.
    ㄴ) *철수가 학교에 갔네-니까.
    ㄷ) *철수가 학교에 갔습니다-니까.

즉 여러 서술법의 의향어미 가운데 청자높임이 중화된 〈-다〉만 결합이 가능하다. 서술법뿐만 아니라, 의문법, 명령법, 청유법도 역시 각각 〈-으냐〉, 〈-으라〉, 〈-자〉만 결합이 가능하다. 23)은 의문법, 24)는 명령법, 25)는 청유법의 경우이다.

23) ㄱ) 철수가 학교에 갔다-니까.
    ㄴ) *철수가 학교에 갔는가-니까.
    ㄷ) *철수가 학교에 갔습니까-니까.
24) ㄱ) 그 일을 오늘까지 다 마치라-니까.
    ㄴ) *그 일을 오늘까지 다 마치게-니까.
    ㄷ) *그 일을 오늘까지 다 마치십시오-니까.
25) ㄱ) 그 일을 오늘까지 다 마치자-니까.
    ㄴ) *그 일을 오늘까지 다 마치세-니까.
    ㄷ) *그 일을 오늘까지 다 마칩시다-니까.

이상에서 볼 때 〈-니까〉의 결합이 가능한 문장은, 중화된 의향어미일 때만이다. 이러한 형성과정은 〈-니까〉의 경우뿐만 아니라, 〈-나〉,

⟨-면서⟩, ⟨-고⟩의 결합에서도 마찬가지이다. 여기서 다음과 같이 특성을 정리할 수 있다 : ⟨제1유형⟩의 굴곡적 강조법은 청자높임의 등급이 중화된 문장에서 가능하다. 이때, 청자높임은 ⟨-요⟩의 결합으로 실현된다.

26) ㄱ) 철수가 학교에 갔다니까.
    ㄴ) 철수가 학교에 갔다니까-요.

한편, ⟨-니까, -나, -고⟩가 결합된 강조법 구문은 서술법을, ⟨-면서, -고⟩가 결합된 구문은 의문법을 실현한다. 이러한 ⟨제1유형⟩의 굴곡적 강조법의 특성을 정리하면 다음과 같다.

27) ⟨제1유형⟩의 특성
    끝맺은 문장(A)에 접속어미 또는 내포어미(B)가 결합하여 강조법을 실현하는 구문(X)
    A : 의향어미는 각각 ⟨-다⟩, ⟨-으냐⟩, ⟨-으라⟩, ⟨-자⟩로 청자높임의 등급이 중화됨.
    B : -니까, -나, -면서, -고
    $X : \left\{ \begin{array}{l} [서술법] \\ [의문법] \end{array} \right\} + [강조법]$

⟨제2유형⟩의 특성 다음에는 ⟨제2유형⟩의 굴곡적 강조법의 특성을 살펴보기로 한다.

28) ㄱ) 철수가 학교에 갔다.
    ㄴ) 철수가 학교에 갔네.
    ㄷ) 철수가 학교에 갔습니다.

서술법인 28)의 경우 의향어미 ⟨-ㄴ다⟩를 결합하면 29ㄱ)은 가능하지만, 29 ㄴ), ㄷ)은 그렇지 않다.

29) ㄱ) 철수가 학교에 갔다-ㄴ다.
　　ㄴ) *철수가 학교에 갔네-ㄴ다.
　　ㄷ) *철수가 학교에 갔습니다-ㄴ다.

이것은 〈제1유형〉과 마찬가지로, 가능한 문장은 중화된 의향어미일 때만이다. 그런데 다음 문장 30ㄱ), ㄴ)은 가능하다.

30) ㄱ) 철수가 학교에 갔다-네.
　　ㄴ) 철수가 학교에 갔다-ㅂ니다.

본래 문장은 청자높임의 등급이 중화된 상태에서, 거기서 결합되는 의향어미가 본래 문장의 등급을 가지게 되는 셈이다. 이 점은 〈제1유형〉이 오직 〈-요〉 결합에 의해 청자높임법이 실현되었던 것과는 큰 차이가 있다. 즉 본래 문장의 의향어미가 중화된 이후에 결합된다. 따라서 의향어미 결합 이후의 형식은 각각 화살표 다음쪽과 같다.

31) ㄱ) 철수가 학교에 갔-다.　　⇒철수가 학교에 갔다-ㄴ다.
　　ㄴ) 철수가 학교에 갔-네.　　⇒철수가 학교에 갔다-네.
　　ㄷ) 철수가 학교에 갔-습니다.⇒철수가 학교에 갔다-ㅂ니다.

다음은 의문법의 경우이다.

32) ㄱ) 철수가 학교에 갔느냐?
　　ㄴ) 철수가 학교에 갔습니까?

문장 32)에 의향어미가 더 결합해서 이루어진 〈제2유형〉의 강조법은 33)과 같이 나타난다.

33) ㄱ) 철수가 학교에 갔다-느냐?
   ㄴ) 철수가 학교에 갔다-ㅂ니까?

문장 33)에서와 같이 의문법의 경우는 의향법과 청자높임법 모두가 중화된 상태에서, 의문어미가 결합한다. 즉 일단 본래 문장이 〈-다〉로 중화된 상태에서 결합한다. 다음 문장들의 〈제 2 유형〉의 강조법은 각각 화살표 다음쪽과 같이 실현된다.

34) ㄱ) 철수가 학교에 갔니?　⇒철수가 학교에 갔다-니?
   ㄴ) 철수가 학교에 갔느냐?　⇒철수가 학교에 갔다-느냐?
   ㄷ) 철수가 학교에 갔나?　⇒철수가 학교에 갔다-나?
   ㄹ) 철수가 학교에 갔는가?　⇒철수가 학교에 갔다-는가?
   ㅁ) 철수가 학교에 갔지?　⇒철수가 학교에 갔다-지?
   ㅂ) 철수가 학교에 갔습니까?⇒철수가 학교에 갔다-ㅂ니까?

그런데 명령법과 청유법은 〈제 2 유형〉 구문의 강조법이 실현되지 않는다. 지금까지의 논의를 바탕으로 〈제 2 유형〉의 강조법에 대한 특성을 정리하면 다음과 같다.

35) 〈제2유형〉의 특성
   끝맺는 문장(A)에 의향어미(B)가 결합하여 실현하는 구문(X)
   A : 의향어미는 〈-다〉로, 의향법과 청자높임법의 등급은 모두 중화됨.
   B : (서술) -ㄴ다, -네, -ㅂ니다, -오
       (의문) -니, -느냐, -나, -는가, -ㅂ니까, -오, -지
   X : $\left\{\begin{array}{c}[서술법]\\ [의문법]\end{array}\right\}$ +[강조법]

강조법 기술의 의의 현대 한국어의 강조법은 일정한 굴곡형태소에 의해 실현되지 않고 여러 층위에 걸쳐 실현된다. 음운적, 어휘적, 파생적, 굴곡적, 통사적 방법으로 실현된다. 특히 굴곡적 방법으로는 일정한 굴곡형태소에 의하지 않고, 끝맺은 문장 뒤에 다시 굴곡형태소 (접속어미, 내포어미, 의향어미)가 결합해서 강조법을 실현한다. 그리고 통사적 방법으로는 형태론적 구성의 이동, 중첩, 분열문 구성 등으로 실현한다. 문법범주로서 강조법을 설정함으로써 한국어 통사론 기술에서 다음과 같은 의의를 확인할 수 있다. 첫째, 문법범주의 개념을 정밀화할 수 있다. 굴곡범주로 실현되는 관념뿐만 아니라, 비록 다양한 층위에서 실현되더라도, 문법적 관념이라면 문법범주로 규정할 수 있다. 둘째, 문법범주의 실현방법을 확대할 수 있다. 문법범주는 굴곡범주로 실현되는 것이 가장 자연스럽지만, 표현해야 할 문법적 관념이 일정한 굴곡형태소로 실현되지 않으면, 대체로 다양한 층위에 걸쳐 실현된다는 사실을 확인할 수 있다.

참고문헌

권재일 1987, 「강조법과 그 실현방법」, 《인문과학논총》 19, 건국대학교 인문과학연구소.

김정수 1985, 「17세기 한국말의 느낌법과 그 15세기로부터의 변천」, 《한국학논집》 8, 한양대학교 한국학연구소.

이병근 1986, 「발화에 있어서의 음장」, 《국어학》 15, 국어학회.

이상수 1987, 「영어의 강조표현의 기능적 연구」, 부산대학교 대학원 박사학위논문.

임규홍 1986, 「국어의 분열문에 관한 연구」, 《어문학》 48, 한국어문학회.

임성규 1989, 「현대국어의 강조법 연구」, 충남대학교 대학원 국어국문학과 박사학위논문.

정인승 1938, 「모음상대법칙과 자음가세법칙」, 《한글》 6-9, 한글학회.
정재형 1987, 「현대 국어의 강조 표현 연구」, 부산대학교 대학원 국어국
　　문학과 석사학위논문.
채완 1986, 『국어 어순의 연구──반복 및 병렬을 중심으로』, 탑출판사.
허웅 1975, 『우리 옛말본』, 샘문화사.

제 3 부

문장구성론

제 12 장

문장구성 개관

12.1 문장의 개념

문장의 개념 일정한 음성형식과 일정한 의미형식을 갖추고 있는 형
식이 언어형식이다(제1장 참조). 최소의 언어형식인 형태소가 모여서
이루어진 구성이 형태론적 구성이고, 형태론적 구성이 다시 모여서 이
루어진 구성이 통사론적 구성이다. 통사론적 구성이 모여서 이루어진
궁극적인 구성이 문장이다. 이와 같이 문장은 계층적인 구조로 이루어
져 있다.

1) 언어형식의 단위
　형태소──→ 형태론적 구성──→ 통사론적 구성──→ 문장

구체적으로 다음 문장을 분석해 보기로 한다.

2) 그 꽃은 매우 아름답다.

이 문장을 분석해 보면, 먼저 〈그 꽃은〉과 〈매우 아름답다〉로 분석

된다. 앞의 부분은 〈아름답다〉의 주체이고, 뒷부분은 그 주체에 대한 서술이다. 앞부분은 다시 〈그〉와 〈꽃〉으로 분석되는데 〈그〉는 〈꽃〉을 수식하고, 〈꽃〉은 수식받고 있다. 뒷부분도 〈매우〉와 〈아름답다〉로 분석되는데, 그 관계도 수식과 수식받음이다. 이러한 관계는 다음 2´) 와 같이 계층적으로 나타낼 수 있다.

2´)

그   꽃은   매우   아름답다.

　문장은 이와 같이 계층적으로 분석된다. 그런데 문장이 계층적으로 분석되는 이유는, 〈그〉와 〈꽃〉 사이의 관계나 〈매우〉와 〈아름답다〉 사이의 관계는 대단히 긴밀하지만, 그에 비해 〈꽃은〉과 〈매우〉 사이 는 그렇게 긴밀한 관계로 맺어져 있지 않은 데 있다. 이와 같이 문장 은 먼저 큰 부분으로 나누어지고, 또 다시 작은 부분으로 나누어져서 구성되어 있다. 결국 언어형식은 계층적으로 긴밀하게 관련되어 더 큰 언어형식을 구성하고 있다.

　글을 쓸 때 마침표(온점, 느낌표, 물음표)와 같은 부호가 놓이는 자 리는 한 문장이 끝났음을 뜻한다. 이것은, 문장은 하나의 독립된 언어 형식으로서 다른 언어형식과 어떠한 긴밀한 문법적인 관계를 맺지 않 음을 뜻한다. 이는 곧 문장은 그 자체는 하나의 통일성이 있는 구성이 면서, 다른 언어형식과는 어떠한 구성을 이루지 않는 언어형식을 말한 다(허웅 1983 : 184-). [1] 이러한 관점에서 문장의 개념을 다음과 같이

---

1) 한 언어형식이 단독으로 쓰인 경우를 절대적 위치에 놓여 있다고 하고, 다른 더 큰 언어형식의 한 성분으로 쓰인 경우를 포함된 위치에 놓여 있다고 하는 데, 절대적 위치에 놓인 언어형식은 다른 언어형식과 어떤 구성체를 만들지 않 는 것인데, 이러한 언어형식을 문장이라 한다(허웅 1981 : 273).

규정한다.

3) 문장의 개념
　　문장은, 언어형식들이 계층적으로 긴밀하게 관련되어 더 큰 언어형식
　　을 구성하여, 그 자체는 하나의 통일성이 있는 구성이면서, 다른 언어
　　형식과는 어떠한 구성을 이루지 않는, 언어형식이다.

12.2 문장성분과 격

　　문장성분의 개념　　문장은 밖으로는 다른 구성의 성분이 되지 않으나,
안으로는 형태론적 구성 또는 통사론적 구성으로 짜인 언어형식이다.
문장은 계층적인 성격을 지니면서 문장성분이라는 단위로 통합되어 있
다. 그런데 언어의 문장성분 가운데 가장 중심적인 기능을 맡고 있는
것은 서술어이다. 그래서 문장은, 서술어를 중심으로 하여, 다른 문
장성분들이 여기 이끌려 하나의 통일된 짜임새로 만들어지는 언어형식
이다.
　　문장성분의 유형　　다른 문장성분들은 이러한 서술어를 중심으로 하여
서술어에 직접 혹은 간접으로 이끌려 하나의 통일된 문장을 구성한다.
따라서 문장은 〈서술어〉와 이에 직접 혹은 간접으로 이끌리는 몇몇의
문장성분으로 구성되어 있다. 문장성분 가운데 서술어에 직접적으로
이끌리는 것에는 〈주어〉, 〈목적어〉, 〈부사어〉 등이 있고, 간접적으로
이끌리는 것에는, 이들 직접적으로 이끌리는 성분을 수식하는 〈관형
어〉, 문장 전체에 이끌리는 〈독립어〉가 있다. 흔히 직접적으로 이끌
리는 성분들과 서술어를 묶어 필수성분이라 하고, 간접적으로 이끌리
는 성분들을 수의성분이라 한다. [2] 이러한 문장성분의 유형을 제시하

---

2) 문장성분을 분류하는 방법이 한국어 문법에서 일정하지 못하다. 허웅(1983)

면 다음과 같다. 3)

4) 한국어의 문장성분

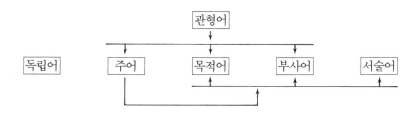

문장 2)에서 〈아름답다〉는 서술어이고, 〈꽃〉은 주어이다. 〈매우〉는 부사어이고, 〈그〉는 관형어이다. 다음 문장 5)에서 문장성분은 다음 과 같이 분석된다.

에서는, 풀이말(서술어)을 중심으로 하여 임자말, 부림말, 어찌말, 위치말, 방편말, 견줌말, 매김말, 인용말, 홀로말을 설정하였으며, 남기심·고영근 (1985) 및 학교문법(1985/1991)에서는 주성분, 부속성분, 독립성분으로 나누어, 주성분에는 주어, 서술어, 목적어, 보어를, 부속성분에는 관형어, 부사어를, 독립성분에는 독립어를 제시하였다.

3) 한편 문장성분들의 서술어에 대해 가지는 관념은 그리 간단한 것이 아니다. 예를 들어 목적어를 〈움직임의 대상〉을 나타내는 말이라고 하였을 때, 의미내용은 매우 복잡하다. 〈돈을 쓴다〉는 소비를 의미하고, 〈밥을 짓는다〉는 생산을 의미한다. 〈산을 본다〉는 단순한 움직임의 대상을 나타내나, 〈사람을 친다〉는 해를 끼침을 나타낸다. 이와 같이 목적어의 서술어에 대한 관계는 매우 복잡하여 걷잡기 어려울 정도인데, 이것은, 이 두 말의 관계는 이 두 말이 가지는 의미론적인 특질에 따라 좌우되는 일이 많기 때문이다. 따라서 문장성분을 정함에 있어서, 그 의미내용에 따르기보다는 주로 그 형태, 통사상의 특질에 따라 정해야 한다. 즉 격조사가 문장성분을 정하는 힘을 가진 것으로 보거나, 서술어의 자리수와 같은 통사 특성이 문장성분을 정하는 것으로 보아야 한다.

5) ㄱ) <u>나는</u> <u>책을</u> <u>읽었다.</u>
　　　　주어　목적어　서술어

　ㄴ) <u>철수가</u> <u>자전거로</u> <u>학교에</u> <u>갔다.</u>
　　　　주어　　부사어　　부사어　서술어

　ㄷ) <u>철수야,</u> <u>같이</u> <u>가자.</u>
　　　　독립어　부사어　서술어

　　문장성분의 실현방법　문장성분은 문장 안에서 다양한 요소에 의하여
실현된다.　첫째, 단어에 의한 실현이다.　모든 단어는 문장에서 문장
성분을 실현한다.　다만 조사는 그 단독으로는 문장의 성분이 될 수 없
고 반드시 명사구에 결합해서 그들과 한 덩어리가 되어 여러 문장성분
을 실현한다.

　　6) 그 꽃은 매우 아름답다.

　　문장 6)에서 〈그〉라는 관형사에 의해서 관형어가 실현되고, 〈매우〉
라는 부사에 의해서 부사어가 실현되고, 〈아름답다〉라는 형용사에 의
해서 서술어가 실현된다.

　　둘째, 명사(혹은 명사구)[4]에 조사가 결합하여 문장성분을 실현한다.

---

4) 명사, 대명사, 수사를 비롯, 명사절, 그리고 체언에 상당하는 부사, 문장 등
　을 포괄해서 언급할 때에는 〈명사〉라는 술어로 대표하기로 한다. 그리고 문장
　안에서 이와 같은 명사와 같은 기능을 수행하는 구성단위는 〈명사구〉라 하기
　로 한다. 명사구에는 다음과 같은 구성들이 포함된다.

　　(ㄱ) 학교　　　　　　　　　　　(명사)
　　(ㄴ) 나, 너, 우리……　　　　　(대명사)
　　(ㄷ) 하나, 둘, 셋……　　　　　(수사)
　　(ㄹ) 학교와 가정　　　　　　　(명사-와/과 명사)
　　(ㅁ) 철수가 다니는 학교　　　　(관형어＋명사)
　　(ㅂ) 철수가 학교에 다님　　　　(명사절＝명사구 내포문)
　　(ㅅ) <u>철수가 학교에 다니느냐</u>(-가 문제이다)　(문장)

이에 관여하는 조사가 격조사이다.

7) 철수-가 자전거-로 학교-에 갔다.
　　주어　　부사어　부사어

셋째, 내포문 구성에 의하여, 그리고 명사화 내포문 구성일 경우에
는 격조사가 결합하여 문장성분을 실현한다.

8) ㄱ) 내가 살던 고향은 인심이 좋은 곳이다.
　　　　관형어
　　ㄴ) 그가 이곳에 오기-는 쉽지 않다.
　　　　　주어

격과 격조사　격이란 어떤 성분이 문장 안에서 차지하는 지위, 바꾸
어 말하면 서술어에 대해서 한 성분이 가지는 관계관념이다. 문장성분
이 곡용에 의해 실현되는 경우가 격이다. 원래 인도-유럽어에서의 격
은, 명사구가 문장에 있어서, 다른 성분과의 관계를 나타내기 위하여
그 형태가 바뀌는 굴곡범주의 하나이다. 그런데 영어와 같이 문장 안
에서 통사적 분포가 격을 실현하기도 하기 때문에, 명사구가 서술어에
대해 가지는 관념 자체가 격이다(허 웅 1983 : 197-). 따라서 격의 종

한편 동사, 형용사, 지정사 등을 포괄해서 언급할 때에는 〈동사〉라는 술어
로 대표하고, 문장 안에서 동사와 같은 기능을 수행하는 구성단위를 〈동사구〉
라고 하기로 한다. 동사구에는 다음과 같은 구성들이 포함된다.

(ㄱ) 가다　　　　　　　　　　　　(동사)
(ㄴ) 아름답다　　　　　　　　　　(형용사)
(ㄷ) 학생-이다　　　　　　　　　 (명사-지정사)
(ㄹ) (나는) 철수를 가게 하였다.　 (내포문+동사=동사구 내포문)
(ㅁ) (나는) 철수가 간다고 말했다.　(내포문+동사=동사구 내포문)
(ㅂ) (나는) 철수가 좋다.　　　　　(문장)

류와 격조사의 종류는 대체로 문장성분과 일치한다. 위 문장 7)에서 〈철수〉에 〈-가〉가 결합하여 곡용함으로 주어를 실현한 것이며, 조사 〈-가〉는 주격조사가 된다. 현대 한국어의 격과 이를 실현하는 격조사의 목록은 다음과 같다.

9) 현대 한국어의 격과 격조사
　ㄱ) 주격조사
　　-이/가, -께(옵)서
　ㄴ) 목적격조사
　　-을/를
　ㄷ) 부사격조사
　　(위치) -에, -에서, -에게, -한테, -께, -더러, -보고
　　(방편) -으로(-서, -써), -다가
　　(비교) -과/와, -보다, -처럼, -하고, -만큼, -같이, -치고
　ㄹ) 관형격조사
　　-의[5]
　ㅁ) 호격조사

---

5) 조사 〈-의〉의 문법적 성격에 대해서는, 이를 관형격조사로 보는 견해와 접속 조사로 보는 견해가 있다. 조사 〈-의〉는 여러 언어형식과 결합해서 뒤의 명사의 의미를 한정하고 또한 뒤의 명사와 더불어 하나의 문장성분이 된다. 이러한 〈-의〉를 격조사의 하나인 관형격조사로 보아 왔다. 그러나 격을 단순히 문장에 있어서의 지위로 보지 않고, 서술어를 중심으로 하여, 다른 문장성분이 이에 이끌리는 관계로 정립해서 판단해 본다면, 〈-의〉는 격조사가 될 수 없다고 보는 견해는 허웅(1983 : 210-2), 권재일(1987-ㄴ, 1989-ㄱ)에서 제기되었다. 〈-의〉는 서술어에 직접 이끌리는 문장성분에 결합되지 않기 때문에 격조사로 볼 수 없다는 관점이다.
　그러나 격을 서술어에 직접 및 간접으로 이끌리는 관계로 격의 개념을 문장성분의 개념과 함께 규정한다면, 문장성분 관형어를 곡용으로 실현하는 관형격을 설정할 수 있다고 본다. 따라서 이 글에서는 간접적으로 이끌리는 격으로, 관형절을 실현하는 관형격조사, 독립어를 실현하는 호격조사를 설정하기로 한다.

-아/야, -(이)여, -(이)시여

그러나 격의 종류, 격조사의 종류가 문장성분과 반드시 일치하지는
않는다.

12.3 문장의 유형

문장과 서술기능 위에서 문장성분 가운데 가장 중심적인 기능을 맡
고 있는 것은 서술어라고 기술하였다. 담화 가운데 전제된 상황이 아
닌, 전형적인 문장에서, 다른 문장성분들과는 달리, 서술어는 생략되
지 않는다. 그리고 한국어는 활용어미가 다양하게 발달되어 있어, 문
장의 문법적 관념들이 이들 어미에 의해 실현되는 것이 큰 특징이다.
따라서 문장에서 가장 중심이 되는 성분은 바로 서술어이다. 그래서
문장은, 서술어를 중심으로 하여, 하나의 통일된 짜임새를 이룬다.
이러한 서술어가 수행하는 기능을 〈서술기능〉이라고 하는데, 이 서술
기능은 문장의 유형을 체계화하는 데에 기준이 될 수 있다. 그래서 이
기준에 따라 문장 유형을 체계화 한다.

한편 서술기능을 수행할 수 있는 것은 동사, 형용사, 지정사 등인
데, 서술기능은 기능 수행의 자립성에 따라서, 자립하여 스스로가 서
술기능을 가지는 〈자립 서술기능〉과 그렇지 못하고 다른 구성에 의존
해야 서술기능을 수행하는 〈의존 서술기능〉으로 나뉜다. 따라서 동
사, 형용사도 서술기능의 자립성에 따라, 자립동사/자립형용사와 의
존동사/의존형용사로 나뉜다. [6]

---

6) 각주 4)에서 기술한 바와 같이 자립동사/자립형용사를 포괄해서 언급할 때에
   는 앞으로 〈자립동사〉라 하기로 하고, 마찬가지로 의존동사/의존형용사는 〈의
   존동사〉라 하기로 한다. 한편 의존동사는 〈보조용언〉, 〈매인풀이씨〉, 〈도움풀
   이씨〉 등으로 기술되기도 한다.

10) ㄱ) 나는 학교에 간다.

    ㄴ) 꽃이 아름답다.

    ㄷ) 나는 철수가 학교에 가게 했다.

    ㄹ) 나는 학생이다.

문장 10ㄱ)과 10ㄴ)의 〈가다〉, 〈아름답다〉는 자립동사이고, 문장 10ㄷ)과 10ㄹ)의 〈하다〉, 〈이다〉는 의존동사다. 문장 10ㄷ)의 〈하다〉는 내포문 〈철수가 학교에 가-〉의 도움을 받아, 10ㄹ)의 〈이다〉는 명사구 〈학생〉의 도움을 받아 서술기능을 완전히 수행하고 있다.

문장의 유형 : 단순문 구성과 복합문 구성 위에서 서술기능이 문장의 유형을 체계화하는 데에 기준이 될 수 있다고 하였다. 이것은 주어진 문장구성이 서술기능을 어떻게 수행하고 있느냐에 따라 문장의 유형을 체계화할 수 있다는 뜻이다. 어떤 현상의 체계를 세울 때 〈그 관계가 1 : 1의 관계인가와 1 : n (n≥2)의 관계인가〉의 기준을 설정할 수 있다 (제2장, 2.2.1 참조). 그 관계가 1 : 1인 경우를 〈단순 관계〉, 〈1 : n (n≥2)〉인 경우를 〈복합 관계〉라 한다. 주어진 문장구성에서 서술기능을 한 번 수행하는 경우가 있기도 하고, 두 번 이상의 서술기능을 수행하는 경우도 있다. 이러한 경우, 〈문장 : 서술기능〉이 1 : 1의 관계에 있는 문장구성을 단순문(simple sentence) 구성이라 하고, 〈문장 : 서술기능〉이 1 : n (n≥2)의 관계일 때를 복합문(complex sentence) 구성이라고 한다. 즉 문장의 유형을 서술기능 수행이라는 기준에 따라 단순문과 복합문으로 체계화한다. 이렇게 보면, 자립 서술기능이든, 의존 서술기능이든 서술기능을 한 번 수행하는 문장구성이 단순문 구성이며,[7] 어떤 문장구성이 자립 서술기능이든 의존 서술

---

7) 허웅(1983 : 257)에서는 〈모든 월은 반드시 풀이말과 임자말을 갖추어야 하는데, 임자말과 풀이말의 관계가 한 번만 나타나고, 풀이말이 풀이씨의 마침법으로 된 월을 단순한 월(홑월)이라〉 했는데, 여기에서도 주어와 서술어의 1회 관계를 기준으로 삼고 있다.

기능이든, 서술기능을 두 번 이상 수행하는 문장구성이 복합문 구성이
다.

앞의 문장 10 ㄱ), 10 ㄴ), 10 ㄹ)은 서술기능이 한 번 수행되어 있
으므로 이들은 단순문이며, 문장 10 ㄷ)은 〈가다〉와 〈하다〉가 각각 서
술기능을 수행하고 있으므로 이는 복합문이다.

복합문의 하위유형 단순문은 단독으로 실현되든, 복합문 구성에 참
여하든, 하나의 서술기능을 가진다. 이러한 단순문을 언어구조에서 S
로 표기하기로 한다. 복합문은 하나의 S가 하나 이상의 S를 직접 혹
은 간접으로 관할하고 있다. 이때 관할하는 S를 상위문, 관할되는 S_1
을 하위문이라 한다. 상위문이 하위문을 관할하는 방식에는 두 가지
방법이 있는데, 상위문이 하위문을 다른 교점을 거치지 아니하고 직접
적으로 관할하는 것이 직접관할, 상위문이 하위문을 명사구나 동사
구[8]의 교점을 통하여 관할하는 것이 간접관할이다. 그림 11 ㄱ)은 직
접관할을, 11 ㄴ)은 간접관할을 나타낸다.

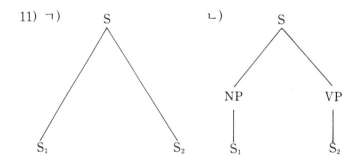

복합문의 하위유형은 이와 같은 상위문이 하위문을 관할하는 방식에
따라서 체계화할 수 있는데, 상위문이 하위문을 직접관할하는 복합문
구성을 〈접속문 구성〉이라 하고, 상위문이 하위문을 간접관할하는 복

---

8) 명사구와 동사구의 개념에 대해서는 각주 4) 다시 참조.

합문 구성을 〈내포문 구성〉이라 한다. 이상에서 기술해 온 문장의 유형을 일괄해서 표로 나타내면 다음과 같다.

12) 문장의 유형

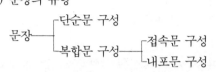

접속문 구성   상위문이 하위문을 직접관할하는 구성을 접속문 구성이라 했는데, 접속문 구성의 하위문은 선행절과 후행절로 구성되어 있다. 그리고 선행절에는 접속어미가 결합되어 있다.

13) ㄱ) 철수는 학교에 가-고, 영희는 가지 않는다.
    ㄴ) 철수는 학교에 가-지만, 영희는 가지 않는다.
    ㄷ) 철수가 학교에 가-니까, 영희도 간다.
    ㄹ) 철수가 학교에 가-면, 영희도 간다.

문장 13)에서 〈철수는/가 학교에 가-〉가 선행절, 〈영희는/도……〉가 후행절, 〈-고, -지만, -으니까, -으면〉 등이 접속어미이다. 접속문 구성은 접속어미들이 가지는 통사·의미 특성을 바탕으로 하위유형이 체계화된다. 하위유형의 체계화의 기준을 〈선행절이 후행절에 대하여 가지는 의미 관계〉로 삼으면, 접속문 구성은 크게 〈대등 접속문 구성〉과 〈종속 접속문 구성〉으로 나뉜다(접속문 구성의 구체적인 하위유형에 대한 기술은 제14장, 14.1 참조).

내포문 구성   상위문이 하위문을 간접관할하는 구성을 내포문 구성이라 했는데, 내포문 구성은 상위문이 하위문을 관할하는 방식에 따라서 하위유형이 체계화된다. 동사구를 통해 관할하는 구성을 〈동사구 내포문〉이라 하고, 명사구를 통해 관할하는 구성을 〈명사구 내포문〉

이라 한다. 동사구 내포문 구성에는 문장 14ㄱ)과 같은 의존동사 구문과 14ㄴ)과 같은 인용 구문이 해당된다.

14) ㄱ) 나는 철수가 학교에 가게 했다.
ㄴ) 나는 철수가 학교에 간다고 말했다.

문장 14)의 두 구문들이 상위문 동사의 〈서술기능을 보완한다〉(Complement)는 같은 통사기능을 가져서, 이 두 구문이 함께 동사구 내포문 구성이 된다. 문장 14ㄱ)의 〈철수가 학교에 가-〉는 상위문 동사 〈하다〉의 서술기능을, 14ㄴ)의 〈철수가 학교에 간다〉는 상위문 동사 〈말하다〉의 서술기능을 보완하고 있다.

명사구 내포문 구성에는 문장 15)와 같은 구문이 해당된다. 상위문이 하위문을 명사구를 통해 관할하여, 명사구의 기능을 가져서, 이 두 구문이 함께 명사구 내포문 구성이 된다.

15) ㄱ) 나는 철수가 학교에 갔음을 알았다.
ㄴ) 나는 철수가 학교에 간 사실을 알았다.

문장 15ㄱ)의 〈철수가 학교에 갔음〉과 15ㄴ)의 〈철수가 학교에 간 사실〉은 상위문의 목적어로서 명사구의 기능을 수행하고 있다. 15ㄱ)은 단독으로 명사구를 구성하고 있고, 15ㄴ)은 〈사실〉과 같은 명사와 함께 명사구를 구성하고 있다. 15ㄱ)을 〈명사화 내포문 구성〉이라 하고, 15ㄴ)을 〈관형화 내포문 구성〉이라 한다(내포문 구성의 구체적인 하위유형에 대한 기술은 제15장, 15.1 참조).

참고문헌

국어연구회 (편) 1990, 『국어연구 어디까지 왔나』, 동아출판사.
권재일 1985, 『국어의 복합문 구성 연구』, 집문당.
──── 1986, 「형태론적 구성으로 인식되는 복합문 구성에 대하여」, 《국어학》 15, 국어학회.
김승곤 1991, 『한국어 통어론』, 건국대학교 출판부.
김영배·신현숙 1987, 『국어문법론──통사 현상과 그 규칙』, 한신문화사.
김일웅 1987, 「월의 생성 과정」, 《한글》 196, 한글학회.
남기심·고영근 1985, 『표준 국어 문법론』, 탑출판사.
박영순 1985, 『한국어 통사론』, 집문당.
서태룡 1991, 「국어의 어미와 통사규칙」, 『국어학의 새로운 인식과 전개』 (김완진선생 회갑기념논총), 민음사.
이익섭·임홍빈 1983, 『국어문법론』, 학연사.
장경희 1990, 「국어 발화의 확대 구조」, 《한글》 209, 한글학회.
최현배 1971, 『우리 말본』, 네번째 고침판, 정음사.
허웅 1981, 『언어학──그 대상과 방법』, 샘문화사.
──── 1983, 『국어학──우리말의 오늘·어제』, 샘문화사.

제 13 장

문장성분

13.1 문장성분의 개념과 실현방법

문장은 계층적인 성격을 지니면서 문장성분이라는 단위로 통합되어 있다. 이러한 언어의 문장성분 가운데 가장 중심적인 기능을 맡고 있는 것은 서술어이다. 그래서 문장은, 서술어를 중심으로 하여, 주어, 목적어, 부사어, 그리고 관형어, 독립어가 여기에 직접, 간접으로 이끌려 하나의 통일된 짜임새를 구성하고 있다. 이제 이러한 문장성분 각각에 대하여 그 개념과 실현방법을 살펴보기로 한다.

13.1.1 서술어

서술어의 개념 서술어는 문장의 중심되는 성분으로, 주어인 〈무엇이〉 혹은 〈누가〉에 대해서 〈어찌하다〉, 〈어떠하다〉, 〈무엇이다〉로 서술하는 기능을 가진다. 즉 동작, 상태, 환언을 나타낸다.

1) ㄱ) 철수는 컴퓨터를 배웠다.

ㄴ) 가을 단풍이 무척이나 곱다.

ㄷ) 그의 그림 솜씨는 천재적이다.

ㄹ) 그는 세계적인 작곡가이다.

위 문장 1)에서 〈배웠다〉, 〈곱다〉, 〈천재적-이다〉, 〈작곡가-이다〉
가 각각 서술어이다. [1] 문장 1)에서와 같이, 〈어찌하다〉(동작의 서술)
는 동사에 의해, 〈어떠하다〉(상태의 서술)는 형용사와 〈-이다〉에 의
해, 〈무엇이다〉(환언의 서술)는 〈-이다〉에 의해 실현된다.

그런데 대부분의 문법적 관념은 이러한 서술어에 얹혀서 실현된다.
의향법, 시제법, 높임법 등의 문법범주를 서술어가 실현하고 있다.
문장 2)에서 서술어 〈배웠다〉, 〈배우겠습니다〉를 통하여 이 문장의
의향법, 시제법, 높임법 등이 실현된다.

2) ㄱ) 철수는 컴퓨터를 배웠다.

ㄴ) 지금부터 우리는 컴퓨터를 배우겠습니다.

서술어의 실현방법   서술어는 위에서 보는 바와 같이 동사, 형용사,
그리고 지정사 〈-이다〉에 의해서 실현된다. 그런데 지정사 〈-이다〉의
경우에는 반드시 명사구와 함께 서술어를 실현한다. 한편 〈-이다〉
(〈명사-하다〉의 파생동사도 마찬가지)가 서술어를 실현할 때, 〈-이다〉가
생략될 수 있다. 그러나 이렇게 생략되면, 거기에 얹혀 실현되던 문법
범주가 드러나지 않게 된다. 예를 들어 문장 3′)에서는 시제법이 드러

---

[1] 명사의 도움을 받아야 서술기능을 수행하는 경우에 〈이다〉가 해당된다. 〈이
다〉의 품사적인 성격을 규정하는 것은 두 가지 견해가 있다. 첫째, 활용이라
는 기능의 측면을 강조하여 서술어로 즉 지정사로 보는 견해 (최현배 1971, 허
웅 1983). 둘째, 명사 뒤에 결합한다는 분포의 측면을 강조하여 조사로 즉 서
술격조사로 보는 견해 (학교문법 1985/1991 및 남기심·고영근 1985). 한편
다른 성분의 도움 없이는 서술기능을 온전히 수행할 수 없기 때문에 서술기능
수행의 자립성의 측면에서 볼 때 〈이다〉는 의존서술어라고 규정할 수 있다.

나 있지 않다.

3) ㄱ) 이것은 땅이고, 저것은 하늘이다.
   ㄴ) 남의 물건을 탐내지 말 것이다.
   ㄷ) 오늘 휴업합니다.
3′) ㄱ) 이것은 땅, 저것은 하늘.
   ㄴ) 남의 물건을 탐내지 말 것.
   ㄷ) 오늘 휴업.

동사, 형용사, 지정사 등이 서술어를 실현할 때, 이들만으로는 서
술기능을 완전하게 수행하지 못하는 경우가 있다. 다음 문장 4ㄱ)에
서 〈하다〉는 의존동사로서 반드시 〈철수가 학교에 가-〉라는 동사구
내포문과 함께, 4ㄴ)에서 〈말하다〉는 〈철수가 학교에 간다〉라는 동사
구 내포문과 함께 서술기능을 실현한다. 즉 이들 동사들은 서술기능을
보완하기 위해 동사구 내포문을 요구하는데, 문장 4)의 경우에 동사
〈하다〉, 〈말하다〉는 동사구 내포문과 함께 서술어를 실현한다.

4) ㄱ) 나는 철수가 학교에 가게 했다.
   ㄴ) 나는 철수가 학교에 간다고 말했다.

서술어와 자리수 서술어는 그 종류에 따라서 주어 하나만을 필수적
으로 요구하는 것이 있고, 주어와 또 다른 문장성분과 함께 둘을 필수
적으로 요구하는 것도 있으며, 셋을 필수적으로 요구하는 것이 있다.
동사 〈가다, 오다, 피다〉 등은 주어 하나만 있어도 완전한 문장을 구
성한다(문장 5ㄱ)). 이러한 동사가 자동사이다. 동사 〈읽다, 먹다,
던지다〉 등은 주어와 목적어 둘이 있어야 완전한 문장을 구성한다(문
장 5ㄴ)). 이러한 동사가 타동사이다. 그런데 자동사 중에는 각각 주
어 외에 부사어를(문장 5ㄷ)), 타동사 중에는 주어와 목적어 외에 부

사어를 필수적으로 요구하는 것이 있다(문장 5ㄹ)).

5) ㄱ) 나는 (수업을 마치고) (바로) (집으로) 갔다.
   ㄴ) 나는 (저녁에) 신문을 읽었다.
   ㄷ) 우리는 대자연과 싸웠다.
   ㄹ) 아버지께서 우리들에게 책을 주셨다.

대부분의 형용사는 주어 하나만을 필수적으로 요구하는데(문장 6ㄱ)), 주어와 부사어(문장 6ㄴ)) 둘을 필수적으로 요구하는 것도 있다.

6) ㄱ) 가을 단풍이 (무척이나) 곱다.
   ㄴ) 그는 자기 아버지와 (꼭) 같다.

이와 같이 자동사나 대부분의 형용사처럼 서술어의 기능을 하기 위해 주어 하나만을 필수적으로 요구하는 것을 〈한자리 서술어〉라 하고, 타동사나 〈같다, 아니다, 무섭다〉 등과 같은 형용사처럼 주어 외에 또 다른 한 문장성분을 필수적으로 요구하는 것을 〈두자리 서술어〉라 하고, 〈주다, 삼다, 여기다〉 등과 같은 동사처럼 주어를 포함하여 세 문장성분을 필수적으로 요구하는 것을 〈세자리 서술어〉라고 한다.
그런데 두자리 서술어의 문장에 한자리의 문장성분만 실현되거나, 세자리 서술어의 문장에 한자리나 두자리의 문장성분만 실현되면 불완전한 문장이 된다.

7) ㄱ) 나는 읽었다.
   ㄴ) 아버지께서 우리들에게 주셨다.
   ㄷ) 그는 같다.

한편 서술어 가운데는 한자리 서술어와 두자리 서술어를 겸하여 그

자리수를 달리하는 경우도 있다. [2]

  8) ㄱ) 아이들이 집에서 논다.
     ㄴ) 아이들이 윷을 논다.
  9) ㄱ) 공이 저절로 움직인다.
     ㄴ) 내가 공을 움직였다.
  10) ㄱ) 팽이가 잘도 돈다.
     ㄴ) 지구가 태양 둘레를 돈다.

  문장 8), 9), 10)에서 〈놀다, 움직이다, 돌다〉 등은 자동사와 타동사를 겸하고 있어서, 8/9/10 ㄱ)에서와 같이 한자리 서술어도 되고, 8/9/10 ㄴ)에서와 같이 두자리 서술어도 된다.

13.1.2 주어

  주어의 개념 주어는 서술의 주체를 나타내는 문장성분으로 모든 문장에 필수적으로 요구되는 문장성분이다. 〈무엇이 어찌하다/어떠하다/무엇이다〉에서 〈무엇이〉(또는 〈누가〉)에 해당한다.
  주어의 실현방법 주어는 명사구에 주격조사가 결합하여 실현된다. 전형적인 주격조사는 〈-이/가〉인데, [3] 주체높임법을 실현할 때에는

---

2) 같은 동사가 두 가지의 성격으로 실현되는 문제에 대해서, 이를 능격동사 구문, 중립태 구문 등으로 분석한 연구는, 고영근(1986-ㄱ), 연재훈(1989) 참조. 박승윤(1984)에서는 〈시작하다〉 동사의 자동사적 성격과 타동사적 성격을 분석하였다.
    (ㄱ) 나는 공부하기를 시작하였다.
    (ㄴ) 호명하기 시작하였다.
3) 주격조사의 기능이 목적격으로도 전용되는 경우가 있다.
    (ㄱ) 나는 너를 무척 보고 싶었단다.
    (ㄴ) 나는 네가 무척 보고 싶었단다.

222

⟨-께(옵)서⟩가 쓰인다. 주어가 단체의 의미 특성을 가지는 명사일 때
는 격조사 ⟨-에서⟩가 대신 쓰일 수 있다.

11) ㄱ) 나무-가 크게 자라니, 그 잎-이 더욱 무성해졌다.
    ㄴ) 아버지-께서 우리들에게 말씀하셨다.
    ㄷ) 이번 대회도 또 우리 학교-에서 우승을 차지했다. [4]

한편 주격조사 대신 보조조사만 결합하여 주어를 실현할 수 있으며
(문장 12ㄱ)), 여기에 다시 주격조사가 결합할 수도 있다(문장 12
ㄴ)). 그리고 물론 주격조사가 생략되어 주어를 실현할 수 있다(문장
12ㄷ)).

12) ㄱ) 철수-는 수업이 끝난 뒤 바로 집으로 갔다.
    ㄴ) 자기 자신-만-이 옳다고 생각하지 말아라.
    ㄷ) 너 어디 가니? 응, 나 서울 가.

주어 둘 이상 있는 문장   주어가 한 문장에 둘 있는 것으로 보이는 문
장이 있다. 그러나 그 가운데 하나는 전체 문장의 주어이고, 다른 하
나는 전체 문장의 서술어를 실현하는 동사구 내포문의 주어이다. [5] 물
론 주어가 셋 이상 있는 문장도 있다.

---

4) ⟨에서⟩가 단체의 주어로 쓰이는 경우, 주어의 의미 특성은 비생명체에 한한
   다. 따라서 다음 문장은 비문법적이다.
   (ㄱ) *우리 학교 학생들에서 우승하였다.
   그리고 ⟨-에서⟩로 된 주어는 의미적으로는 ⟨-에서 누구-가⟩로 풀이된다.
5) 주어가 둘 있는 문장에 대한 설명 방법은 다양하다. 이러한 여러 견해에 대해
   서는 국어연구회(편)(1990 : 241-247), 우순조(1992) 참조. 한편 학교문법
   (1985/1991)에서는 문장 13ㄴ, ㄷ)의 ⟨어른이⟩를 보어로 설정한다.

13) ㄱ) 나는 코스모스가 좋다.
    ㄴ) 철수는 아직 어른이 아니다.
    ㄷ) 철수가 이제 어른이 되었다.
    ㄹ) 김치는 우리 집이 맛이 좋아.

이들 문장의 서술어는 동사나 형용사만으로 서술기능을 완전히 수행할 수 없고 반드시 동사구 내포문을 구성하여 서술기능을 수행한다. 문장 13ㄱ)의 문장구조는 다음과 같이 분석된다. 결국 주어가 한 문장에 둘 있는 것으로 보이는 것은, 그 가운데 하나는 전체 문장의 주어이고, 다른 하나는 전체 문장의 서술어를 실현하는 동사구 내포문의 주어이다.

14) [나는 [코스모스가 좋다]]

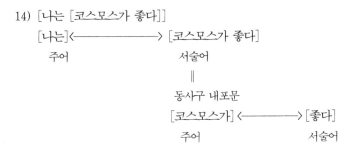

13.1.3 목적어

목적어의 개념 타동사가 문장의 서술어가 되었을 때, 그 동작의 대상을 나타내는 성분이 필요한데, 이것을 실현하는 문장성분이 목적어이다. 타동사는 어떤 대상을 필요로 하는 동작을 나타낸다.
목적어의 실현방법 목적어는 명사구에 목적격조사가 결합하여 실현된다. 목적격조사는 〈-을/를〉이다.

15) 나는 겨울에 귤-을 잘 먹는다. 그렇지만 동생은 사과-를 잘 먹는다.

역시 주어처럼 목적격조사 대신 보조조사만 결합하여 목적어를 실현할 수 있으며(문장 16ㄱ)), 여기에 다시 목적격조사가 결합할 수도 있다(문장 16ㄴ)). 그리고 물론 목적격조사가 생략되어 목적어를 실현할 수 있다(문장 16ㄷ)).

16) ㄱ) 나는 귤-도 잘 먹고, 사과-도 잘 먹는다.
   ㄴ) 철수는 귤-만-을 좋아한다고 했다.
   ㄷ) 넌 귤 좋아해? 아니, 난 사과 좋아해.

목적어 둘 이상 있는 문장 한 문장에 목적어가 하나 있는 것이 보통이지만, 동사에 따라 목적어가 둘 이상 나타나는 경우가 있다. [6]

17) ㄱ) 왜 지나가는 사람을 이름을 부르느냐?
   ㄴ) 그 사람을 이 책을 주어라.
   ㄷ) 그는 그 책을 두 권을 더 달라고 하였다.

목적어가 둘 이상 나타날 때에 두번째 목적어는 첫번째 목적어의 한 부분이거나, 그것의 한 종류, 또는 수량을 나타내는 것이 보통이다. 수량을 나타내는 경우에는 두 목적어 가운데 어느 한 목적어의 목적격조사가 생략될 수 있다.

18) ㄱ) 그는 그 책 두 권을 더 달라고 하였다.
   ㄴ) 그는 그 책을 두 권 더 달라고 하였다.

그런데 목적어가 둘 있는 문장은, 다른 문장성분(예 : 관형어, 부사어)를 강조하기 위하여 그 격조사 대신 목적격조사로 대치한 것으로

---

6) 목적어가 둘 있는 문장에 대한 설명 방법도 다양하다. 이러한 여러 견해에 대해서는 국어연구회 (편)(1990 : 248-262), 우순조(1992) 참조.

해석할 수도 있다(우순조 1992 참조). 문장 17ㄱ), 17ㄴ)을 각각 다음 문장 19ㄱ), 19ㄴ) 에서 파생된 것으로 볼 수 있다.

19) ㄱ) 왜 지나가는 사람-의 이름을 부르느냐?
    ㄴ) 그 사람-에게 이 책을 주어라.

13.1.4 부사어

부사어의 개념 부사어는 문장 안에서 서술어를 수식·한정하는 문장성분인데, 대부분의 부사어는 수의성분이지만, 서술어에 따라 필수성분이 되기도 한다.
부사어가 서술어를 수식하는 의미는 다음과 같이 다양하다.[7] 첫째, 서술어를 순수하게 수식하는 기능이다.

20) 가을 하늘이 무척 높아 보인다. 거기에다 단풍이 매우 곱다.

이러한 부사어는 문장 안의 다른 부사어나 관형어, 더 나아가서 주어, 목적어도 수식할 수 있다. 문장 21)에서 〈더〉가 부사어 〈빨리〉를, 〈거의〉가 부사어 〈매일〉을, 〈아주〉가 관형어 〈새〉를 수식하고 있다. 문장 22)에서는 부사어 〈겨우〉가 주어 〈둘〉을, 〈바로〉가 주어 〈이웃〉을, 〈꼭〉이 목적어 〈추리소설〉을 한정하고 있다.[8]

---

7) 허웅(1983)에서는 부사어에 해당하는 문장성분을, 어찌말, 위치말, 방편말, 견줌말로 의미 특성별로 나누어 제시하였다.
8) 주어, 목적어 등을 수식하는 부사어는 수량이나 정도 또는 위치를 나타내는 말을 수식한다. 예를 들면, 위의 〈겨우〉는 수량이나 정도를 나타내는 말을 수식한다. 〈더, 덜, 꽤, 퍽……〉 같은 부사도 이 부류에 속한다. 〈바로〉 같은 부사는 위치를 보이는 말을 수식한다.

21) ㄱ) 더 빨리 달려라.

　　ㄴ) 철수는 거의 매일 영희를 만난다.

　　ㄷ) 철수는 아주 새 사람이 되었다.

22) ㄱ) 겨우 둘이서 그 돌을 들어 날랐다.

　　ㄴ) 바로 이웃이 우리 집이다.

　　ㄷ) 그는 꼭 추리소설만 보는구나.

둘째, 서술어를 동작이 일어나는 시간, 공간, 그리고 원인 등의 의미로 수식하는 기능이다.

23) ㄱ) 우리들은 오늘 오후에 시골에서 돌아왔다.

　　ㄴ) 이 책을 형님께 드려라.

　　ㄷ) 이곳에 있던 다리는 지난 태풍에 무너졌다.

셋째, 서술어를 동작이 일어나는 방법, 자격, 그리고 방향 등의 의미로 수식하는 기능이다.

24) ㄱ) 철수는 칼로 사과를 깎았다.

　　ㄴ) 철수는 영희를 애인으로 삼았다.

넷째, 견줌을 나타내는 서술어에서 견줌의 대상을 나타내는 기능이다.

25) ㄱ) 희범이는 자기 아버지와 꼭 닮았어.

　　ㄴ) 겨울에는 바다로 가기보다 산으로 가는 것이 낫지.

　　ㄷ) 겨울 산의 설경은 한 폭의 그림처럼 아름답다.

부사어의 실현방법　부사어를 실현하는 방법은 다양하다. 위에 제시한 문장 20)에서 25)까지를 통해 보면, 부사어가 실현되는 방법은 다음과 같다.

첫째, 부사에 의해 실현되거나, 부사에 보조조사가 결합해서 실현
된다. 위에 제시한 문장에서 〈무척, 매우, 겨우, 거의, 더, 빨리, 바
로, 꼭〉, 〈무척-이나〉 등이 그러하다.

둘째, 명사(특히, 시간이나 공간을 나타내는 자립명사 및 부사성 의존명
사)에 의해 실현되거나, 명사에 부사격조사나 보조조사가 결합해서 실
현된다. [9] 문장 26ㄱ)은 자립명사에 의해, 26ㄴ)은 자립명사에 보조
조사가 결합해서, 26ㄷ)은 부사격조사가 결합해서, 26ㄹ)은 부사격
조사와 보조조사가 함께 결합해서, 26ㅁ)은 부사성 의존명사에 의해
서 실현되었다.

26) ㄱ) 나는 오늘 다녀왔습니다.
    ㄴ) 나는 어제-도 다녀왔습니다.
    ㄷ) 나는 어제 밤-에 철수-한테 전화했어.
    ㄹ) 어제 밤-에-도 서쪽 하늘-에서-는 섬광이 비쳤다.
    ㅁ) 그는 옷을 입은 채, 잠이 들어 버렸다.

셋째, 명사에 부사격조사가 결합한 뒤에 다시 부사가 더 결합해서
실현된다.

27) 철수는 영희-와 같이/함께/더불어 그 의견에 동의하였다.

넷째, 명사화 내포문 구성에 부사격조사 〈-에〉와 〈-으로〉가 결합해
서 실현된다. 명사화 어미 〈-기〉와 〈-음〉이 여기에 관여한다. 명사화

---

9) 한편 목적격조사를 가진 말이, 때로는 위치, 방향, 시간 따위를 나타내는 일
   이 있다.
   (ㄱ) 학교를 간다.
   (ㄴ) 길을 걷는다.
   (ㄷ) 두 시간을 잤다.

어미 〈-기〉가 부사어를 형성하는 구성은 다음과 같다.

28) 제1유형 : 〈-기〉+명사(전, 때문)-에
   ㄱ) 철수는 학교에 가-기 전-에, 예습을 한다.
   ㄴ) 철수는 학교에 가-기 때문-에, 예습을 한다.
29) 제2유형 : 〈-기〉-에 (-보조조사)
   ㄱ) 철수가 생각하-기-에 (-는/도……)
   ㄴ) 철수가 생각하-기-로

그런데, 제1유형에서 명사가 〈때문〉일 경우에 수의적으로 〈때문〉이 생략된다. 즉 〈때문〉이 나타나지 않더라도, 원인의 의미관계를 나타낸다(문장 30)).

30) 철수가 학교에 가기-∅-에, 예습을 한다.

명사화 어미 〈-음〉이 부사어를 형성하는 과정은 다음과 같다.

31) 〈-음〉-에/으로
   ㄱ) 철수가 학교에 감-에,
   ㄴ) 철수가 학교에 감-으로,

그런데 31)에는 다음과 같은 구성이 더 통합되어 나타날 수 있다.

32) ㄱ) 철수가 학교에 감-에 있어서 / 따라 / 이르러 / -도 불구하고,
   ㄴ) 철수가 학교에 감-으로-써 / 말미암아,

성분부사어와 문장부사어 부사어는 한 성분으로서의 서술어를 수식하는 것과 문장 전체를 수식하는 것 두 가지로 나뉜다. 앞의 것을 성

분부사어, 뒤의 것을 문장부사어라 한다. 성분부사어는 서술어를 수식하기 때문에 의미 수식의 영역이 서술어로 제한되지만, 문장부사어는 문장 전체를 수식하기 때문에 의미 수식의 영역이 문장 전체에 걸쳐 있다.

33) ㄱ) 확실히 그 분은 훌륭한 스승이시다.
　　ㄴ) 의외로 손님이 많이 오셨다.
　　ㄷ) 다행히 그는 완쾌되었다.
　　ㄹ) 과연 그날 큰 일이 일어났다.
　　ㅁ) 설마 그가 거짓말이야 하겠느냐?
　　ㅂ) 제발 비가 조금이라도 왔으면 좋겠는데.

그래서 문장부사어가 쓰인 33ㄱ), ㄴ), ㄷ)은 다음과 같은 의미로 받아들여진다.

34) ㄱ) 그 분이 훌륭한 스승이심이 확실하다.
　　ㄴ) 손님이 많이 오신 것은 의외였다.
　　ㄷ) 그가 완쾌된 것은 다행이었다.

부사어의 특성　서술어를 수식하는 성분부사어는, 주어나 목적어 등을 수식하는 관형어와 달리 단독으로 실현되는 자립형식이다. 다음 문장 35ㄱ)은 부사어가 실현된 문장인데, 35ㄴ)과 같이 자립해서 실현된다. 그러나 관형어는 36ㄴ)과 같이 수식받는 문장성분 없이는 자립해서 쓰이지 못한다.

35) ㄱ) 조용히 있어라.
　　ㄴ) 조용히.
36) ㄱ) 아름다운 강산.
　　ㄴ) *아름다운.

230

문장에서 부사어가 필수적으로 요구되는 것은 다음과 같은 경우이다. 첫째, 세자리 서술어의 경우는 부사어를 필수적으로 요구한다.

37) ㄱ) 철수가 영희에게 책을 주었어.
　　ㄴ) 철수는 영희를 애인으로 삼았다.

문장 37ㄱ)에서 〈주다〉는 세자리수 서술어로서 〈영희에게〉라는 부사어를 필수적으로 요구한다. 〈드리다, 다가서다, 넣다, 두다〉 등의 서술어가 그러하다. 문장 37ㄴ)에서 〈삼다〉 역시 세자리수 서술어인데, 〈애인으로〉라는 부사어를 필수적으로 요구한다.

둘째, 〈같다, 비슷하다, 닮다, 틀리다, 다르다〉 등과 같은 두자리 서술어로서 〈-와〉에 의한 부사어를 필수적으로 요구한다.

38) ㄱ) 철수는 영희와 닮았어.
　　ㄴ) 철수는 영희와 싸웠다.

한편 부사어도 겹쳐 실현될 수 있는데, 이때 그 중의 하나가 다른 한 부사어를 수식하거나, 또는 두 부사어 모두 서술어를 수식한다. 문장 39ㄱ)에서 〈아주〉는 다른 부사어 〈빨리〉를 수식하는 경우인 데 반해, 문장 39ㄴ)에서 〈살금살금〉과 〈소리 없이〉는 모두 서술어 〈다가오고〉를 수식한다.

39) ㄱ) 우리 앞 차는 아주 빨리 달려나갔다.
　　ㄴ) 누군가가 뒤에서 살금살금, 소리 없이 다가오고 있었다.

13.1.5 관형어

관형어의 개념 관형어는 명사구로 실현되는 주어, 목적어와 같은 문장성분 앞에서 그것을 수식하는 문장성분이다. 관형어가 없어도 문장이 성립하므로 문장 안에서 관형어는 수의성분이다.

40) ㄱ) 철수는 새 친구를 사귀었다.
    ㄴ) 우리는 겨울의 설경을 좋아한다.
    ㄷ) 그 화려하던 명성이 어느덧 사라졌다.

그러나 수식받는 문장성분의 품사가 의존명사이면 관형어는 필수적이다. 문장 41)에서 의존명사 〈것, 척〉은 관형어를 필수적으로 요구한다.

41) ㄱ) 나는 그가 귀국한 것을 아직 모르고 있었다.
    ㄴ) 나는 무척이나 잘난 척 하는 그를 타일렀다.

관형어의 실현방법 관형어를 실현하는 방법은 다양하다.
첫째, 관형사(문장 42))나, 관형화 내포문 구성(문장 43))에 의해 실현된다.

42) 옛 친구를 만나는 것도 새 친구를 만나는 것 못지 않게 좋더라.
43) ㄱ) 나는 그가 귀국한 사실을 아직 모르고 있었다.
    ㄴ) 나는 그가 귀국한 것을 아직 모르고 있었다.

문장 43ㄱ)은 수식받는 명사가 자립명사인 경우이고, 43ㄴ)은 의존명사인 경우이다. 또한 완형 동사구 내포문(=인용절)을 안은 관형화 내포문이 구성될 수 있다.

44) ㄱ) 나는 그가 귀국했다고 하는 사실을 아직 모르고 있었다.
    ㄴ) 나는 그가 귀국했다는 사실을 아직 모르고 있었다.

둘째, 명사구에 의해 실현되거나(문장 45ㄱ)), 여기에 조사 〈-의〉가 결합해서 실현된다(문장 45ㄴ)). 부사어에 조사 〈-의〉가 결합해서 실현되기도 한다(문장 45ㄷ)). 그리고 명사화 내포문 구성에 의해서도 실현된다(문장 28ㄱ), 28ㄴ) 참조).

45) ㄱ) 우리 나라 청소년들은 몸과 마음이 건강하다.
　　ㄴ) 우리 나라의 청소년들은 몸과 마음이 건강하다.
　　ㄷ) 접속문 구성에서의 시제법 제약은 접속어미의 특성에 따른다.

관형어의 특성　앞에서도 살펴보았듯이, 관형어는 부사어와 같이 수식하는 문장성분이지만 두 가지 점에서 차이가 있다. 첫째, 부사어는 단독으로 실현되는 자립형식이지만, 관형어는 그렇지 못한 의존형식이다(문장 36) 참조). 둘째, 부사어는 위치 이동이 자유롭지만, 관형어는 그렇지 못하다.

관형어도 역시 부사어처럼 겹쳐 실현될 수 있는데, 겹쳐 실현되는 관형어 모두 수식받는 문장성분만 수식한다. 문장 46)에서 〈저〉, 〈세〉, 〈키 큰〉은 모두 수식받는 명사 〈학생〉을 수식한다.

46) 저 세 키 큰 학생은 어디서 왔느냐?

그런데 이러한 관형어가 겹쳐 실현될 때에는 일정한 순서가 있다. 대개 〈이, 그, 저〉 등의 지시관형어가 가장 앞서고, 그 다음이 수량, 그 다음이 모양/상태 관형어의 순서이다. 이를 어긴 46′)은 비문법적이다.

46′) *세 저 키 큰 남자는 어디서 왔느냐?

13.1.6 독립어

독립어의 개념 독립어는 문장 중의 어느 성분과도 직접적인 관련이 없는, 문장 안에서 독립된 성분이다. 이들은 그 뒤에 오는 성분들과 함께, 하나의 문장을 구성하며, 문장 전체를 수식하는 기능을 가진다.

47) ㄱ) 아아, 드디어 우리들의 세상이 왔다.

ㄴ) 신-이여, 우리들을 보호하소서.

ㄷ) 그런데, 우리 일은 이제 우리가 해야 해.

독립어의 실현방법 독립어는 위 문장 47ㄱ)과 같이 감탄사에 의해, 47ㄴ)과 같이 명사구에 호격조사가 결합하여, 47ㄷ)과 같이 접속부사에 의해 실현된다. [10]

독립어의 특성 독립어는 문장의 다른 요소와 일치하는 제약이 있다. 다음 문장에서 독립어인 부르는 말은 청자높임법과 일치를 보인다. [11]

48) ㄱ) 철수야, (너를) 선생님께서 찾으신다.

ㄴ) 선생님, 저에게 말씀해 주십시오.

---

10) 접속부사 가운데는 문장 첫머리에 위치하는 것(예 : 그래서, 그러나, 그리고, 그런데……)과 그렇지 않은 것(예 : 및, 또는)이 있다.

11) 다음 문장도 그러한 예에 속한다.

(ㄱ) 여봐라, 이리 오너라.

(ㄴ) 여보게, 이리 오게.

(ㄷ) 여보, 이리 오오.

13.2 어순과 문장성분의 이동, 대치, 생략

13.2.1 문장성분의 어순

어순의 개념 문장 안에서 각 언어형식 사이의 상대적 위치를 어순이라고 한다. 그러나 일반적으로 어순은 문장성분들의 상대적인 위치를 말한다. 언어에 따라서는 이러한 상대적 위치가 각 문장성분들의 문법범주를 실현하는 반면, 또 어떤 언어들은 문법범주의 다른 실현방법이 있기 때문에 어순이 그다지 필요로 하지 않는 경우도 있다. 뒤의 경우에는 문장성분들의 상대적 위치는 고정되어 있지 않고 성분들 사이의 이동이 비교적 자유스러운 것이 특징이다. 이와 같이 어순의 고정 여부는 그 언어의 문법범주 실현방법의 특성과 관련을 맺는다.

기본어순 한국어는 문장성분들이 비교적 자유로운 어순을 가지며, 언어유형론적으로 기본어순이 〈주어+목적어+서술어〉 언어로 분류된다.[12) 기본어순이란 절대적으로 고정된 문장성분들의 위치라

---

12) Greenberg(1966)는 주어(S), 서술어(V), 목적어(O)의 어순을, 이 세 요소가 결합할 수 있는 이론적 가능성에 따라, 다음과 같이 제시하였다 : (ㄱ) SOV, (ㄴ) SVO, (ㄷ) VSO, (ㄹ) VOS, (ㅁ) OVS, (ㅂ) OSV. 이 가운데 (ㄱ), (ㄴ), (ㄷ)이 여러 언어에 나타나고, 그 중에서도 (ㄱ)과 (ㄴ)이 대부분이다. (ㄹ)과 (ㅁ)은 드문 편이고 (ㅂ)의 언어는 아직 알려지지 않고 있다. 이 중에서 가장 널리 분포하고 있는 (ㄱ)과 (ㄴ)의 어순을 기준으로 몇 가지 함의적 관계를 들어 보면 다음과 같다.

SVO	SOV
전치사	후치사
비교급+기준형	기준형+비교급
명사+수식어	수식어+명사
명사+관형격	관형격+명사
의존동사+주동사	주동사+의존동사

기보다는 상대적 어순을 말한다.

49) ㄱ) 철수가 책을 읽었다.
    ㄴ) 책을 철수가 읽었다.

문장 49 ㄱ)은 〈주어+목적어+서술어〉로 어순이 실현되어 있다. 그러나 49 ㄴ)과 같이 목적어가 주어 앞에 나타나 있다. 이것은 한국어에서 목적어가 주어 앞으로 이동하여 나타날 수 있음을 보여 준다. 따라서 한국어의 기본어순이 〈주어+목적어+서술어〉라는 것은 〈주어+목적어+서술어〉의 어순이 무표적이라는 뜻이다. [13]

한국어의 기본어순 가운데 가장 고정적인 문장성분은 서술어다. 서술어의 위치는 문장의 맨 끝 위치가 기본적이다. 즉 서술어가 문장 끝에 위치하고, 독립어를 포함한 나머지 문장성분의 위치는 비교적 자유롭다. 이러한 언어를 〈자유어순 언어〉라 한다. 그리고 문장 49 ㄱ)에서 살펴본 바와 같이, 주어는 문장의 가장 앞에 위치하며, 목적어는 서술어인 타동사 앞에 위치하는 것이 기본적이다. 그리고 독립어는 문장 가장 앞이나 가장 뒤에 위치한다.

관형어와 부사어는 그들이 수식하는 문장성분 바로 앞에 오는 것이 기본적이다. 대체로 한국어의 수식 구성은 수식어가 수식받는 문장성분 앞에 위치한다. 이는 수식어가 수식받는 성분 뒤에 위치하는 인도-

---

13) 한국어의 어순에 대한 구체적인 연구에 대한 소개는 남미혜(1988), 김승렬(1988), 이기갑(1991) 참조. 남미혜(1988)에서는 다음 문장을 통해, 격조사가 생략된 문장 (ㄱ)에서는 〈철수〉가, (ㄴ)은 〈영희〉가 주어로 해석된다고 하였다. 목적어는 (ㄱ)에서는 〈영희〉이고 (ㄴ)에서는 〈철수〉이다. 이러한 사실을 통해서 격조사가 없어도 어순으로부터 격의 예측이 가능하다고 하였다.

   (ㄱ) 철수 영희 좋아해.
   (ㄴ) 영희 철수 좋아해.

유럽어와 구별된다. [14]

그런데 관형어는 어떠한 경우에도 이와 같은 위치에서 이동될 수 없지만(문장 50)), 부사어는 여러 위치로 자유롭게 이동될 수 있다. 때로는 수식하는 성분 뒤에도 위치할 수 있다(문장 51), 52)).

50) ㄱ) 뜰 앞에 핀 국화가 상큼하다.
    ㄴ) *국화가 뜰 앞에 핀 상큼하다.
51) ㄱ) 김 선생님께서는 철수를 무척 사랑하셨다.
    ㄴ) 김 선생님께서는 무척 철수를 사랑하셨다.
    ㄷ) 김 선생님께서는 철수를 사랑하셨다, 무척.
52) ㄱ) 이상하게도 철수가 시험에 떨어졌다.
    ㄴ) 철수가 이상하게도 시험에 떨어졌다.
    ㄷ) 철수가 시험에 이상하게도 떨어졌다.
    ㄹ) 철수가 시험에 떨어졌다, 이상하게도.

문장 51)은 성분부사어, 52)는 문장부사어의 경우인데, 문장부사어의 경우가 더 자유로운데, 그것은 문장 전체를 수식하기 때문에 문장 앞이나 뒤에 올 수 있다. 다만 부정부사어 〈아니, 못〉은 반드시 서술어 앞에 위치해야 하는 제약이 있다.

53) ㄱ) 철수가 책을 안 읽었다.
    ㄴ) *철수가 안 책을 읽었다.
    ㄷ) *철수가 책을 읽었다, 안.

그리고 부사어가 다른 부사어나 관형어, 주어, 목적어 등을 수식할

---

14) 흔히 이를 두고 영어를 오른쪽으로 가지벋는 언어(우분지 언어)라고 하고, 한국어는 왼쪽으로 가지벋는 언어(좌분지 언어)라 하는데, 이 특징은 한국어가 문법의 중요한 사항들을 문장의 끝부분에서 결정하게 하는 한 요인이기도 하다.

때도 위치가 고정되어, 수식하는 성분 앞에 위치한다.

54) ㄱ) 매우 빨리 달린다.
   ㄴ) *빨리 매우 달린다.
   ㄷ) 매우 빠른 걸음으로
   ㄹ) *빠른 매우 걸음으로

13.2.2 문장성분의 이동

자유어순 언어 이상에서 한국어는 대체로 자유어순의 언어임을 살펴보았다. 한국어는 굴곡적인 어미와 조사에 의해 여러 문법범주를 실현하므로 어순에 의지하여 문법범주가 실현되지는 않는다. 따라서 한국어는 자유어순의 언어유형론적인 특성을 가진다. 이것은 곧 문장 안에서 문장성분의 이동이 자유로움을 의미한다. [15]

그러나 이러한 문장성분의 이동은 절대적으로 자유로운 것이 아니고 일정한 조건 아래서만 가능한 현상이다. 문장성분의 이동은, 앞에서 언급한 바와 같이, 한 문장 안에서 이동 가능한 문장성분이 이동하는 현상을 말한다.

55) ㄱ) 선생님이 학생들에게 책을 읽어 주고 계신다.
   ㄴ) 학생들에게 선생님이 책을 읽어 주고 계신다.
   ㄷ) 학생들에게 책을 선생님이 읽어 주고 계신다.
   ㄹ) 선생님이 책을 학생들에게 읽어 주고 계신다.
   ㅁ) 책을 선생님이 학생들에게 읽어 주고 계신다.
   ㅂ) 책을 학생들에게 선생님이 읽어 주고 계신다.

---

15) 이를 어순의 뒤섞기 현상이라고도 한다. 이는 일반적으로 명사구의 이동이 자유로움을 비유적으로 표현하는 말인데, 한국어나 일본어와 같은 언어의 전형적인 특징으로 지적되고 있는 현상이다. 이기갑(1991) 참조.

55)의 각 문장들은 문장성분들이 위치를 자유롭게 이동한 것인데, 대체로 문장의 맨 앞에 나오는 문장성분이 주제가 된다고 하는 지극히 일반적인 차이를 제외하고는 위의 여섯 문장들 사이의 심각한 의미적, 통사적 차이가 드러나지 않는다. 이것은 결국 한국어에서 한 문장 안에서 문장성분들이 위치를 자유롭게 이동할 수 있다는 것을 말해 준다.

이동의 조건 그러나 문장성분의 이동이 언제나 절대적으로 자유로운 것은 아니다. 문장성분의 이동에는 대체로 다음과 같은 통사적 조건이 있다.

첫째, 문장성분의 이동은 절의 한계에서만 가능하다는 제약을 갖는다.

56) ㄱ) 비가 와서, 집에만 있었다.
    ㄴ) *와서, 비가 집에만 있었다.
    ㄷ) *와서, 집에만 비가 있었다.

문장 56ㄴ), ㄷ)이 비문법적인 것은 하나의 절 안에 있었던 문장성분이 소속된 절 밖으로 이동하였기 때문에 생긴 것이다. 따라서 이것은 한국어의 문장성분 이동이 반드시 하나의 절 안에서만 일어나야 함을 말해 준다.

둘째, 관형어 안에 있는 성분들도 이를 벗어나서 이동하지 못한다. 문장 57ㄴ)이 비문법적인 것은 관형어 안의 〈달빛 비치는〉이 관형어를 벗어나 이동했기 때문이다.

57) ㄱ) 달빛 비치는 겨울 밤에 철수는 공원으로 나갔다.
    ㄴ) *겨울 밤에 달빛 비치는 철수는 공원으로 나갔다.

13.2.3 문장성분의 대치와 생략

대치와 생략 한 문장 안에서 동일 지시인 성분이 되풀이되면 다음과 같은 통사현상이 일어난다. 첫째는 두 성분이 그대로 유지되는 경우이고, 둘째는 바뀌는 경우인데, 바뀌는 경우에는 생략되는 경우와 대치되는 경우가 있다. 이러한 현상을 문장성분의 대치와 생략이라고 한다. 대치와 생략은 모든 문장성분에 걸쳐 일어난다.

한편 이와 같은 통사현상에 의한 경우가 아니고 문맥에 의한 대치와 생략이 있다. 문맥에 의한 생략은 화자와 청자의 언어전달 활동에 지장이 없을 때에 이루어진다.[16]

서술어 서술어는 문장의 중심적 성분이므로 생략될 수 없는 것이 원칙이다. 다만 여러 개의 문장이 접속해서 복합문을 구성할 경우에 동일한 서술어가 생략될 수 있으며, 또 문장 58)에서처럼 앞의 문맥에 의해 서술어가 무엇인지 예측 가능할 때 서술어의 생략이 가능하다.

58) 철수는 서울에 ϕ , 영수는 부산에 살았다.

서술어가 대치되기도 한다. 대치가 될 때에는 문장 59)에서처럼 서술어뿐만 아니라 목적어, 부사어와 함께, 〈그러하다〉로 대치된다.

59) 영희는 눈이 예쁘다. 순희도 그러하다.

---

16) 문맥에 따라서 문장성분들이 생략되는 현상도 흔히 있다. 다음 문장에서 각각 주어 〈나는〉, 〈너는〉 등이 생략되었다.

(ㄱ) 책을 읽었어.
(ㄴ) 빨리 가.

주어 외에 다른 문장성분도 상황에 따라 생략될 수 있다.

(ㄷ) 읽었어.
(ㄹ) 넌 어떤 책을 읽었니? 과학책.

이러한 문장성분의 생략은 문장이 쓰이는 환경에서 일어나는 현상이다. 곧 화자와 청자의, 표현과 이해의 과정에서 일어나는 것이다.

주어와 목적어 주어와 목적어는 필수성분이지마는 생략되는 수가 있다. 통사적으로 동일 주어(60ㄱ)), 동일 목적어(60ㄴ))가 설정되면 주어가 생략된다.

60) ㄱ) 철수는 영희를 만났다. 그리고는 ϕ 얼른 말을 꺼냈다.
    ㄴ) 이 책을 어제 샀는데, 단숨에 ϕ 읽어 버렸습니다.

한편 다음 문장에서 〈그〉, 〈자기〉가 쓰인 것은 한 문장 안에서 동일 지시인 성분이 대치된 것이다. 대치되는 경우는 대명사로 대치되는데, 일반대명사 또는 재귀대명사로 대치된다.[17]

61) ㄱ) 철수는 철수의 모자를 썼다.
    ㄴ) 철수는 그의 모자를 썼다.
    ㄷ) 철수는 자기의 모자를 썼다.

문장 61)에서 〈그〉, 〈자기〉는 그 문장의 주어인 〈철수〉를 지시한다. 다만 주어가 일인칭이나 이인칭일 때는 〈자기〉로의 대치가 일어나지 않는다.

62) *나도 자기 집에 있을 테니, 너도 자기 집에서 기다려라.

부사어와 관형어 부사어, 관형어도 대치되거나 생략될 수 있다.

63) ㄱ) 철수가 학교로 갔는데, 나도 그리로 갈 것이다.
    ㄴ) 철수가 학교로 갔는데, 나도 ϕ 갈 것이다.

---

17) 대명사화와 재귀대명사화에 대한 논의는 이익섭(1978), 한재현(1981), 김일웅(1982-ㄱ), 박승윤(1983), 임홍빈(1987-ㄱ), 양동휘(1989), 홍순성(1986) 등 참조.

64) ㄱ) 그릇이 큰 사람은 <u>그런</u> 만큼 사물을 보는 눈도 다르다.

    ㄴ) 맑은 물과 ∅ 공기는 쾌적한 환경의 필수적인 요건이다.

참고문헌

〈격 일반 및 격조사〉

김기혁 1989, 「국어 문법에서 격의 해석」, 《말》 14, 연세대학교 언어교
　　육연구원.

김석득 1991, 「토씨의 상위 분류론──'유동형태' 처리를 겸하여」, 《동방
　　학지》 71-72, 연세대학교 국학연구원.

김승곤 1989, 『우리말 토씨 연구』, 건국대학교 출판부.

김영배·신현숙 1987, 『국어문법론──통사 현상과 그 규칙』, 한신문화
　　사.

김영희 1974, 「한국어 조사류어의 연구」, 《문법연구》 1, 문법연구회.

남기심 1987, 「국어 문법에서 격(자리)은 어떻게 정의되어 있는가?」,
　　《애산학보》 5, 애산학회.

남기심·고영근 1985, 『표준 국어 문법론』, 탑출판사.

류구상 1984, 「국어의 주제조사 {는}에 대한 연구」, 경희대학교 대학원
　　국어국문학과 박사학위논문.

성광수 1979, 『국어조사의 연구』, 형설출판사.

안병희 1966, 「부정격의 정립을 위하여」, 《동아문화》 6, 서울대학교 동
　　아문화연구소.

이남순 1988, 『국어의 부정격과 격표지 생략』, 탑출판사.

이익섭·임홍빈 1983, 『국어문법론』, 학연사.

채완 1977, 「현대국어 특수조사의 연구」, 《국어연구》 39, 서울대학교 국
　　어연구회.

최현배 1971, 『우리 말본』, 네번째 고침판, 정음사.

허웅 1983, 『국어학──우리말의 오늘·어제』, 샘문화사.

홍윤표 1979, 「국어의 조사」, 《언어》 4-2, 한국언어학회.

⟨서술어⟩

김승곤 1986, 「풀이자리토씨 '이다'에 대한 한 고찰」, 《한글》 191, 한글
　　학회.

김일웅 1984, 「풀이말의 결합가와 격」, 《한글》 186, 한글학회.

남기심 1986, 「서술절의 설정은 타당한가?」, 『국어학 신연구』(약천 김민
　　수교수 화갑기념), 탑출판사.

───1987, 「'이다'구문의 통사적 분석」, 《한불연구》 7, 연세대학교 한
　　불문화연구소.

남기심·고영근 1985, 『표준 국어 문법론』, 탑출판사.

박선자 1990, 「우리말 풀이씨 뜻바탕의 설정 근거와 큰 갈래바탕」, 《주시
　　경학보》 5, 주시경연구소.

연재훈 1989, 「국어 중립 동사 구문에 대한 연구」, 《한글》 203, 한글학
　　회.

우형식 1990, 「국어 타동구문에 관한 연구」, 연세대학교 대학원 국어국문
　　학과 박사학위논문.

최현배 1971, 『우리 말본』, 네번째 고침판, 정음사.

허웅 1983, 『국어학──우리말의 오늘·어제』, 샘문화사.

홍재성 1987, 『현대 한국어 동사 구문의 연구』, 탑출판사.

⟨주어⟩

김영희 1980, 「정태적 상황과 겹주어 구문」, 《한글》 169, 한글학회.

남기심·고영근 1985, 『표준 국어 문법론』, 탑출판사.

박승윤 1986, 「담화의 기능상으로 본 국어의 주제」, 《언어》 11-1, 한국
　　언어학회.

박양규 1980, 「주어의 생략에 대하여」, 『국어학』 9, 국어학회.

서정수 1990, 『국어 문법의 연구 II』, 한국문화사.

성광수 1974, 「국어 주어 및 목적어의 중출 현상에 대하여」, 《문법연구》
　　1, 문법연구회.

손호민 1981, Multiple topic constructions in Korean, 《한글》 173-
　　174, 한글학회.

우순조 1992, 「한국어 관계표지의 실현양상에 대하여(1) (2)」, 《언어학논집》1~2, 언어정보연구원.

이남순 1985, 「주격중출문의 통사구조」, 《국어국문학》 93, 국어국문학회.

이숭녕 1969, 「주격중출의 문장구조에 대하여」, 《어문학》 20, 한국어문학회.

이익환 1987, 「이중 주어 구문에 대한 분석」, 《말》 12, 연세대학교 한국어학당.

임홍빈 1972, 「국어의 주제화 연구」, 《국어연구》 28, 서울대학교 국어연구회.

――― 1974, 「주격 중출론을 찾아서」, 《문법연구》 1, 문법연구회.

정인상 1980, 「현대국어의 주어에 대한 연구」, 《국어연구》 44, 서울대학교 국어연구회.

〈목적어〉

김경학 1984, 「구절구조 문법과 국어의 이중목적어 구문」, 《문법연구》 5, 문법연구회.

남기심·고영근 1985, 『표준 국어 문법론』, 탑출판사.

박병수 1981, On the double object constructions in Korean, 《언어》 6-1, 한국언어학회.

성광수 1974, 「국어 주어 및 목적어의 중출 현상에 대하여」, 《문법연구》 1, 문법연구회.

이광호 1988, 『국어 격조사 '을/를'의 연구』, 탑출판사.

〈부사어〉

김경훈 1977, 「국어의 수식부사 연구」, 《국어연구》 37, 서울대학교 국어연구회.

김봉모 1990, 「국어의 견줌말 연구」, 《한글》 209, 한글학회.

김선희 1985, 「체언 수식 부사의 의미 분석」, 《한글》 187, 한글학회.

김정대 1990, 「비교 구문 논의를 위한 몇 가지 전제」, 《경남어문논집》

3, 경남대학교 국어국문학과.

남기심·고영근 1985, 『표준 국어 문법론』, 탑출판사.

박만수 1987, 「우리말 자리말 연구――자리말의 통합 양상을 중심으로」, 동아대학교 대학원 국어국문학과 박사학위논문.

박선자 1983, 「한국어 어찌말 연구」, 부산대학교 대학원 국어국문학과 박사학위논문.

박양규 1972, 「국어의 처격에 대한 연구」, 《국어연구》 27, 서울대학교 국어연구회.

서은아 1991, 「현대 국어의 말재어찌씨 연구」, 건국대학교 대학원 국어국문학과 석사학위논문.

이석규 1987, 「현대국어 정도 어찌씨의 의미 연구」, 건국대 대학원 국어국문학과 박사학위논문.

정교환 1987, 「국어 문장부사의 연구」, 동아대학교 대학원 국어국문학과 박사학위논문.

최현배 1971, 『우리 말본』, 네번째 고침판, 정음사.

허웅 1983, 『국어학――우리말의 오늘·어제』, 샘문화사.

홍윤표 1976, 「비교구문에서의 격어미와 후치사」, 『논문집』 15, 학술원.

〈관형어〉

김봉모 1983, 「국어 매김말 연구」, 부산대학교 대학원 국어국문학과 박사학위논문.

김영희 1984, 『한국어 셈숱화 구문의 통사론』, 탑출판사.

김하수 1976, 「한국어 수량사 내포 구문의 통사론적 연구」, 연세대학교 대학원 국어국문학과 석사학위논문.

남기심·고영근 1985, 『표준 국어 문법론』, 탑출판사.

박금자 1985, 「국어의 수량사 연구」, 《국어연구》 64, 서울대학교 국어연구회.

왕문용 1989, 「명사 관형 구성에 대한 고찰」, 《주시경학보》 4, 주시경연구소.

이익섭 1973, 「국어 수량사의 통사기능에 대하여」, 《어학연구》 9-1, 서울대학교 어학연구소.

임홍빈 1991, 「국어 분류사의 성격에 대하여」, 『국어학의 새로운 인식과 전개』(김완진선생 회갑기념논총), 민음사.

정영주 1989, 「우리말 매김씨 연구」, 건국대학교 대학원 국어국문학과 박사학위논문.

채완 1990, 「국어 분류사의 기능과 의미」, 《진단학보》 70, 진단학회.

최재웅 1987, Anti-Quantifiers and A Theory of Distributivity, Ph. D. Dissertation, The University of Massachusetts.

〈독립어〉

남기심·고영근 1985, 『표준 국어 문법론』, 탑출판사.

신지연 1988, 「국어 간투사(Interjection)의 위상 연구」, 《국어연구》 83, 서울대학교 국어연구회.

이필영 1986, 「호격 및 감탄조사에 관한 연구」, 『국어학 신연구』(약천 김민수교수 화갑기념), 탑출판사.

정문수 1987, 「한국어 독립격조사의 기능과 체계」, 《덕성어문학》 4, 덕성여자대학교 국어국문학과.

〈어순〉

김경훈 1980, 「국어의 위치 제약에 대하여」, 『현평효박사 회갑기념논총』.

김승렬 1988, 『국어 어순의 연구』, 한신문화사.

남기심·고영근 1985, 『표준 국어 문법론』, 탑출판사.

남미혜 1988, 「국어 어순 연구──어순 재배치 현상을 중심으로」, 《국어연구》 86, 서울대학교 국어연구회.

이기갑 1989, 「한국어의 어순뒤섞기와 용인성 측정법」, 《어학연구》 25-1, 서울대학교 어학연구소.

────── 1990, 「한국어 어순뒤섞기의 제약」, 『신익성교수 정년퇴임 기념논문집』, 한불문화.

────── 1991, 「한국어 어순 연구사」, 『언어학 연구사』, 서울대학교 출판부.

이기용 1981, 「Montague 문법에 입각한 한국어의 자유어순과 격표시의 분석」,《말》6, 연세대학교 한국어학당.

이익섭·임홍빈 1983, 『국어문법론』, 학연사.

조미정 1986, Fixed Word Order and the Theory the Pre-Verbal Focus Position in Korean, Ph.D. Dissertation, University of Washington.

채완 1986, 『국어 어순의 연구──반복 및 병렬을 중심으로』, 탑출판사.

──── 1990, 「국어 어순의 기능적 고찰」,《동대논총》20, 동덕여자대학교.

한학성 1987, The Configurational Structure of the Korean Language, Ph. D. Dissertation, The University of Texas at Astin.

홍양추 1984, 「우리말의 어순과 뒤섞기」, 『두메 박지홍선생 회갑기념 논문집』, 문성출판사.

〈이동, 생략, 대치〉

김일웅 1982, 「우리말 대용어 연구」, 부산대학교 대학원 국어국문학과 박사학위논문.

──── 1986, 「생략의 유형」, 『국어학 신연구』(약천 김민수교수 화갑기념), 탑출판사.

도수희 1987, 『국어 대용언 연구』, 탑출판사.

박승윤 1983, 「생략에서의 동일성 조건」,《언어》8-1, 한국언어학회.

양동휘 1989, 『지배-결속 이론의 기초』, 신아사.

이익섭 1978, 「한국어의 재귀대명사에 대하여」,《인문논총》1, 서울대학교 인문대학.

이익섭·임홍빈 1983, 『국어문법론』, 학연사.

임홍빈 1987, 『국어의 재귀사 연구』, 신구문화사.

한재현 1981, 『생략과 대용 현상──한국어와 영어를 중심으로』, 한신문화사.

홍순성 1986, 「국어 대명사의 조응 현상에 관한 연구」, 영남대학교 대학원 국어국문학과 박사학위논문.

제 14 장

접속문 구성

14.1 접속문 구성의 체계

접속문 구성과 접속어미 제 12 장에서, 서술기능을 한 번 수행하는
문장구성을 단순문 구성, 서술기능을 두 번 이상 수행하는 문장구성을
복합문 구성으로 체계화하였다. 복합문 구성은 다시 상위문이 하위문
을 관할하는 방식에 따라서 하위유형으로 체계화했는데, 상위문이 하
위문을 다른 교점을 거치지 않고 직접관할하는 복합문 구성을 접속문
구성으로, 상위문이 하위문을 명사구나 동사구를 통하여 간접관할하
는 구성을 내포문 구성으로 체계화하였다. 따라서 접속문 구성은 상위
문이 하위문을 직접관할하는 구성으로, 접속문 구성의 하위문은 선행
절과 후행절로 구성되어 있으며, 선행절에 접속어미가 결합되어 접속
문 구성을 이룬다.

1) ㄱ) 철수는 학교에 가-고, 영희는 가지 않았다.
   ㄴ) 철수는 학교에 가-지만, 영희는 가지 않는다.
   ㄷ) 철수가 학교에 가-니까, 영희도 간다.
   ㄹ) 철수가 학교에 가-면, 영희도 간다.

문장 1)에서 〈철수는/가 학교에 가-〉는 선행절, 〈영희는/도……〉는 후행절이다. 그리고 〈-고, -지만, -으니까, -으면〉 등이 접속어미이다. 그런데 현대 한국어에서 접속어미는 대단히 다양하게 발달되어 있다. 접속어미의 수는 최현배(1971)에서 65가지, 허 웅(1983)에서 37가지, 이익섭·임홍빈(1983)에서는 57가지, 권재일(1985-ㄱ)에서 35가지로 제시되어 있음을 볼 때 가짓수가 상당하다. 그뿐만 아니라 같은 접속어미라 하더라도 의미가 다의적이다.

2) ㄱ) 철수가 학교에 가서, 영희도 학교에 간다.
   ㄴ) 철수는 학교에 가서, 영희를 만났다.
3) ㄱ) 철수가 학교에 가니, 영희도 학교에 간다.
   ㄴ) 철수가 학교에 가니, 영희가 벌써 와 있었다.

문장 2ㄱ)의 〈-어서〉는 [이유] 혹은 [인과]의 의미를 실현하는 한편, 문장 2ㄴ)의 〈-어서〉는 [그 상태를 유지함]의 의미를 실현하고 있다. 문장 3ㄱ)의 〈-으니〉는 [이유] 혹은 [인과]의 의미를 실현하는 한편, 문장 3ㄴ)의 〈-으니〉는 [상황의 설명]의 의미를 실현하고 있다. 같은 접속어미지만 이와 같이 문맥에 따라 다른 의미를 실현하고 있다. 이러한 이유 때문에 접속어미와 접속문 구성을 단순하게 몇 가지 한정된 유형으로 나누기는 매우 어렵다.

체계의 기준 어떤 현상의 본질을 정확하게 그리고 빠짐없이 밝히기 위한 방법 가운데에는 그 현상을 체계적으로 기술하는 방법이 있다(제2장, 2.2.1 참조). 접속문 구성의 본질을 밝히는 데도 이러한 방법이 활용될 수 있다. 또한 체계적으로 기술하려 할 때에는 타당성과 일관성을 지니는 기준을 설정하여야 하는데, 문법 기술의 체계화를 위한 기준의 설정에서 바람직한 방법은 물론 형태나 통사 특성에 바탕을 두는 문법적 기준을 설정하는 것이지만, 경우에 따라서는 의미 관계에 바탕을 두는 의미적 기준을 설정할 수도 있다. 따라서 접속문 구성을 체계화하는 데 첫째는 의향법, 높임법, 시제법, 주어, 서술어 등에 대한 통사 관계에 따라 체계를 세우는 방법이고, 둘째는 선행절과 후행절의 의미 관계에 따라 체계를 세우는 방법이다. 그러나 실제 분석을 통해 보면 통사 관계에 의한 기준으로는 체계가 잘 세워지지가 않는다.

체계의 기준(1)─문법적 기준 실제 그 동안 접속문 연구에서 문법적 기준에 따라 접속어미와 접속문 구성을 체계화하기 위한 노력이 꾸준하게 있어 왔다. 선행절과 후행절의 의향법, 높임법, 시제법, 부정법 등의 문법범주, 주어, 서술어의 통사 관계를 통해 접속어미와 접속문 구성을 체계적으로 기술하려고 하였다(구체적인 연구사에 대한 검토는, 권재일 1991-ㅂ 참조). 그러나 수긍할 만한 체계화가 이루어지지 못했다. 그 이유는 접속어미 자체가, 바로 위에서 밝힌 바와 같이, 가짓수에 있어서의 다양성, 의미에 있어서의 다의성을 가진다는 사실과 타당성과 일관성을 가지는 기준을 제대로 설정하지 못했다는 점 때문이다. 문법적 기준을 설정하여 체계화한 대표적인 연구가 서태룡 (1979-ㄱ, 1979-ㄴ), 남승호(1985), 이상태(1988), 그리고 남기심 (1985), 유현경(1986) 등인데, 모두 이러한 이유 때문에 타당한 체계를 밝혀내지 못하였다. [1]

체계의 기준(2)─의미적 기준 이러한 한계점 때문에 부득이 의미 관

---

1) 이러한 연구에 대한 연구사적인 검토와 아울러 접속문 구성 전반에 대한 연구사적인 검토는 권재일(1991-ㅂ) 참조.

서태룡(1979-ㄱ)에서는 시제어미와의 결합 제약, 보조조사와의 결합 제약 등에 따라 다섯 갈래로 접속문의 체계를 시도하였다. 문법 관계의 기준을 설정하여 접속문 구성을 체계화하려고 시도한 또 다른 연구가 남승호(1985), 이상태 (1988) 등이다. 남승호(1985)에서는 〈-겠-〉 양상의 분포라는 기준을, 이상태 (1988)에서는 주제어의 특성이라는 기준을, 즉 문법 관계에 바탕을 둔 기준을 설정하여 시도하였다. 또한 남기심(1985), 유현경(1986)에서는 성분의 위치 이동의 관계, 동일 명사구 순행 생략의 관계, 재귀화의 관계 등의 통사적인 문법 관계를 기준으로 하여 접속문 구성의 체계에 대하여 논의하였다.

250

계에 바탕을 두고 체계화하는 방법이 제시되는 것이다.

전통적으로 접속문 구성을 체계할 때에는 의미 관계에 바탕을 두어 왔다. 주시경(1910), 최현배(1971), 허웅(1983) 등에서 모두 접속문 구성을 접속어미가 가지는 의미 관계에 따라 체계를 세웠다.

4) ㄱ) 주시경(1910)에서의 〈잇〉의 11가지 갈래

　　덩이, 잇어함, 그침, 함께, 풀이, 까닭, 뒤집힘, 뜻밖, 거짓, 홀로, 하랴함

　ㄴ) 최현배(1971)에서의 이음법 씨끝의 14갈래

　　매는, 놓는, 벌림, 풀이, 견줌, 가림, 잇달음, 그침, 더보탬, 더해감, 뜻함, 목적, 미침, 되풀이

　ㄷ) 허　웅(1983)에서의 이음법의 하위범주

　　제약법(구속법), 불구법(양보법), 벌임법(나열법), 가림법(선택법), 의도법, 전환법, 비교법(견줌법), 동시법, 설명법, 비례법, 가치법, 더보탬법, 힘줌법, 연결법

특히 허웅(1983)에서는, 〈이음법은 앞뒤 말의 관계를 나타내는, 순수한 통어상의 범주인데, 그 통어상의 관계는 매우 복잡하기 때문에 그에 따라 이음씨끝들은 매우 다양하게 발달되어 있고, 한 이음씨끝이 가지는 의미는 다의적이어서, 이것을 몇 가지의 한정된 범주로 나누기는 매우 어렵다〉고 하면서, 어느 정도의 관용을 베풀어 접속어미가 가지는 중심의미에 따라 접속문 구성의 체계를 세워야 한다고 하였다.

이러한 전통적인 체계에 바탕을 두면서, 이 글에서는 의미 관계를 기준으로 하여, 즉 [대등]과 [종속]이라는 의미 관계를 설정하여, 접속문 구성을 체계화하고자 한다.

접속문 구성에서 선행절(A)과 후행절(B)이 연결되어 접속문 구성을 이룰 때, 〈B에 대해 A가 가지는 의미 관계〉는 [대등]과 [종속]인데, 이에 따라 접속문 구성을 대등 접속문 구성과 종속 접속문 구성으

로 체계화한다. 문장 1ㄱ), ㄴ)은 〈-고, -지만〉에 의해 구성되어 선행절이 후행절에 대한 의미 관계가 대등적이기 때문에 대등 접속문 구성이며, 문장 1ㄷ), ㄹ)은 〈-으니까, -으면〉에 의해 구성되어 선행절이 후행절에 대한 의미 관계가 종속적이기 때문에 종속 접속문 구성이다.

접속문 구성의 하위유형 위와 같은 의미 관계의 기준을 바탕으로 접속문 구성의 하위유형을 체계화하면 다음과 같다. 우선 후행절에 대한 선행절의 의미 관계가 대등적인가, 종속적인가에 따라 〈대등 접속문〉과 〈종속 접속문〉으로 체계화한다. 2) 대등 접속문 구성은 선행절과 후행절의 의미 관계에 따라 다시 〈나열(순접) 관계〉와 〈대조(역접) 관계〉, 〈선택(선접) 관계〉로 체계화한다. 문장 1ㄱ)의 의미 관계는 나열 관계이고, 1ㄴ)의 의미 관계는 대조 관계이다. 종속 접속문은 선행절과 후행절의 의미 관계에 따라, 〈인과 관계〉, 〈조건 관계〉, 〈목적 관계〉, 〈평가 관계〉, 〈결과 관계〉, 〈첨의 관계〉, 〈강조 관계〉 등으로 체계화한다. 문장 1ㄷ)의 의미 관계는 인과 관계이고, 4ㄹ)의 의미 관계는 조건 관계이다. 접속문 구성을 이와 같이 의미 관계에 바탕을 두고 하위유형을 체계화하면 다음과 같다. 3)

---

2) 대등 접속문의 개념과 대칭 접속문과는 구별된다. 대칭 접속문은 선행절과 후행절의 순서를 바꾸어도 그 의미가 같게 유지되지만, 대등 접속문은 반드시 그렇지 아니하다.

3) 의미 관계에 기준을 두고 접속문 구성을 체계화한 연구는 주시경(1910), 최현배(1971), 허웅(1983) 외에 김영희(1987)에서는 등위 접속문과 종속 접속문으로 체계화하면서, 등위 접속문은 다시 병렬문, 선택문, 열거문, 반복문으로, 종속 접속문은 다시 양보문, 조건문, 제시문, 시간문, 목적문, 허용문, 점층문, 한정문, 중단문 등으로 하위체계화하였다.

그런데 위와 같이 접속문 구성을 의미 관계에 따라 대등접속문 구성과 종속 접속문 구성으로 체계화하였을 때, 종속 접속문의 통사적 지위가 부사절 내포문과 관련하여 문제가 될 수 있다. 종속 접속문의 통사적 성격에 대한 견해는 다음과 같은 세 가지 견해가 제시되었다. 이 글의 관점은 첫번째 견해이다.

첫째, 순수히 문장을 접속하는 기능 즉, 순수한 접속으로 보는 견해인데, 최

5) 접속문 구성의 하위유형의 체계
ㄱ) 대등 접속문 구성
① 나열(순접) 관계
② 대조(역접) 관계
③ 선택(선접) 관계
ㄴ) 종속 접속문 구성
① 인과 관계
② 조건 관계
③ 목적 관계
④ 평가 관계
⑤ 결과 관계
⑥ 첨의 관계
⑦ 강조 관계

이러한 접속문 구성은 대부분 하나의 접속어미에 의하여 실현되는 것이 보편적이지만(문장 1), 2) 참조), 〈선택(선접) 관계〉과 〈강조 관계〉의 접속문은 중첩 접속어미에 의하여 실현된다(문장 6), 7) 참조).

6) ㄱ) 학교에 가-거나 집에 가-거나, 늘 마음이 편안했다.

_____

현배(1971), 허웅(1983)에서 제시되었다. 허웅(1983)에서는 모든 접속어미는 〈이음의 구실을 하는 것으로서, 앞뒤 말의 의미 관계만 나타내는 기능〉을 가지며, 부사어 등의 문장성분의 기능을 가지는 것이 아니라고 하였다.

둘째, 부사적인 종속절의 기능으로 보는 견해인데, 종속 접속문 구성을 접속문으로 보되, 그 기능은 부사어의 성격으로 기술하는 태도이다. 이익섭·임홍빈(1983)에서는 원칙적으로 부사구의 범주를 가지는 종속 접속문으로 기술하였다.

셋째, 종속 접속문을 인정하지 않고 순수한 부사절의 기능으로 보는 견해이다. 남기심(1985), 유현경(1986)에서는 통사적 특성을 제시하여 종속 접속문 구성을 모두 부사절로 기술하였다. 이렇게 종속 접속문 구성을 모두 부사절로 설정하면, 접속문 구성은 결과적으로 대등 접속문 구성만 남게 되어 접속문 구성의 체계에서 빈자리가 생기게 된다.

ㄴ) 학교에 가-든지 집에 가-든지, 늘 마음이 편안했다.
7) ㄱ) 그들은 가-면서 오-면서, 서로 정이 깊었다.
ㄴ) 그 책은 읽-으면 읽-을수록, 더욱 재미 있었다.

특수한 접속문 구성   한편 접속문 구성의 형식에는 접속어미에 의한 접속문 구성 외에도, 접속조사에 의한 접속문 구성도 있다.[4] 접속조사 〈-과/와, -하고, -이니, -이며, -이다, -이나, -이건, -이고, -이랑, -에(다가)〉에 의해 접속문이 구성될 수 있다. 다음 문장 8ㄱ)과 8ㄴ)에서 8ㄷ)이 구성되었다고 해석할 수 있다.

8) ㄱ) 철수가 학교에 갔다.
ㄴ) 영희가 학교에 갔다.
ㄷ) 철수-와 영희가 학교에 갔다.

다음 문장 9)는 이러한 접속조사가 이루는 접속문들이다.

9) ㄱ) 철수-와 영희가 학교에 갔다.
ㄴ) 철수-하고 영희가 학교에 갔다.
ㄷ) 산-이니(/이며/이다/이나/이건/이고/이랑/에다가) 들-이니(/이며/이다/이나/이건/이고/이랑/에다가) 여행을 하였다.

그 밖에 접속문 구성은 특수하게 다음과 같이 다양한 모습으로도 실현된다.

10) ㄱ) 죄송합니다-마는, 책 좀 주시겠어요?

---

4) 접속조사와 접속어미가 다른 범주로 나누어지지 않은 주시경(1910)에서는 당연히 접속조사에 의한 접속문 구성이 연구되었다. 최근에는 김진수(1987)에서 접속조사에 의한 접속문 구성을 다루었다.

ㄴ) 그는 나를 못 본 체, 지나가 버렸다.

ㄷ) 비가 온 다음에, 날씨가 쌀쌀해졌다.

ㄹ) 비가 오기 (때문)에, 학교에 못 갔다.

ㅁ) 비가 오므로, 학교에 못 갔다.

11) ㄱ) 아들 있지, 딸 있지, 무슨 걱정이오?

ㄴ) 아들 있겠다, 딸 있겠다, 무슨 걱정이오?

ㄷ) 아들 있어, 딸 있어, 무슨 걱정이오?

문장 10ㄱ)은 문장종결조사 〈-마는〉에 의해서, 문장 10ㄴ), ㄷ), ㄹ), ㅁ)은 명사구 내포문 구성이 부사어로 기능하여, 접속문 구성의 선행절의 형식을 취하고 있다(이들에 대한 논의는 제15장, 15.2 참조). 문장 11)은 종결된 문장이 그대로 선행절의 형식을 취하여 후행절에 이어 있는 문장이다.

그리고 접속문 구성의 선행절은 단독으로 나타나기도 하고, 〈-이-〉와 결합하여 나타나기도 한다(문장 12), 13)).

12) ㄱ) 어제는 비가 왔는데(요).

ㄴ) 어제는 비가 왔거든(요).

13) ㄱ) 그가 화를 낸 것은 꾸중을 들어서였다(=듣-어서-이-었-다).

ㄴ) 선생님을 좋아해서일까요?

ㄷ) 실력이라고 해 보았자지(=보-았-자-이-지).

14.2 접속어미

접속문 구성에 관여하는 어미를 접속어미라 하였는데, 접속문 구성의 형태 및 통사 제약 현상은 모두 접속어미와 관련되어 있다. 그러기 때문에, 접속어미의 정확한 분석이 접속문의 통사 분석의 선행 과제가 된다. 따라서 객관적인 형태 분석에 따라, 접속어미를 분석하여 목록을 제시하기로 한다. 5) 아울러 시제어미, 주체높임어미, 조사 등과의 결합 제약도 함께 제시하기로 한다.

14.2.1 대등 접속어미

[1] 나열(순접) 관계

〈-고〉 : 어간에 바로 결합하기도 하고, 시제어미 〈-었-, -겠-〉과 주체높임어미 〈-으시-〉를 앞세워 결합할 수 있다. 대부분의 보조조사와 결합할 수 있다. 내포어미로도 기능한다. 선행절과 후행절의 연결이 [동시성]이다. 문장 14ㄱ)은 어간에 바로 결합한 경우이며, 14ㄴ), 14ㄷ), 14ㄹ)은 각각 시제어미 〈-었-, -겠-〉, 주체높임어미 〈-으시-〉가 결합한 경우이다. 한편 선행절과 후행절의 주어는 대체로 보조조사 〈-는〉을 취한다.

14) ㄱ) 철수는 학교에 가-고, 영희는 도서관에 갔다.
　　ㄴ) 철수는 학교에 가-았-고, 영희는 도서관에 갔다.
　　ㄷ) 철수는 학교에 가-겠-고, 영희는 도서관에 가-겠-다.

---

5) 그런데 접속어미 가운데는 접속문 구성과 〈불구 동사구 내포문 구성〉에 모두 관여하는 어미들이 있다. 불구 동사구 내포문 구성은 의향어미를 갖추지 않은 문장이 의존동사의 서술 기능을 보완해 주는 구성이고, 접속문 구성은 선행절과 후행절로 구성되어 두 관계가 대등 관계이든 종속 관계이든 이들을 접속하는 구성이다. 따라서 이러한 어미들은 접속어미와 내포어미에 모두 제시한다.

(ㄱ) 철수는 학교에 가야 한다.
(ㄴ) 철수가 학교에 가야, 다른 친구들도 따라갈 것이다.

문장 (ㄱ)은 불구 동사구 내포문 구성이고, (ㄴ)는 접속문 구성이다. 이 경우, 〈-어야〉는 내포어미와 접속어미로 각각 기능한다. 물론 이때 〈-어야〉는 비록 이들이 분포하는 통사 구조에 따라 내포어미, 접속어미로 기능하고 있지만, 고유하게 가지는 의미특성은 같다.

ㄹ) 선생님께서는 학교에 가-시-고, 영희는 도서관에 갔다.

〈-으며〉 : 어간에 바로 결합하기도 하고, 시제어미 〈-었-, -겠-〉과
주체높임어미 〈-으시-〉를 앞세워 결합할 수 있다. 보조조사 〈-까지,
-부터〉와 결합할 수 있다. 선행절과 후행절의 연결이 [동시성]이다.

〈-으면서〉 : 어간에 바로 결합하기도 하고, 주체높임어미 〈-으시-〉
를 앞세워 결합할 수 있으나, 시제어미와 결합은 제약된다. 대부분의
보조조사와 결합할 수 있다. 선행절과 후행절의 연결이 [동시성]이다.

〈-고서〉 : 어간에 바로 결합하기도 하고, 주체높임어미 〈-으시-〉를
앞세워 결합할 수 있으나, 시제어미와는 결합은 제약된다. 대부분의
보조조사와 결합할 수 있다. 선행절과 후행절의 연결이 [계기성]이다.

그런데 〈-으면서〉와 〈-고서〉는 뒤에서 살필, 〈-어서〉와 마찬가지로
〈-서〉가 수의적으로 생략될 수 있어 〈-고〉, 〈-으며〉, 〈-어〉 등으로
나타날 수 있다. 이렇게 되면 위에서 설정한 〈-고〉와 〈-으며〉, 그리
고 내포어미 〈-어〉와 형태가 같아진다. 그러나 의미 관계는 완전히
별개이다. 따라서 〈-으면서〉와 〈-고서〉는 〈-고〉와 〈-으며〉에 〈-서〉
가 결합된 것이 아니라, 〈-고서〉, 〈-으면서〉, 〈-어서〉 등에서 수의적
으로 〈-서〉가 생략될 수 있어, 결과적으로 형태가 같아진 것으로 분
석한다. 문장 15)는 〈-고〉, 〈-으며〉, 〈-어〉(내포어미)가 구성한 문장
이고, 문장 16)은 〈-고서〉, 〈-으면서〉, 〈-어서〉가 구성한 문장이다.

15) ㄱ) 하늘이 높-고, 물이 맑다.
ㄴ) 하늘이 높-으며, 물이 맑다.
ㄷ) 하늘이 높-아 보인다.
16) ㄱ) 비가 오-고서/-고, 하늘이 맑아졌다.
ㄴ) 비가 오-면서/-며, 바람이 심하게 불었다.
ㄷ) 하늘이 높-아서/-아, 파랗게 보인다.

〈-은데〉: 현실법일 때 형용사와 지정사 어간에 바로 결합하지만, 동사일 경우 〈-느-〉를 앞세운다(〈-는데〉로 실현). 시제어미 〈-었-느/더-, -겠-느/더-〉와 주체높임어미 〈-으시-〉를 앞세워 결합할 수 있다. 대부분의 보조조사와 결합할 수 있다. 선행절과 후행절의 연결이 [동시성]인데, 주로 상황의 설명 제시를 나타낸다. 그런데 〈-은데〉는 의향어미로 전용되어 쓰일 수도 있다(제5장, 5.2 참조).

〈-거니와〉: 어간에 바로 결합하기도 하고, 시제어미 〈-었-, -겠-〉과 주체높임어미 〈-으시-〉를 앞세워 결합할 수 있다. 대부분의 보조조사와 결합이 제약된다. 선행절 명제를 사실로 전제하는 의미를 실현한다.

[2] 대조(역접) 관계 선행절과 후행절이 대조(역접) 관계에 있는 대등접속어미들이다. 〈-으나〉, 〈-어도〉, 〈-지만〉을 보조조사 〈-나〉, 〈-도〉, 〈-만〉 등과 대비해서 형태를 더 분석해 볼 수 있지만, 이들을 분석했을 때 다음 문장 17ㄴ)이 비문법적 문장이 되기 때문에 분석은 불가능하다. 대조 관계에 있는 접속어미의 의미는 양보, 조건 등으로 전용될 수 있다.

17) ㄱ) 새 봄이 되었-으나/어도/지만, 아직은 날씨가 쌀쌀하다.
    ㄴ) *새 봄이 되었-으-φ/어-φ/지-φ, 아직은 날씨가 쌀쌀하다.

〈-으나(-마)〉: 어간에 바로 결합하기도 하고, 시제어미 〈-었-, -겠-〉과 주체높임어미 〈-으시-〉를 앞세워 결합할 수 있다. 대부분의 보조조사와 결합이 제약된다. 한편, 〈-으나〉에는 수의적으로 〈-마〉가 결합된다(특히, 〈-기는 -으나〉 구성에서).

18) ㄱ) 차린 것은 없-으나마, 많이 드셔요.
    ㄴ) 먹기는 먹-으나마, 통 입맛이 없어요.

〈-어도〉: 어간에 바로 결합하기도 하고, 시제어미 〈-었-, -겠-, -더-〉와 주체높임어미 〈-으시-〉를 앞세워 결합할 수 있다. 대부분의 보조조사와 결합이 제약된다. 그리고 다음 문장 19)에서 〈-더라도〉는 시제어미 〈-더-〉와 〈-어도〉의 변이형인 〈-라도〉로 분석된다.

19) ㄱ) 멀리 떠나-더-라도, 정만은 잊지 말자.
    ㄴ) 어제 거기 갔-더-라도, 그를 못 만났을 것이다.

〈-더-〉를 앞세우는 〈-어도〉는 〈-라도〉로 변동한다고 본다. 이러한 분석은 아울러 다음에 살필 〈-더라면〉, 〈-더니〉, 〈-던들〉을 〈-더-〉와 〈-으면〉, 〈-으니〉, 〈-은들〉로 분석할 수 있게 한다.

〈-지만〉: 어간에 바로 결합하기도 하고, 시제어미 〈-었-, -겠-〉과 주체높임어미 〈-으시-〉를 앞세워 결합할 수 있다. 대부분의 보조조사와 결합이 제약된다.

〈-으되〉: 어간에 바로 결합하기도 하고, 시제어미 〈-었-, -겠-〉과 주체높임어미 〈-으시-〉를 앞세워 결합할 수 있다. 대부분의 보조조사와 결합이 제약된다.

〈-건만〉: 어간에 바로 결합하기도 하고, 시제어미 〈-었-, -겠-〉과 주체높임어미 〈-으시-〉를 앞세워 결합할 수 있다. 대부분의 보조조사와 결합이 제약된다. 〈-건만〉은 〈-으리-〉가 선행할 때 〈-언만〉으로 변동한다(-으리-+-언만=-으련만). 이는 〈-거니〉가 〈-어니〉로, 〈-거니와〉가 〈-어니와〉로 변동되는 현상과 같다.

〈-느니〉: 동사 어간에만 결합하는데, 시제어미 〈-었-, -겠-〉과 주체높임어미 〈-으시-〉를 앞세워 결합할 수 있다. 대부분의 보조조사와 결합이 제약되나, 〈-만〉과는 결합할 수 있다.

[3] 선택(선접) 관계　선택(선접) 관계의 대등 접속문 구성은 하나의 접속어미로 실현되지 않고, 접속어미가 중첩되어 실현된다.

〈-거나~-거나〉: 어간에 바로 결합하기도 하고, 시제어미 〈-었-〉과 주체높임어미 〈-으시-〉를 앞세워 결합할 수 있으나, 다른 시제어미와는 결합할 수 없다. 대부분의 보조조사와 결합이 제약된다. 한편 동사구 내포어미로도 기능한다.

〈-든지~-든지〉: 어간에 바로 결합하기도 하고, 시제어미 〈-었-〉과 주체높임어미 〈-으시-〉를 앞세워 결합할 수 있으나, 다른 시제어미와는 결합할 수 없다. 대부분의 보조조사와 결합이 제약된다. 역시 동사구 내포어미로도 기능한다.

20) ㄱ) 학교에 가거나 집에 가거나, 늘 마음이 편안했다.
ㄴ) 학교에 가든지 집에 가든지, 늘 마음이 편안했다.

14.2.2 종속접속어미

[1] 인과 관계[6]

〈-으니〉: 어간에 바로 결합하기도 하고, 시제어미 〈-었-, -겠-, -더-〉와 주체높임어미 〈-으시-〉를 앞세워 결합할 수 있다. 대부분의 보조조사와 결합이 제약된다.

〈-으니까〉: 어간에 바로 결합하기도 하고, 시제어미 〈-었-, -겠-〉과 주체높임어미 〈-으시-〉를 앞세워 결합할 수 있다. 대부분의 보조조사와 결합이 제약되나, 〈-는〉과는 결합할 수 있다. 〈-으니까〉에서 〈-까〉는 분리할 수 없는 형태이다(문장 21) 참조).

21) ㄱ) 학회에 갔더니, 새로운 연구가 발표되었다.

---

6) 인과 관계의 접속어미, 특히 〈-으니까〉와 〈-어서〉 구문에 관한 통사·의미에 대한 연구는 조오현(1991) 참조. 남기심·루코프(1983)에서는 〈-니까〉와 〈-어서〉에 대한 통사, 의미의 차이를 인식 구조 혹은 논리적 형식의 차원에서 분석하였다. 〈-니까〉는 [따짐], 〈-어서〉는 [원인 밝힘]이라는 논리적인 형식에 의해 선택되는 구문 형식이라고 했다.

ㄴ) *학회에 갔더니까, 새로운 연구가 발표되었다.

〈-어서〉: 어간에 바로 결합하기도 하고, 주체높임어미 〈-으시-〉를 앞세워 결합할 수 있으나, 시제어미와 결합할 수 없다. 대부분의 보조조사와 결합이 가능하다. 〈-어서〉도, 앞에서 살핀 바와 같이, 〈-서〉가 수의적으로 생략될 수 있다.

22) ㄱ) 새 봄이 와서, 날씨가 포근하다.
　　ㄴ) 새 봄이 와-ø, 날씨가 포근하다.

〈-느라고〉: 동사 어간에만 결합하며, 시제어미 〈-었-, -겠-〉과 주체높임어미 〈-으시-〉를 앞세워 결합할 수 있다. 대부분의 보조조사와 결합이 제약된다. 〈-느라고〉도 〈-고〉가 수의적으로 생략되는데, 특히 〈-느라고 하면〉, 〈-느라고 하니까〉와 같은 구성에서 〈-고 하-〉가 생략되어 〈-느라면〉, 〈-느라니까〉와 같은 구성으로 실현되기도 한다.

[2] 조건 관계[7]
〈-으면〉: 어간에 바로 결합하기도 하고, 시제어미 〈-었-, -겠-, -더-〉와 주체높임어미 〈-으시-〉를 앞세워 결합할 수 있다. 대부분의 보조조사와 결합이 제약되나, 〈-야말로〉와 결합할 수 있다. 동사구 내포어미로도 기능한다. 그리고 〈-으면〉은 〈-더-〉를 앞세우면, 〈-라면〉으로 변동한다.
〈-거든〉: 어간에 바로 결합하기도 하고, 시제어미 〈-었-, -겠-〉과 주체높임어미 〈-으시-〉를 앞세워 결합할 수 있다. 대부분의 보조조사와 결합이 제약된다. 〈-거든〉은 의향어미로 전용되어 쓰일 수도 있음은 제5장 참조.

---

7) 조건 관계의 접속어미와 이들이 이루는 접속문 구성의 통사와 의미에 대한 전반적인 연구는 구현정(1989-ㄱ), ㄴ), ㄷ) 참조.

〈-어야〉: 어간에 바로 결합하기도 하고, 시제어미 〈-었-〉과 주체높임어미 〈-으시-〉를 앞세워 결합할 수 있다. 대부분의 보조조사와 결합이 제약되나, 〈-만〉과는 결합할 수 있다.

〈-은들〉: 어간에 바로 결합하기도 하고, 시제어미 〈-었-, -더-〉와 주체높임어미 〈-으시-〉를 앞세워 결합할 수 있다. 대부분의 보조조사와 결합이 제약된다.

[3] 목적 관계

〈-으러〉 : 어간에 바로 결합하기도 하고, 주체높임어미 〈-으시-〉를 앞세워 결합할 수 있으나 시제어미와는 결합할 수 없다. 대부분의 보조조사와 결합이 가능하며, 문장종결조사 〈-요〉와 결합이 가능하다.

〈-으려(고)〉: 어간에 바로 결합하기도 하고, 주체높임어미 〈-으시-〉를 앞세워 결합할 수 있으나 시제어미와는 결합할 수 없다. 대부분의 보조조사와 결합이 가능하다. 한편 동사구 내포어미로도 기능하다.

〈-고자〉: 어간에 바로 결합하기도 하고, 주체높임어미 〈-으시-〉를 앞세워 결합할 수 있으나 시제어미와는 결합할 수 없다. 대부분의 보조조사와 결합이 가능하다. 역시 동사구 내포어미로도 기능한다.

[4] 평가 관계

〈-다시피〉: 어간에 바로 결합하기도 하고, 주체높임어미 〈-으시-〉를 앞세워 결합할 수 있으나 시제어미와는 결합할 수 없다. 대부분의 보조조사와 결합이 제약된다. 한편 동사구 내포어미로도 기능한다.

〈-건대〉: 어간에 바로 결합하기도 하고, 주체높임어미 〈-으시-〉를 앞세워 결합할 수 있으나 시제어미와는 결합할 수 없다. 대부분의 보조조사와 결합이 제약되나, 〈-도, -만〉과는 결합할 수 있다.

23) ㄱ) 내가 보-건대, 철수는 마음이 착하다.

ㄴ) 너도 알-다시피, 철수는 마음이 착하다.

[5] 결과 관계

〈-게 (끔)〉: 어간에 바로 결합하기도 하고, 주체높임어미 〈-으시-〉를 앞세워 결합할 수 있으나 시제어미와는 결합할 수 없다. 대부분의 보조조사와 결합이 가능하다. 한편 동사구 내포어미로도 기능한다.

〈-도록〉: 어간에 바로 결합하기도 하고, 주체높임어미 〈-으시-〉를 앞세워 결합할 수 있으나 시제어미와는 결합할 수 없다. 대부분의 보조조사와 결합이 가능하다. 역시 동사구 내포어미로도 기능한다.

〈-으라고〉: 어간에 바로 결합하기도 하고, 주체높임어미 〈-으시-〉를 앞세워 결합할 수 있으나 시제어미와는 결합할 수 없다. 대부분의 보조조사와 결합이 가능하다. 역시 동사구 내포어미로도 기능한다.

24) ㄱ) 차가 지나가-게 (끔) /도록/라고, 비켜섰다.

  ㄴ) 보기에 좋-게 (끔) /도록/으라고, 꽃을 꽂았다.

[6] 첨의 관계 의미를 더해 가거나, 중단, 전환하는 관계를 가지는 접속어미들이 여기에 포함된다.

〈-듯(이)〉: 어간에 바로 결합하기도 하고, 시제어미 〈-었-〉과 주체높임어미 〈-으시-〉를 앞세워 결합할 수 있으나 다른 시제어미와는 결합할 수 없다. 대부분의 보조조사와 결합이 가능하다. 한편 동사구 내포어미로도 기능한다.

〈-이〉[8]: 어간에 바로 결합하기도 하고, 주체높임어미 〈-으시-〉를 앞세워 결합할 수 있으나 시제어미와는 결합할 수 없다. 대부분의 보

---

8) 본질적으로 (굴곡)어미는 분포가 보편적인 데 비해, 파생접사는 제한적이다. 〈-이〉는 그 분포가 몇 서술어 (예: 없다, 같다 등)에 제한되어, 파생접사로 볼 수 있으나, 이들 구성이 서술기능을 가지므로 〈-이〉를 어미로 기술하고자 한다.

조조사와 결합이 가능하다. 한편 동사구 내포어미로도 기능한다.

〈-자〉: 어간에 바로 결합하기도 하고, 주체높임어미 〈-으시-〉를 앞세워 결합할 수 있으나 시제어미와는 결합할 수 없다. 대부분의 보조조사와 결합이 제약된다. 〈-자〉의 경우에는 25)와 같이 〈보-았-자〉 구성이 관용어로 나타나기도 한다.

25) 그분을 다시 설득해 보았자, 별 수 없을걸.

〈-다가〉: 어간에 바로 결합하기도 하고, 시제어미 〈-었-〉과 주체높임어미 〈-으시-〉를 앞세워 결합할 수 있으나 다른 시제어미와는 결합할 수 없다. 대부분의 보조조사와 결합이 가능하다. 전환의 의미로 쓰인다.

〈-을수록〉: 어간에 바로 결합하기도 하고, 주체높임어미 〈-으시-〉를 앞세워 결합할 수 있으나 시제어미와는 결합할 수 없다. 대부분의 보조조사와 결합이 제약된다. 비례적 관계를 나타낸다.

[7] 강조 관계 강조 관계의 대등접속문 구성은 하나의 접속어미로 실현되지 않고, 다음과 같이 접속어미가 중첩되어 실현된다.

〈-고~-고〉
〈-으면서~-으면서〉
〈-다가~-다가〉
〈-으나~-으나〉
〈-자~-자〉
〈-어도~-어도〉
〈-으면~-을수록〉

26) ㄱ) 그들은 가-면서 오-면서, 서로 정이 깊었다.
　　ㄴ) 그 책은 읽-으면 읽-을수록, 더욱 재미 있었다.

14.2.3 접속어미의 형태 결합 제약

지금까지의 기술을 통하여, 접속어미들은 비종결어미를 앞세울 수 있으며, 조사를 뒤에 다시 결합시킬 수 있음을 살펴보았다. 대부분의 접속어미들은 시제어미와 결합할 수 있으나, 결합을 제약하는 접속어미도 있었다. 주체높임법은 접속문 구성과 관련하여 아무런 제약을 가지지 않기 때문에, 주체높임어미의 결합에는 제약이 없었다.

접속어미와 시제어미의 결합 제약   접속어미와 시제어미의 결합 제약은 접속어미의 특성에 의한 것인데, 이들의 특성을 분석하여 결합 제약의 근거를 밝히기로 한다.

원칙적으로 어떤 시제어미와도 결합하지 못하는(엄밀히 말하자면,〈현실법〉(-느/∅-)을 제외하고) 접속어미들이 있는데, 이들의 의미 특성에는, 선행절과 후행절 사이에 시간적인 전/후-관계가 포함되어 있다. 즉 이들 어미들의 의해, 선행절의 시점이 후행절의 시점보다, [1] 앞서는 경우, [2] 뒤서는 경우, [3] 같은 경우가 된다.

27) ㄱ) 철수는 학교에 가-서, 영희를 만났다.
    ㄴ) 철수는 학교에 가-려고, 영희를 만났다.
    ㄷ) 철수는 학교에 가-면서, 영희를 만났다.

27ㄱ)에서 접속어미 〈-어서〉가 있음으로 철수가 학교에 간 시점(선행절의 시점)이 영희를 만난 시점(후행절의 시점)보다 앞서 있는 것으로 해석된다. 27ㄴ)에서는 〈-으려고〉에 의해 선행절의 시점이 후행절의 시점보다 뒤서는 것으로 해석되고, 27ㄷ)에서는 〈-으면서〉에 의해 두 시점이 같은 것으로 해석된다. 이와 같이 특정 접속어미에 의해 선행절과 후행절의 시점이 결정되는데, 이들 접속어미에는 그러한 의미

특성이 있다고 본다. 이와 같은 접속어미들은 28)과 같이 시제어미의 결합이 허용되지 않는다.

28) ㄱ) *철수는 학교에 가-았-어서, 영희를 만났다.
    ㄴ) *철수는 학교에 가-았-으려고, 영희를 만났다.
    ㄷ) *철수는 학교에 가-았-으면서, 영희를 만났다.

시제어미 〈-었-〉뿐만 아니라, 〈-겠-, -더-〉도 역시 결합되지 않는다. 이러한 시제어미 결합의 제약은, 접속어미에 시제의 특성이 포함되어 있어서, 여기에 또 시제어미가 결합된다면 시제라는 통사 기능이 중복으로 실현되는 셈이 되어, 이것을 기피하려는 현상으로 이해된다. 이러한 접속어미들은 다음과 같다.

29) ㄱ) 선행절의 시점이 후행절의 시점보다 앞서는 경우 :
       -어서, -고서, -자, [9] -어야[10]
    ㄴ) 선행절의 시점이 후행절의 시점보다 뒤서는 경우 :
       -으러, -으려(고), -고자, -게(끔), -도록, -으라고
    ㄷ) 선행절의 시점과 후행절의 시점이 같을 경우 :
       -으면서, [11] -다시피, -건대, -을수록, -이

이외에도 시제어미와의 결합이 제약되는 경우가 있는데, 〈-은들〉,

---

9) 〈-자〉의 경우에 선행절의 서술어가 〈이-〉이면, 시점이 전/후-관계가 아니고 동시 관계가 되나, 시제어미 결합 제약은 변함없다.
10) 〈-어야〉의 경우, 예외적이다. 즉, 〈-었-〉과 결합할 수 있다.
    (ㄱ) 철수가 학교에 갔어야, 영희를 만났을 텐데.
11) 〈-으면서〉의 경우 [계기성]일 때는 시제어미 결합 제약이 해제되어 (ㄱ)과 같이 시제어미 결합이 가능하다.
    (ㄱ) 철수는 학교에 갔으면서도, 영희를 못 만났다.

266

〈-다가〉는 〈-겠-〉과의 결합이 제약되고, 〈-어도(-라도), -으니, -으면(-라면), -은들〉 등을 제외한 다른 접속어미들은 〈-더-〉와 결합이 제약된다. 이것은, 명시적으로 설명이 되지는 않지만, 접속어미의 특성과 시제어미의 특성이 서로 어긋나 있기 때문에 결합을 기피하는 것으로 이해된다.

30) ㄱ) *비가 오-겠-은들, 소용이 없을 것이다.
　　ㄴ) *비가 오-겠-다가, 그치겠다.
　　ㄷ) *비가 오-더-지만, 가 보자.
　　ㄹ) *비가 오-더-거든, 가 보자.

이상과 같은 결합 제약을 정리하면 다음과 같다.

31) 접속어미와 시제어미의 결합 제약
　　ㄱ) 다음의 조건으로 통사 기능이 중복 수행되면, 접속어미와 시제어미의 결합이 제약된다.
　　〈조건〉: 어미의 의미 특성에 시제의 특성이 포함되어 있을 때
　　ㄴ) 접속어미의 의미 특성과 시제어미의 특성이 서로 어긋나 있으면, 시제어미의 결합이 제약된다.

접속어미와 조사의 결합 제약　격조사와 접속조사는 순수히 명사구로 기능하는 경우에만 자연스럽게 결합하기 때문에, 접속어미는 이들과 결합될 수 없다. 그러나 보조조사는 접속어미 대부분에 결합이 가능하나, 결합이 제약되는 경우도 있었다. 이상의 기술에 따라, 접속어미와 보조조사의 결합 제약을 정리하면 다음과 같다.

32) 접속어미와 보조조사의 결합 제약
　　ㄱ) 대부분의 보조조사와 결합이 가능한 경우 : -고, -으면서, -고

서, -은데, -어서, -으러, -으려(고), -고자, -게(끔), -도록,
-으라고, -듯(이), -이, -다가
ㄴ) 부분적으로 결합이 가능한 경우 : -으며(-까지, -부터), -으니
까(-는), -으면(-야말로), -건대(-도), -어야(-만), -느니(-만)
ㄷ) 전혀 결합이 불가능한 경우 : -거니와, -으나(마), -어도, -지
만, -으되, -건만, -으니, -느라고, -거든, -은들, -다시피,
-자, -을수록

문장종결조사는 원래 문장종결의 위치에 결합되는 것이나, 그 일부
가 접속어미와 결합이 허용된다. 〈-요〉의 경우, 대부분의 접속어미와
결합이 허용된다. 그러나 〈-마는〉, 〈-그려〉의 경우, 모든 접속어미와
결합이 제약적이다.

14.3 접속문 구성의 통사 특성

접속어미와 통사 제약 접속문 구성은 선행절에 접속어미가 결합하여
후행절에 통합되어 있다. 이러한 접속문 구성에서 접속어미가 여러 통
사 제약의 주체가 된다.
예를 들어, 접속문 구성에서 주어를 살펴보면, 접속문 구성 33 ㄱ),
33 ㄴ)은 선행절과 후행절이 동일 주어 관계이고, 33 ㄷ)은 그렇지 않
다.

33) ㄱ) 나는 시험에 붙-고자, 열심히 공부했다.
ㄴ) 나는 시험에 붙-으려고, 열심히 공부했다.
ㄷ) 내가 시험에 붙-으려고, 시험 문제마저 쉬웠다.

문장 33 ㄱ)은 접속어미 〈-고자〉에 의해 구성되어 있는데, 이때 선

행절과 후행절은 동일 주어로 해석되며, 또한 반드시 그러하다. 그런데 문장 33ㄴ)도 동일 주어로 해석되지만, 같은 〈-으려고〉에 의한 문장이지만, 33ㄷ)은 그렇지 않고 선행절과 후행절의 주어가 서로 다르다. 여기에서 〈-고자〉는 필수적으로 동일 주어를 가지는 관계이고, 〈-으려고〉는 수의적으로 동일 주어를 가지는 관계라고 볼 수 있다. 접속어미에 따라, 동일 주어를 필수적으로 요구하는 관계와 그렇지 않은 관계가 결정된다.

다른 한 예, 문법범주 가운데 의향법의 경우를 들면, 접속어미 〈-어야〉에 의한 접속문 구성은 서술법과 의문법은 허용하지만, 명령법과 청유법은 제약한다.

34) ㄱ) 철수가 학교에 가야, 우리도 갈 것이다. / 우리도 갈 거니?
ㄴ) *철수가 학교에 가야, 너도 가거라. /우리도 가자.

이와 같이 접속어미는 후행절의 의향법을 제약하기도 한다. 뿐만 아니라 의향어미가 관여하는 영역이 접속어미에 따라 다르다(14.3.2 참조). 후행절에 결합된 의향어미가 선행절에까지 영향을 미치는 경우가 있는가 하면 후행절에만 영향을 미치는 경우가 있다.

이러한 접속문 구성에서의 통사 제약의 주체는 접속어미이다. 이제 접속어미를 중심으로 접속문 구성에서의 통사 특성을 살펴보기로 한다. 문법범주 가운데 시제법, 의향법에 관한 특성을 중심으로, 문장 성분 가운데 서술어와 주어에 관한 특성을 중심으로 검토한다.

14.3.1 접속문 구성에서의 시제법

선행절에 시제어미 없는 경우 접속문 구성에서 선행절과 후행절의 시제법 관계는 어느 하나의 명시적인 원리로 설명되기는 매우 어렵다. 왜냐하면 접속어미 각각이 가지고 있는 의미 특성이 각각 서로 다르기 때문이다. 먼저 선행절에 시제어미를 결합하지 않은, 문장 35)를 살펴본다.

35) ㄱ) 철수는 학교에 가서(=가-아서), 영희를 만난다.
    ㄴ) 철수는 학교에 가서(=가-아서), 영희를 만났다.

접속어미 〈-어서〉는 그 특성이 시제어미와 결합이 불가능한 어미이다. 이러한 접속어미들이 이끄는 선행절의 시제법는 후행절의 시제법에 전적으로 의존하여 해석된다. 35ㄱ)은 후행절의 시제법이 현실법이다. 그리고 선행절의 시제법도 현실법이다. 이 경우의 선행절의 시제법은 후행절의 시제법인 현실법(→현재)의 시점을 기준으로 현실법(→현재)으로 해석된다. 35ㄴ)은 후행절의 시제법이 완결법이고 선행절의 시제법은 현실법이다. 이 경우의 선행절의 시제법은 후행절의 시제법인 완결법(→과거)의 시점을 기준으로 현실법(→현재)이므로 결국 완결법(→과거)으로 해석된다.

36) ㄱ) 철수는 학교에 가-고, 영희는 집에 간다.
    ㄴ) 철수는 학교에 가-고, 영희는 집에 갔다.

접속어미 〈-고〉는 시제어미의 결합이 가능한 어미인데, 문장 36)에서는 시제어미가 결합되어 있지 않다. 이 경우에도 마찬가지로 36ㄱ)의 선행절 시제법은 후행절의 시점(현실법)에서 보아 현실법으로 해석되고, 36ㄴ)의 선행절 시제법은 후행절의 시점(완결법)에서 보아 완결법으로 해석된다.

이상에서의 분석을 바탕으로 접속문 구성에서의 시제법의 해석 원리를 다음과 같이 설정한다.

37) 접속문 구성에서의 시제법 해석 (1)

선행절에 시제어미가 결합되어 있지 않은 다음 경우에는, 선행절의
시제법은 후행절 시제법에 의존하여 해석된다.

〈조건〉: ① 시제어미가 결합이 불가능한 경우

② 시제어미의 결합이 가능하지만, 결합되어 있지 않은 경우

선행절에 시제어미 있는 경우　다음은 시제어미와 결합한 접속어미가
선행절을 이끌고 있는 경우인데, 이때는 원칙적으로 후행절의 시제법
과 선행절의 시제법은 서로 관여하지 아니한다.

38) ㄱ) 철수도 학교에 갔-으니, 영희도 학교에 가거라.

ㄴ) 철수도 학교에 가겠-으니, 영희도 학교에 가거라.

문장 38)에서 보듯이, 38ㄱ)에서 선행절은 완결법이고 후행절은 현
실법인데, 이 두 시제법은 서로 관여하지 않고 있다. 그리고 38ㄴ)에
서 선행절은 미정법이고 후행절은 현실법인데, 또한 두 시제법은 서로
관여하고 있지 않다. 따라서 선행절이 시제어미와 결합하고 있을 때의
접속문 구성의 시제법은 다음과 같은 원리로 해석된다.

39) 접속문 구성에서의 시제법 해석 (2)

선행절에 시제어미가 결합되어 있을 경우에는, 선행절의 시제법과 후
행절의 시제법은 서로 관여하지 않는다.

총괄　결론적으로, 접속문 구성에서 선행절과 후행절의 시제법은,
선행절의 접속어미가 시제어미와 결합하고 있느냐에 따라, 40)과 같
은 원리로 해석된다. [12]

---

12) 한편 선행문과 후행문 사이에 시제법 제약을 갖는 경우가 있는데 다음과 같
다. 첫째, 선행절의 시제가 미정법(-겠-)이면 후행절의 시제가 완결법(-었
-), 회상법(-더-)을 가지지 못한다.

40) 접속문 구성에서의 시제법 해석
　ㄱ) 선행절에 시제어미가 결합되어 있지 않은 다음 경우에는, 선행절
　　의 시제법은 후행절 시제법에 의존하여 해석된다.
　〈조건〉: ① 시제어미가 결합이 불가능한 경우
　　　　　　② 시제어미의 결합이 가능하지만, 결합되어 있지 않은 경우
　ㄴ) 선행절에 시제어미가 결합되어 있을 경우에는, 선행절의 시제법
　　과 후행절의 시제법은 서로 관여하지 않는다.

14.3.2　접속문 구성에서의 의향법

　선행절에 관여하지 않는 경우　접속문 구성에서 선행절에는 의향어미
가 결합되어 있지 않다. 따라서 대부분의 접속문 구성에서 선행절은
의향법과는 무관하다. 즉 의향어미가 결합되어 있지 않기 때문에 의향
법 범주와 무관하다. 그러나 일부 접속어미에 의해 구성된 접속문의
선행절은, 의향어미가 결합되어 있지 않더라도 선행절이 후행절과 같
은 의향법을 실현한다.

　(ㄱ) *그는 가겠지만, 꼭 돌아왔다.
　(ㄴ) *그는 가겠지만, 꼭 돌아오더라.

　둘째, 후행문의 시제가 〈-더-〉, 〈-겠-〉의 제약을 받는 경우가 있는데 다음
의 경우이다.

　(ㄷ) *산에 갔어야, 범을 잡겠다/잡더라.
　(ㄹ) *산에 가자, 범을 잡겠다/잡더라.

　셋째, 그 외에 선행절의 시제가 〈-겠-〉일 때의 〈-겠으니, -겠으면, (-었/
겠-)거든〉일 때는 후행절의 의향법이 명령법, 청유법이 와야 하기 때문에 현
실법만 허용된다.

　(ㅁ) 내일 비가 오겠으니, 우산을 꼭 가져 오너라.
　(ㅂ) 방학이 되거든, 한번 놀러 오렴.

41) 철수가 학교에 가거든, 너도 가거라.

　　문장 41)은 명령법이다. 그러나 선행절의 〈철수가 학교에 가-〉의
의향법은 결코 명령법이 아니다. 다만 〈-거든〉이라는 접속어미의 의
미 관계인 [조건]만을 나타낼 뿐, 의향법과는 어떤 관계도 가지지 아
니하는, 의향법과는 무관하다. 따라서 선행절의 의향법은 처음부터
아예 나타나지 않는다.
　　선행절에 관여하는 경우　문장 42)는 〈철수는 학교에 가-〉라는 선행
절과 〈영희는 집에 가-〉라는 후행절이 접속어미 〈-고〉에 의해 접속되
어 있다. 그리고 이 문장의 의향법은 〈-거라〉로 실현된 명령법이다.
이때 이 명령법은 후행절뿐만 아니라 선행절에도 실현되어 있다. 즉
후행절에 결합되어 있는 의향법이 선행절에까지 관여하고 있다.

42) 철수는 학교에 가고, 영희는 집에 가거라.

　　문장 43)에서도 마찬가지로 접속어미 〈-고〉에 의해 구성되었는데,
43ㄱ)의 선행절도 후행절과 마찬가지로 서술법을 실현하며, 43ㄴ)의
선행절도 후행절과 마찬가지로 의문법을 실현한다.

43) ㄱ) 철수는 학교에 가고, 영희는 집에 간다.
　　 ㄴ) 철수는 학교에 가고, 영희는 집에 가느냐?

　　문장 41)과 42)를 다음과 같이 대비해 보면, 이러한 특성이 더욱
뚜렷하게 나타난다. 문장 41)의 선행절을 부정해 보면,

44) ㄱ) 철수가 학교에 가지 않거든, 네가 가거라.
　　 ㄴ) *철수가 학교에 가지 말거든, 네가 가거라.

문장 41)의 선행절의 부정이 44ㄴ)이 아니고 44ㄱ)임은, 비록 후행절은 명령법이지만 선행절은 명령법이 아님을 나타낸다. 다음 문장 45)의 부정이 46ㄴ)이 아니고 46ㄱ)임도 마찬가지이다.

45) 비가 오거든, 뛰어라.
46) ㄱ) 비가 오지 않거든, 걸어라.
   ㄴ) *비가 오지 말거든, 걸어라.

그러나 문장 42)의 선행절을 부정하면,

47) ㄱ) *철수는 학교에 가지 않고, 영희는 집에 가거라.
   ㄴ) 철수는 학교에 가지 말고, 영희는 집에 가거라.

문장 41)과는 반대로 47ㄱ)이 아니고, 47ㄴ)이 42)의 부정이다. 이것은 선행절도 명령법을 실현하고 있음을 보여 준다. 문장 48ㄱ)이 문법적 문장이고 48ㄴ)이 비문법적 문장인 것도 마찬가지이다.

48) ㄱ) 뛰지 말고, 걸어라.
   ㄴ) *뛰지 않고, 걸어라.

이상과 같이 접속어미 〈-고〉에 의한 접속문 구성은 후행절뿐만 아니라 선행절도 똑같은 의향법을 실현한다. 즉 후행절에 결합된 의향어미가 선행절에까지 관여하고 있다. 이와 같은 특성을 가지는 접속어미에는 〈-고〉이외에 〈-으며〉, 〈-으면서〉, 〈거니와〉 등이 있다.

49) ㄱ) 철수는 학교에 가며, 영희는 집에 가느냐?
   ㄴ) 철수는 학교에 가면서, 친구들을 만나느냐?
   ㄷ) 철수도 학교에 가거니와, 영희도 학교에 가느냐?

문장 49)는 후행절과 마찬가지로 선행절도 의문법을 실현한다. 이들 접속어미들은 다음과 같은 특성을 가지고 있다. 첫째, 이들은 나열 (순접) 관계의 대등 접속어미들이다. 단, 〈-는데〉는 제외. 둘째, 문장 49)는 〈-고〉로 대치될 수 있어, 같은 의미로 49')와 같이 나타날 수 있다.

49') ㄱ) 철수는 학교에 가고, 영희는 집에 가느냐?
　　ㄴ) 철수는 학교에 가고, 친구들도 만나느냐?
　　ㄷ) 철수도 학교에 가고, 영희도 학교에 가느냐?

　총괄　위에서 분석해 본 바와 같이, 형태론적으로 의향어미는 접속문의 후행절에 결합되어 있는데, 이때 그 의향어미가 실현하는 의향법이 선행절에까지 관여하는 경우와 그렇지 않은 경우가 있다. 이를 바탕으로 한 접속문 구성에서의 의향법 해석 원리는 다음과 같다.

50) 접속문 구성에서의 의향법 해석
　　ㄱ) [[선행절+후행절] 의향법] : -고, -으며, -으면서, -거니와
　　ㄴ) [선행절 [후행절+의향법]] : 그 밖의 다른 모든 접속어미

14.3.3　접속문 구성에서의 서술어

　동일 서술어의 생략　접속문 구성에서 서술어의 통사 제약 현상은 많지 않다. 다만 선행절과 후행절의 서술어가 동일할 경우에 생략과 대치 현상이 일어난다. 동일 서술어의 생략 현상을, 14.3.4에서 살필 동일 주어 생략과 함께 〈접속삭감〉이라고 한다. 문장 51 ㄱ)과 51 ㄴ)이 하나의 접속문으로 구성된 52)는 서술어가 〈가다〉로 동일하다. 그래서 문장 53)으로 실현된다. 동일 서술어의 생략 현상이다. 이때 생략되는 서술어는 선행절의 서술어이다.

51) ㄱ) 철수는 학교에 갔다.

　　ㄴ) 영희는 집에 갔다.

52) 철수는 학교에 갔고, 영희는 집에 갔다.

53) 철수는 학교에, 영희는 집에 갔다.

동일 서술어 생략 현상이 있을 때, 서술어뿐만 아니라 다른 성분도 동일하면, 함께 생략될 수 있다. 문장 56)에서 서술어 〈떠나다〉뿐만 아니라 〈어제〉, 〈서울로〉도 모두 생략되었다.

54) ㄱ) 철수는 어제 서울로 떠났다.

　　ㄴ) 영희는 어제 서울로 떠났다.

55) 철수는 어제 서울로 떠났고, 영희는 어제 서울로 떠났다.

56) 철수와 영희는 어제 서울로 떠났다.

그런데 이때 동일 요소가 아닌 것은 접속조사 〈-과/와〉로 접속된다. 문장 56)에서 주어 〈철수〉와 〈영희〉는 〈-와〉로 이어져 있다. 다음 문장에서는 목적어들이 〈-과/와〉로 이어져 있다. [13)]

57) 철수는 소설도 읽고, 시도 읽고, 수필도 읽었다.

58) 철수는 소설과 시와 수필도 읽었다.

동일 서술어의 대치　　그런데 동일 서술어는 생략뿐만 아니라 〈그러하다〉로 후행절 서술어가 대치되는 현상도 있다. 문장 59ㄱ)과 59ㄴ)이 한 문장으로 접속된 60)은 서술어가 대치되어 61)로 실현된다.

---

13) 생략되는 방향은 구성성분에 따라 다르다. 구성성분의 종류에 따라 앞의 성분에서 일어날 수도 있고, 뒤의 성분에서 일어날 수도 있다.

　(ㄱ) 철수는 자전거를 타고, 영희는 자전거를 끌고, 경호는 자전거를 밀었다.

　(ㄴ) 철수는 자전거를 타고, 영희는 끌고, 경호는 밀었다.

59) ㄱ) 철수는 갔다.
　　ㄴ) 영희도 갔다.
60) 철수는 갔고, 영희도 갔다.
61) 철수는 갔고, 영희도 그랬다.

　　다만 이때 서술어뿐만 아니라 목적어, 부사어들도 동일해야 한다. 따라서 문장 52)는 62)로 대치될 수가 없고, 문장 55)는 63)으로 대치될 수 있다.

62)　*철수는 학교에 갔고, 영희는 집에 그랬다.
63)　철수는 어제 서울로 떠났고, 영희도 그랬다.

　　총괄　이상에서와 같이 접속문 구성에서의 동일 서술어의 생략과 대치 현상은 다음과 같이 정리된다.

64) 접속문 구성에서의 동일 서술어 생략과 대치
　　ㄱ) 선행절과 후행절의 서술어가 동일하면, 후행절의 서술어가 생략될 수 있다. 이때 다른 요소들도 동일하면 함께 생략된다.
　　ㄴ) 선행절과 후행절의 서술어 및 목적어, 부사어도 함께 동일하면, 후행절의 서술어가 〈그러하다〉로 대치될 수 있다.

14.3.4　접속문 구성에서의 주어

　　주어　접속문 구성에서 선행절과 후행절 사이에서 접속어미에 따라 반드시 두 주어가 같을 것을 요구하는 경우가 있다. 이를 접속문 구성의 동일 주어 제약이라 한다. 접속문 구성의 주어는 그 특성에 따라, [-유정물]인 주어와 [+유정물]인 주어로 나뉜다. [+유정물]인 주어는 다시 일반명사인 주어, 고유명사인 주어, 대명사인 주어로 나뉜다. 대명사인 주어는 다시 일반대명사인 주어와 재귀대명사인 주어로 나뉜다.

그런데 대명사는 문장 밖의 독자적인 어떤 대상을 지시하기도 하고, 문장 안의 지시물로부터 그 지시를 가져오기도 한다.

65) 철수는 학교에 갔으며, 그는 영희를 만났다.

문장 65)에는 〈철수〉와 〈그〉라는 두 주어가 실현되어 있다. 후행절의 주어 〈그〉가 문장 밖의 독자적인 어떤 대상을 지시할 수도 있고(≠철수), 문장 안의 다른 성분으로부터 그 지시를 가져올 수도 있다(=철수).

동일 주어의 유형 접속문 구성 66)에서 66ㄱ), 66ㄴ)은 선행절과 후행절이 동일 주어인 관계이고, 66ㄷ)은 그렇지 않다.

66) ㄱ) 나는 시험에 붙-고자, 열심히 공부했다.
　　ㄴ) 나는 시험에 붙-으려고, 열심히 공부했다.
　　ㄷ) 내가 시험에 붙-으려고, 시험 문제마저 쉬웠다.

문장 66ㄱ)은 접속어미 〈-고자〉에 의해 구성되어 있는데, 이때 선행절과 후행절은 동일 주어로 해석되며, 또한 반드시 그러하다. 즉 두 동작이 동일 주어에 의해 수행된다. 그런데, 문장 66ㄴ)도 동일 주어로 해석된다. 그러나 같은 접속어미 〈-으려고〉에 의한 접속문 구성인 66ㄷ)은 그렇지 않고 선행절과 후행절의 주어가 서로 다르다. 여기에서 〈-고자〉는 필수적으로 동일 주어를 가지는 관계이고, 〈-으려고〉는 수의적으로 동일 주어를 가지는 관계라고 볼 수 있다.

이와 같이 접속어미에 따라, 동일 주어의 관계를 필수적으로 요구하는 경우와 그렇지 않은 경우로 나뉜다.

동일 주어가 필수적인 관계 문장 67)에서의 접속어미 〈-고자〉, 〈-으러〉 등은 선행절과 후행절이 필수적으로 동일 주어이기를 요구한다.

67) ㄱ) 나는 공부를 하-고자, 학교에 갔다.
　　ㄴ) 나는 공부를 하-러, 학교에 갔다.

이러한 제약은 다음과 같이 설명된다. 위의 접속어미들은 주어의 의미 특성이 반드시 [+유정물]이기를 요구한다. [-유정물]인 주어는 함께 나타나지 못한다. 그리고 이러한 주어의 의미 특성은 선행절과 후행절이 동일 주어이기를 요구한다. 즉 접속어미가 주어의 의미 특성을, 주어의 의미 특성이 동일 주어를 요구한다.

68) ㄱ) 기러기가 울-면서, 날아간다.
　　ㄴ) 그는 공부도 잘 하-거니와, 운동도 잘 한다.

문장 68)에서 접속어미 〈-으면서〉와 〈-거니와〉의 경우를 보면, 주어의 의미 특성이 [+유정물]이어서 동일 주어를 요구하지만, 69)와 같이 [-유정물]이면 그렇지 않다.

69) ㄱ) 비가 오면서, 바람이 분다.
　　ㄴ) 비가 오거니와, 바람도 분다.

이를 통해 볼 때, 동일 주어를 필수적으로 요구하는 것은 주어의 의미 특성, 또 이를 요구하는 접속어미에 의한 것이다. 그런데 접속문 구성에서 두 서술어가 동일 주어를 필수적으로 요구하면, 이때 후행절의 주어가 반드시 생략되어야 한다. 따라서 70ㄱ)으로 가정되는 구조는 70ㄴ)으로 실현된다.

70) ㄱ) [그가 공부를 하-]-고자, [그가¹⁴⁾ 학교에 갔다].

ㄴ) 그가 공부를 하고자, ∅ 학교에 갔다.

71) 동일 주어 요구가 필수적인 구성
접속문 구성에서 접속어미가 〈-고자, -으러〉이면, 동일 주어가 필수
적으로 요구되는데, 이때 후행절의 주어는 반드시 생략된다.

동일 주어가 수의적인 관계 문장 66ㄴ), 66ㄷ)의 〈-으려고〉와 같이
두 서술어가 동일 주어일 경우도 있고, 그렇지 않을 경우도 있을 때,
동일 주어의 관계가 수의적이다.

72) ㄱ) 인류는 자원의 보고인 바다에 눈을 돌려서, 새로운 관심을 가지
고, 그것의 개발에 노력을 다하고 있다.
ㄴ) 시간이 다 되어서, 오늘 회의는 이만 마칩니다.
73) ㄱ) 나는 그 일을 하다가, 이제 막 마쳤다.
ㄴ) 어제까지는 그 일을 내가 하다가, 오늘부터는 철수가 한다.
74) ㄱ) 우리가 이기-게/도록, 열심히 응원했다.
ㄴ) 철수가 이기-게/도록, 우리는 열심히 응원했다.

문장 72ㄱ)은 접속어미 〈-어서〉, 〈-고〉로 구성된 접속문 구성인
데, 모두 〈인류〉를 주어로 하고 있어 동일 주어 관계이다. 그러나 72
ㄴ)은 같은 접속어미 〈-어서〉에 의한 접속문 구성이지만, 동일 주어
의 관계가 아니다. 73)의 〈-다가〉의 경우, 74)의 〈-게〉, 〈-도록〉의
경우도 마찬가지이다. 따라서 이러한 접속문 어미들에 의한 접속문 구
성은 동일 주어의 관계가 수의적이다.
접속문 구성에서 선행절과 후행절 사이에 동일 주어의 관계가 수의

---

14) 이 경우의 문장 구조를 다음 (ㄱ)과 (ㄴ) 등으로 가정할 수 있다.
(ㄱ) [그가 공부를 하-]-고자, [그-가 학교에 갔다].
(ㄴ) [그가 공부를 하-]-고자, [PRO-가 학교에 갔다].

280

적인 경우에, 그러나 동일 주어 관계가 설정되면, 다음과 같은 통사 현상이 일어난다. 첫째는 두 주어가 그대로 유지되는 경우이고, 둘째는 바뀌는 경우인데, 바뀌는 경우에는 생략되는 경우와 대치되는 경우가 있다. 대치되는 경우는 대명사로 대치되는데, 일반대명사 또는 재귀대명사로 대치된다. 이러한 여러 유형의 통사 현상이 모두 다 같은 문법적 가치를 가지는 것은 아니다. 결론부터 말하자면, 생략>대치>유지의 순서대로 문법성의 정도를 나타낸다.

첫째, 생략 현상이다. 문장 75)는 [−유정물]인 일반명사, 76)은 [+유정물]인 일반명사, 77)은 고유명사, 78)은 대명사가 각각 주어로 나타나 있다.

75) 땅으로부터 별 한 개가 어둠을 찢으며, 길게 꼬리를 끌며, 하늘로 솟아올랐다.
76) 참으로 이상한 꽃이라 여겨, 어부는 꽃을 꺾어다가, 임금님께 바쳤다.
77) 철수는 영희를 자주 만나는데, 영희를 사랑하지 않는다.
78) 나는 라디오를 듣고서, 그 소식을 처음 알았다.

이들은 각기 다음과 같이 가정되는 문장 구조로서, 각각의 서술어가 동일 주어를 가진다.

75′) [땅으로부터 별 한 개가 어둠을 찢-]-으며, [땅으로부터의 별 한 개가 길게 꼬리를 끌-]-으며, [땅으로부터의 별 한 개가 하늘로 솟아올랐다].
76′) [어부는 참으로 이상한 꽃이라 여기]-어, [어부는 꽃을 꺾-]-어-다가, [어부는 임금님께 바쳤다].
77′) [철수는 영희를 자주 만나느-]-은데, [철수는 영희를 사랑하지 않는다].
78′) [나는 라디오를 듣-]-고서, [나는 그 소식을 처음 알았다].

즉 75′), 76′), 77′), 78′)와 같은 구조로 가정된 데서 각각 후행문의 주어가 생략되어 75), 76), 77), 78)의 문장이 실현된 것이라고 본다. 이와 같은 관점에서 볼 때, 동일 주어인 접속문 구성에서 후행문의 주어가 생략되는 것이 가장 보편적인 통사 현상이라고 하겠다.

둘째, 일반대명사로의 대치 현상이다. 문장 구조 75′), 76′), 77′), 78′)에서 주어가 대명사인 78′)를 제외하고는 모두 대명사로의 대치가 가능하다.

79) ㄱ) 땅으로부터 별 한 개가 어둠을 찢으며, 그것이 꼬리를 끌며, 그것이 하늘로 솟아올랐다.
   ㄴ) 어부는 참으로 이상한 꽃이라 여겨, 그는 꽃을 꺾어다가, 그는 임금님께 바쳤다.
   ㄷ) 철수는 영희를 자주 만나는데, 그는 영희를 사랑하지 않는다.

그러나 문장 79ㄱ), 79ㄴ), 79ㄷ)과 같이, 일반대명사로 대치하는 것은 가능한 통사 현상이지만, 자연스러운 문장이 못 된다.

셋째, 재귀대명사로의 대치 현상이다. 재귀화란 한 문장 안에서 동일 지시의 관계에 있는 명사 가운데 어느 한 명사가 재귀대명사로 바뀌는 현상이다.

문장 구조 77′)는, 앞서 살핀 바와 같이, 생략이나 일반대명사로의 대치는 자연스러운 통사 현상이 되나, 다음 80ㄱ)에서와 같이 재귀대명사 〈자기〉로의 대치는 불가능하다. 80ㄴ)과 같이 선행절의 주어를 〈자기〉로 대치해도 마찬가지이다.

80) ㄱ) *철수는 영희를 자주 만나는데, 자기는 영희를 사랑하지 않는다.
   ㄴ) *자기는 영희를 자주 만나는데, 철수는 영희를 사랑하지 않는다.

다음과 같이 다른 접속어미가 이루는 접속문 구성에서도 마찬가지이다.

81) ㄱ) *철수는 영희를 자주 만나지만, 자기는 영희를 사랑하지 않는다.
    ㄴ) *철수는 영희를 자주 만나니까, 자기는 영희를 사랑하지 않는다.
    ㄷ) *철수는 영희를 자주 만나다가, 자기는 영희를 사랑하지 않는다.

이상에서 접속문 구성에 있어서 동일 주어의 관계일 때, 재귀대명사 〈자기〉로의 대치는 불가능하다고 할 수 있다. 이 통사현상은 접속문 구성에서나 재귀대명사화에서나 중요한 특성이다.

넷째, 유지되는 경우이다. 문장 구조 75′), 76′), 77′), 78′)로 설정되는 접속문 구성에서, 후행절의 주어가 바뀌지 않는 경우는, 즉 그대로 유지되는 경우는 대부분 비문법적 문장이다.

참고문헌

강우원 1990, 「우리말 이음구조 연구」, 부산대학 대학원 국어국문학과 박사학위논문.

고영근 1975, 「현대국어의 어말어미에 대한 구조적 연구」, 《응용언어학》 7-1, 서울대학교 어학연구소.

구현정 1989, 「현대 국어의 조건월 연구」, 건국대학교 대학원 국어국문학과 박사학위논문.

권재일 1985, 『국어의 복합문 구성 연구』, 집문당.

───── 1991, 「한국어 접속문 연구사」, 『언어학 연구사』, 서울대학교 출판부.

김승곤 1984, 「한국어 이음씨끝의 의미 및 통어기능 연구 1」, 《한글》 186, 한글학회.

───── 1991, 『한국어 통어론』, 건국대학교 출판부.

김영희 1987, 「국어의 접속문」, 《국어생활》 11, 국어연구소.

───── 1988, 「등위 접속문의 통사 특성」, 《한글》 201-202, 한글학회.

───── 1991, 「종속 접속문의 통사적 양상」, 『들메 서재극박사 환갑기념

논문집』, 계명대학교 출판부.

김완진 1970, 「문접속의 '와'와 구접속의 '와'」,《어학연구》6-2, 서울대
학교 어학연구소.

김일웅 1991, 「이음과 묶음」, 『국어의 이해와 인식』(갈음 김석득교수 회
갑기념 논문집), 한국문화사.

김종록 1992, 「국어 접속문 구성에서의 부정법」,《어문학》53, 한국어문
학회.

김진수 1987, 『국어 접속 조사와 어미 연구』, 탑출판사.

남기심 1985, 「접속 어미와 부사형 어미」,《말》10, 연세대학교 한국어
학당.

남기심·고영근 1985, 『표준 국어 문법론』, 탑출판사.

남승호 1985, 「국어의 접속문 구성과 양상에 대하여」, 서울대학교 대학원
언어학과 석사학위논문.

박기덕 1975, 「한국어의 S→S$_2^{n}$에 관한 연구」, 연세대학교 대학원 국어
국문학과 박사학위논문.

서정섭 1991, 「국어 양보문 연구」, 전북대학교 대학원 국어국문학과 박사
학위논문.

서정수 1985, 「국어의 접속어미 연구 (1) ──대등접속어미」,《한글》
189, 한글학회.

서태룡 1979, 「국어 접속문에 대한 연구」,《국어연구》40, 서울대학교
국어연구회.

──── 1988, 『국어 활용어미의 형태와 의미』, 탑출판사.

양인석 1972, 「한국어의 접속화」,《어학연구》8-2, 서울대학교 어학연구
소.

유현경 1986, 「국어 접속문의 통사적 특질에 대하여」,《한글》191, 한글
학회.

윤평현 1989, 「국어 접속어미에 대한 연구──의미론적인 기능을 중심으
로」, 전남대학교 대학원 국어국문학과 박사학위논문.

이관규 1990, 「국어 대등구성에 대한 연구」, 고려대학교 대학원 국어국문
학과 박사학위논문.

이상태 1988, 「국어 접속어미 연구」, 계명대학교 대학원 국어국문학과 박사학위논문.

이익섭·임홍빈 1983, 『국어문법론』, 학연사.

정정덕 1986, 「국어 접속어미의 통사 의미론적 연구」, 한양대학교 대학원 국어국문학과 박사학위논문.

조오현 1991, 『국어의 이유구문 연구』, 한신문화사.

주시경 1910, 『국어문법』, 박문서관.

채연강 1985, 「현대 한국어 연결어미에 대한 연구」, 성균관대학교 대학원 국어국문학과 박사학위논문.

최재희 1989, 「국어 접속문의 구성에 관한 연구」, 성균관대학교 대학원 국어국문학과 박사학위논문.

최현배 1971, 『우리 말본』, 네번째 고침판, 정음사.

허웅 1983, 『국어학──우리말의 오늘·어제』, 샘문화사.

제 15 장

내포문 구성

15.1 내포문 구성의 체계

내포문 구성과 내포어미 상위문이 하위문을 관할하는 방식에 따라서 복합문의 유형을 체계화할 때, 상위문이 하위문을 간접관할하는 복합문 구성이 내포문 구성이다(제 12 장, 12.3 참조). 내포문 구성은 상위문이 하위문을 관할하는 방식에 따라서 다시 하위유형으로 체계화되는데, 명사구를 통해 관할하는 구성이 명사구 내포문 구성이고, 동사구을 통해 관할하는 구성이 동사구 내포문 구성이다. 이러한 내포문 구성에는 대부분 내포어미가 관여한다.

15.1.1 동사구 내포문 구성

동사구 내포문 구성의 성격 다음 문장에서 1)은 의존동사 구문이고, 2)는 인용 구문이다.

1) ㄱ) 나는 [철수가 학교에 가-게] 했다.
   ㄴ) 나는 [학교에 가-고] 싶다.

2) ㄱ) 나는 [철수가 학교에 간다-고] 말했다.
　ㄴ) 나는 ["철수가 학교에 간다"-라고] 말했다.

문장 1)과 2)에서 [ ] 안의 구성은 동사 〈하다, 싶다, 말하다〉의 서술기능을 보완(Complement)하는 같은 통사 기능을 가지고 있다. 이러한 기능을 가지는 [ ] 안의 구성은 하위문으로서, 상위문 동사구에 내포되는 〈동사구 내포문 구성〉이다. 문장 1ㄱ)과 2ㄴ)은 다음과 같은 구조 3), 4)로 분석된다.

3) [[나는]　　[[철수가 학교에 가-게] 했다]]
　　상위문 주어　동사구 내포문　　상위문 동사

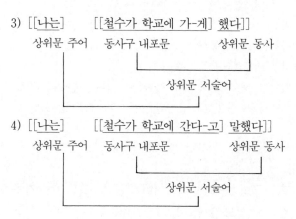

　　　　　　상위문 서술어

4) [[나는]　　[[철수가 학교에 간다-고] 말했다]]
　　상위문 주어　동사구 내포문　　상위문 동사

　　　　　　상위문 서술어

1ㄱ)의 〈철수가 학교에 가-〉는 상위문 동사 〈하다〉의, 2ㄱ)의 〈철수가 학교에 간다〉는 상위문 동사 〈말하다〉의 서술기능을 보완하고 있다. 이와 같이 통사 기능이 같다는 점에서, 의존동사 구문과 인용 구문을 함께 동사구 내포문 구성을 이룬다고 하겠다. 이 두 구문을 대비해 보면 형식적 특징은 다음과 같다. 인용 구문은 의향어미를 온전히 유지하고 있는 완전한 문장을 상위문 동사에 내포하고, 의존동사 구문은 의향어미가 없는, 완전한 모습을 갖추지 않은 문장을 상위문 동사에 내포한다.

그런데 이 두 유형의 동사구 내포문 구성에 대한 뚜렷한 명칭이 아직은 없다. 그래서 이들을 의향어미를 온전히 갖추고 내포되느냐 그렇지 않느냐에 따라서, 의향어미를 갖추고 내포되는 구성을 〈완형 동사구 내포문 구성〉, 의향어미를 갖추지 않고 내포되는 구성을 〈불구 동사구 내포문 구성〉이라 하기로 한다.[1]

동사구 내포문 구성의 하위유형 위의 논의를 바탕으로, 현대 한국어 동사구 내포문 구성의 하위유형을 형식면과 기능면에 따라 체계화하면 다음과 같다.

5) 동사구 내포문 구성의 하위유형
　ㄱ) 불구 동사구 내포문 구성
　　① 형식 : 의향어미를 갖추지 않은 하위문이 상위문 동사에 내포
　　② 기능 : 하위문이 의존동사인 상위문 동사의 서술기능 보완
　ㄴ) 완형 동사구 내포문 구성
　　① 형식 : 의향어미를 온전히 갖춘 하위문이 상위문 동사에 내포
　　② 기능 : 하위문이 인용절로서 상위문 동사의 서술기능 보완

특수한 동사구 내포문 구성 동사구 내포문 구성에는 형식면에서 특수한 경우가 있다.

첫째, 불구 내포문 구성 가운데 내포어미가 중첩 실현되는 경우가 있다. 문장 6)과 같은 구성도 불구 내포문 구성인데, 〈-으락~-으락〉과 같이 내포어미가 중첩 실현되어 상위문 동사 〈하다〉에 내포되는 구성이다.

6) ㄱ) 비가 오락 가락 한다.

---

1) 이러한 술어는 전적으로 남기심(1973)에서 제시한 〈완형-보문〉, 〈불구-보문〉에서 유래한다.
　한편 이 책에서의 문법단위의 표기는 다음과 같다.
　　S_1 : 상위문
　　S_2 : 하위문(=내포문)
　　NP : 명사구
　　VP : 동사구

ㄴ) 그들은 오거니 가거니 한다.

둘째, 완형 내포문 구성 가운데 내포어미 없이 상위문 동사에 내포되는 경우가 있다. 문장 7)은 완형 내포문 구성인데 내포어미 〈-고〉가 없다.

7) ㄱ) 나는 지금 학교에 갈까 한다.
　　ㄴ) 그는 오늘 기분이 좋은가 보다.

셋째, 제 13 장(13. 1. 2)에서 주어가 한 문장에 둘 있는 것으로 분석되는 문장이 있었다. 그 가운데 하나는 전체 문장의 주어이고, 다른하나는 전체 문장의 서술어에 내포된 동사구 내포문의 주어이다.

8) ㄱ) 나는 코스모스가 좋다.
　　ㄴ) 철수는 아직 어른이 아니다.
　　ㄷ) 철수가 이제 어른이 되었다.
　　ㄹ) 김치는 우리 집이 맛이 좋아.

이들 문장의 서술어는 동사나 형용사로만 서술기능을 완전히 수행할수 없고 반드시 동사구 내포문을 구성하여 서술기능을 수행한다. 문장 8ㄱ)의 문장 구조는 다음과 같이 분석된다.

9) [나는 ［코스모스가 좋다]]

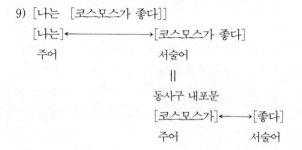

15.1.2 명사구 내포문 구성

명사구 내포문 구성의 특징 동사구 내포문 구성에서 논의한 바와 같이, 다음의 두 구문들이 같은 통사 기능을 수행한다는 점에서, 이들을 상위문이 하위문을 명사구를 통해 관할하는 명사구 내포문 구성으로 보고자 한다.

10) ㄱ) 나는 철수가 학교에 갔음을 알았다.
ㄴ) 나는 철수가 학교에 간 사실을 알았다.

10ㄱ)의 〈철수가 학교에 갔음〉과 10ㄴ)의 〈철수가 학교에 간 사실〉은 상위문의 목적어로서 명사구의 기능을 수행하고 있다. 〈명사구 기능〉이라는 같은 통사 기능을 가져서 다음과 같은 구조로 분석된다.

11) $s[X_{NP1}[S_1 (NP_2)] Y]$
$S_1 \cdots\cdots$ 10ㄱ) : 〈철수가 학교에 갔음〉
10ㄴ) : 〈철수가 학교에 간〉
$NP_2 \cdots$ 10ㄱ) : ϕ
10ㄴ) : 〈사실〉

형식면에서 10ㄱ)은 S_1 단독으로 명사구를 구성하고 있고, 10ㄴ)은 S_1이 명사와 함께 명사구를 구성하고 있다. 따라서 10ㄱ)을 〈명사화 내포문 구성〉이라 하고, 10ㄴ)을 〈관형화 내포문 구성〉이라 한다. 물론 관형절 자체인 10ㄴ)의 〈철수가 학교에 간〉은 명사구가 아니다. 관형절과 반드시 명사가 함께 명사구 내포문을 형성하고 있다는 뜻이다. 그리고 관형화 내포문 구성의 명사(10ㄴ)의 〈사실〉)를 〈내포문 명사〉(Head Noun)라고 한다.

명사구 내포문 구성의 하위유형　위의 논의를 바탕으로, 현대 한국어 명사구 내포문 구성의 하위유형을 형식면과 기능면에 따라 체계화하면 다음과 같다.

12) 명사구 내포문 구성의 하위유형

　ㄱ) 명사화 내포문 구성

　　① 형식 : S_1 단독으로 명사구 구성

　　② 기능 : 명사구 기능

　ㄴ) 관형화 내포문 구성

　　① 형식 : S_1(관형절)과 〈내포문 명사〉가 함께 명사구 구성

　　② 기능 : 명사구 기능

그런데 관형화 내포문은 S_1 안의 어떤 명사구와 내포문 명사가 같은 지시일 경우가 있다. 내포문 안의 어떤 명사구와 내포문 명사 사이에 동일 지시이면 관계관형화 구성이고(문장 13ㄱ)), 동일 지시가 아니면 보문화 구성이다(문장 13ㄴ)). 그러나 현대 한국어에서 이 두 범주에 대한 통사 제약의 차이가 두드러지게 나타나지 않으므로 이 두 범주를 따로 고려하지는 않겠다.

13) ㄱ) 내가 읽은 책은 과학소설이다.

　　$_1[_2$[내가 책$_2$을 읽-]-은 책$_1$]-은 과학소설이다.　(명사$_1$=명사$_2$)

　ㄴ) 내가 책을 읽은 이유는 재미있었기 때문이다.

　　$_1[_2$[내가 책$_2$을 읽-]은 이유$_1$]-는 재미있었기 때문이다.

　　　　　　　　　　　　　　　　　　　　　　　　　(명사$_1$≠명사$_2$)

특수한 명사구 내포문 구성　한편 온전한 하나의 문장은 명사구로서 기능이 가능하기 때문에 문장이 명사구 내포문 구성의 역할을 하는데, 문장을 〈특수한 명사구 내포문 구성〉으로 볼 수 있다. [2]

---

2) 문장 (ㄱ)의 〈철수가 학교에 가느냐〉는 온전한 문장으로 상위문의 명사구로

15.2 내포어미

내포문 구성에 관여하는 어미를 내포어미라 하였는데, 내포문 구성의 형태 및 통사 제약 현상은 모두 내포어미와 관련되어 있다. 그러기 때문에, 내포어미의 정확한 분석이 내포문의 통사 분석의 선행 과제가 된다. 따라서 객관적인 형태 분석 방법에 따라, 내포어미를 분석하여 목록을 제시하기로 한다. 아울러 시제어미, 조사와의 결합 제약도 함께 제시한다.

15.2.1 동사구 내포어미

[1] 불구 동사구 내포어미 불구 동사구 내포문 구성은 대부분 하나의 내포어미에 의하여 실현되는 것이 보편적인데, 이들 목록을 제시하면 다음과 같다.

⟨-어⟩
⟨-고⟩
⟨-지⟩
⟨-게 (끔)⟩
⟨-도록⟩
⟨-듯 (이)⟩
⟨-이⟩
⟨-어야⟩
⟨-으려 (고)⟩

내포되어 있다.
　(ㄱ) 철수가 학교에 가느냐가 문제이다.

〈-고자〉
〈-다시피〉[3]
〈-으면〉
〈-거니〉[4]
〈-음직〉[5]

〈-고, -게(끔), -도록, -듯(이), -이, -어야, -으려(고), -고자, -다시피〉 등은 내포어미로만 기능하는 것이 아니라, 접속어미로도 기능한다(제 14 장, 14. 2 접속어미 참조).

중첩 구성의 내포어미 하위문이 대등 접속문으로 구성되어 상위문에 내포될 때 실현되는 내포어미들이 중첩 구성의 내포어미이다. 다음과 같은 어미들이 여기에 포함된다. [6]

〈-으락~-으락〉

---

3) 〈-다시피〉를 〈-다〉와 조사 〈-시피〉로 분석하지 않는 이유는, 〈-시피〉를 문장종결조사로 설정한다면 그 분포가 극히 제한되기 때문이다(예 : 너도 보다시피, *너도 본다시피, *너도 보느냐시피, *너도 보라시피, *우리도 보다시피). 따라서 분리하지 않은 〈-다시피〉를 하나의 단위로 처리한다.

4) 〈-으리-〉+〈-거니〉→〈-으리-〉+〈-어니〉→〈-으려니〉

(ㄱ) 나는 철수가 학교에 갔거니 했는데,
(ㄴ) 나는 철수가 학교에 가려니 했는데,

5) 〈-음직〉을 명사화 어미 〈-음〉과 〈직하-〉라는 의존동사로 분석할 수도 있는데 〈-음〉 명사화가 의존동사에 내포될 수는 없기 때문에, 〈-음직〉을 분리하지 않은 하나의 단위로 처리한다.

6) 한편, 다음은 중첩 구성의 내포어미와 흡사하지만 분석을 달리하고자 한다.

(ㄱ) 철수가 학교에 가는 둥 마는 둥 한다.
(ㄴ) 집에 갈 지 말 지 모르겠다.

(ㄱ)에서 〈-는 둥〉을 하나의 형태소로 봐서 중첩 구성의 내포어미로 볼 가능성도 있지만, 여기에 나타나는 〈-는〉은 뒤에 살필 관형화 어미로 분석된다. 그리고 〈둥〉과 〈지〉는 명사(의존명사)이다.

⟨-거니~-거니⟩
⟨-고~-고⟩
⟨-으면서~-으면서⟩
⟨-으나~-으나⟩
⟨-다가~-다가⟩
⟨-든지~-든지⟩
⟨-거나~-거나⟩

그런데 ⟨-거나~-거나⟩에 의해 구성되는 문장에는 다음과 같은 생략 현상이 있다.

14) ㄱ) 많은 사람들이 옥에 갇히-거나 외국으로 떠나-거나 했다.
　　ㄴ) 사람을 놀라게 하-거나 피해를 주-거나 해서야 되겠는가?

14)는 15)로도 실현된다.

15) ㄱ) 많은 사람들이 옥에 갇히-거나 외국으로 떠났다.
　　ㄴ) 사람을 놀라게 하-거나 피해를 주어서야 되겠는가?

즉 두번째 ⟨-거나⟩와 상위문 동사 ⟨하-⟩가 함께 생략된다. 이와 같은 ⟨-거나 하-⟩ 구성의 생략은 수의적이며, 상위문 동사 ⟨하-⟩가 접속어미 ⟨-어야⟩, ⟨-어서⟩, 그리고 서술법 및 의문법에서만 일어난다. 내포어미의 생략은 완형 동사구 내포어미 ⟨-고⟩에서도 일어난다 (⟨-고 하-⟩ 구성의 생략).

중첩 구성의 내포어미 중에서 ⟨-으락~-으락⟩, ⟨-거니~-거니⟩는 내포문 구성에만 나타나지만, 나머지들은 접속문 구성에도 나타난다.

[2] 완형 동사구 내포어미
⟨-고⟩

〈-라고〉

16) ㄱ) 나는 철수가 학교에 간다고 말했다.
   ㄴ) 나는 "철수가 학교에 간다"고 말했다.
   ㄷ) 나는 "철수가 학교에 간다"라고 말했다.

문장의 인용은 일반적으로 직접인용과 간접인용으로 나뉘는데,
〈-고〉는 직접인용 및 간접인용을, 〈-라고〉는 간접인용을 내포시키는
데 관여한다. [7]

[7) 이러한 〈-고〉와 〈-라고〉를 일반적으로 한국어 문법 기술에서 인용조사로 보
고 있다. 허 웅(1983 : 212)에서는 인용의 특수토씨로, 남기심(1973 : 9)에서
는 완형보문자로, 이상복(1983 : 133)에서는 인용조사로 보고 있다.
   한국어에서 문장은 명사구로 기능할 수 있다는 점에서, 문장 뒤에는 조사의
결합이 가능하다. 그러므로 필자도 〈-고〉와 〈-라고〉를 조사로 볼 수 있다고
생각한다. 그러나 다음과 같은 관점에서 이들을 어미, 특히 완형 동사구 내포
어미로 보고자 한다.
   첫째, 복합문 구성 전체 체계를 위하여, 모든 복합문 구성이 어미에 의해 구
성된다는 해석을 일관성있게 하기 위하여, 조사로의 성격이 있더라도 어미로
본다.
   둘째, 기원적으로는 접속어미였다고 본다.
   셋째, 다음과 같은 강조 표현 구문(이에 대해서는 제11장 참조)과 대비해서
도 이들을 어미로 볼 수 있다.
   (ㄱ) 철수가 학교에 간다고? /.
   (ㄴ) 철수가 학교에 간다면서?
   (ㄷ) 철수가 학교에 간다니까.
   (ㄹ) 철수가 학교에 간다나.
   위 문장은 〈-고 하-〉 생략에 의한 구성이 아니고, 문장에 〈-고, -(으)면서,
-(으)니까, -(으)나〉 등의 어미가 결합되어 강조 표현을 나타낸다. 이때의
〈-고〉 등을 문장 뒤에 결합되어 있다고 모두 조사로 볼 수는 없을 것이다. 따
라서 조사가 아닌, 어미가 문장 뒤에 결합한 것으로 해석해야 할 것이다.
   이러한 세 가지 점에서 문장 뒤에 결합된 〈-고〉, 〈-라고〉를 완형 동사구 내
포어미로 본다. 이상의 논의를 정리하면, 이들은 조사의 성격을 가지지만, 복

〈-고 하-〉 구성의 생략   그런데 〈-고〉는 내포문 구성에서 생략되는 경우가 있다. 문장 17ㄴ)은 인용절인 동사구 내포문이 〈-고〉 없이 내포되어 있다. 그런데 문장 17ㄴ)은 17ㄱ)과 같은 의미이다. 따라서 17ㄴ)의 본래의 구조는 17ㄱ)으로 상정된다. 그러므로 17ㄱ)에서 〈-고〉가 생략되어 17ㄴ)이 이루어졌다.

17) ㄱ) 철수가 학교에 간다-고 한다.
    ㄴ) 철수가 학교에 간다-∅ 한다.
    ㄷ) 철수가 학교에 간다-∅ ∅-ㄴ다.

또한 상위문 동사 〈하-〉까지 생략될 수 있어 17ㄷ)과 같다. 이것이 〈-고 하-〉 구성의 생략 현상이다. 그런데 18ㄱ)에 대비해서 18ㄴ)은 비문법적이다. 즉 〈-고〉가 생략될 수 없다.

18) ㄱ) 철수가 학교에 간다-고 말했다.
    ㄴ) *철수는 학교에 간다-∅ 말했다.

문장 17ㄷ)은 상위문 동사가 〈하다〉이지만, 18ㄴ)의 상위문 동사는 〈말하다〉로서 자립동사이다. 완형 동사구 내포문의 상위문 동사로 가능한 자립동사들은 다음 19)와 같은데(15.3 참조), 이들이 상위문 동사로 나타나면, 역시 〈-고〉가 생략될 수 없다(문장(20) 참조).

19) 듣다, 믿다, 설명하다, 말하다, 쓰다, 약속하다……
20) *철수가 학교에 간다-∅ 듣다/믿다/약속하다……

그리고 21)과 같이 〈-고〉 생략은 의향법 제약이 없으나, 〈-고 하-〉

합문 구성 전체 체계를 위해 무리가 없는 한, 완형 동사구 내포어미로 다루려는 것이다.

생략은 서술법, 의문법에서만 가능하고, 명령법, 청유법에서는 불가능하다(22)).

21) 철수가 학교에 간다-∅ 한다. /하느냐? /해라/하자.
22) 철수가 학교에 간다-∅ ∅-ㄴ다. /∅-느냐? /*∅-아라/*∅-자.

이상에서, 완형 동사구 내포어미 〈-고〉는 상위문 동사가 〈하-〉일 때 수의적으로 생략될 수 있고, 또한 이때 〈하-〉도 함께 생략될 수 있다. 이 경우 의향법의 제약을 받아, 서술법, 의문법에서만 〈-고 하-〉 생략이 허용된다.

15.2.2 명사구 내포어미

[1] 명사화 내포어미　명사화 내포문 구성에 관여하는 어미를 명사화 내포어미(줄여서 〈명사화 어미〉)라 하는데, 다음 두 가지이다. [8]
〈-음〉
〈-기〉
[2] 관형화 내포어미　관형화 내포문 구성에 관여하는 어미를 관형화 내포어미(줄여서 〈관형화 어미〉)라 한다. [9]
〈-은〉
〈-을〉
〈-느-은〉
〈-더-은〉

---

8) 명사화 어미 〈-음〉과 〈-기〉의 통사 제약은 서로 다르다. 예를 들어 상위문 동사와의 통합 제약의 양상이 서로 다르다(15.3 참조). 이것은 이들의 의미 특성이 다르기 때문이다. 이들의 의미 특성에 관해서는 임홍빈(1974-ㄴ), 심재기(1980) 참조.
9) 관형화 어미에 〈-은〉과 〈-을〉을 설정한다. 〈-은〉은 시제어미 〈-느-〉와 〈-더-〉를 앞세울 수 있어 〈-는〉, 〈-던〉이 실현된다.

15.2.3 내포어미의 형태 결합 제약

이상에서 제시한 내포어미의 목록을 바탕으로 내포어미와 시제어미의 결합 제약, 내포어미와 조사의 결합 제약을 기술한다. 내포어미는 내포문 구성의 하위문 동사에 결합하는데, 비종결어미를 앞세울 수 있으며, 조사를 다시 뒤에 결합시킬 수 있다. 대부분의 동사구 내포어미들은 시제어미와 결합할 수 없으나, 명사구 내포어미들은 결합을 허용한다. 주체높임법은 접속문 구성과 관련하여 아무런 제약을 가지지 않기 때문에 주체높임어미의 결합에는 제약이 없다.

내포어미와 시제어미의 결합 제약 동사구 내포어미는 대부분 시제어미와 결합할 수 없다. 완형 동사구 내포어미 〈-고〉, 〈-라고〉는 온전한 문장을 하위문으로 내포하기 때문에 시제어미가 결합할 조건이 되지 못하므로 시제어미와 결합할 수가 없고, 불구 동사구 내포어미는 이들의 의미 특성 때문에 시제어미 결합에 제약이 있다.

불구 동사구 내포어미에 의한 하위문 동사는 상위문 동사와 긴밀한 통합 관계에 놓여 있다.

23) ㄱ) 나는 그 떡을 먹어 보았다.
    ㄴ) 나는 그 떡을 먹지 않았다.
    ㄷ) 그 떡은 먹음직 했다.

하위문 동사 〈먹-〉과 의존동사인 〈보-, 아니하-, 하-〉 등은 매우 긴밀한 통합 관계에 놓여 있다. 그래서 이들의 구성이 하나의 형태론적 구성으로 인식된다. 그런데, 이들이 관여하는 24)는 허용되지 않는다.

24) ㄱ) *나는 그 떡을 먹-었-어 보았다.

ㄴ) *나는 그 떡을 먹-었-지 않았다.

ㄷ) *그 떡은 먹-었-음직 했다.

이와 같이 하위문이 상위문 동사와 긴밀한 통합 관계에 놓이게 되면, 통사 기능이 중복으로 수행되는 것을 피하게 되어, 시제어미의 결합이 제약된다. 아래 문장도 역시 그러하다. 이들 어미 〈-으려고, -게〉 등은 접속어미에서 살펴본 바와 같이 시제의 특성까지 내재되어 있어 통사 기능이 중복 수행되는 경우이다.

25) ㄱ) 철수는 학교에 가려고 한다.

ㄴ) 나는 철수를 학교에 가게 하였다.

명사화 어미 〈-음〉과 〈-기〉는 현실법, 완결법, 미정법의 시제어미와 결합 제약이 없으나, 회상법 시제 〈-더〉와 결합이 제약된다. 이것은 서로 시제법의 특성이 어긋나 있기 때문에 결합을 피하는 것으로 이해한다.

26) ㄱ) *철수가 학교에 가-더-음

ㄴ) *철수가 학교에 가-더-기

한편 관형화 어미와 결합이 가능한 시제어미는 다음과 같다.

27) -(었)-(겠)-느/더-은

- ϕ - ϕ -느/더-은

- 었 - ϕ -ϕ -을

이상과 같은 결합 제약을 정리하면 다음과 같다(제 14 장, 14. 2. 3 접속어미와 시제어미의 결합 제약 참조).

28) 내포어미와 시제어미의 결합 제약
    ㄱ) 다음의 조건으로 통사 기능이 중복 수행되면, 내포어미와 시제어
        미의 결합이 제약된다.
        〈조건〉 : 구성 성분이 긴밀한 통합 관계에 있을 때
    ㄴ) 내포어미의 의미 특성과 시제어미의 특성이 서로 어긋나 있으면,
        시제어미의 결합이 제약된다.

내포어미와 조사의 결합 제약 동사구 내포어미와 관형화 어미는 원칙
적으로 조사와 결합할 수 없고, 명사화 어미는 원칙적으로 조사의 결
합 제약이 없다. 그러나 보조조사의 경우, 동사구 내포어미와 결합이
허용되는 경우도 있다. 내포어미와 보조조사의 결합 제약 현상은 다음
과 같다.

29) 내포어미와 보조조사 결합 제약
    ㄱ) 불구 동사구 내포어미 : 보조조사 〈-은, -을, -도, -만, -까지,
        -부터, -조차, -마저, -이야(말로), -이라도, -인들, -이나, -이
        나마〉 등은 불구 동사구 내포어미와 결합이 허용되나, 〈-이든지,
        -밖에, -은커녕〉은 결합이 제약된다. 그러나 〈-어야〉는 〈-만〉만
        허용하고, 〈-다시피〉는 대부분 제약된다.
    ㄴ) 완형 동사구 내포어미 : 〈-부터〉를 제외하고는 모든 보조조사가
        결합이 허용된다.
    ㄷ) 관형화 어미 : 보조조사의 결합이 제약된다.
    ㄹ) 명사화 어미 : 보조조사 결합 제약이 없다.

격조사는 순수히 체언으로 기능하는 경우에 자연스럽게 결합하기 때
문에, 명사화 어미에만 자유롭게 결합한다. 명사화 내포문 구성이 주
어로 기능하는 경우에 격조사 〈-이/가〉가 결합되고, 목적어로 기능하
는 경우에 격조사 〈-을/를〉이 결합됨은 다른 체언의 경우와 다를 바

없다. 그러나 〈-기〉-명사화 구성이 격조사와 결합할 때는 다음과 같은 특성이 있다. 문장 30)에서와 같이 주격조사 〈-가〉가 수의적으로 생략된다.

30) ㄱ) 철수가 학교에 갔기-가 쉽다.
ㄴ) 철수가 학교에 갔기-∅ 쉽다.

목적어로 기능하는 경우에는 문장 31)과 같이 목적격조사 〈-를〉이 필수적으로 나타나는 것이 원칙이지만, 상위문 동사가 〈바라다, 원하다, 결심하다, 시작하다, 위하여……〉 등일 경우에는 이들 동사들의 특성 때문에 수의적으로 생략이 일어난다.

31) ㄱ) 나는 철수가 학교에 가기-를 명령했다.
ㄴ) *나는 철수가 학교에 가기-∅ 명령했다.
ㄷ) 철수가 학교에 가기-를 시작했다.
ㄹ) 철수가 학교에 가기-∅ 시작했다.

그러나 〈-음〉-명사화의 경우에는 격조사가 반드시 유지된다. 주격조사이든 목적격조사이든 생략은 일어나지 않는다(문장 32) 참조). 이는 〈-기〉와 〈-음〉의 특성 차이로 이해된다.

32) ㄱ) 철수가 학교에 갔음-이 밝혀졌다.
ㄴ) *철수가 학교에 갔음-∅ 밝혀졌다.
ㄷ) 철수가 학교에 감-을 원했다.
ㄹ) *철수가 학교에 감-∅ 원했다.

접속조사도 격조사와 같이 순수히 체언으로 기능하는 경우에 자연스럽게 결합하기 때문에, 명사화 내포어미에만 결합이 허용된다. 내포어미는 문장을 종결하지 못하기 때문에 문장종결조사의 결합은 불가능하다.

15.3 내포문 구성의 통사 특성

내포문 구성은 하위문에 내포어미가 결합하여 상위문에 통합되어 있다. 이러한 내포문 구성에서 내포어미가 여러 통사 제약의 주체가 된다. 이제 이러한 내포어미를 중심으로 내포문 구성에서의 통사 특성을 살펴보기로 한다. 시제법, 서술어, 주어에 관한 특성을 중심으로 검토한다.

15.3.1 내포문 구성에서의 시제법

불구 동사구 내포문 구성에서의 시제법 문장 33)의 하위문은 시제어미가 결합되어 있지 않다. 33ㄱ)은 시제어미의 결합이 불가능한 경우이고, 33ㄴ)은 시제어미의 결합이 가능하지만 결합되지 않은 경우이다.

33) ㄱ) 나는 학교에 가고 싶다.
    ㄴ) 나는 학교에 가야 한다.

33ㄱ), 33ㄴ)의 상위문의 시제법은 현실법이다. 현실법은 시간상으로 주로 현재의 동작이나 상태로 해석된다. 그런데 관점에서 볼 때 33ㄱ), 33ㄴ)의 〈가-〉는 모두 현실법으로 해석되고 있다. 이것은 상위문의 시제법이 현실법이고, 하위문의 시제법이 현실법이기 때문에, 즉 현실법의 시점에서 현실법이기 때문에 하위문이 현실법으로 해석된다. 상위문의 시제가 완결법인 34)와, 미정법인 35)에서 보면, 하위

문의 시제가 각각 완결법과 미정법으로 해석된다. 이는 상위문이 완결법이기에, 완결의 시점에서 현실법이기 때문에 완결법으로 해석되고 (34)), 상위문의 시제가 미정법이기에, 미정의 시점에서 현실법이기 때문에 미정법으로 해석된다(35)).

34) ㄱ) 나는 학교에 가고 싶었다.
　　ㄴ) 나는 학교에 가야 했다.
35) ㄱ) 나는 학교에 가고 싶겠다.
　　ㄴ) 나는 학교에 가야 하겠다.

위의 논의에서 보면, 하위문에 시제어미가 결합되어 있지 않을 경우에는, 원칙적으로 하위문의 시제법은 상위문의 시제법에 기준을 두고 해석된다.
문장 36)에서 하위문에는 시제어미 〈-었-〉이 결합되어 있다.

36) ㄱ) 철수는 학교에 갔어야 하는데,
　　ㄴ) 철수는 학교에 갔어야 했는데,

문장 36ㄱ)에서의 상위문은 현실법이기 때문에 현실법의 시점에서 하위문의 시제법이 완결법으로 해석되고, 36ㄴ)에서의 상위문은 완결법이기 때문에 완결법의 시점에서 하위문의 시제법이 완결법으로 해석되어, 완결의 어느 시점에서 다시 완결법으로 해석된다. 따라서 하위문에 시제어미가 결합되어 있을 때에도 하위문의 시제법은 상위문 시제법에 기준을 두고 해석된다.
이와 같이 하위문에 시제어미가 결합되어 있든, 결합되어 있지 않든, 하위문의 시제법은 상위문 시제법에 의존해서 해석된다.
완형 동사구 내포문 구성에서의 시제법　위와 같은 해석 방법은 완형 동사구 내포문 구성에서도 적용된다.

37) ㄱ) 나는 철수가 학교에 간다고 말했다.
    ㄴ) 나는 철수가 학교에 갔다고 말했다.

즉, 37)의 상위문의 시제는 완결법인데, 하위문의 시제가 현실법인 37ㄱ)의 시제법은 완결의 시점에서 현실법이어서 완결법으로 해석되고, 하위문의 시제가 완결법인 37ㄴ)의 시제법은 완결의 시점에서 완결법이어서, 완결의 어느 시점에서 다시 완결법으로 해석된다.

명사화와 관형화 내포문 구성에서의 시제법 마찬가지로 명사화 및 관형화 내포문 구성에서도 그러하다.

38) ㄱ) 나는 철수가 학교에 가기를 바랐다.
    ㄴ) 나는 철수가 학교에 갔기를 바랐다.
39) ㄱ) 나는 철수가 학교에 간 사실을 알았다.
    ㄴ) 나는 철수가 학교에 가는 사실을 알았다.
    ㄷ) 나는 철수가 학교에 갈 것을 바랐는데,

문장 38)과 39)의 상위문의 시제는 완결법이다. 따라서 38ㄱ)과 39ㄴ)의 하위문의 시제는 현실법이기 때문에, 즉 완결의 시점에서 현실법이어서 완결법으로 해석된다. 38ㄴ)과 39ㄱ)의 하위문 시제는 완결법이기 때문에, 즉 완결의 시점에서 완결법이어서 완결의 어느 시점에서 완결법으로 해석된다. 39ㄷ)은 마찬가지로 완결의 시점에서 미정법으로 해석된다.

총괄 하위문에 시제어미가 결합되어 있든, 결합되어 있지 않든, 그리고 불구 동사구, 완형 동사구, 명사화, 관형화 모두에 적용되는 내포문 구성에서의 시제법의 해석 원리를 다음과 같이 설정한다.

40) 내포문 구성에서의 시제법 해석
    내포문 구성에서, 하위문의 시제법은 상위문의 시제법에 의존해서 해석된다.

위 40)에 따르면, 상위문 시제가 현실법이면 하위문 시제는 실현되
어 있는 대로 해석되고, 상위문 시제가 완결법/미정법/회상법 등이
면, 이러한 시점에 기준을 두고 각각 하위문 시제가 해석된다는 것이
다. [10]

15.3.2 내포문 구성에서의 서술어

내포문 구성에서, 내포어미에 의해 상위문의 동사가 통합이 제약되
는 통사 특성이 있다. 이 통사 특성이 내포어미의 상위문 서술어 제약
이다.

41) ㄱ) 나는 학교에 가고 싶다.
   ㄴ) 나는 철수가 학교에 간다고 말했다.

문장 41)에서, 41ㄱ)의 상위문 동사는 〈싶다〉로 의존동사로 실현
되어 있는데, 모든 의존동사가 다 이 구성에 실현될 수 있는 것은 아
니다.

42) *나는 학교에 가고 본다.

〈보다〉라는 의존동사는 42)에서와 같이 통합이 제약된다. 문장 41

---

10) 양동휘(1978 : 206)에서는, 〈한국어의 관형절 시제는 기본적으로 주절시 기
   준이다〉라고 했다. 그리고 시간 부사어, 동사의 특성, 담화의 상황에 의해 이
   원칙에 따라 해석되지 않는 경우도 있다고 지적했다. 이러한 내포문 구성에서
   의 시제법 해석을 절대적 시제와 상대적 시제로 다룬 연구는 남기심(1978),
   이익섭·임홍빈(1983) 참조.

ㄴ)과 같은 완형 동사구 내포문 구성에서도 상위문 동사가 〈말하다〉
와 같은 동사는 실현될 수 있지만, 43)과 같이 〈바라다〉와 같은 동사
는 통합이 제약된다.

43) *나는 철수가 학교에 간다고 바란다.

이러한, 내포어미의 상위문 동사 제약을, [1] 불구 동사구 내포어
미, [2] 완형 동사구 내포어미, [3] 명사화 어미 등으로 나누어 기술
하기로 한다. 그리고 관형화 내포문 구성은 관형화 어미와 관련해서는
제약이 없으나, 다만 내포문 명사에 의한 상위문 동사의 통합 제약이
있다. 이는 따로 15.3.4에서 기술하기로 한다.
불구 동사구 내포어미 불구 동사구 내포어미와 상위문 동사 사이에
는 긴밀한 통합 관계가 형성되어 있다. 이러한 근거로 내포어미에 의
해 상위문 동사가 제약된다. 그리고 그 통합 구성은 문법범주, 즉 시
제법, 사동법, 피동법, 부정법 등의 기능을 수행한다. 문장 44ㄱ)은
내포어미 〈-어〉와 상위문 동사 〈있-〉에 의해 [완결상]의 기능을, 44
ㄴ)은 내포어미 〈-고〉와 상위문 동사 〈있-〉에 의해 [진행상]의 기능
을 수행한다.

44) ㄱ) 나는 학교에 가아 있다.
    ㄴ) 나는 학교에 가고 있다.

불구 동사구 내포어미에 따라, 이들의 상위문 동사의 통합 관계는
다음과 같다.

45) 불구 동사구 내포문 구성의 상위문 동사
   ㄱ) 〈-어〉
      보다, 보이다, 버리다, 주다, 드리다, 바치다, 나다, 내다, 지

다, 쌓다, 대다, 뜨리다, 놓다, 두다, 가지다, 가다, 오다, 있다,
하다

ㄴ) 〈-고〉[11]

싶다, 있다, 나다, 말다, 하다

ㄷ) 〈-지〉

아니하다, 못하다, 말다

ㄹ) 〈-게(끔)〉

하다, 만들다, 되다

ㅁ) 〈-도록〉

하다, 되다

ㅂ) 〈-듯(이)〉

하다, 싶다

ㅅ) 〈-이〉

하다, 되다

ㅇ) 〈-어야〉[12]

하다, 되다

ㅈ) 〈-으려(고)〉[13]

하다, 보다

---

11) 〈-고 싶다〉 구문에서, 형태소 일부분이 생략되어 나타나기도 한다.

(ㄱ) 고향에 가고 싶은 실향민
(ㄴ) 고향에 가고 ϕ-픈 실향민

상위문 동사가 〈하-〉일 때는 반드시 조사가 내포어미에 결합되어야 한다.
(ㄷ) 나는 학교에 가-고-*ϕ/는 한다.

12) 〈-어야〉의 경우, 상위문 동사 〈하-〉, 〈되-〉가 수의적으로 생략될 수 있다
(단, 〈-겠-〉이 결합해 있을 때).

(ㄱ) 집에 가야 하겠다. ⇒ 집에 가야 ϕ-겠다.
(ㄴ) 집에 가야 되겠는데. ⇒ 집에 가야 ϕ-겠는데.

13) 〈-으려고〉는 수의적으로, 그리고 조사 〈-다가〉가 결합될 때는 반드시
〈-고〉가 생략된다(예 : 〈-으려고 하다가 보니까〉→〈-으려-ϕ-다가 보니까〉).

ㅊ) ⟨-고자⟩

　　하다

ㅋ) ⟨-다시피⟩

　　하다, 되다

ㅌ) ⟨-거니⟩

　　하다

ㅍ) ⟨-으면⟩

　　하다, 싶다

ㅎ) ⟨-음직⟩

　　하다

　완형 동사구 내포어미　완형 동사구 내포문 구성에 통합이 허용되는
동사는 다음과 같다(남기심 1973 : 19).

46) 완형 동사구 내포문 구성의 상위문 동사

　ㄱ) 통합 제약

　　바라다, 원하다, 알다, 지지하다, 의미하다, 쉽다, 어렵다

　ㄴ) 통합 허용

　　듣다, 믿다, 생각하다, 느끼다

　　설명하다, 말하다, 묻다, 단언하다

　　쓰다, 적다

　　약속하다, 주장하다

　　하다, 보다, 치다

　명사화 어미　명사화 내포문에 있어서도 명사화 어미 ⟨-음⟩, ⟨-기⟩
에 의해서 상위문의 동사가 제약된다. 이러한 상위문 동사의 통합 제
약은 다음과 같은 유형으로 나뉜다.

[1] ⟨-음⟩-명사화에만 통합되는 상위문 동사

[2] 〈-기〉-명사화에만 통합되는 상위문 동사

[3] 〈-음〉/〈-기〉-명사화 모두에 통합되는 상위문 동사

[4] 〈-음〉/〈-기〉-명사화 모두 통합이 제약되는 상위문 동사

첫째, 〈-음〉-명사화에만 통합되는 상위문 동사 : 〈-음〉-명사화에만 통합되는 동사는 〈-기〉-명사화에만 통합되는 동사보다 덜 제약적이다. 감각적인 인지 행위를 의미 특성으로 하는 상위문 동사들이 대부분 이에 속한다.[14]

47) ㄱ) 나는 철수가 학교에 감을 들은 적이 있다.

ㄴ) *나는 철수가 학교에 가기를 들은 적이 있다.

다음으로는 단언성의 의미 특성을 가지는 동사들도 포함된다.[15]

48) ㄱ) 나는 철수가 학교에 감을 말했다.

ㄴ) *나는 철수가 학교에 가기를 말했다.

둘째, 〈-기〉-명사화에만 통합되는 상위문 동사 : 〈-기〉-명사화가 주어로 기능할 때 통합되는 상위문 동사는 가능성의 〈쉽다〉의 경우이다.

---

14) 즉, 인간이 감각적으로 인지하는 행위를 표현하는 동사들이다 : 보다, 듣다, 느끼다, 맛보다, 깨닫다.

또한 인식적인 인지 행위를 의미 특성으로 하는 동사들도 대부분 이에 속한다 : 알다, 모르다, 인식하다, 실감하다, 직감하다, 짐작하다, 추측하다, 추정하다, 추상하다, 추론하다, 의심하다, 기억하다, 인정하다, 증명하다, 증언하다, 입증하다, 비평하다, 명시하다, 확인하다, 주목하다……

15) 예를 들어, 〈말하다, 주장하다, 발표하다, 묻다, 전하다……〉. 이외에 〈발견하다〉류(발견하다, 찾다, 지적하다, 밝히다, 드러나다……), 〈반영하다, 추가하다, 유감이다, 사실이다〉 등도 이에 속한다.

이상에서 보면, 상위문 동사의 통합 관계는 동사의 의미 특성에 의한 것이다.

49) ㄱ) 나는 학교에 가-기(가) 쉽다.
　　ㄴ) *나는 학교에 감(이) 쉽다.

문장 50ㄱ)은 상위문 동사를 강조하는 구성인데, 이때 상위문 동사
는 〈하다〉로 대치되어 50ㄴ)과 같이 실현되기도 한다. 그러나 51)과
같이 〈-음〉-명사화는 이를 허용하지 않는다.

50) ㄱ) 나는 학교에 가기는 간다.
　　ㄴ) 나는 학교에 가기는 한다.
51) ㄱ) *나는 학교에 감은 간다.
　　ㄴ) *나는 학교에 감은 한다.

셋째, 〈-음〉/〈-기〉-명사화 모두에 통합되는 상위문 동사 : [판단]과
[요구]의 의미 특성을 가지는 동사를 비롯하여, 〈배우다, 무릅쓰다〉
등이 여기에 속한다. [16)]

52) ㄱ) 나는 학교에 감이 좋다.
　　ㄴ) 나는 학교에 감을 원한다.
53) ㄱ) 나는 학교에 가기가 좋다.
　　ㄴ) 나는 학교에 가기를 원한다.

넷째, 〈-음〉/〈-기〉-명사화 모두 통합이 제약되는 상위문 동사 : 이
동동사(가다, 오다)를 비롯한 동사 〈만나다, 하직하다, 모으다, 고르
다, 구하다〉 등과, 형용사 〈기름지다, 가득하다, 맑다, 경솔하다, 덥
다, 노랗다〉 등이 이에 속한다. 이들의 의미 특성은 구체적인 대상을
요구하는 것이다.

---

16) 예를 들어, [판단] : 좋다, 싫다, 자랑하다, 걱정하다……, [요구] : 기대하
　다, 바라다, 원하다, 기다리다, 요구하다, 당부하다…….

15.3.3 내포문 구성에서의 주어

내포문 구성에서 상위문과 하위문 사이에도, 접속문 구성에서 선행문과 후행문 사이에서처럼 내포어미에 따라 반드시 두 주어가 동일해야 하는 제약이 있는데, 이를 내포문 구성의 주어 제약이라 한다.

동일 주어가 필수적인 관계 불구 동사구 내포어미들은 대부분 동일 주어를 필수적으로 요구한다. 다음 문장 54)는 내포어미 〈-고〉에 의한 구성인데, 이 주어는 하위문 주어뿐만 아니라 상위문의 주어로도 해석된다.

54) ㄱ) 나는 책을 읽고 있다.

  ㄴ) 선생님께서 책을 읽고 계신다.

문장 54ㄱ)에서 주어 〈나〉는 〈읽다〉(하위문)의 주어일 뿐만 아니라 〈있다〉(상위문)의 주어로 해석된다. 왜냐하면 54ㄴ)의 주어 〈선생님〉은 〈읽다〉의 주어일 뿐만 아니라 〈계시다〉의 주어가 될 수 있다. 〈계시다〉는 주체높임동사이기 때문이다. 동작 혹은 상태가 의미론적으로는 하나일지라도, 서술기능이 두 번 수행되었기 때문에 두 개의 주어를 상정하는 것이다. 이와 같이 대부분의 불구 동사구 내포어미들은 동일 주어를 필수적으로 가지나, 내포어미 〈-게(끔)〉, 〈-도록〉, 〈-으면〉, 〈-거니〉 등은 그렇지 않다.

동일 주어의 관계가 필수적으로 설정되면, 그중 어느 한 주어는 반드시 생략되어야 한다. 55ㄱ)으로 가정되는 구조는 55ㄴ)으로 실현된다.

55) ㄱ) 내가 [내가 학교에 가-]-고 싶다.

ㄴ) 내가 학교에 가고 싶다.

56) 동일 주어 요구가 필수적인 구성

　　대부분의 불구 동사구 내포문 구성은 동일 주어가 필수적으로 요구되는데, 이때 후행절의 주어는 반드시 생략된다.

동일 주어가 수의적인 관계 〈-게(끔)〉과 〈-도록〉, 그리고 〈-으면〉, 〈-거니〉 등이 이루는 불구 동사구 내포문 구성에서는 동일 주어의 관계가 수의적이다.

57) ㄱ) 우리가 이기-게/도록 했다.
　　ㄴ) 우리는 철수가 이기-게/도록 했다.
　　ㄷ) 우리가 이기-게/도록 되었다.

　　문장 57ㄱ)에서는 〈이기다〉와 〈하다〉의 주어가 모두 〈우리〉이다. 그리고 57ㄴ)에서는 〈이기다〉의 주어는 〈철수〉, 〈하다〉의 주어는 〈우리〉이다. 57ㄷ)에서는 〈이기다〉의 주어는 〈우리〉이지만, 〈되다〉의 주어는 〈조건 혹은 상황〉 등으로 상정되어 해석된다. 따라서 불구 동사구 내포어미로 기능하는 〈-게(끔)〉과 〈-도록〉도 동일 주어의 관계가 수의적이다. 내포어미 〈-으면〉, 〈-거니〉도 마찬가지이다. 그리고 완형 동사구 내포문, 관형화, 명사화 내포문 구성 등도 모두 동일 주어의 관계가 수의적이다.

　　내포문 구성에서 동일 주어의 관계가 수의적인 경우에, 그러나 동일 주어 관계가 설정되면, 다음과 같은 통사 현상이 일어난다. 첫째는 두 주어가 그대로 유지되는 경우이고, 둘째는 바뀌는 경우인데, 바뀌는 경우에는 생략되는 경우와 대치되는 경우가 있다. 대치되는 경우는 대명사로 대치되는데, 일반대명사 또는 재귀대명사로 대치된다. 이러한 여러 유형의 통사 현상이 모두 다 같은 문법적 가치를 가지는 것은 아니다.

312

첫째, 생략 현상이다. 먼저 불구 동사구 내포문 구성을 검토한다. 문장 구조 58)을 상정해서 상위문 주어를 생략하면 59)와 같다.

58) ㄱ) 선생님은 [선생님이 이기-]-게 했다.
    ㄴ) 철수는 [철수가 이기-]-게 했다.
    ㄷ) 그는 [그가 이기-]-게 했다.
59) ㄱ) 선생님이 이기게 했다.
    ㄴ) 철수가 이기게 했다.
    ㄷ) 그가 이기게 했다.

상위문의 주어가 생략된 59)를 보면 〈하다〉의 주어와 〈이기다〉의 주어가 같음이 분명하지 않아 동일 주어로만 해석되지는 않는다.

60) ㄱ) 선생님은 이기게 했다.
    ㄴ) 철수는 이기게 했다.
    ㄷ) 그는 이기게 했다.

하위문 주어가 생략된 60)도 마찬가지로 동일 주어로만 해석되지는 않는다. 따라서 불구 동사구 내포문 구성에서 수의적으로 동일 주어 관계에 있을 때는, 상위문 주어이든 하위문 주어이든 생략이 되면 중의적인 해석을 가능하게 해 준다.

다음은 완형 동사구 내포문의 경우인데, 61ㄱ)으로 상정되는 문장 구조에서, 상위문 주어이든 하위문 주어이든 생략이 다 가능하지만, 중의적 해석이 가능하다. 또한 완형 동사구 내포문은 상위문 주어가 [사람]이 아닌 명사는 나타나지 못한다.

61) ㄱ) 그 학생은 [그 학생이 간다]-고 말했다.
    ㄴ) 철수는 [철수가 간다]-고 말했다.

ㄷ) 그는 [그가 간다]-고 말했다.

명사화 내포문 구성과 관형화 내포문 구성에서도 상위문과 하위문 사이에 동일 주어 관계가 설정되면 생략의 통사 현상이 있다.

둘째, 일반대명사로의 대치 현상이다. 불구 동사구 내포문 구성에서, 58)의 구조는 일반대명사로의 대치가 거의 불가능하다. 상위문 주어가 대치된 62)는 〈그〉와 〈선생님〉, 〈철수〉와 동일 지시의 가능성은 전혀 없고, 하위문 주어가 대치도 63)은 동일 지시의 가능성은 있으되, 중의적인 해석이 가능하다.

62) ㄱ) *그는 선생님이 이기게 했다.
    ㄴ) *그는 철수가 이기게 했다.
63) ㄱ) 선생님은 그가 이기게 했다.
    ㄴ) 철수는 그가 이기게 했다.

완형 동사구 내포문 구성도 위와 같다. 즉 상위문 주어가 대치되면, 동일 지시의 가능성은 전혀 없고, 하위문 주어가 대치되면 가능하되, 중의적인 해석이 가능하다. 명사화 내포문 구성, 관형화 내포문 구성도 마찬가지이다.

셋째, 재귀대명사로의 대치 현상이다.

64) ㄱ) 철수는 꾸준히 그/그자신/자기/자기자신-의 일을 했다.
    ㄴ) 그는 꾸준히 그/그자신/자기/자기자신-의 일을 했다.
    ㄷ) 나는 꾸준히 나/나자신/*자기/*자기자신-의 일을 했다.

문장 64)에서 보는 바와 같이 재귀대명사로서 대치는 3인칭인 경우에 한하며 1인칭(및 2인칭)에서는 불가능하다. 문장 구조 61)은 65)와 같이 대치될 수 있다.

65) ㄱ) 그 학생은 그/그자신/자기/자기자신-이 (/가) 간다고 말했다.
ㄴ) 철수는 그/그자신/자기/자기자신-이 (/가) 간다고 말했다.
ㄷ) 그는 그/그자신/자기/자기자신-이 (/가) 간다고 말했다.

문장 65)에서와 같이, 상위문 주어가 3인칭일 경우 완형 동사구 내
포문 구성에서의 재귀대명사로의 대치는 가능한 통사 현상이다.

66) ㄱ) 그자신/자기/자기자신-이 (/가) 간다고 말하는 그 학생
ㄴ) 그자신/자기/자기자신-이 (/가) 간다고 말하는 철수

66)과 같은 관형화 내포문 구성에서도 재귀대명사로의 대치는 가능
한 통사 현상이다. 명사화 내포문 구성에서도 같다.

넷째, 유지되는 현상이다. 문장 구조로 상정된 58), 61) 등의 내포
문 구성에서, 동일 주어 중의 어느 하나도 바뀌지 않고 그대로 유지되
는 경우는 비문법적 문장이다.

15.3.4 의존명사 구문의 통사 특성

의존명사 구문 관형어를 필수적으로 요구하는 명사가 의존명사이
다. [17] 관형화 내포문 구성에서 내포문 명사가 의존명사일 경우가 있다.

67) ㄱ) 철수가 학교에 갈 것이다.
ㄴ) 철수가 학교에 가는 척 했다.

이와 같은 관형화 내포문 구성에서 내포문 명사가 의존명사로 실현
된 구문을 의존명사 구문이라 한다. 이제 이 의존명사 구문에서 제기

---

17) 의존명사의 성격에 대해서는 제18장, 18.3 참조.

되는 통사 제약, 관형화 어미의 제약과 상위문 동사 제약을 대상으로
기술하기로 한다.

의존명사의 관형화 어미 제약　의존명사가 내포문 명사일 때 관형화
어미와 통합의 제약이 있다.

68) ㄱ) *철수는 학교에 간 리(가) 없다.
　　ㄴ) *철수는 학교에 가는 리(가) 없다.
　　ㄷ) *철수가 학교에 가던 리(가) 없다.
　　ㄹ) 철수는 학교에 갈 리(가) 없다.

문장 68)에서와 같이 의존명사 〈리〉는 관형화 어미 〈-은〉, 〈-는〉,
〈-던〉과는 함께 쓰일 수가 없어 비문법적 문장이 되고, 〈-을〉과는 함
께 쓰일 수 있어 문법적 문장이 된다. 따라서 이 경우에 의존명사
〈리〉는 〈-을〉만이 허용된다.

69) ㄱ) *철수는 학교에 간 수(가) 있다.
　　ㄴ) 철수는 학교에 가는 수(가) 있다.
　　ㄷ) *철수가 학교에 가던 수(가) 있다.
　　ㄹ) 철수는 학교에 갈 수(가) 있다.

문장 69)에 나타난 의존명사 〈수〉는 적어도 두 가지 의미를 가진
다. 문장 69ㄴ)에서는 [경우]이며, 69ㄹ)에서는 [능력]이다. 따라서
[경우]의 〈수〉는 〈-은〉, 〈-던〉과 〈-을〉이 제약적이어서 〈-는〉만이 허
용되고, [능력]의 〈수〉는 〈-은〉과 〈-는〉, 〈-던〉이 제약적이어서
〈-을〉만이 허용된다. 이상 몇 경우에서 보는 바와 같이, 의존명사는
관형화 어미에 의해 제약된다.

의존명사의 상위문 서술어 제약　문장 70)과 같이 의존명사 〈줄, 척,
뿐, 리〉 등은 각각 특정 동사들을 상위문 동사로 허용한다. 따라서 이

러한 특정 동사와 함께 쓰이지 않으면 비문법적 문장이 된다. 이것이
의존명사인 내포문 명사의 상위문 서술어 제약이다.

70) ㄱ) 철수는 학교에 갈 줄(을) 안다.
　　ㄴ) 철수는 학교에 가는 척(을) 한다.
　　ㄷ) 철수는 학교에 갈 뿐(만) 아니라,
　　ㄹ) 철수는 학교에 갈 리(가) 없다.

관형화 내포문은 순수히 명사구로 기능하는 경우도 있고, 부사어로
만 기능하는 경우도 있다. 이러한 두 기능에 따라, 의존명사의 상위문
동사 제약을 기술하기로 한다.
첫째, 순수히 명사구로 기능하는 경우인데, 문장 71)은 〈것〉의 예
이고, 72)는 〈바〉의 예이다.

71) ㄱ) 철수가 학교에 가는 것이 바람직하다.
　　ㄴ) 나는 철수가 학교에 가는 것을 보았다.
　　ㄷ) 철수는 학교에 가는 것으로 만족해 한다.
72) ㄱ) 철수가 학교에 간 바가 없다.
　　ㄴ) 철수가 어찌할 바를 모른다.
　　ㄷ) 철수가 학교에 갈 바에는,

위의 〈것〉, 〈바〉는 문장 안에서 각기 주어, 목적어, 부사어 등으로
기능하여 순수히 명사구의 기능을 수행하고 있다. 그러나 문장 71)의
〈것〉은 상위문 동사가 무엇이든 제약이 없으나, 문장 72)의 〈바〉는
72ㄱ)처럼 주어로 기능하면 상위문 동사가 〈있다, 없다〉류, 72ㄴ)처
럼 목적어로 기능하면 상위문 동사가 〈알다, 모르다〉류로 제한된다.
이와 같이 의존명사에 따라 상위문 동사 통합에 제약이 있는데, 몇 예
를 들면 다음과 같다. 상위문 동사가 지정사-류(이다, -이 아니다)만

허용하는 경우(문장 73)), 상위문 동사가 〈있다, 없다, 많다〉만 허용하는 경우(문장 74)), 〈알다, 모르다〉류만 허용하는 경우(문장 75)) 등이다.

73) ㄱ) 배우지 못하면 잘 살 수 없는 법이래요.
　　ㄴ) 노력을 아끼지 않는 편이라서,
74) ㄱ) 그것은 말할 나위도 없다.
　　ㄴ) 그는 실수를 하는 법이 없다.
　　ㄷ) 전문적인 문제에 중점을 두고 꾸미는 수가 많다.
　　ㄹ) 정의의 전쟁을 겪을 수밖에 없었다.
75) ㄱ) 대강의 설명은 되었을 줄로 안다.
　　ㄴ) 그이가 여기에 올 줄-을/이야 정말 몰랐다.
　　ㄷ) 팔에다 주사를 놓고 계실 지도 몰라. [18]

둘째, 관형화 내포문 구성이 단독으로 혹은 조사와 결합하여 부사어로만 기능하는 경우인데, 문장 76)에서 의존명사 〈바람〉, 〈채〉, 〈체〉가 그러한 예이다.

76) ㄱ) 너무 재촉하는 바람에 정신이 없었다.
　　ㄴ) 나는 아직도 목이 멘 채(로) 대답했다.
　　ㄷ) 인간의 분수를 아는 사람은 함부로 아는 체 하지 않는다.

이들은 각각 문장 안에서 부사어로 기능하고 있다. 문장 76)에서 〈바람〉, 〈채〉의 경우는 상위문 동사가 어떠하든 제약이 없으나, 〈체〉

---

18) 〈지〉는 〈알다〉류 동사 외에도 다음 동사들도 허용한다.
　　(ㄱ) 설을 쉰 지가 얼마되지 않았다.
　　(ㄴ) 그를 만난 지 며칠째 되던 날
　　(ㄷ) 그를 만난 지 오래되었다/까마득하다.

는 상위문 동사가 〈하다〉류만 허용한다. 그런데, 상위문 동사가 제한
되는 경우라도 단독으로 부사어를 형성하여 그 제약이 풀리게 되는 경
우도 있다(문장 77 ㄴ) 참조).

77) ㄱ) 보고도 못 본 체 하는 지도 몰라요.
ㄴ) 보고도 못 본 체, 그냥 지나가 버렸다.

그리고 상위문 동사의 제약이 없는 경우는 76)의 〈바람〉과 같이 반
드시 조사와 결합하여 부사어를 형성하기도 하고, 〈채〉와 같이 수의
적으로 조사와 결합하여 부사어를 형성하기도 한다.

참고문헌

강범모 1983, 「한국어 보문 명사의 의미 특성」,《어학연구》19-1, 서울
　　대학교 어학연구소.
국웅도　1968, Embedding Transformations in Korean Syntax, Ph.D.
　　Dissertation, The University of Alberta.
권재선 1976, 「포갠월」,『한국어문논총』(우촌 강복수박사 회갑기념 논문
　　집), 형설출판사.
권재일 1985,『국어의 복합문 구성 연구』, 집문당.
──── 1988, 「국어의 내포문」,《국어생활》12, 국어연구소.
김기혁 1987, 「국어 보조동사 연구」, 연세대학교 대학원 국어국문학과 박
　　사학위논문.
──── 1990, 「관형 구성의 통어 현상과 의미 관계」,《한글》209, 한글
　　학회.
김남길 1974, Studies in the Syntax of Korean Complementation, Ph.
　　D. Dissertation, University of Washington.
김흥수 1990, 「내면 인용 구문의 해석」,《주시경학보》6, 주시경연구소.

남기심 1973, 『국어 완형보문법 연구』, 계명대학 출판부.

남기심·고영근 1985, 『표준 국어 문법론』, 탑출판사.

박병수 1972, Complement Structures in Korean——A Syntactic Study of the Verb *ha-*", Ph.D.Dissertation, University of Pittsburgh.

―――― 1974, 「한국어 명사보문 구조의 분석」, 《문법연구》 1, 문법연구회.

박승윤 1981, Studies in Korean Syntax : Ellipsis, Topic and Relative Construction, Ph.D.Dissertation, The University of Hawaii.

서정목 1991, 「한국어 동사구의 특성과 엑스-바 이론」, 『국어학의 새로운 인식과 전개』(김완진선생 회갑기념논총), 민음사.

서정수 1975, 『동사 "하-"의 문법』, 형설출판사.

신선경 1986, 「인용문의 구조와 유형 분류」, 《국어연구》 73, 서울대학교 국어연구회.

심재기 1981, 『국어 어휘론』, 집문당.

안명철 1992, 「현대국어의 보문 연구」, 서울대학교 대학원 국어국문학과 박사학위논문.

양동휘 1975, Topicalization and Relativization in Korean, Ph.D.Dissertation, Indiana University.

양동휘 1976, On Complementizers in Korean, 《언어》 1-2, 한국언어학회.

―――― 1978, 「국어 관형절의 시제」, 《한글》 162, 한글학회.

이맹성 1968, 「한국어 체언형에 관한 변형분석적 연구」, 《어학연구》 4-1(별권), 서울대학교 어학연구소.

이상복 1983, 「한국어의 인용문 연구」, 『국어의 통사·의미론』, 탑출판사.

이익섭·임홍빈 1983, 『국어문법론』, 학연사.

이익환 1979, Korean Particles, Complements, And Question : A Montague Grammar Approach, Ph.D. Dissertation, The University of Taxas at Austin.

이필영 1981, 「국어의 관계관형절에 대한 연구」, 《국어연구》 48, 서울대
　　학교 국어연구회.

이홍식 1990, 「현대국어 관형절 연구」, 《국어연구》 98, 서울대학교 국어
　　연구회.

임홍빈 1974, 「명사화의 의미특성에 관하여」, 《국어학》 2, 국어학회.

──── 1987, 「국어의 명사구 확장 규칙에 대하여」, 《국어학》 16, 국어
　　학회.

장경희 1987, 「국어의 완형보절의 해석」, 《국어학》 16, 국어학회.

최현배 1971, 『우리 말본』, 네번째 고침판, 정음사.

허웅 1983, 『국어학──우리말의 오늘・어제』, 샘문화사.

홍양추 1987, 「국어 매인이름씨 연구」, 건국대학교 대학원 국어국문학과
　　박사학위논문.

──── 1989, 「국어 부사절 내포문 연구」, 《한글》 203, 한글학회.

홍종선 1986, 「국어 체언화 구문의 연구」, 고려대학교 대학원 국어국문학
　　과 박사학위논문.

제 4 부

통사 변화

제 16장

통사 변화 개관

16.1 언어 변화와 통사 변화

언어의 변화 만물은 시간의 흐름에 따라 끊임없이 변화한다. 언어 또한 끊임없이 변화하는 실체이다. 언어의 변화는 음운, 형태, 통사, 의미 등 언어를 구성하는 모든 측면에서 변화한다. 이러한 언어의 변화는 원칙적으로 어느 한 공시태에서 다른 공시태로의 변화를 의미한다. 특정한 어느 한 시기의 언어 상태를 공시태라고 하고, 어떤 언어의 변화 상태를 통시태라고 할 때, 공시태는 같은 언어의 같은 시기에 속하는 언어 상태를 말하며, 통시태는 같은 언어의 다른 변화 시기에 속하는 다른 언어 상태를 말한다. 그러나 모든 언어 현상은 항상 역사적인 요인과 결합되어 있다. 즉 공시적 언어 현상은 항상 다음 단계로 변화하는 시발점이 되어 동요하고 있다. 따라서 공시적 언어 상태는 새로이 생겨나는 요소와 없어져 가는 요소의 혼합체라고 할 수 있으며, 공시태는 과거를 반영하고 미래를 예측하게 하는 것이다.

통사 변화 언어의 변화는 음운, 형태, 통사, 의미 등 언어를 구성하는 모든 측면에서 일어난다고 하였다. 통사 현상 역시 변화한다. 통사 변화에는 역시 문법범주의 변화와 문장구성의 변화를 포함한다.

Benveniste(1968)에서는 문법 변화를 한 언어의 문법 체계에 변화가 생기는 것, 즉 새로운 문법 요소가 생겨 옛 요소가 사라지고 문법범주를 표시하는 새로운 수단이 생기는 것이라고 하면서, 보수적 변화와 개신적 변화라는 두 가지 유형을 제시하였다. 보수적 변화는 문법범주를 보존하면서, 그 실현방법이 변화하는 것이다. 문법범주 자체의 변화는 없으나 그 범주의 실현방법만이 변화하는 것이 보수적 변화이다. 예를 들어 활용어미로 문법범주를 실현하던 것이 활용어미가 소멸하고 어순이 그 기능을 수행하게 되는 것이 그러하다. 주어, 목적어 등 문법적 관념은 불변인데, 그 실현방법은 활용에서 어순으로 변하는 경우이다. 개신적 변화는 문법범주가 새로 발생되거나 소멸하는 경우를 말한다. 범주 자체의 변화이다. 예를 들어 어휘 의미를 가진 실사가 어휘 의미를 잃고 문법관념을 실현하는 허사로 변하는 문법화 현상 등이 그러하다. 어떠한 통사론적 구성이 형태론적 구성으로 변화하여, 궁극적으로 새로운 문법요소가 생기게 되면 이것이 개신적 변화가 될 것이다.

이러한 문법범주의 변화뿐만 아니라 통사 변화에 대한 연구는 다양한 여러 통사 현상들에 관심을 가진다. 문법형태소의 통사 기능 변화, 문장 구성방식의 변화(예를 들어, 어순의 변화), 접속과 내포에 의한 문장구성 확대 방식의 변화 등이 주된 연구대상이 된다.

통사 변화의 요인 이러한 통사 변화를 일으키는 요인에는, 근본적으로 문법 체계 자체에 따르는 내적 요인과 사회적-심리적 요인에 따르는 외적 요인이 있을 수 있다. 그 요인은 다음과 같다(허웅 1983 : 460-461) :

첫째, 말하기에 들이는 노력을 덜기 위한 것이다. 예를 들어 15세기 한국어의 인칭법이나 주체-대상법이 역사적으로 소멸한 것은 복잡한 문법 체계를 간결하게 하거나 개념의 범위가 모호해져서 일어난 현상이 될 것이다. 문장 안에 의문어가 있느냐의 여부에 따라 나뉘어 있던 의문법의 두 유형이 합류된 것도 역시 그러하다.

둘째, 형태를 통일하기 위한 유추 작용이다. 〈먹ㄴ다〉가 〈ᄒ다〉에 끌려 〈먹는다〉로 바뀐 것은 현실법의 형태를 통일하려는 노력에서 이루어진 현상이 될 것이다.

셋째, 문법범주의 관념을 분명히 나타내려는 심리 작용이다. 형태가 허물어진 〈-으리-〉에 기대고 있던 미정법을 분명하게 나타내려고 새 형태 〈-겠-〉이 발달한 것이 이러한 현상일 것이다.

넷째, 언어내용을 전달하는 상황에 따르는 화자의 심리적인 태도에 의한 것이다. 〈-습-〉은 본디 객체높임법을 실현한 형태인데, 그보다 더 긴요한 청자높임법의 실현방법이 흐려지자, 이를 보완하기 위하여 객체높임법을 희생시킨 것이 이러한 현상일 것이다.

다섯째, 문법 체계의 압력이다. 〈-으니-〉에 기대고 있었던 확정법이 없어진 것은, 힘차게 발달되어 내려온 완결법의 압력 때문이라고 할 수 있다. 곧 완결법은 확정법의 관념을 침범할 수 있는 여지를 가지고 있었다.

여섯째, 음운 변화 결과의 영향이다. 모음조화의 허물어짐, /ᄋ/의 소멸 등에 의한 문법형태소의 변화가 이러한 현상이다.

16.2 통사 변화의 연구

연구의 흐름 19세기초 역사-비교언어학이 발달하면서 그 연구는 주로 음 변화와 형태 변화에 집중되었다. 그래서 통사 변화에 대한 연구는 음 변화 및 형태 변화에 관한 연구 수준에 이르지 못하였다. 그것은 자료의 다양성 때문에 보편적 원리에 접근하기가 대단히 곤란하였던 데에 이유가 있다. 그리고 연구대상도 극히 제한되어 있어 특히 어순, 격, 그리고 문법범주에 한정되어 있었다. 이러한 역사통사론에 대한 관심은 그 후에도 음 변화나 형태 변화만큼 관심을 끌지 못하였다. 또한 문법 체계의 변화는 유추와 자주 혼동되거나 무시되어 왔다.

그래서 역사통사론은 전통 역사언어학에서 오랫동안 거의 논의되지 않은 과제가 되고 말았다. 역사언어학의 일반 개설서에서도 통사 변화는 전적으로 무시되어 왔다. 비록 통사론이 고려되었다고 하더라도 그것은 특정한 문법형태소가 어떤 의미로 사용되었는가를 기술하는 데 제한되었다.

연구 부진의 원인 이와 같이 통사 변화 연구가 부진하게 된 원인은 다음과 같이 지적할 수 있다(김방한 1988 : 165-166) : 첫째, 역사통사론에 있어서의 연구대상이 불확실하였을 뿐만 아니라, 역사통사론의 연구방법이 수립되지 못하였다. 둘째, 통사 변화에서는 귀납적인 일반화가 불가능하였다. 음 변화의 경우에는 변화의 방향을 귀납적으로 일반화하여 음운 변화의 체계를 세울 수 있었지만 전통적인 역사통사론에서는 그것이 불가능하였다. 셋째, 언어의 보편성을 가정함으로써 약간의 세부적 변화 이외에는 통사 변화를 실질적으로 인식하지 못하였다.

실제에 있어서는 통사 변화뿐만 아니라 역사언어학 전반에 걸쳐서 연구가 문헌자료에 의지함으로써 얻어지는 기술이기 때문에 직관자료를 이용하는 연구에 비하여 훨씬 많은 제약을 받게 되어 연구가 부진할 수밖에 없다. 언어의 역사적 연구는 문헌자료에 의지한다. 따라서 문헌에 대한 철저한 검토는 언어사 연구를 위해 가장 기본적이다. 그러나 문헌에 기대어 얻어지는 언어의 기술은 직관자료를 이용하는 연구에 비하여 훨씬 많은 제약을 받는다. 통사 변화에 대한 연구의 경우 더욱 그러하다. 우선 문헌 자체의 검토가 선행되어야 한다. 문헌의 편찬연대나 쓰여진 언어로서의 방언의 확인, 그리고 드물지 않게 나타나는 문헌 자체의 잘못에 대한 정정 등이 주의깊게 이루어져야 한다. 뿐만 아니라, 외래적 요소의 차용이나 간섭의 가능성, 입말과 글말의 차이, 부정적인 자료의 결여 등의 문제가 있다. 실제 한국어의 참모습을 최초로 생생하게 보여 주는 15세기 문헌들이 순수 우리 문장이 아닌 한문 번역체(언해체)로 쓰여진 사실은 당시의 언어를 기술하는 데에 큰 어려움이다. 외래적 요소의 유입이 전제될 수밖에 없다. 그리고 문헌은 단지 한 언어의 가능한 문장 가운데 일부만 보여 준다. 즉 그 언어에서 불가능한 문장이 어떠한 것인가를 적극적으로 말해 주지 않는다. 문법성에 대한 직관적 판단이 불가능한, 극복하기 어려운 문제점을 안고 있다.

한국어 역사통사론 그러나 1950년대 이후 통사론이 언어학에서 중심 위치를 차지하면서 역사언어학에도 영향을 미쳤다. 특히 언어의 보편성에 관심을 가진 학자들은 통사 변화와 관련된 현상에 관심을 돌리기 시작하였다. 또한 언어유형론도 적지 않은 영향을 미쳤다. 그래서 역사언어학에서 역사통사론은 중요한 연구 분야로 인식되기에 이르렀다. 그러나 물론 음 변화나 형태 변화의 연구 수준에는 이르지 못하고 있는 편이다.

한국어의 역사통사론 역시 각 시대별 공시적인 연구가 철저하게 이루어지지 못한 탓으로, 다른 분야에 비하여 연구가 부진한 편이다. 더욱이 같은 한국어사 영역 중에서도 음운사는 상당히 정밀한 연구까지 이루어진 반면, 문법사의 경우 중세 한국어나 근대 한국어에 대한 공시적 연구에 머무르는 것이었지 이를 바탕으로 한 통시적 연구로 이어진 연구는 드물었다. 문법 변화에 대한 연구 중에서도 형태 변화의 연구에 비하여, 통사 변화의 연구는 더욱 적었다.[1]

통사 변화의 기술방법 이러한 관점에서 제4부에서는 정밀한 통사 변화를 기술하기보다는 한국어에서 통사 변화가 어떠한 방향으로 이루어

---

1) 이러한 문제에 대한 전반적인 기술과 현황에 대해서는 이현희 (1989) 참조. 특히 문법사 연구의 경향과 문제점을 다음과 같이 지적한 바 있다. 형태론적 연구에 비해 통사론적 연구는 극히 부진했었다는 사실, 현대 한국어와 다른 문법 현상에 주로 관심이 집중되었다는 사실, 체계 전반에 관심을 둔 연구는 드물다는 사실, 대개가 전통문법이나 구조-기술 문법에 기반을 둔 연구들이라는 사실, 연구업적이 후기 중세 한국어 연구에 편중되어 있다는 사실, 한정된 주제들만이 주로 논의되었다는 사실, 연구자수가 상대적으로 적었다는 사실 등이 지적되었다.

져 왔는가를 밝혀 제시하는 데에 초점을 두고 기술하고자 한다.

한국어는 신라시대부터 기록을 가지고 있다. 그러나 이 시기의 기록은 모두 한자를 빌려서 적었다. 그러므로 이 기록을 바탕으로 당시의 언어를 되돌려 살피기란 여간 어려운 일이 아니다. 언어 변화의 일반적인 경향과 비교언어학의 방법으로 이 기록에 비추어 보아 어느 정도 추리해 볼 수는 있지만, 그러나 객관 타당성을 띠기는 대단히 어렵다. 즉 언어자료들의 대부분이 차자표기로 되어 있을 뿐만 아니라 그 해독 자체가 쉽지 않기 때문에 통사 현상의 정확한 공시태의 파악은 사실상 불가능하다. 즉 연구의 출발 시점을 15세기 이전으로 올리기 위해서는 무리한 추정과 가정이 필요하게 된다. 그러므로 한국어의 역사는 훈민정음이 만들어지고 문헌자료가 충분하게 확보되는 15세기 한국어로부터 추적하는 것이 확실한 방법이다. 그렇다고 이 이전의 역사를 포기해도 좋다는 것은 아니다. 일단 훈민정음 이후의 역사를 우선 밝혀 두고 그 바탕 위에서 그 이전의 역사를 더듬는 것이 가장 좋은 방법일 것이다. 따라서 한국어 문법사의 가장 합리적인 기술 태도는 15세기의 언어 상황을 공시적으로 기술하고 이를 바탕으로 그 이전 또는 이후에 일어난 변화의 양상을 추적하는 것일 것이다.

이러한 사정 때문에 한국어사 연구에서 어쩔 수 없이 15세기 한국어로부터 연구의 기점을 삼게 된다. 따라서 문헌자료가 확보되는 중세 한국어부터 통사 변화를 기술하고자 한다. 15세기에서 현재에 이르는 5백여년 동안에 한국어 통사 현상은 적지 않은 변화가 일어났다. 이러한 바탕에서 이 책에서 취하고자 하는 기술 태도는 다음과 같다. [2]

첫째, 훈민정음이 만들어지기 이전 시기, 즉 14세기 이전의 통사 변화는 다루지 않는다. 이에 대한 기술은 한국어사의 다른 분야도 마찬가지이지만 다음날로 미룰 수밖에 없다. [3]

---

2) 이러한 한국어 언어사 연구 태도에 대해서는, 허웅(1983 : 352) 참조.
3) 이 시기의 통사 현상에 대한 연구 성과에 대해서는 역시 이현희(1989) 참조.

둘째, 근본적으로 15세기 한국어에 대한 공시태를 바탕으로 현대 한국어와 대비해서 통시태를 파악하고자 한다. 통시태의 파악에는 반드시 최초의 공시태의 기술과 최후의 공시태의 기술이 전제되어야 한다. 거기에 중간 단계의 공시태가 기술되어 있으면 훨씬 정밀한 통시태가 기술될 수 있을 것이다. 그러나 통사 변화의 전체적인 방향을 파악하는 데에 있어서는 최초의 공시태(=15세기 한국어)와 최후의 공시태(=현대 한국어)를 통해서도 밝혀질 수 있다. 따라서 근본적으로는 15세기 한국어의 공시태와 현대 한국어의 공시태의 기술을 바탕으로 통사 변화의 방향을 파악하고자 한다.[4]

셋째, 그러나 필요한 경우, 또는 정밀한 기술이 요구되는 경우에는 반드시 16세기 한국어, 17세기 한국어, 18세기 한국어, 19세기 한국어에 대한 기술과 이들을 포함한 통시적인 기술을 시도할 것이다.

참고문헌

고영근 1987, 『표준 중세국어 문법론』, 탑출판사.
권재일 1987, 「의존구문의 역사성——통사론에서 형태론으로」, 《말》 12, 연세대학교 한국어학당.
——— 1989, 「문법범주 실현방법의 역사성」, 《건국어문학》 13-14, 건국대학교 국어국문학연구회.
——— 1991, 「문법 변화의 두 방향」, 『국어의 이해와 인식』(갈음 김석득교수 회갑기념 논문집), 한국문화사.
——— 1992, 「역사통사론의 성격」, 《학술지》 36, 건국대학교.
김기혁 1991, 「공시적 현상과 통시적 해석」, 『국어의 이해와 인식』(갈음 김석득교수 회갑기념 논문집), 한국문화사.

4) 이러한 통사 변화의 파악 방법은 자칫 단정적이거나 성급한 결론을 내릴 가능성이 있다. 따라서 가능한 한 이와 같은 오류를 범하지 않도록 보편적인 기술을 하기로 하겠다.

김방한 1988, 『역사-비교언어학』, 민음사.

───── 1991, 「역사-비교언어학의 어제와 오늘」, 『언어학 연구사』, 서울
대학교 출판부.

김주원 1984, 「통사 변화의 한 양상」, 《언어학》 7, 한국언어학회.

안병희 1973, 「중세국어자료의 성격에 대한 연구」, 《어학연구》 9-1, 서
울대학교 어학연구소.

───── 1992, 『국어사 연구』, 문학과 지성사.

안병희·이광호 1990, 『중세국어 문법론』, 학연사.

연규동 1991, 「중세어 어미의 형태분석에 대하여」, 《언어연구》 3, 서울대
학교 언어연구회.

이기문 1972, 『개정 국어사개설』, 민중서관.

이숭녕 1981, 『개정증보판 중세국어문법 ── 15세기어를 주로 하여』, 을
유문화사.

이승욱 1973, 『국어문법 체계의 사적 연구』, 일조각.

이현희 1989, 「국어 문법사 연구 30년 (1959-1989)」, 《국어학》 19, 국어
학회.

───── 1991, 「국어문법사 기술에 있어서의 몇 가지 문제」, 『국어사 논의
에 있어서의 몇 가지 문제』, 한국정신문화연구원 어문연구실 제5회
학술세미나.

전광현 1991, 「근대국어연구의 현황과 과제」, 『제21회 동양학학술회의강
연초』, 단국대학교 동양학연구소.

허웅 1975, 『우리 옛 말본』, 샘문화사.

───── 1989, 『16세기 우리 옛 말본』, 샘문화사.

홍윤표 1982, 「국어현상을 토대로 하는 문법사 연구를 위하여」, 《한국학
보》 28, 일지사.

───── 1991, 「근대국어의 통사론」, 『제21회 동양학학술회의강연초』, 단
국대학교 동양학연구소.

홍종선 1992, 「문법사 연구」, 『국어학연구 백년사』, 일조각.

Benveniste, E. 1968, Mutations of linguistic categories, Lehmann, W.
-Y. Malkiel, eds., *Directions for Historical Linguistics,* University

of Texas Press, Austin.

<인용한 옛 문헌>

龍飛御天歌   (1445년)
訓民正音 解例   (1446년)
釋譜詳節   (1447년)
月印千江之曲   (1448년경)
訓民正音 諺解   (1450년경)
月印釋譜   (1459년)
楞嚴經 諺解   (1462년)
妙法蓮華經 諺解   (1463년)
金剛經 諺解   (1464년)
禪宗永嘉集 諺解   (1464년)
杜詩 諺解(초간)   (1481년)
飜譯 朴通事   (1517년경)
飜譯 小學   (1518년)
三綱行實圖(중간)   (1581/1730년)
杜詩 諺解(중간)   (1632년)
捷解新語   (1676년)
한등녹   (1795-1805년)
독립신문   (1896)

제 17 장

문법범주의 변화

17.1 문법범주 변화의 유형

문법범주 실현방법의 변화 제17장에서는 문법범주 실현방법이 변화하는 유형을 설정하여, 한국어의 문법범주의 실현방법이 역사적으로 어떻게 변화하여 왔는가를 밝히고자 한다. 구체적으로는 15세기 한국어에서 현대 한국어에 이르는 동안 문법범주의 실현방법이 변화한 유형을 설정하고 각각의 문법범주가 변화한 양상을 기술하여 변화의 특징을 제시하기로 한다.

15세기 한국어에서 객체높임법은 주로 비종결어미 〈-습-〉에 의해서 실현되었다.

1) ㄱ) 벼슬 노폰 臣下ㅣ 님그믈 돕ᄉᆞᄫᅡ (석보상절 9)
　ㄴ) 부텻긔 請ᄒᆞᅀᆞᄫᅩ디 (월인석보 21)

그런데 현대 한국어에서는 이 문법범주를 실현하는 어미가 소멸하였다. 다만 특정 동사에 의하여 객체높임법이 실현된다.

문장 2)는 사동법이 실현된 문장이다. 제8장에서 살펴보았듯이 사동법은 주로 사동접미사 결합에 의한 파생적 방법과 통사론적 구성 〈-게 하-〉에 의한 통사적 방법으로 실현된다. 15세기 한국어에서는 두 방법이 다 가능하였던 것이 현대 한국어에서는 통사적 방법으로만 실현되는 동사, 형용사가 대부분이다.

2) ㄱ) 녀토시고 기피시니 (용비어천가 20)
  ㄴ) 얕게 하시고 깊게 하시니

이상의 두 문법범주를 통해 보면 문법범주의 실현방법은 역사적으로 변화한다는 사실을 확인할 수 있다. 이러한 사실을 바탕으로 실제 문법범주의 실현방법이 역사적으로 어떻게 변화하여 왔는가를 밝혀 보기로 하겠다. 이와 같은 고찰은 한국어 통사 변화의 기본 성격을 이해하는 데 가장 기초적이며 또한 본질적인 것이다.

변화의 유형 문법범주의 실현방법은 역사적으로 변화한다는 사실을 바탕으로 이를 다음과 같은 유형으로 나누어 기술하고자 한다.

첫째, 실현방법이 바뀐 경우이다. 문법범주의 실현방법이 바뀐 경우는 다시 두 유형으로 나뉜다. 같은 층위 안에서 바뀐 경우가 그 한 유형이고, 다른 층위로 바뀐 경우가 또 다른 한 유형이다. 청자높임법의 실현이 비종결어미로 15세기 한국어에서 실현되다가 그 이후 종결어미에 의해서 실현된 것은 같은 층위인 굴곡적 방법 안에서의 변화이다. 거기에 비해 통사적 방법으로 실현되던 문법범주가 굴곡적 방법으로 실현된다면 이것은 다른 층위로의 변화이다. 예를 들어 〈-어 있-〉으로 실현되던 시제법이 〈-었-〉으로 실현된 것은 통사적 방법에서 굴곡적 방법으로 바뀐 경우에 해당한다. 이러한 다른 층위로의 변화에는 통사적 방법에서 굴곡적 방법으로, 파생적 방법에서 통사적 방법으로, 굴곡적 방법에서 어휘적 방법으로 바뀐 경우 등이 있다. 한편 음운론적 요인에 의한 변화는 바뀐 경우에서 논의하지는 않겠다. 즉

⟨-은/ᄋ⟩이 ⟨-은⟩으로, ⟨-더/러-⟩가 ⟨-더-⟩로 바뀐 경우는 진정한 의미에서 실현방법의 변화로 볼 수가 없다.

둘째, 실현방법이 없어진 경우이다. 실현방법이 없어진다는 것은 그 문법범주가 실현되지 않는다는 뜻이다. 따라서 문법범주 자체가 소멸한 결과이다. 예를 들어 15세기 한국어의 인칭법, 주체-대상법과 같은 문법범주는 현대 한국어에서 소멸한 문법범주이다. 즉 실현방법이 없어진 경우다. 한편 반대로 새로운 문법범주가 생겨나는 현상은 문법범주의 실현방법이 없던 것에서 생겨나는 것이니까 실현방법이 바뀐 경우가 된다. 이 경우를 문법범주 실현방법의 발생으로 볼 수 없는 것은 문법범주 실현의 층위가 새로 생겨나는 것이 아니기 때문이다.

셋째, 실현방법이 바뀌지 않은 경우이다. 예를 들어 주체높임법의 경우가 그러하다. 비종결어미 ⟨-으시-⟩에 의해 15세기 한국어에서 현대 한국어에 이르기까지 굴곡적 방법으로 실현되고 있다.

17.2 문법범주 변화의 양상

[1] 의향법 의향법은, 언어내용 전달에서 청자에 대해서 화자가 가지는 태도를 실현하는 문법범주이다. 이러한 의향법은 거의 전적으로 15세기 한국어에서나 현대 한국어에서나 굴곡적 방법인 종결어미, 즉 의향어미에 의하여 실현된다. 15세기 한국어에서 의향법을 실현하는 의향어미들은 다음과 같다(허웅 1975 : 486-521). [1]

  3) 15세기 한국어의 의향어미
    ㄱ) 서술법 : -다/라, -은뎌, -을쎠, -오마/우마, (-으니, -으리, -뇌)
    ㄴ) 의문법 : -다, -가, -고

---

1) 의향어미의 역사적 변천에 관한 전반적인 논의는 이현희(1982-ㄴ) 참조. 특히 15세기에서 16세기에 이르는 변천에 대해서는 허웅(1991) 참조.

ㄷ) 명령법 : -으라, -고라, -고려, -아쎠/어쎠 , -으쇼셔

ㄹ) 청유법 : -져, -져라, (-샤-)

그런데 의향법은 청자높임법과 대단히 밀접한 관련을 맺고 있다. 형태적으로는, 동사의 형태론적 구성에서 놓이는 위치가 서로 이웃하고 있다. 15세기 한국어의 청자높임어미는 의향어미 바로 앞에 놓인다. 그리고 기능적으로는, 이 두 범주가 모두 화자가 청자에 대해 가지는 의향을 실현한다. 이와 같은 관련성은 이 두 범주가 하나의 범주로 융합되는 계기를 마련하였다. 따라서 의향법은 역사적으로 청자높임법을 함께 실현하는 범주로 변화하였다.

서술법의 예를 들어 보기로 한다. 15세기 한국어에서 서술법을 대표하는 실현방법은 어미 〈-다〉이다. 서술법의 청자높임법은 세 등급으로 실현되었다 : [높이지 않음](-다)/[높임](-ㅇ-다)/[아주 높임](-으이-다). 그런데 16세기 한국어에서는 높이지 않음과 높임 사이에 〈반말〉이 발달하여, 새로운 의향어미 〈-의〉, 〈-오〉, 〈-음새〉 등이 발생하였다. 17세기에 이르러서는 청자높임법어미 〈-으이-〉가 무너져감에 따라 다음에 살펴볼 객체높임어미 〈-습-〉이 청자높임법의 실현을 강화하는 데 관여하게 되어, 첫째 〈-으이/으이-〉가 쓰이기도 하고, 둘째 〈-습-〉만 쓰이기도 하고, 셋째 이 두 가지가 겹쳐 쓰이기도 하였다. 17세기의 이러한 변화는 바로 현대 한국어로 이어지는 〈-ㅂ니다〉 형태를 발생시켰다.

4) ㄱ) 민망ㅎ여이다 (첩해신어 3)

ㄴ) 그리 ㅎㅇ소 (첩해신어 1)

ㄷ) 하 젓소이 너기ㅇ와 다 먹습ㄴ이다 (첩해신어 2)

위와 같은 서술법의 예를 통하여 볼 때, 15세기 한국어에서 의향어미에 의해 실현되었는데, 형태적인 그리고 기능적인 관련성으로 청자

높임법이 역사적으로 융합됨에 따라, 서술법의 의향어미는 청자높임법의 등급에 따라 다양하게 분화하여 현대 한국어에 이르렀다. 따라서 서술법의 경우 굴곡형태소인 의향어미에 의해서 실현되는 방법은 그대로이지만 같은 굴곡적 방법 안에서 그 실현방법이 바뀐 경우가 된다. 서술법 이외의 다른 의향법도 서술법과 마찬가지의 변화이다. 결국 의향법의 실현방법의 변화는 다음과 같다.

5) 의향법 실현방법의 변화
같은 층위, 즉 굴곡적 방법 안에서 굴곡형태소인 의향어미의 변화가 있었다. 또한 청자높임법이 융합됨에 따라 의향어미가 다양하게 분화하였다.

한편 의문법의 문법범주는 독특한 변화를 겪어 왔다. 15세기 한국어에서는 인칭에 따라, 의문어의 있음과 없음에 따라 형태가, 〈-고〉-형태, 〈-가〉-형태, 〈-나〉-형태 등으로 다양하게 분화되어 있었다.[2] 그러나 이와 같은 형태의 다양성은 차츰 하나의 형태로 간소화되어 현대 한국어에 이르렀다. 또한 의향법 변화의 한 특징은, 상황의존형 어미 〈-어〉와 〈-지〉가 역사적으로 발생하였다는 점이다.

[2]-1 주체높임법 주체높임법은 화자가 언어내용 가운데 등장하는 주체에 대하여 높임의 의향을 실현하는 문법범주이다. 15세기 한국어에서 주체높임법은 다른 높임법과 마찬가지로 주로 비종결어미에 의해서 실현되었다. 즉 비종결어미 〈-으시-〉에 의하여 실현되었다.

6) ㄱ) 王이 …… 그 蓮花를 ㅂ리라 ㅎ시다 (석보상절 11)
ㄴ) 鹿母夫人이 나ㅎ신돌 아ㄹ시고 (석보상절 11)

---

2) 의문어미의 역사적 변천에 대한 논의는, 안병희(1965-ㄴ), 허웅(1975)을 비롯 이현규(1978), 이현희(1982-ㄱ) 등 참조.

물론 다른 높임법의 경우와 마찬가지로 명사나 대명사, 그리고 동사의 어휘적 대립에 의해서도 주체높임법이 실현되며, 역시 격조사에 의해서도 실현된다. 즉 15세기 한국어 주체높임법의 실현방법은 다음과 같다.

7) 15세기 한국어 주체높임법의 실현방법
    어휘적 : 높임명사에 의하여
              주체높임동사에 의하여
    굴곡적 : 주체높임어미 (-으시-)에 의하여
              주격조사에 의하여

그런데 현대 한국어에서의 실현방법도 이와 같다. 결국 문법범주 실현방법이 변화하지 않고 그대로 유지되고 있는 경우이다.

[2]-2 객체높임법　객체높임법은 화자가 언어내용 가운데 등장하는 객체에 대하여 높임의 의향을 실현하는 문법범주이다.[3] 15세기 한국어에서의 객체높임법의 주된 실현방법은 굴곡적 방법인 비종결어미 〈-숩-〉에 의한 것이다.

8) ㄱ) 벼슬 노폰 臣下ㅣ 님그믈 돕ᄉᆞᄫᅡ (석보상절 9)
    ㄴ) 부텻긔 請ᄒᆞᅀᆞᄫᆞ더 (월인석보 21)

격조사에 의한 객체높임법의 실현도 가능하다. 위의 문장 8 ㄴ)의 격조사 〈-의〉는 객체높임법을 실현하는 조사이다. 한편 명사나 대명사, 그리고 동사의 어휘적 대립에 의해서도 실현된다. 결과적으로 15세기 한국어 객체높임법의 실현방법은 다음과 같다.

---

3) 객체높임법을 실현하는 〈-숩-〉을 겸양법으로 기술하는 문제에 대한 지금까지의 논의는 김동식(1984) 및 국어연구회 (편) (1990 : 409-434) 참조.

9) 15세기 한국어 객체높임법의 실현방법
    어휘적 : 높임명사에 의하여
           객체높임동사에 의하여
    굴곡적 : 객체높임어미 (-습-)에 의하여
           부사격조사 (-씌)에 의하여

그런데 객체높임법의 〈-습-〉은 그 형태가 복잡하게 변동하여 한 가지 범주를 나타내기에 적당하지 않은 데다가,[4] 그 쓰임도 상당히 넓어서 객체라는 개념을 정의하기가 어렵게 되었다. 그래서 17세기 이후에는 현격히 〈-습-〉의 쓰임은 불분명하게 되어, 주체높임법을 실현하는 데에도 나타나고, 청자높임법을 실현하는 데에도 나타나게 되어, 객체높임법의 실현이 모호해졌다. 즉 객체의 개념이 모호해져서 간소화의 경향으로 〈-습-〉이 그 기능을 잃고, 그 흔적을 다른 높임법으로 넘겨 주었다. 그 결과 현대 한국어에서는 객체높임법이 명사나 대명사, 그리고 동사에 의한 어휘적인 대립과 격조사 〈-께〉에 의해서만 실현된다. 따라서 객체높임법의 실현방법의 변화는 다음과 같다.

10) 객체높임법 실현방법의 변화
    객체높임법은 굴곡적 방법으로 비종결어미에 의해 주로 실현되었으나, 객체라는 개념 자체가 모호해지면서, 굴곡적 방법으로의 실현은 소멸하고, 현대 한국어에 이르러서는 주로 어휘적 방법으로 실현되었다.

[2]-3 청자높임법 청자높임법은 화자가 청자나 언어내용 가운데 등

---

4) 〈-습-〉은 그 형태가 다양하다.

앞소리 \ 뒷소리	자 음	모 음
ㄱ, ㅂ, ㅅ	습	ᅀᆞᇦ
ㄷ	좁	ᄌᆞᇦ
ㄴ, ㅁ, ㄹ, 모음	숩	ᅀᆞᇦ

장하는 대상에 대하여 높임의 의향을 실현하는 문법범주이다. 먼저 15세기 한국어의 실현방법을 살펴보기로 한다. 15세기 한국어의 청자 높임법의 실현은 주로 비종결어미 〈-으이-〉에 의해서다. 15세기 한국 어에는 청자높임의 등급이 셋으로 나뉘는데, [높이지 않음], [높임], [아주 높임]이 그것이다. 그 가운데 높임은 아주 높임의 변형이다. 이를 통해서 보면 15세기 이전에는 (아주) 높임과 높이지 않음의 두 등급이 있었을 것으로 추정한다(허 웅 1989 : 179). 다음 문장은 15세기 한국어의 청자높임법의 세 등급을 실현하고 있는 문장이다. 11ㄱ)은 높이지 않음, 11ㄴ)은 높임, 11ㄷ)은 아주 높임이다.

11) ㄱ) 네 겨집 그려 가던다 (석보상절 7)

ㄴ) 그리 아닝다 (석보상절 6)

ㄷ) 實엔 그리 야 가다이다 (석보상절 7)

그런데 청자높임법은 비종결어미 〈-으이-〉에 의지하지 않고, 종 결어미인 의향어미에 의해서 실현하기도 한다. 명령법의 〈-아쎠〉와 〈-으쇼셔〉가 그러하다. 이와 같은 비종결어미, 종결어미 외에 조사에 의해서도 실현된다. 문장 12ㄴ)에서와 같이 호격조사 〈-하〉에 의해서 도 청자높임법이 실현된다.

12) ㄱ) 내 보아져 ᄒᄂ다 슬ᄫ쎠 (석보상절 6)

ㄴ) 님금하 아ᄅ쇼셔 (용비어천가 125)

한편 위와 같은 굴곡적 방법뿐만 아니라, 어휘적 방법으로도 청자높임법이 실현된다. 명사나 대명사의 어휘적 대립이 이에 속한다. 이와 같이 15세기 한국어의 청자높임법의 실현방법은 다음 13)과 같다.

13) 15세기 한국어 청자높임법의 실현방법

어휘적 : 높임명사에 의하여
굴곡적 : 청자높임어미 (-으이-)에 의하여
　　　　의향어미 (-아쎠, -으쇼셔)에 의하여
　　　　호격조사 (-하)에 의하여

　그런데 청자높임어미 〈-으이-〉는 16세기 문헌에서부터 〈-으이-〉로
나타나기 시작하여 두 형태가 공존한다.

14) ㄱ) 날회여 말 호리이다. (번역 박통사 상 : 59)
　　　ㄴ) 왕오 왓ᄂ이다. (번역 박통사 상 : 59)

　이러한 현상은 17세기 문헌에서도 볼 수 있다. 이것은 청자높임법
의 형태가 소멸해 가고 있음을 뜻한다. 그 결과 청자높임법의 실현은
다른 데에 의지하려는 경향이 일어나게 되었다. 여기에 관여하게 된
것이 객체높임어미 〈-ᄉᆞᆸ-〉이다. 17세기 문헌에서 앞에서 살핀 문장
4)에서와 같이 세 가지의 실현이 나타난다. 결과적으로 17세기에 이
르러 현대 한국어의 〈-ㅂ니다〉의 형태가 나타나게 되었다. 결국 비종
결어미에 의해 실현되었던 청자높임법은 의향법의 의향어미에 의지하
여 실현되게 되었다. 이와 같이 청자높임법은 그 실현방법이 비종결어
미에 의한 방법에서 종결어미에 의한 방법으로 바뀌었다. 그러나 역시
같은 굴곡적 방법 안에서의 변화이다. 따라서 청자높임법의 실현방법
의 변화는 다음과 같다.

15) 청자높임법 실현방법의 변화
　　같은 층위인 굴곡적 방법 안에서의 변화로서, 비종결어미에 의한 방
　법에서 종결어미 (의향어미)에 의한 방법으로 변화하였다. 다만 호격조
　사에 의한 방법, 어휘적 방법에는 변화가 없다.

[3] 시제법 시제법은 언어내용 전달에서 시간과 관련을 맺는 문법
범주이다. 15세기 한국어의 전형적인 시제법의 실현은 비종결어미에
의한 굴곡적 방법이었다. 다음은 허 웅(1975 및 1987)에서 기술된, 15
세기 한국어의 비종결어미에 의한 시제법의 체계이다.

16) 15세기 한국어의 시제법 체계[5]
    ㄱ) 현실법 : -ᄂ-
    ㄴ) 회상법 : -다/더-
    ㄷ) 확정법 : -은-, -으니-, -과-
    ㄹ) 미정법 : -을-, -으리-

위와 같은 15세기 한국어의 시제법은 역사적으로 다음과 같이 변화
하였다. 15세기 끝 시기부터 발생하기 시작한 완결지속법이 16세기에
완성되어 시제법 체계의 큰 변화를 이루게 된다. 현대 한국어의 완결
법을 실현하는 〈-었-〉은 다음과 같은 과정을 거쳐 발생하였다. 제1단
계로서 〈-어 이시(/잇)-〉라는 통사론적 구성에서 어떤 모양이나 움직
임이 끝나서 그 모습이 지속됨을 나타내었다. 다시 말하여 통사적 방
법으로 시제법이 실현된 경우이다.

17) 네 이제…… 부텨를 맛나 잇ᄂ니 (석보상절 6)

제2단계로서 이 통사론적 구성에서 모음이 축약하여 중모음의 형태
로 나타난다. 즉 〈-엣/앳-〉 등으로 실현된다.

18) ㄱ) 돌ᄭ 소리 서르 들여 흔 ᄀ쇄 니엣고 (월인석보 1)
    ㄴ) 님그미 나갯더시니 (용비어천가 49)

---

5) 시제법의 체계는 허웅(1975) 참조. 특히 15세기 한국어의 시제와 시상의 문
   제는 고영근(1981) 참조.

제3단계로서 중모음에서 단모음으로 바뀌어 〈-엇/앗-〉으로 나타난다. 이렇게 발생한 〈-엇/앗-〉은 굴곡형태소로 완성되어 비종결어미로서 문법 안에 자리잡게 되었다. 다시 말하여 통사적 방법으로 실현되던 완결지속법이 굴곡적 방법으로 실현된 것이다. 나중에 이 완결지속법은 확정법을 흡수하여(18세기에), 현대 한국어에 이르러 완결법의 〈-었/았-〉으로 자리잡게 되었다. 즉 -어/아 이시-> -엣/앳-> -엇/앗 -> -었/았-의 과정이다.

통사적 방법으로 실현되던 미정법도 굴곡적 방법으로 바뀌어 실현된 경우이다. 즉 현대 한국어의 미정법을 실현하는 〈-겠-〉 역시 〈-게 ᄒ 엿-〉이라는 통사론적 구성에서 발생하였다는 사실이다. 원래 15세기 한국어에서 미정법은 〈-으리-〉에 의해 실현되었는데, 16세기에 이미 〈-으리-〉의 분포가 제약되기 시작하였다. 이러한 틈에 나타난 것이 〈-겟-〉이다. 〈-겟-〉은 사동을 나타내는 〈-게 ᄒ-〉의 완결형인 〈-게 ᄒ엿-〉에서 온 것인데, 이 통사론적 구성이 축약하여 18세기 말에 〈-겟-〉의 형태가 완성되어 미정법의 비종결어미로 자리를 굳혀 〈-으리-〉와 교체하게 되었다. 다시 말하여 통사적 방법으로 실현되던 미정법이 굴곡적 방법으로 실현되게 된 것이다. [6]

19) ㄱ) 국영이를 아니 가게 ᄒ야시니 (한듕녹)
　　ㄴ) 요란ᄒ니 못ᄒ겠다 ᄒ시고 (한듕녹)

현대 한국어의 시제법의 실현은 거의 전적으로 굴곡적 방법인 비종결어미, 즉 시제어미에 의해서 실현된다. 현실법, 회상법, 완결법, 미정법 등이 그것인데, 이 가운데 위에서 살펴본 바와 같이 완결법을 실현하는 〈-었-〉과 미정법을 실현하는 〈-겠-〉은 역사적으로 통사론적 구성에서 발생한 것이다. 즉 완결법은 통사적 구성 〈-어 이시-〉에서,

---

6) 시제어미 〈-겠-〉의 역사성에 관한 포괄적인 논의는 이기갑(1987-ㄴ) 참조.

미정법의 〈-겠-〉은 통사적 구성 〈-게 ㅎ엿-〉에서 발생한 것이다. 이 와 같은 시제법 실현방법의 변화는 문법범주 실현방법의 다른 층위로 바뀐 유형에 해당되며, 구체적으로는 통사적 층위>굴곡적 층위에 해당한다. 이는 곧 통사론의 실현방법에서 형태론의 실현방법으로 변화한 것이다.

20) 시제법 실현방법의 변화
　　네 가지 시제법 가운데, 완결법과 미정법은 통사적 방법에서 굴곡적 방법으로 실현방법이 변화하였다.

[4] 사동법　15세기 한국어의 사동법 실현방법은 현대 한국어와 같은 유형을 보인다. 즉 동사, 형용사에 의한 어휘적 방법, 사동접미사에 의한 파생적 방법, 통사론적 구성에 의한 통사적 방법 등 세 유형으로 실현된다. 문장 21ㄱ)은 파생적 사동법이, 21ㄴ)은 통사적 사동법이 실현된 경우이다.

21) ㄱ) 제 座를 노호아 안치면(석보상절 19)
　　　ㄴ) 座를 노호아 안ㅅ긔 ㅎ면 (월인석보 17)

15세기 한국어에서 파생적 사동법은 동사나 형용사에 사동접미사가 결합하여 실현한다. 사동접미사에는 〈이〉-계와 〈오/우〉-계가 있다(허웅 1975 : 150). 〈이〉-계에는 〈-이-, -히-, -기-〉가, 〈오/우〉-계에는 〈-오/우-, -호/후-, -고-〉가 있다.

22) 파생적 사동법
　　ㄱ) 형용사의 경우 : 깊다→기피다　　넓다→너토다
　　ㄴ) 동사의 경우　 : 긏다→그치다　　녹다→노기다

그러나 현대 한국어와는 달리 그 분포가 상당히 개방적이다. 배희임

(1988)의 부록에 제시하고 있는 15세기 한국어의 사동사 어휘항목 141개 가운데 현대 한국어에서는 실현되지 않는 것이 50개가 된다.

두 형태론적 구성이 통합해서 통사론적 구성을 이루는 통사적 사동법은 〈-게 ㅎ-〉 구성 등으로 실현된다.

23) 통사적 사동법

ㄱ) 므레 ᄃ마 몱-게 ᄒ-야 (월인석보 10)
ㄴ) 如來……모ᄃᆫ ᄆᅀᆞᄆᆞᆯ 즐기-긔 ᄒ-ᄂᆞ니 (석보상절 13)
ㄷ) ᄂᆞ미 어ᅀᅵ아ᄃᆞᆯ 여희-에 ᄒ-시ᄂᆞ니 (석보상절 6)
ㄹ) 化人ᄋᆞᆫ 世尊ㅅ 神力으로 ᄃᆞ외-의 ᄒ-샨 사ᄅᆞ미라 (석보상절 6)

15세기 한국어에서나 현대 한국어에서나 사동법은 파생적, 통사적, 그리고 어휘적 방법으로 실현된다. 그런데 파생적 사동법의 실현은 15세기 한국어와 현대 한국어 사이에 큰 변화가 있다. 다음과 같이 15세기 한국어에서는 사동접미사의 결합이 가능하여 사동법을 실현하였던 동사, 형용사들이 현대 한국어에서는 사동접미사의 결합이 불가능하여 사동법을 실현하지 못한다.

24) 깊다   (15세기) 깊-이-다   (현대) *깊-이-다
    닛다   닝-우-다   *이-우-다
    밍ᄀᆞᆯ다   밍ᄀᆞᆯ-이-다   *만들-이-다
    ᄇᆞ리다   ᄇᆞ리-우-다   *버리-우-다
    어듭다   어두-이-다   *어두-이-다
    ᄒ다   ᄒ-이-다   *하-이-다

몇 가지 예를 들어 보았으나, 실제 상당수의 동사와 형용사들이 15세기 한국어와 현대 한국어에서 다른 양상을 보인다. 그런데 위에 예를 든 경우에 현대 한국어에서 사동접미사에 의한 사동법은 실현되지

않지만, 통사적 사동법은 실현된다.

25) 깊다   : 깊-게 하-다
    잇다   : 잇-게 하-다
    만들다 : 만들-게 하-다
    버리다 : 버리게 하다
    어둡다 : 어둡게 하다
    하다   : 하-게 하-다

이러한 특징으로 보면 사동법은 파생적 방법에서 통사적 방법으로 실현방법이 변화하였다고 할 수 있다. 이와 같은 사동법 실현방법의 변화는 문법범주 실현방법이 다른 층위로 바뀐 유형에 해당되며, 구체적으로는 파생적 층위>통사적 층위에 해당한다. 이는 곧 형태론의 실현방법에서 통사론의 실현방법으로 변화한 것이다. 위에서 살핀 시제법과는 대조되는 유형이다.

26) 사동법 실현방법의 변화
    사동법은 주로 파생적 방법과 통사적 방법으로 실현되는데, 현대 한국어로 올수록 파생적 사동법은 제약되고, 통사적 사동법은 보편화되었다. 결국 사동법은 파생적 방법에서 통사적 방법으로 실현방법이 변화하였다.

역사적으로 파생적 사동법이 제한되고 통사적 사동법이 보편화된 현상은 다음과 같은 설명이 가능하다. 동일한 파생접미사가 어느 단계에서 사동접미사와 피동접미사로 기능하게 되면서, 사동법과 피동법을 변별해야 할 필요성이 생기게 되었을 것이다. 이렇게 되자 결국 파생접미사로 실현되던 사동법이 제약되고 결과적으로 다른 실현방법인 통사적 사동법이 보편화되었다고 할 수 있다. 따라서 이러한 근거로 사동법의 실현방법이 변화하였다. 이향천(1990)은 피동의 역사를 다루는 자리에서 피동법과 사동법의 역사적인 관련성에 대하여, 〈사동접미사에서 피동접미사가 발전되어 나왔다〉라는 가설을 세운 바 있다. 사동접미사에서 피동접미사가 나왔다는 가설을 받아들일 수만 있다면 사동법 실현방법의 변화 원인을 위와 같이 밝힐 수 있을 것이라고 믿는다. 이러한 논의의 타당성을 좀 더 분명히 밝혀 보면 다음과 같다. 두 문법범주가 어떤 사정으로 동일한 방법으로, 구체적으로 동일한 형태소로 실현되는 경우가 있을 때, 어느 한 형태소가 다른 형태소에서 유래했다고 생각해 볼 수 있다. 사동법과 피동법이 같은 파생접미사에 의해 실현되는 경우에 다음과 같은 두 가지 가정이 가능하다. 첫째는 사동접미사가 피동접미사로 확대되었을 것이고, 둘째는 피동접미사가 사동접미사로 확대되었을 것이다. 그런데 피동접미사에서 사동 접미사가 발전하였을 가능성은 희박하다. 그것은 사동법이 피동법보다 더 기본적인 범주이기 때문이다. 언어에 따라서는 피동사가 없는 언어는 있을 수 있으나, 사동사가 없는 언어는 발견되지 않는다고 한다(이향천 1990). 따라서 사동접미사에서 피동접미사가 나왔다는 가정을 입증할 수 있다. 이와 같이 사동법과 피동법이 동일한 형태소로 실현되자, 다음 단계에서 두 범주를 변별해야 하는 필요성이 대두되어 통사적 사동법이 확대하게 된 것이다. 만일 피동접미사와의 충돌이 없었다면 구태여 통사적 사동법으로 변화할 이유가 없었을 것이다.

[5] 피동법 바로 앞에서 살펴본 사동법과 같이 피동법의 실현방법도 15세기 한국어에서나 현대 한국어에서나 함께 파생적, 통사적, 그리고 어휘적 방법이다. 현대 한국어의 경우 피동 접미사에는 〈-이-, -히-, -기-, -리-〉 등이 있고, 통사적 구성으로는 〈-어 지-, -게 되-〉 등이 있다. 그런데 피동접미사에 의한 피동법의 실현에는 15세기 한국어와 현대 한국어 사이에 큰 변화가 있다. 즉 다음과 같이 15세기 한국어에서는 피동접미사의 결합이 가능하여 피동법을 실현하였던 동

사와 형용사들이 현대 한국어에서는 피동접미사의 결합이 불가능하여
피동법을 실현하지 못한다.

27) 닛다　　(15세기) 닛-위-다　　　(현대) *이-우-다
　　더럽다　　　　더러-이-다　　　　　*더러-이-다
　　ᄇ리다　　　　ᄇ리-이-다　　　　　*버리-이-다
　　보내다　　　　보내-이-다　　　　　*보내-이-다
　　잃다　　　　　잃-이-다　　　　　　*잃-이-다

위와 같이 몇 가지 예를 들어 보였으나, 실제 상당수 15세기 한국어
와 현대 한국어에서 다른 양상을 보인다. 그런데 위의 예를 든 경우에
현대 한국어에서 피동접미사에 의해서는 피동법이 실현되지 않지만,
통사적 피동법은 실현된다.

28) 잇다　：이-어 지-다
　　더럽다：더럽-게 되-다
　　버리다：버리-어 지-다, 버리-게 되-다
　　보내다：보내-어 지-다, 보내-게 되-다
　　잃다　：잃-게 되-다

이와 같은 특징에서 보면 피동법 실현방법의 변화는 문법범주 실현
방법이 다른 층위로 바뀐 유형에 해당되며, 구체적으로는 파생적 층
위>통사적 층위에 해당한다. 이는 곧 형태론의 실현방법에서 통사론
의 실현방법으로 변화한 것이다.

29) 피동법 실현방법의 변화
　　피동법은 주로 파생적 방법과 통사적 방법으로 실현되는데, 현대 한
　국어로 올수록 파생적 피동법은 제약되고, 통사적 피동법은 보편화되었

다. 결국 피동법은 파생적 방법에서 통사적 방법으로 실현방법이 변화하였다.

[6] 부정법　부정법 역시 근본적으로는 그 실현방법이 변화하지 않은 유형에 속한다. 다음과 같은 실현방법이 현대 한국어에 이르기까지 변화하지 않았다.

30) 부정법의 실현방법
　　어휘적 : 동사, 형용사, 지정사에 의하여
　　파생적 : 부정접두사에 의하여
　　통사적 : 통사론적 구성에 의하여

[7] 강조법　강조법은 전달되는 언어내용에 대하여 화자가 강조의 태도를 나타내는 문법범주이다. 15세기 한국어에서는 다음과 같은 비종결어미에 의해서 실현되어, 일정한 굴곡형태소에 의한 굴곡적 방법으로 실현되었다.

31) 15세기 한국어의 강조어미
　　-아/어-, -거-, -도-, -노-, -다-, -샤-, -소-, -ㅅ-

그러나 이와 같은 일정한 굴곡형태소, 강조어미는 17세기 이후부터는 [강조]라는 관념이 흐려지면서, 강조법은 일정한 실현방법을 잃게 되었다. 앞에서도 언급한 바 있지만, 일정한 굴곡형태소로 실현되지 않는 문법범주는 다양한 방법으로 실현된다. 따라서 현대 한국어에 와서는 강조법은 음운적 방법, 어휘적 방법, 파생적 방법, 굴곡적 방법, 통사적 방법으로 실현된다. 결과적으로 강조법 실현방법의 변화는 다음과 같다.

32) 강조법 실현방법의 변화

강조법은 굴곡적 방법으로 실현되었으나, 이를 실현하던 비종결어미
가 소멸하면서, 즉 일정한 굴곡형태소로 실현되지 않게 되자, 현대 한
국어에 이르러 대단히 다양한 방법으로 실현되게 되었다.

[8] 인칭법 인칭의 대립을 실현하는 문법범주를 인칭법이라고 한
다. 15세기 한국어에서는 인칭법이 1인칭과 2/3인칭의 대립으로 실현
되었다(허 웅 1975 : 732-807, 999-995, 932-943). 여기에서 1인칭이란
화자가 자기자신을 화제의 주체로 등장시켰을 경우를 말한다. 이러한
인칭법이 실현된 경우는 다음과 같다.
　첫째, 비종결어미 〈-오/우-〉가, 다른 문법적 기능을 가지는 경우도
있지만,[7] 인칭법에도 관여한다. 〈-오/우-〉와 〈-φ-〉의 대립에 의하여
1인칭과 2/3인칭의 대립을 실현한다. 33ㄱ)은 1인칭, 33ㄴ)은 3인칭
이 쓰인 문장이다.

33) ㄱ) ᄒᆞ오ᅀᅡ 내 尊ᄒᆞ오라(=尊ᄒᆞ-오-라) (월인석보 2)
　　 ㄴ) 아들 둘히 아비 죽다(=죽-φ-다) 듣고 (월인석보 17)

　둘째, 회상법을 실현하는 시제어미에 의해서도 인칭법이 실현된다.
1인칭에는 〈-다/라-〉가, 2/3인칭에는 〈-더/러-〉가 실현된다.

34) ㄱ) 내……그저긔 됴ᄒᆞᆫ 瓔珞을 가졧다니 (월인석보 10)
　　 ㄴ) 五百 도ᄌᆞ기……도죽ᄒᆞ더니 (월인석보 10)

　셋째, 강조법을 실현하는 강조어미 〈-가-〉와 〈-거-〉도 인칭법을 실
현한다. 1인칭에는 〈-가-〉가, 2/3인칭에는 〈-거-〉가 실현된다.

---

7) 〈-오/우-〉의 문법적 기능에 대한 논의는 한국어 문법사 연구에서 그 동안 상
　당히 있었다. 이에 관한 연구사와 최근의 새로운 논의에 대해서는, 국어연구
　회 (편) (1990 : 435-441) 및 전정례(1990-ㄱ) 참조.

35) ㄱ) 내 命 그추미사 므더니 너기가니와 (월인석보 10)

ㄴ) 네 모매는 ᄒ마 바톤 추미 구슬 ᄃ외요ᄆᆯ 보앳거니와

(두시언해-초간 8)

넷째, 확정법을 실현하는 시제어미 〈-과/와-〉와 〈-으니-〉도 이러한 대립을 실현한다.

그런데 이러한 인칭에 따르는 대립은 17세기에 이르러 거의 소멸하여 현대 한국어에 이르렀다. 예를 들어 17세기에 중간된 두시언해를 15세기에 간행된 초간과 대비하여 보면 드러난다.

36) ㄱ) (초간) 내……머므렛노니

(중간) 내……머므렛ᄂ니

ㄴ) (초간) ᄆᆯ 비러 토라

(중간) ᄆᆯ 비러 ᄐ롸

이러한 인칭법의 실현이 소멸한 것은 복잡한 문법 체계를 간결하게 하려는 데서 일어난 것으로 본다. 이상과 같은 논의에서 인칭법 실현 방법의 변화는 다음과 같다.

37) 인칭법 실현방법의 변화

15세기 한국어에서 비종결어미에 의해 굴곡적 방법으로 1인칭과 2/3 인칭의 대립을 보였던 인칭법은, 17세기에 이르러 비종결어미의 형태가 간결화되면서 그 대립이 사라져 소멸하여, 현대 한국어에 이르렀다.

[9] 주체-대상법 관형화 변형이 이루어질 때, 내포문 명사(=수식받는 명사)가 주체인 경우와 객체인 경우에 따라 비종결어미의 대립이 실현된다. 수식받는 명사가 객체인 경우에는 비종결어미 〈-오/우-〉가 실현되고, 주체인 경우에는 실현되지 않는다.

38) ㄱ) 겨집들히 子息을 낳다.
   ㄴ) 子息 나흔(=낳-∅-은) 겨집들
   ㄷ) 겨집들히 나혼(=낳-오-은) 子息

따라서 15세기 한국어에서는 굴곡적 방법인 비종결어미 〈-오/우-〉
에 의해서 주체-대상법이 실현되었다. 그런데 이러한 주체-대상법도
위에서 살펴본 인칭법과 같이 17세기에 들어와서 거의 소멸하여 현대
한국어에 이르렀다. 예를 들어 17세기에 중간된 두시언해를 15세기에
간행된 초간과 대비하여 보면 알 수 있다.

39) ㄱ) (초간) 내 뒷논 새 詩
       (중간) 내 뒷는 새 詩
   ㄴ) (초간) 너희 ㅎ논 이를
       (중간) 너희 ㅎ는 이를

이러한 주체-대상법의 실현이 소멸한 것도 복잡한 문법 체계를 간결
하게 하려는 데서 일어난 것이다. 이상과 같은 논의에서 주체-대상법
실현 방법의 변화는 다음과 같다.

40) 주체-대상법 실현방법의 변화
   15세기 한국어에서 비종결어미에 의해 굴곡적 방법으로 대립을 보이
   던 주체-대상법은 17세기에 이르러 비종결어미의 형태가 간결화되면서
   그 대립이 사라져 소멸하여, 현대 한국어에 이르렀다.

[10] 격   15세기 한국어의 격은 격조사에 의해 실현되었다. 격조사
는 굴곡형태소이므로 격은 문법범주 실현방법으로 보면 굴곡적 방법으
로 실현된 경우이다. 서술어를 중심으로 이에 이끌리는 관계를 격이라
고 하였을 때, 15세기 한국어의 격은 다음과 같은 격조사로 실현되었다.

41) 15세기 한국어의 격조사
　　ㄱ) 주격조사　：-이
　　ㄴ) 목적격조사：-을
　　ㄷ) 부사격조사：-에 / 애, -의 / 인, -믜, -라셔, -ᄃ려, -희
　　　　　　　　　　-으로, -으록
　　　　　　　　　　-과, -과로, -두고, -으라와(이라와), -으론, -이
　　ㄹ) 호격조사　：-아, -(이)야, -(이)여, -하
　　ㅁ) 관형격조사：-의 / 인, - ᅵ

　주격조사의 예를 들어 보면, 15세기 한국어에서 〈-이〉 (변이형태
〈- ᅵ〉)로 실현되었던 것이, 16세기 한국어에서는 여기에 〈-이라셔〉,
〈-이셔〉, 〈-겨셔〉가 더 나타나서 주격을 실현하였다. 그런데 17세기
한국어에서는 주격조사 〈-가〉가 문헌에 나타나고 있다. 지금까지
〈-이〉만이 자음이나 모음 다음에서 실현되었다. 그런데 /이/모음 뒤
에서는 이 조사가 잘 실현되지 못하고 있었다. 여기에서 무엇인가 다
른 주격조사의 실현방법이 있었으면 하는 요구가 생기게 되었는데, 이
틈에 나타난 것이 새로운 주격조사 〈-가〉이다. 〈-가〉의 근원은 아직
확실하지 않지만, 17세기 문헌에서부터 본격적으로 실현되기 시작하
였다(허 웅 1983 : 454-455). [8) 따라서 주격의 실현방법은 각 시기별로
다음과 같다.

　42) 주격 실현방법의 변화
　　　15세기 : -이
　　　16세기 : 새로이 〈-겨셔, -이라셔, -이셔〉의 발생
　　　17세기 : 새로이 〈-가〉의 발생
　　　20세기 : -이／가, -께(옵)서

---

8) 16세기의 편지글이나 무덤글에서 〈-가〉일 가능성이 있는 문장이 보이나, 음
　운론적으로 아직 단정지을 단계는 못 된다.

따라서 주격의 경우 굴곡형태소인 격조사에 의해서 실현된다는 방법은 그대로이지만 같은 굴곡적 방법 안에서 그 실현방법이 바뀐 경우가 된다. 주격 외의 다른 격의 경우도 주격과 마찬가지이다. 결국 격의 실현방법의 변화는 다음과 같다.

43) 격 실현방법의 변화
    같은 층위, 즉 굴곡적 방법 안에서 굴곡형태소의 변화가 있었다.

[11] 총괄   이상과 같은 문법범주 실현방법이 역사적으로 변화한 양상을 유형별로 정리하면 다음과 같다.

44) 문법범주 실현방법 변화의 유형
    ㄱ) 바뀜
        ① 층위 안에서 ·························· 의향법, 청자높임법, 격
        ② 다른 층위로
           통사적 층위＞굴곡적 층위 ········ 시제법
           파생적 층위＞통사적 층위 ········ 사동법, 피동법
           굴곡적 층위＞어휘적 층위 ········ 객체높임법
           굴곡적 층위＞여러 층위 ·········· 강조법
    ㄴ) 없어짐 ······························ 인칭법, 주체-대상법
    ㄷ) 그대로 ································ 주체높임법, 부정법

위와 같은 한국어의 문법범주 실현방법의 변화 양상을 통하여 드러난 특징은 다음과 같다 : 15세기 한국어에서 현대 한국어에 이르는 동안 문법범주의 실현방법은 대부분 변화하였다. 문법범주 실현의 층위가 다른 층위로 바뀐 경우가 가장 많았는데, 굴곡적 방법으로의 변화, 통사적 방법으로의 변화가 공존하고 있어서, 어느 한 방향으로 한국어 문법 변화의 방향을 결정짓기는 어렵다.

참고문헌

고영근 1987, 『표준 중세국어 문법론』, 탑출판사.

권재일 1989, 「문법범주 실현방법의 역사성」, 《건국어문학》 13-14, 건국
대학교 국어국문학연구회.

───── 1991, 「문법 변화의 두 방향」, 『국어의 이해와 인식』(갈음 김석득
교수 회갑기념 논문집), 한국문화사.

김방한 1988, 『역사-비교언어학』, 민음사.

안병희 1992, 『국어사 연구』, 문학과 지성사

안병희·이광호 1990, 『중세국어 문법론』, 학연사.

이숭녕 1981, 『개정증보판 중세국어문법──15세기어를 주로 하여』, 을
유문화사.

이승욱 1973, 『국어문법 체계의 사적 연구』, 일조각.

이현희 1989, 「국어 문법사 연구 30년(1959-1989)」, 《국어학》 19, 국어
학회.

허웅 1975, 『우리 옛 말본』, 샘문화사.

───── 1983, 『국어학──우리말의 오늘·어제』, 샘문화사.

───── 1989, 『16세기 우리 옛 말본』, 샘문화사.

Givón, T. 1971, Historical syntax and synchronic morphology : An
Archaeologist's field trip, *CLS* 7, Chicago Linguistic Society.

〈의향법〉

김충회 1972, 「15세기 국어의 결어법 연구」, 《국어연구》 24, 서울대학교
국어연구회.

───── 1974, 「15세기 국어의 명령법 연구」, 《한양어문》 1, 한양대학교
국어국문학과.

안병희 1965, 「후기중세국어의 의문법에 대하여」, 《학술지》 6, 건국대학
교.

이현규 1978, 「국어 물음법의 변천」, 《한글》 162, 한글학회.

이현희 1982, 「국어의 의문법에 대한 통시적 연구」, 《국어연구》 52, 서울대학교 국어연구회.

──── 1982, 「국어 종결어미의 발달에 대한 관견」, 《국어학》 11, 국어학회.

장경희 1977, 「17세기 국어의 종결어미 연구」, 《서울사대논총》 16, 서울대학교 사범대학.

최기호 1978, 「17세기 국어의 마침법(종지법) 연구, 맺음씨끝을 중심으로」, 《논문집》 2, 목원대학.

〈높임법〉

김동식 1984, 「객체높임법 '습'에 대한 검토」, 《관악어문연구》 9, 서울대학교 국어국문학과.

김영욱 1989, 「중세국어의 존비법에 대한 연구」, 《국어연구》 89, 서울대학교 국어연구회.

김정수 1984, 『17세기 한국말의 높임법과 그 15세기로부터의 변천』, 정음사.

서정목 1991, 「국어경어법의 변천」, 『국어사 논의에 있어서의 몇 가지 문제』, 한국정신문화연구원 어문연구실 제5회 학술세미나.

서종학 1987, 「고대국어의 경어법에 대하여」, 《인문연구》 9-1, 영남대학교 인문과학연구소.

안병희 1961, 「주체겸양법의 접미사 {-습-}에 대하여」, 《진단학보》 22, 진단학회.

──── 1982, 「중세국어의 겸양법 연구에 대한 반성」, 《국어학》 11, 국어학회.

유동석 1991, 「중세국어 객체높임법에 대한 통사론적 접근」, 『국어학의 새로운 인식과 전개』(김완진선생 회갑기념논총), 민음사.

이기갑 1978, 「우리말 상대높임 등급체계의 변천 연구」, 서울대학교 대학원 언어학과 석사학위논문.

이승욱 1973, 「국어 경어법의 체계와 변천」, 『국어 문법체계의 사적 연구』, 일조각.

이현규 1985, 「객체존대 '-'의 변천」, 《배달말》 10, 배달말학회.

이현희 1991, 「높임 토씨의 통시적 연구」, 《자하어문논집》 8, 상명여자
대학교 국어교육과.

최기호 1979, 「17세기 국어의 존대법 체계 연구, 용언의 굴곡어미를 중
심으로」, 연세대학교 대학원 국어국문학과 석사학위논문.

최남희 1987, 「선어말어미 '-*-'의 통어적 기능」, 《건국어문학》
11-12, 건국대학교 국어국문학연구회.

허웅 1954, 「존대법사 : 국어문법사의 한 토막」, 《성균학보》 1, 성균관대
학교.

홍윤표 1985, 「조사에 의한 경어법 표시의 변천」, 《국어학》 14, 국어학
회.

〈시제법〉

고영근 1981, 『중세국어의 시상과 서법』, 탑출판사.

권용경 1990, 「15세기 국어 서법의 선어말어미에 대한 연구」, 《국어연
구》 101, 국어연구회.

민현식 1991, 『국어의 시상과 시간부사』, 개문사.

이광호 1976, 「중세국어 시제 의미에 대하여——그 분포상의 제약을 중
심으로」, 《한국어문학대계》 3, 형설출판사.

이기갑 1981, 「15세기 국어의 상태 지속상과 그 변천」, 《한글》 173-174,
한글학회.

―― 1985, 「현실법 표지 '-ㄴ'의 변천 : 중앙어와 전남방언에서」, 『역
사언어학』, 전예원.

―― 1987, 「미정의 씨끝 '-으리-'와 '-겠-'의 역사적 교체」, 《말》 12,
연세대학교 한국어학당.

이인모 1976, 「중세국어의 서법과 시제의 연구」, 고려대학교 대학원 국어
국문학과 박사학위논문.

최남희 1988, 「고대국어의 때매김법에 대하여」, 《동의어문논집》 4, 동의
대학교 국어국문학과.

최동주 1988, 「15세기 국어의 안맺음씨끝 '-더-'에 관한 연구」, 서울대학
    교 대학원 언어학과 석사학위논문.
한동완 1986, 「과거시제 '엇'의 통시론적 고찰」, 《국어학》 15, 국어학회.
한재영 1986, 「중세국어의 시제체계에 대한 관견 : 선어말어미 {더}의 위
    치정립을 중심으로」, 《언어》 11-2, 한국언어학회.
허웅 1987, 『국어 때매김법의 변천사』, 샘문화사.
홍종선 1987, 「국어 시제의 발달」, 《어문론집》 27, 고려대학교 국어국문
    학연구회.

〈사동법〉
권재일 1991, 「사동법 실현 방법의 역사」, 《한글》 210, 한글학회.
남광우 1961, 「사동·피동형의 역사적 고찰」, 《논문집》 3, 학술원.
류성기 1985, 「18세기 국어의 피동문과 사동문에 대한 연구」, 한국정신
    문화연구원 부속 한국학대학원 석사학위논문.
──── 1988, 「19세기 국어의 피동문과 사동문에 대한 연구」, 《새국어교
    육》 43-44.
박홍길 1984, 「하임·하임말의 변천에 관한 연구」, 『박태권선생 화갑기념
    논총』.
유명희 1982, 「타동 접미형과 '-게 ㅎ-'형의 의미 비교」, 연세대학교 대
    학원 국어국문학과 석사학위논문.

〈피동법〉
류성기 1985, 「18세기 국어의 피동문과 사동문에 대한 연구」, 한국정신
    문화연구원 부속 한국학대학원 석사학위논문.
──── 1988, 「19세기 국어의 피동문과 사동문에 대한 연구」, 《새국어교
    육》 43-44.
배희임 1988, 『국어피동연구』, 고려대학교 민족문화연구소.
이향천 1990, 「피동의 의미와 기원」, 서울대학교 대학원 언어학과 박사학
    위논문.
한재영 1984, 「중세국어 피동구문의 특성에 대한 연구」, 《국어연구》 61,

서울대학교 국어연구회.

〈부정법〉

김문웅 1991, 「옛 부정법의 형태에 대하여―― '내훈'과 '어제내훈'을 중심
　　으로」, 『들메 서재극박사 환갑기념 논문집』, 계명대학교 출판부.

남풍현 1976, 「국어 부정법의 발달」, 《문법연구》 3, 문법연구회.

류광식 1990, 「15세기 국어 부정법의 연구」, 건국대학교 대학원 국어국
　　문학과 석사학위논문.

여찬영 1975, 「중세어 부정법 소고」, 《연세어문학》 6, 연세대학교 국어
　　국문학과.

한재영 1991, 「향가의 부정 표현에 관련된 몇 문제」, 『국어학의 새로운
　　인식과 전개』(김완진선생 회갑기념논총), 민음사.

홍종선 1980, 「국어 부정법의 변천 연구」, 고려대학교 대학원 국어국문학
　　과 석사학위논문.

황병순 1980, 「국어 부정법의 통시적 고찰」, 《어문학》 40, 한국어문학
　　회.

〈강조법〉

김정수 1985, 「17세기 한국말의 느낌법과 그 15세기로부터의 변천」, 《한
　　국학논집》 8, 한양대학교 한국학연구소.

〈인칭법, 주체-대상법〉

임홍빈 1981, 「선어말 {-오/우--}와 확실성」, 《한국학논총》 3, 국민대학
　　교.

최남희 1987, 「선어말어미 '*-오/우-'의 통어 기능」, 《동의어문논집》 3,
　　동의대학교 국어국문학과.

허웅 1975, 『우리 옛 말본』, 샘문화사.

〈격〉

김승곤 1978, 『한국어 조사의 통시적 연구』, 대제각.

남풍현 1977,「국어 처격조사의 발달」,『국어국문학논총』(이숭녕선생 고
	희기념), 탑출판사.
서종학 1983,「15세기 국어의 후치사 연구──체언, 용언, 부사 파생의
	후치사를 중심으로──」,《국어연구》53, 서울대학교 국어연구회.
안병희 1968/1983,「중세국어 속격어미 〈-ㅅ〉에 대하여」,『국어의 통
	사·의미론』, 탑출판사.
홍윤표 1969,「15세기 국어의 격 연구」,《국어연구》21, 서울대학교 국
	어연구회.
홍종선 1984,「속격·처격의 발달」,《국어국문학》91, 국어국문학회.

문장구성의 변화

접속문 구성과 내포문 구성도 역사적으로 변화하였다. 이러한 문장 구성의 역사적 변화에 대하여 기술하기 위하여 우선 15세기 한국어의 접속문 구성과 내포문 구성을 공시적으로 기술하고, 이를 바탕으로 15세기 한국어에서 현대 한국어에 이르는 동안의 변화 양상을 기술하고자 한다. [1] 구체적으로는 접속어미, 내포어미의 형태를 확립하고 나서 이들 어미들의 현대 한국어에 이르는 변화 양상을 살핀다. 특히 접속문 구성에서는 의향법, 높임법, 시제법, 인칭법 등의 통사 제약을 살펴서, 이들 통사 제약의 변화 양상도 아울러 기술하기로 한다.

---

1) 15세기 한국어의 접속문 구성과 내포문 구성에 대한 기술은 그 자체로도 중요한 의의를 가지지만, 이것은 나아가서 문장구성에 대한 역사적 변화를 연구하는 하나의 출발점으로도 의의를 가진다. 그래서 한국어 통사 변화 연구에서 15세기 한국어에 대한 분석은 중요하다.

18.1 접속문 구성의 변화

18.1.1 접속어미의 변화 양상

접속어미의 성격 복합문 구성에서 상위문이 하위문을 직접관할하는 구성이 접속문 구성이며, 접속문 구성에 관여하는 어미가 접속어미이다. 이러한 접속어미가 접속문 구성에서 통사 제약의 주체가 된다는 것은 이미 제14장에서 살펴본 바 있다. 따라서 접속문 구성의 통사 제약을 분석하기 위해서는 이들 접속어미의 정밀하고 체계적인 형태 분석이 앞서야 한다. 특히 비종결어미가 다양하게 발달되어 있는 15세기 한국어에서 접속어미의 형태를 정확하게 분석한다는 것은 중요한 일이다.

접속어미를 우선 후행절에 대하여 선행절이 가지는 의미 관계에 따라 대등 접속어미와 종속 접속어미로 나누고, 대등 접속어미는 선행절과 후행절의 의미 관계에 따라 다시 〈나열(순접) 관계〉, 〈대조(역접) 관계〉, 〈선택(선접) 관계〉로, 종속 접속어미는 〈인과 관계〉, 〈조건 관계〉, 〈목적 관계〉, 〈결합 관계〉, 〈첨의 관계〉, 〈강조 관계〉로 나누어 분석한다.[2] 〈선택(선접) 관계〉와 〈강조 관계〉의 접속문 구성은 중

---

2) 접속어미의 형태 분석에 있어서, 비종결어미로 기능이 인정되는 경우에는 모두 분석해 내며, 특히 필수적으로 선행하는 비종결어미도 모두 분석한다. 예를 들면 다음에 보이게 될 〈-거니와〉, 〈-가니와〉, 〈-어니와〉 등에서 〈-거-〉, -가-, -어-〉를 비종결어미로 분석해 내고 〈-으니와〉를 접속어미로 삼는다. 비종결어미 〈-더-, -오/우-〉 등도 마찬가지이다. 이는 비종결어미가 다른 형태에서도 분석되어서 고유의 기능을 수행하고 있기 때문이다.

또한 의존명사에 의해 이루어진 구성체도 이를 분석한다. 예를 들어 다음에 설명하게 될 〈-을, -은〉과 같은 관형화 어미와 〈ᄃ〉와 같은 의존명사를 분석해 낸다.

한편 어미에 따라서는 접속문 구성에도 관여하고 내포문 구성에도 관여하는

첩 접속어미에 의하여 실현된다.

접속어미 각각에 대하여 15세기 한국어의 공시적인 분석을 하고서 그 어미가 현대 한국어에 이르는 동안 변화한 양상을 기술하기로 한다. 한편 15세기 한국어에는 나타나지 않고 16세기 한국어 이후에 나타나기 시작한 접속어미는 따로 제시한다.

[1] 나열(순접) 관계

〈-고〉:〈-고〉는 〈-오〉(문장 1 ㄴ)), 〈-구〉(문장 1 ㄷ)), 〈-곡〉(문장 1 ㄹ)) 등의 변이형태로 변동될 수 있다. 특히 〈-곡〉은 강세의 뜻을 더한다. 이러한 〈-고〉는 어간에 바로 결합될 수도 있고 비종결어미를 앞세울 수도 있다. 그리고 보조조사 〈-ᄉᆞ, -셔, -도, -부텨〉 등이 결합될 수 있다. 〈-고〉는 현대 한국어에 이르는 동안 형태와 의미가 바뀌지 않고 유지되어 있는 접속어미이다.

1) ㄱ) 利樂ᄋᆞᆫ 됴코 즐거ᄫᅵᆯ씨라 (월인석보 9)

ㄴ) 子ᄂᆞᆫ 아ᄃᆞ리오, 孫ᄋᆞᆫ 孫子ㅣ니 (월인석보 1)

ㄷ) 王獻之ㅣ 盜賊 더브러 닐오디 靑氈은 我家舊物이니 두구 가라 ᄒᆞ니라 (두시언해-초간 15)

ㄹ) 너희 出家ᄒᆞ거든 날 ᄇᆞ리곡, 머리 가디 말라 (석보상절 11)

〈-으며〉: 어간에 바로 결합될 수도 있고 비종결어미를 앞세울 수도

경우가 있다. 즉 문장 (ㄱ)에서 〈-어도〉는 내포어미로, (ㄴ)에서 〈-어도〉는 접속어미로 각각 기능하고 있다. 물론 이 경우 〈-어도〉는 비록 그것이 분포하는 통사 구조에 따라 내포어미, 접속어미로 기능하지만, 고유하게 가지는 의미 특성은 같다.

(ㄱ) 眞實로 眼力이 이 ᄀᆞ혼ᄃᆞᆯ 알면 아랫 五根ᄋᆞᆫ 仔細히 아니 닐어도 ᄒᆞ리라 (월인석보 17)

(ㄴ) 비록 三乘ᄋᆞᆯ 닐어도, 다ᄆᆞᆫ 菩薩 ᄀᆞ라쵸미라 ᄒᆞ시더라 (석보상절 13)

있다. 그리고 2 ㄴ)과 같이 보조조사 〈-셔〉가 결합될 수 있다. 〈-으며〉는 현대 한국어에 이르는 동안 형태와 의미가 바뀌지 않고 유지되어 있는 접속어미이다.

2) ㄱ) 動ㅇ로 몸 사ᄆ며 動ㅇ로 境 삼ᄂ니라 (능엄경언해 2)
   ㄴ) 말ᄒ며 우숨우ᅀ며셔, 주규믈 行ᄒ니 (두시언해-초간 6)

한편 〈-으면서〉는 19세기에 이르러 형성된 접속어미이다.

3) 엇던 사름은 일이 그른 줄 알면서도 겁이 나서…… (독립신문)

〈-은대〉: 〈-은대〉는 4 ㄴ)과 같이 〈-은디〉로 변동되기도 한다. 그리고 어간에 바로 결합될 수도 있고 비종결어미를 앞세울 수도 있다. 〈-은대〉는 19세기에 이르러 〈-은데〉에 합류한다.

4) ㄱ) 目連이 淨飯王의 도라가 이 辭緣을 술ᄫᆫ대, 王이 大愛道ᄅᆯ 블러
      니ᄅ샤디 (석보상절 6)
   ㄴ) 生死ㅣ 長遠ᄒ디, 眞實ㅅ 知見 업서 (묘법연화경언해 3)

〈-으니와〉: 〈-거니와〉, 〈-가니와〉,〈-어니와〉 등은 접속어미 〈-으니와〉에 각각 비종결어미 〈-거, -가-, -어-〉 등을 필수적으로 앞세우는 것으로 분석한다. 〈-으니와〉는 현대 한국어에 이르는 동안 형태와 의미가 바뀌지 않고 유지되어 있다.

5) ㄱ) 前塵은 크며 젹거니와, 모ᄃᆫ 펴며 움추미 업스니라
                                    (능엄경언해 2)
   ㄴ) 내 命 그추미ᅀᅡ 므더니 너기가니와……이 네흘 몯 보아 ᄒ노라
                                    (월인석보 10)

제 18 장 문장구성의 변화 365

ㄷ) 흔 願을 일우면 져그나 기튼 즐거부미 이시려니와, 내 말옷 아니 드르시면…… (월인석보 2)

[2] 대조(역접) 관계

〈-으나〉: 어간에 바로 결합될 수 있고, 비종결어미를 앞세울 수도 있다. 〈-으나〉는 현대 한국어에 이르는 동안 형태와 의미가 바뀌지 않고 유지되어 있는 접속어미이다.

〈-어도〉: 어간에 바로 결합될 수 있고, 비종결어미를 앞세울 수도 있다. 그런데 비종결어미 〈-으시-〉는 이때 〈-으샤-〉로 변동되어 문장 6ㄱ)과 같이 〈-으샤도〉로 나타난다. 그리고 〈-어도〉는 환경에 따라 〈-아도, -라도, -나도〉 등으로 변동된다. 〈-어도〉는 현대 한국어에까지 유지되어 있는 접속어미이다.

6) ㄱ) 나라해 도라오샤도, 즈올아비 아니ᄒᆞ샤 (석보상절 6)
ㄴ) 내 아ᄃᆞ리 비록 ᄆᆞ디라도, 사오나ᄫᆞᆯ쎄 (월인석보 2)
ㄷ) 소니 오나도, 믜요믈 ᄆᆞ뎐히 너기고 (두시언해-초간 25)

〈-고도〉(〈-오도〉): 어간에 바로 결합한다. 〈-고도〉는 16세기까지 유지된 접속어미이다.

〈-디〉: 비종결어미 〈-오/우-〉를 필수적으로 앞세우는데, 거기에 다른 비종결어미를 더 앞세울 수 있다. 〈-디〉는 〈-되〉로 바뀌어 현대 한국어에까지 유지되어 있는 접속어미이다.

7) ᄯᅡᄒᆞᆯ 블보디 믈 넓ᄃᆞ ᄒᆞ고 (석보상절 6)

〈-은마론〉: 앞에서 살핀 〈-으니와〉와 같이 비종결어미 〈-거-, -가-, -어-〉 등을 필수적으로 앞세운다. 〈-은마론〉은 19세기까지 유지된 접속어미이다. 〈-건마론〉은 현대 한국어에서 〈-건만〉으로 바뀌었다.

〈-디비〉: 어간에 바로 결합할 수 있고, 비종결어미를 앞세울 수 있다. 그리고 〈-디비〉는 환경에 따라 〈-디위, -디외, -디웨〉 등으로 변동된다. 15세기 이후에는 거의 나타나지 않은 접속어미인데, 17세기에 한 예가 보인다.

8) 불셔 누른 기미 드럿고 도ᄃᆞ터도 각각 도닷디위 ᄒᆞ디 찬난티 아니ᄒᆞ얀ᄂᆞ니 (편지글)

〈-란디만뎡〉: 어간에 바로 결합이 가능하며, 비종결어미 〈-으시-〉를 앞세울 수 있다. 〈-란디만뎡〉은 15세기에 소멸하였다.

〈-은뎡〉: 비종결어미 〈-거(어)-〉와 함께 나타나는 것이 보편적이다. 그리고 이에 다시 다른 비종결어미가 결합될 수 있다. 〈-은뎡〉은 19세기까지 유지된 접속어미이다.

9) 니ᄅ샤미 만ᄒᆞ며 져그샤미 겨시건뎡, 그 實은 性에 마존 法이 내죵애 다오미 업스니 (묘법연화경언해 3)

〈-을ᄲᆞᆫ뎡〉: 어간에 바로 결합할 수 있고, 비종결어미를 앞세울 수 있다. 〈-을ᄲᆞᆫ뎡〉은 16세기까지 유지된 접속어미이다.

[3] 선택(선접) 관계
〈-으나~-으나〉: 어간에 바로 결합이 가능하고, 비종결어미 〈-거/어-〉를 앞세울 수 있다. 현대 한국어에까지 유지되어 있다.

[4] 인과 관계
〈-으니〉
〈-을씨〉
〈-어〉

〈-거〉

이들은 인과의 의미 관계를 나타내는데, 모두 어간에 바로 결합할 수 있으며, 또한 비종결어미를 앞세울 수 있다. 그런데 〈-어〉는 환경에 따라 〈-아, -여, -야〉 등으로 변동되어, 보조조사 〈-ㅿㅏ, -은, -다가, -셔, -도〉 등이 결합될 수 있다(문장 10 ㄱ)). 〈-거〉는 〈-어〉로도 변동되는데, 보조조사 〈-ㅿㅏ〉가 문장 10 ㄴ)과 같이 필수적으로 결합된다.

10) ㄱ) 諸佛도 出家ㅎ샤ㅿㅏ, 道理를 닷ㄱ시ㄴ니 (석보상절 6)
　　　　(-으시-+-어→-으샤-+ø)

　　ㄴ) 나ᄂ 一切衆生이 다 부톄 ᄃ외야 衆生이 업거ㅿㅏ, 菩提心ᄋᆞᆯ 發ㅎ
　　　리라 (석보상절 6)

그리고 이들은 현대 한국어에 이르는 동안 모두 유지되어 있는 접속어미들이다. 〈-어〉의 〈-어-ㅿㅏ〉는 새로운 어미 〈-어야〉를 형성시켰다.

[5] 조건 관계

〈-으면〉: 어간에 바로 결합할 수 있고, 비종결어미를 앞세울 수 있다. 다음 11)의 〈-을디면〉, 〈-은디면〉은 〈-을+ ᄃ -이-으면〉, 〈-은+ ᄃ -이-으면〉 등으로 분석된다. 〈-으면〉은 현대 한국어에 이르는 동안 형태와 의미가 유지되어 있는 접속어미이다.

11) ㄱ) 첫소리를 어울워 ᄡᅮ디면, ᄀᆞᆯ바쓰라 (훈민정음 언해)
　　ㄴ) 이 道士ㅣ 精誠이 至極ㅎ단디면 (월인석보 1)

〈-은댄〉
〈-은덴〉(-은딘, -은든)
〈-딘〉
〈-으란디〉
〈-관디〉(-곤디, -완디)

368

〈-을덴〉

〈-든〉(-돈)

〈-늘〉(-눌)

〈-을시언뎡〉 (-을씨언뎡, -을션뎡)

〈-은둘〉

위에서 〈-은댄〉, 〈-으란디〉, 〈-관디〉, 〈-을시언뎡〉, 〈-은둘〉 등은 어간에 바로 결합하거나 비종결어미를 앞세운다. 그러나 〈-은덴〉은 〈-오/우-〉를, 〈-든〉은 〈-거-, -어-, -더-〉 등을, 〈-늘〉은 〈-거-, -어-〉 등을 필수적으로 앞세운다. 특히 〈-늘〉은 보조조사 〈-ㅅ〉가 결합될 수 있다 : 〈-거늘ㅅ〉.

한편 이들 접속어미 가운데 〈-딘〉, 〈-을덴〉은 15세기까지, 〈-은덴〉, 〈-으란디〉는 16세기까지, 〈-을시언뎡〉 은 17세기까지, 〈-은댄〉, 〈-관디〉는 19세기까지 유지되었으며, 〈-든〉, 〈-늘, 〉 〈-은둘〉은 약간의 형태 변화를 입어서 현대 한국어에까지 유지되어 있다.

[6] 목적 관계

〈-고져〉(-오져)

〈-과뎌〉(-과디여)

〈-겟고〉(-엣고, -긧고, -괏고)

〈-려〉

〈-으라〉

이들은 모두 목적 관계의 종속 접속어미들인데, 〈-고져〉, 〈-과뎌〉, 〈-으라〉 등은 모두 어간에 바로 결합하거나 비종결어미를 앞세울 수 있다. 그러나 〈-겟고〉는 어간에만 결합하고, 〈-려〉는 〈-오/우-〉를 앞세우는 것이 원칙이다. 한편 〈-으라〉의 경우, 후행절 동사는 〈가다, 오다〉 그리고 그 합성동사로 제한된다.

12) ㄱ) 나라해 빌머그라, 오시니 (월인석보 1)

ㄴ) 道理 비호라, 나아가샤 (월인석보 1)

한편 이들 접속어미 가운데 〈-겟고〉는 15세기까지, 〈-과뎌〉는 19세
기까지 유지되었으며, 나머지는 현대 한국어에까지 유지되어 있다.

[7] 결과 관계
〈-ᄃ록(애)〉〉 (-도록)
〈-게〉 (-긔, -ᄀᆡ)
〈-ᄃ록〉은 어간에만 결합하지만, 〈-게〉는 비종결어미를 앞세울 수
있다. 그리고 〈-게〉는 접속문 구성에 관여할 뿐만 아니라 내포문 구
성에도 관여한다. 그리고 보조조사 〈-은, -곰〉 등이 결합될 수 있다.
이들 접속어미들은 현대 한국어에 이르는 동안 유지되어 있는 접속어
미들이다.

13) ㄱ) 모로매 하야켄 아니홀디로다 (두시언해-초간 25)
    ㄴ) 아더리 아비 나해셔 곱기곰 사라 (월인석보 1)

[8] 첨의 관계
〈-다가〉 (-라가)
〈-다가며〉
〈-ᄃ〉(-듯, -덧, -ᄃ시, -ᄃ시, -디시)
〈-곤〉(-온)
〈-노니〉
〈-디옷〉
〈-을ᄉ록〉
〈-엄〉(-암)
〈-다가〉, 〈-다가며〉, 〈-ᄃ〉, 〈-곤〉 등은 어간에 결합하거나 비종
결어미를 앞세울 수 있는데, 〈-노니〉, 〈-디옷〉, 〈-을ᄉ록〉, 〈-엄〉

등은 어간에만 결합한다. 그리고 ⟨-다가⟩에는 보조조사 ⟨-도⟩가, ⟨-다가며⟩에는 ⟨-브터⟩가 결합될 수 있다.

14) ㄱ) 큰 劫에 뻐디여 잇다가도, 기티디 아니ᄒᆞᆫ (월인석보 13)
    ㄴ) 나다가며브터, 嗔心 아니ᄒᆞᄂᆞᆫ 사ᄅᆞ미 눈ㄷㅈᆞᆺ (월인석보 21)

이들 접속어미들 가운데, ⟨-노니⟩, ⟨-엄⟩ 등은 15세기까지, ⟨-디옷⟩ 은 16세기까지, ⟨-곤⟩ 은 19세기까지 유지되었으며, 나머지들은 현대 한국어에 이르는 동안 유지되어 왔다.

[9] 강조 관계
⟨-으니~-으니⟩
⟨-으락~-으락⟩

[10] 총괄 이상에서 15세기 한국어의 접속어미들을 분석하여 이들의 변화 양상에 대해서 기술하였다. 변화 양상에 초점을 맞추어 이들을 정리하면 다음과 같다.

15) 15세기 한국어의 접속어미와 그 변화 양상
    ㄱ) 15세기까지만 유지된 것
        -란디만뎡, -딘, -을덴, -곗고, -노니, -엄
    ㄴ) 16세기까지 유지된 것
        -고도, -을쑨뎡, -은덴, -으란디, -디옷
    ㄷ) 17세기까지 유지된 것
        -디비, -을시언뎡
    ㄹ) 18세기까지 유지된 것
        -은대
    ㅁ) 19세기까지 유지된 것

-은마룬, -은뎡, -은댄, -관디, -과뎌, -곤
ㅂ) 현대 한국어에 이르는 동안 유지되어 있는 것
　　나머지 모두(물론 약간의 형태 변화는 입음)

한편 16세기 이후에 형성된 접속어미들을 제시하면 다음과 같다.

16) 16세기 이후 형성된 접속어미
　ㄱ) 16세기 : -은즉, -으모로
　ㄴ) 17세기 : -ᄂᆞ디 (-는데)
　ㄷ) 19세기 : -으니ᄭᅢ, -으면서, -든지, -건만, -어야

다음은 19세기 문헌에 보이는 접속어미의 예들이다.

17) ㄱ) 본샤 보고원이……드러간니ᄭᅢ, 판사검사가 좌우에 안자ᄂᆞ디
　　　　　　　　　　　　　　　　　　　　　　(독립신문)
　　ㄴ) 엇던 사름은 일이 그른 줄 알면서도 겁이 나서…… (독립신문)

지금까지 살펴본, 접속어미의 역사적 변화 양상의 전체적 특징은 다음과 같다.

18) 접속어미의 변화 양상
　ㄱ) 한국어 접속어미는 대부분 15세기 이전에 형성되었으며, 그 이후에 일부 새로 생겨나기도 했으며 사라지기도 했다.
　ㄴ) 한국어 접속어미의 변화는 15세기말과 16세기초에 상당히 이루어졌으며, 19세기말에 이르러 현대 한국어와 같은 모습을 형성했다.
　ㄷ) 접속어미의 형태는, 많은 수의 변이형태에서 단일한 형태로 변화하여 왔다.

18.1.2 접속문 구성의 통사 제약의 변화

의향법 제약 접속문 구성에서 선행절에 결합되는 접속어미에 따라, 후행절의 의향법이 제약을 받는다. 문장 19)에서 서술법, 의문법, 명령법, 청유법이 후행절에 모두 허용된다. 즉 접속어미 〈-으니〉는 의향법에 제약을 주지 않는다.

19) ㄱ) 狐ᄂ 엿이니, 그 性이 疑心ᄒ니라 (능엄경언해 2)

ㄴ) 네 아ᄃ리……허믈 업스니, 어드리 내티료 (월인석보 2)

ㄷ) 내 이제 너를 논노니, 뜨들 조차 가라 (월인석보 13)

그러나 의향법에 따라서, 그리고 접속어미에 따라서 의향법 제약의 특징이 각각 다르다. 그러한 특징을 먼저 15세기 한국어의 접속문 구성에서 검토해 본다.

먼저 서술법의 경우인데, 대부분의 접속어미들은 후행절에 서술법을 허용한다. 그러나 비종결어미 〈-거-〉를 앞세우는 〈-든〉은 후행절에 서술법을 허용하는 예가 없다. 현대 한국어의 접속어미 〈-거든〉은 서술법을 제약하는 유일한 예이다.

의문법의 경우, 후행절에 의문법을 허용하는 접속어미는 다음과 같다[3] : -으며, -디, -은마른, -디비, -란디만뎡, -은뎡, -으니, -어,

---

3) 접속어미 〈-으니〉는 비종결어미 〈-거-, -가-, -어-〉 등과 결합하면, 후행절에 주로 의문법만 나타난다.

(ㄱ) 아래 가신 八媅女도 니거시니, 므스기 쩔브리잇고 (월인석보 8)

(ㄴ) 내 親히 저ᅀ고 香 퓌우ᅀ가니, 부텻긔 信티 아니ᄒᅀᄫ려
(월인석보23)

(ㄷ) 조차 블로ᄆᆞᆯ 오히려 춤디 몯ᄒ려니, ᄒᄆᆞᆯ며 티리아
(두시언해-초간 25)

-거, -으면, -은댄, -은덴, -관디, -을덴, -든, -늘, -을시언뎡,
-은들, -려, -다가며, -곤

명령법과 청유법의 경우, 명령법 및 청유법의 의향을 후행절에 허용
하는 접속어미는 매우 드물다. 이에 속하는 접속어미는 다음과 같다 :
-고, -디, -으니, -어, -으면, -은댄, -든, -드록, -게

20) ㄱ) 느리디 마르시고, 오래 겨쇼셔 (월인석보 2)

   ㄴ) 또 닐오디, 여슷 히를 ᄒ져 (월인석보 7)

   ㄷ) 내 이제 너를 놓노니, 쁘들 조차 가라 (월인석보 13)

   ㄹ) 부텻긔 받ᄌᄫᅡ, 生生애 내 願을 일티 아니케 ᄒ고라

   (월인석보 1)

   ㅁ) 첫소리를 어울워 뿛디면, 골바쓰라 (훈민정음 언해)

   ㅂ) 王이 너를 禮로 待接ᄒ샳딘댄, 모로매 願이 이디 말오라

   (석보상절 11)

   ㅅ) 내 니마해 불른 香이 몯 몰랫거든, 도로 오나라 (월인석보 7)

   ㅇ) 나를 楊馬ㅅ 싀예 보아 머리 셰드록, 서르 ᄇ리디 마져

   (두시언해-초간 16)

접속어미 〈-관디〉는, 선행절에 반드시 의문어가 오는 것이 특징인데, 그로 인
하여 후행절은 대부분 의문법이다.

   (ㄹ) 내 모물 엇뎨 드틀 ᄀ티 ᄇᅀᅳ디 몯관디, 내 아드리 목수믈 일케 ᄒ야뇨

   (월인석보 21)

   (ㅁ) 네 엇던 아히완디, 허튀를 안아 우는다 (월인석보 8)

   (ㅂ) 世尊하 摩耶夫人이 엇던 業을 지ᅀᆞ시곤대, 畜生中에 나시니잇고

   (석보상절 11)

접속어미 〈-곤〉은 후행절에 〈ᄒ물며〉가 오는 것이 일반적이어서 의문법이
많다.

   (ㅅ) ᄒ 사름 勸ᄒ야 가 法 듣게 혼 功德도 이러ᄒ곤, ᄒ물며……말디ᄫᅵ 修
   行ᄒ미ᄯᅥ녀 (월인석보 17)

   (ㅇ) 누미 供養을 譏弄ᄒ야 허러도 오히려 이 報를 얻곤, ᄒ물며 各別히 모
   딘 보믈 내야 허루미ᄯᅥ녀 (월인석보 21)

ㅈ) 그듸 가아 아라듣게, 니르라 (석보상절 6)

위와 같이 의향법의 제약을 살펴보았는데, 접속문 구성에서의 의향법 제약 변화의 특징은 다음과 같다.

21) 접속문 구성의 의향법 제약의 변화
　ㄱ) 15세기 한국어에서 서술법은 대부분 허용되고 있으나, 의문법은 상당히, 그리고 명령법 및 청유법은 거의 제약을 받고 있다. [4]
　ㄴ) 현대 한국어의 접속문 구성에서 의향법 제약의 양상도 15세기 국어에서와 비슷하여, 제약의 변화가 없었다. 다만 문헌자료라는 한계점이 있기는 하지만, 제약의 정도는 약화되었다.

높임법 제약　15세기 한국어의 높임법 역시 현대 한국어와 같이, 청자높임법, 주체높임법, 객체높임법으로 체계화된다. 이들은 각각 비종결어미 〈-으이-〉, 〈-으시-〉, 〈-ᅀᆞᆸ-〉에 의해 실현된다. 이러한 높임법은 접속문 구성의 선행절에는 실현되지 않는다. 청자높임법의 〈-으이-〉는 접속어미와 결합이 불가능하다. 청자높임법이 접속문 구성의 선행절에 실현되지 않는 것은 현대 한국어에서도 마찬가지이다.
　〈-으시-〉로 실현되는 주체높임법은, 현대 한국어와 마찬가지로, 접속문 구성의 선행절에도 실현된다. 대부분의 접속어미에 〈-으시-〉가 결합된다. 한편 접속어미 〈-어도, -디, -어, -을뎬〉 등은 〈-으시-〉가 〈-으샤-〉로 변동되어 결합한다.

22) ㄱ) 나라해 도라오-샤-도, 즈올아비 아니ᄒᆞ샤 (석보상절 6)
　　ㄴ) 世尊이 ᄯᅩ 文殊師利ᄃᆞ려 니ᄅᆞ-샤-디 (석보상절 9)
　　ㄷ) 世間 슬히 너기-샤, 出家ᄒᆞ-샤, 道理 닷ᄀᆞ-샤 (석보상절 6)

---

4) 15세기 한국어에서 이러한 특징은 문헌자료의 탓이라고 추측할 수 있다. 문헌자료들은 문장이 대부분 서술법이기 때문이다.

ㄹ) 法理 傳持ᄒ야 펴샬뗸, 모로매 사룸 어두매 겨시니라

(묘법연화경언해 4)

〈-습-〉에 의해 실현되는 객체높임법은, 접속문 구성의 선행절에서
도 실현 되어, 접속어미에 객체높임법의 〈-습-〉의 결합이 가능하다.

접속문 구성에서의 높임법 제약은 15세기 한국어와 현대 한국어가
크게 다를 바 없이 제약의 변화가 없었다. 왜냐하면 근본적으로 접속
문 구성과 높임법은 통사적으로 서로 비관여적이기 때문이다.

시제법 제약 15세기 한국어의 시제법은 비종결어미가 다양하게 발
달되어 있어 이를 통해서 실현된다.

23) 15세기 한국어의 시제법 체계
   ㄱ) 현실법 : -ᄂ-
   ㄴ) 회상법 : -다/더-
   ㄷ) 확정법 : -은-, -으니-, -과-
   ㄹ) 미정법 : -을-, -으리-

15세기 한국어는 현대 한국어와 달리, 접속문 구성에서 접속어미와
시제어미와의 결합이 상당히 제약적이다. 먼저 각 시제어미들과 접속
어미와의 결합 제약을 분석하고, 결합이 상당히 제약적이라는 데 대한
근거를 살펴보기로 한다.

현실법의 시제어미 〈-ᄂ-〉는 접속어미 가운데서 〈-으니〉와만 결합
할 뿐이다. 다른 접속어미와 결합하는 예는 찾아볼 수가 없다.

24) ㄱ) 大德하 사ᄅ미 다 모다 잇ᄂ니, 오쇼셔 (석보상절 6)
   ㄴ) 生死애 다 便安티 몯게 ᄒᄂ니, 엇데어뇨 ᄒ란디 (월인석보 21)

확정법의 시제어미 〈-으니-〉와 〈-과/와-〉는 접속어미 어떤 것과도

결합되지 아니한다. 접속어미가 확정법 시제어미와 결합하는 예는 찾아볼 수가 없다. 그러나 미정법의 시제어미 〈-으리-〉와 결합이 허용되는 어미는 비교적 다양한데 다음과 같은 접속어미이다 : -고, -으며, -은대, -으니와, -으나, -고도, -디, -으니, -을씨, -은댄, -관디, -은마른, -든, -늘, -다가, -곤.

25) ㄱ) 그 數ㅣ 算으로 몯내 아리오, 오직 無量無邊阿僧祇로 닐옳디니
　　　　　　　　　　　　　　　　　　　　　　　　　　　　(월인석보 7)

　　ㄴ) 눌 더브러 무러ᅀᅡ ᄒᆞ리며, 뉘ᅀᅡ 能히 對答ᄒᆞ려뇨 (석보상절 13)

　　ㄷ) 남ᄃ록 닐어도 몯다 니르리어니와, 그러나 뎌 부텻 싸히 雜말 업시 淸淨ᄒᆞ고 겨지비 업스며 (석보상절 9)

　　ㄹ) 世間애 드르며 디니리 혜디 몯ᄒᆞ리로다, 果然 能히……
　　　　　　　　　　　　　　　　　　　　　　　　　　　　(월인석보 17)

　　ㅁ) ᄒᆞ나히 어디러 즈믄 사ᄅᆞᆷ롤 당ᄒᆞ릴씨, 千子ㅣ라 ᄒᆞᄂᆞ니라
　　　　　　　　　　　　　　　　　　　　　　　　　　　　(월인석보 1)

　　ㅂ) 나홀 혜여 반ᄃ기 주그리어든, 그 形이 化티 아니ᄒᆞ야셔
　　　　　　　　　　　　　　　　　　　　　　　　　　　　(능엄경언해 9)

　　ㅅ) 여희요미 ᄆᆞᄎᆞ매 오라디 아니ᄒᆞ리언마른, 아ᅀᅡ롤 ᄎᆞ마 서르 ᄇᆞ리리아 (두시언해-초간 8)

회상법의 시제어미 〈-더/러-〉, 〈-다/라-〉와 결합하는 접속어미는 다음 문장 26)에 나타난 것과 같은 〈-으니, -은댄, -든〉 등이다.

26) ㄱ) 子息돌이……짜해 그우더니, 이 쁴 그 아비 지븨 도라오니
　　　　　　　　　　　　　　　　　　　　　　　　　　　　(월인석보17)

　　ㄴ) ᄒᆞ다가 우리 큰 法 즐기ᄂᆞᆫ ᄆᆞᅀᆞ미 잇던댄, 부톄 우리 爲ᄒᆞ야 大乘法을 니ᄅᆞ시리라ᅀᅵ이다 (월인석보 13)

　　ㄷ) 萬一에 히여곰 나라히 배디 아니터든, 엇뎨 큰 唐이 두미 ᄃᆞ외리오 (두시언해-초간 6)

위에서 분석해 본 바와 같이 시제어미와 접속어미의 결합은 상당히 제약적이다. 이러한 시제법 제약의 특징은 다음과 같다.

27) 접속문 구성의 시제법 제약

15세기 한국어의 접속문 구성에서 확정법의 시제어미는 모든 접속어미와 결합이 제약되며, 현실법, 회상법과도 몇 어미를 제외하고는 모두 결합이 제약된다. 다만 미정법의 〈-으리-〉와 접속어미는 비교적 결합이 자유롭다.

이와 같은 결합 제약의 근거는 주어진 문헌 자료를 통해서 잘 설명이 되지 않지만, 시제법은 접속문 구성에서 후행절에 주로 실현되기 때문에, 시제어미가 접속어미와는 결합이 제약된다고 본다.

이러한 15세기 한국어와는 달리 현대 한국어에서는 시제어미 〈-었-〉과 〈-겠-〉이 비교적 다양하게 접속어미와 결합이 허용되고 있다. 그것은 이들 시제어미들이 제17장에서 살핀 바와 같이 역사적으로 다음과 같이 형성되었기 때문이라고 본다.

28) ㄱ) -어 이시/잇-> -엇-> -었-
    ㄴ) -게 ㅎ엿-> *-게 ㅇ엿-> -게엿-> -겟-> -겠-

위와 같이 형성되었기 때문에 현대 한국어의 시제어미 〈-었-〉과 〈-겠-〉에는 접속어미의 결합이 상당히 허용되고 있다고 본다. 그러나 현대 한국어의 회상법 시제어미 〈-더-〉는 접속어미와 결합이 대부분 제약되는데, 그것은 바로 15세기 한국어로부터 역사적으로 계승되어 왔기 때문이다. 15세기 한국어와 현대 한국어의 차이는 다음과 같다.

29) 접속문 구성의 시제법 제약의 변화

15세기 한국어		현대 한국어	
-ㄴ-	: 제약 강	-	
-으니-	: 제약 강	-	
-으리-	: 제약 강	-	
-더-	: 제약 강 ————	-더-	: 제약 강
(-어 잇-	: 제약 약)	-었-	: 제약 약
(-게 ᄒᆞ엿-	: 제약 약)	-겠-	: 제약 약

인칭법 제약 인칭의 대립에 의하여 비종결어미의 결합이 대립을 이루는 문법범주가 인칭법이다. 15세기 한국어에서 인칭법은 1인칭과 2/3인칭의 대립으로 실현된다(제17장 참조). 이러한 인칭법을 접속문 구성과 관련하여 분석하기로 한다.

첫째, 비종결어미 〈-오/우-: -ø-〉 대립에 의한 인칭법을 살펴보기로 한다. 〈-오/우-〉가 다른 문법적 기능을 가지는 경우도 있지만, 이것이 인칭법에 관여할 때에는 〈-오/우-〉와 〈-ø-〉의 대립으로 1인칭과 2/3인칭의 대립을 실현한다.

30) ㄱ) 내 혜여호니, 이제 世尊이 큰 法을 니르시며 (석보상절 13)

　ㄴ) 舍利佛이 ᄒᆞᆫ 獅子ㅣ를 지어내니, 그 쇼롤 자바 머그니

(석보상절 6)

문장 30ㄱ)의 〈혜여호니〉는 〈혜여ᄒᆞ-오-으니〉로 분석되는데, 접속어미 〈-으니〉에 의한 접속문으로 주어가 1인칭이다. 따라서 〈-오/우-〉가 결합되어 있다. 그러나 30ㄴ)은 주어가 3인칭이다. 따라서 〈-오/우-〉가 결합이 안된 〈지어내니〉(←지어내-ø-으니)로 실현되어 있다. 접속문 구성이 이루어질 때 〈-오/우-: -ø-〉의 대립으로 인칭법이 실현되는 경우에는 위와 같은 〈-으니〉 외에 〈-으니와〉, 〈-으나〉,

〈-은댄〉, 〈-은딘〉, 〈-늘〉 등이 있다.

31) ㄱ) 내 나는 ㄴ물 그츄믄 ᄆ춤내 고티디 아니ᄒ려니와, 술 勸ᄒ맨 닐
　　　울 마리 업도다 (두시언해-초간 23)
　　ㄴ) 須彌山도 어루 기울의 ᄒ려니와, 諸佛 니르시논 마른 ……
　　　　　　　　　　　　　　　　　　　　　　　(석보상절 9)
32) ㄱ) 내 비록 度티 몯ᄒ나, (능엄경언해 6)
　　ㄴ) 구루멧 ᄒ 블 ᄀᆮᄒ나, 더운 하늘히 서늘ᄒ도다
　　　　　　　　　　　　　　　　　　　(두시언해-초간 6)
33) ㄱ) 내 이제 이룰 본댄, 覺性이 自然ᄒ야 (능엄경언해 2)
　　ㄴ) ᄒ다가 보미 이 物인댄, 네 ᄯ 어루 내 보믈 보리라
　　　　　　　　　　　　　　　　　　　(능엄경언해 2)
34) ㄱ) 내……야올 본딘, (석보상절 13)
　　ㄴ) ᄒ다가 …달애디 아니ᄒ시던딘, 내종애…… (묘법연화경언해 2)
35) ㄱ) 그듸 이제 날 ᄒ야……주기라 ᄒ야도 그듸룰 거스디 아니ᄒ리어
　　　늘, 이제 엇뎨 怨讐를 니ᄌ시ᄂ니 (석보상절 11)
　　ㄴ) 功德이 그지업스리어늘, ᄒᄆᆯ며…… (월인석보 17)

　둘째, 비종결어미 〈-가- : -거-〉 대립에 의한 인칭법을 살펴보기로
한다. 문장 36)은 접속어미 〈-으니와〉에 의한 접속문 구성인데 주어
가 1인칭인 36ㄱ)은 〈-가-〉가 나타나고 있고, 주어가 2인칭인 36ㄴ)
은 〈-거-〉가 나타난다.

36) ㄱ) 내 命 그추미ᅀᅡ 므더니 너기가니와, (월인석보 10)
　　ㄴ) 네 모매는 ᄒ마 바톤 추미 구슬 ᄃ외요믈 보앳거니와
　　　　　　　　　　　　　　　　　　　(두시언해-초간 8)

　〈-가- : -거-〉 대립에 의한 인칭법이 접속문 구성에 관여하는 경우
는 36)의 〈-으니와〉 외에도 〈-은마른〉, 〈-으니〉, 〈-늘〉 등이 있다.

37) ㄱ) 靑眼ᄋ로 보간마른, 오직 길히 窮迫ᄒ얘라 (두시언해-초간 8)

   ㄴ) 일훔도 업건마른, 구쳐 法身이라 ᄒ니라 (월인석보 2)

위에서 분석한 15세기 한국어의 접속문 구성에서 인칭법 제약과 그 변화의 특징은 다음과 같다.

38) 접속문 구성의 인칭법 제약의 변화

   ㄱ) ⟨-오/우-：-∅-⟩에 의한 1인칭：2/3인칭 대립을 실현하는 접속 어미：-으니, -으니와, -으나, -은댄, -은딘, -을

   ㄴ) ⟨-가-：-거-⟩에 의한 1인칭：2/3인칭 대립을 실현하는 접속어 미：-으니와, -은마른, -으니, -을

   ㄷ) 접속문 구성에서의 인칭법 제약은, 17세기 이후에 인칭법 자체가 없어짐에 따라, 소멸되어 현대 한국어에 이르고 있다.

18.2 내포문 구성의 변화

내포어미의 성격   복합문 구성에서 상위문이 하위문을 간접관할하는 구성이 내포문 구성이며, 내포문 구성에 관여하는 어미가 내포어미이다. 이러한 내포어미는 내포문 구성에서 통사 제약의 주체가 된다.

내포문 구성은 동사구 내포문 구성과 명사구 내포문 구성으로 나뉜다. 상위문이 하위문을 동사구를 통해 관할하는 동사구 내포문은, 의향어미를 온전히 갖추어 내포되는 완형 동사구 내포문 구성과 의향어미를 온전히 갖추지 않은 불구 동사구 내포문 구성으로 나뉜다. 상위문이 하위문을 명사구를 통해 관할하는 명사구 내포문은, 명사 없이 명사절을 구성하는 명사화 내포문 구성과 명사와 함께 명사절을 구성하는 관형화 내포문 구성으로 나뉜다(제15장 참조).

18.2.1 동사구 내포문 구성의 변화

동사구 내포문 구성 다음 문장에서 39)는 의존동사 구문, 40)은 인용 구문이다.

39) 부텨 ㄱ티시긔 ᄒ리이다 (석보상절 6)
40) ······닐오ᄃᆡ ······너희ᄃᆞᆯ히 다 ᄃᆞᇰ다이 부톄 ᄃᆞ외리라 ᄒᆞ더라
(석보상절 19)

문장 39)와 40)의 이들 두 유형의 구문들이 서술기능의 보완이라는 같은 통사 기능을 가지나, 형식면으로 보면, 인용 구문은 의향어미를 온전히 유지하고 있는 완전한 문장이고, 의존동사 구문은 의향어미가 없는, 문장의 완전한 모습을 갖추지 않은 문장이다.

불구 동사구 내포문 구성 15세기 한국어의 불구 동사구 내포문 구성에 관여하는 내포어미와, 내포문을 안는 상위문 동사를 기술하면 다음과 같다.

⟨-어/아⟩ : 보다, ᄇᆞ리다, 디다, 잇다, 겨시다, 가다, 오다, 두다,
나다, 놓다, 내다, 지라, 말다, ᄒᆞ다

41) ㄱ) 일로 혜여 보건덴 (석보상절 6)
ㄴ) ᄃᆞᆺ온 ᄠᅳ들 몯 쓰러 ᄇᆞ리ᄂᆞ니 (석보상절 6)
ㄷ) 뫼히여 돌히여 다 노가 디여 (월인석보 1)
ㄹ) 赤眞珠ㅣ ᄃᆞ외야 잇ᄂᆞ니라 (월인석보 1)
ㅁ) 부텨 나 겨시던 時節 (석보상절 9)
ㅂ) 내가 妻子를 마자 오거늘 (두시언해-초간 8)

⟨-고⟩ : 잇다

42) 됴ᄒᆞᆫ 香 퓌우고 잇거니 (석보상절 24)

〈-거／가〉: 지라, ᄒᆞ다

43) 이젯 世尊 론가 지이다 (월인석보 2)

〈-게／긔／기〉: ᄃᆞ외다, 말다, ᄒᆞ다

44) ㄱ) 우리 어ᅀᅵ아ᄃᆞ리 외롭고 입게 ᄃᆞ외야 (석보상절 6)
   ㄴ) 兩舌ᄋᆞᆫ 두가짓 혜니 ᄂᆞ미 ᄉᆞᅀᅵ예 싸호게 ᄒᆞᆯ씨라 (월인석보 21)

〈-디〉/〈-돌〉: 말다, 아니ᄒᆞ다, 몯ᄒᆞ다

45) 法 들돌 몯ᄒᆞ야 (두시언해-초간 7)

〈-엄직〉: ᄒᆞ다

46) 人天 ᄃᆞ외얌직 ᄒᆞ니란 爲ᄒᆞ야 十善을 니르시고 (월인석보 13)

〈-려〉: ᄒᆞ다

47) 므슷 이를 겻고오려 ᄒᆞᄂᆞᆫ고 (석보상절 6)

〈-과뎌／과디여〉: ᄒᆞ다

48) 큰 利益을 얻과뎌 ᄒᆞ노이다 (월인석보 21)

〈-고져〉: ᄒᆞ다, 식브다

49) ㄱ) 겨지븨 모물 ㅂ리고져 ᄒ거든 (석보상절 9)

ㄴ) 나고져 식브녀 (월인천강지곡 132)

〈-ᄃᆺ / -ᄃ시〉: ᄒ다

50) 寶蓮花ᄂ 우희 니르ᄃᆺ ᄒ니라 (월인석보 8)

위의 기술에서 보면, 15세기 한국어와 현대 한국어 모두, 불구 동사구 내포문을 구성하는 방법은 같다. 즉 내포어미가 관여하여 상위문 동사에 내포된다. 그리고 내포어미와 내포문을 안는 상위문 동사도, 약간의 형태 변화가 있었을 뿐, 현대 한국어에까지 유지되는 것이 대부분이다. 이를 정리하면 다음과 같다.

51) 불구 동사구 내포문 구성의 변화
15세기 한국어의 불구 동사구 내포문 구성은 구성 방법의 변화 없이 현대 한국어에 이르렀으며, 내포어미와 이의 상위문 동사도, 현대 한국어에까지 유지되는 것이 대부분이다.

완형 동사구 내포문 구성 15세기 한국어에서 완형 동사구 내포문 구성에는 내포어미가 관여하지 않는다. 현대 한국어에서는 내포어미 〈-고〉, 〈-라고〉에 의해서 완형 동사구 내포문 구성이 실현되는 것과 대조적이다. 이는 아직 〈-고〉, 〈-라고〉가 형성되지 않았기 때문이다.[5]

52) ㄱ) ······ 닐오디 ······ 너희돌히 다 당다이 부톄 ᄃ외리라 ᄒ더라 (석보상절 9)

---

5) 15세기 한국어의 인용문에 관한 연구는 강인선(1977), 이현희(1986), 신선경(1986) 참조.

ㄴ) 佛은 知者ㅣ라 혼 마리니 (월인석보 9)

ㄷ) 겨집종 사쇼셔 ᄒᆞ야 (월인석보 8)

ㄹ) 도ᄌᆞ긴가 너겨며 모딘귀ᄊᆞ신가 너겨 두리여 (석보상절 11)

53) 완형 동사구 내포문 구성의변화

15세기 한국어에서는 내포어미 없이 완형 동사구 내포문 구성이 이루
어졌으나, 역사적으로 내포어미 〈-고〉, 〈-라고〉가 발생되어 현대 한국
어에 이르렀다.

18.2.2 명사구 내포문 구성의 변화

명사화 내포문 구성 15세기 한국어에서 명사화 내포문 구성은 다음
과 같은 내포어미에 의해서 이루어진다. [6)]

〈-ㅁ〉: 반드시 비종결어미 〈-오/우-〉를 앞세운다. 그렇기 때문에 이
〈-오/우-〉를 명사화 내포문을 나타내는 표지로도 볼 수 있으나, 그
분명한 기능은 아직 밝혀지지 않고 있다. 〈-오/우-〉를 앞세운 〈-ㅁ〉
은, 〈-오/우-〉 없이 실현되는 명사화 파생접사와 구별된다. 이러한
〈-ㅁ〉은, 〈-오/우-〉가 소멸하여, 현대 한국어에까지 유지되어 있다.

54) ㄱ) 됴ᄒᆞᆫ 法 닷고ᄆᆞᆯ 몯ᄒᆞ야 (석보상절 9)

ㄴ) 사ᄅᆞ미 몸 ᄃᆞ외요미 어렵고 …… 如來ㅅ 일홈 시러 듣ᄌᆞ보미 ᄯᅩ
어려ᄫᅳ니 (석보상절 9)

〈-기〉: 활용에 있어서 상당히 제한적이어서, 15세기 한국어에서는

---

6) 15세기 한국어의 명사화에 대한 연구는 김홍수(1975)를 비롯 전정례
(1990-ㄱ), 허원욱(1991) 참조. 특히 전정례(1990-ㄱ)에서는 〈-오/우-〉를
명사구 내포화 표지로 보고서, 〈-ㅁ〉, 〈-은〉, 〈-을〉에 선행하는 〈-오/우-〉를
모두 명사구 표지로 파악하는 새로운 해석을 시도하였다. 15세기 한국어의 관
형화에 대한 연구 역시 허원욱(1987 및 1991), 전정례(1990-ㄱ) 참조.

아직 명사화 파생접사와 비슷하다.

55) ㄱ) 布施ᄒᆞ기를 즐겨 (석보상절 6)
    ㄴ) 일ᄒᆞ기예 ᄀᆞ린 거시 젹도다 (두시언해-초간 25)

그런데 〈-ㅁ〉에 결합하였던 〈-오/우-〉는 16세기 때부터 없어지기 시작하여 17세기에 이르러 거의 없어진다.

56) 노롬놀이ᄒᆞ야 즐기매 넘디 아니ᄒᆞ니라 (번역소학 8)

그리고 15세기 한국어에서는 거의 파생접사로 쓰였던 〈-기〉가 명사화 내포어미로 차츰 기능하게 된다. 15세기 한국어에서 〈-ㅁ〉이 모든 유형의 명사화를 대표하였고, 〈-기〉의 분포는 아주 드물었지만, 현대 한국어로 올수록 점차 〈-기〉가 오히려 〈-ㅁ〉을 압도하였다. 역사적으로 〈-ㅁ〉은 〈-기〉 및 관형화 내포문 구성 〈-은/는/을 것〉에 의해 그 영역을 침식당해 그 기능이 점차 축소되었다.
  다음에서 57ㄱ), 58ㄱ)은 16세기의 三綱行實圖이고, 57ㄴ), 58 ㄴ)은 18세기의 三綱行實圖이다.

57) ㄱ) 내 져믄 제 글 비호믈 즐겨
    ㄴ) 내 져머셔 글 비호기를 됴히 너겨
58) ㄱ) 이 아ᄃᆞ리 주구므로 아비를 구ᄒᆞ니
    ㄴ) 이 아희 죽기로써 아비를 구ᄒᆞ니

이상과 같은 명사화 내포문 구성의 변화의 특징을 정리하면 다음과 같다.

59) 명사화 내포문 구성의 변화

15세기 한국어에서 명사화 내포문 구성은 비종결어미 〈-오/우-〉를 앞세운 〈-ㅁ〉에 의해서 대부분 실현되었다. 그러나 17세기에 이르러 〈-오/우-〉는 소멸하였다. 그리고 15세기 한국어에서는 주로 파생접사로 기능하였던 〈-기〉가 점차 〈-ㅁ〉의 지위를 이어받아, 현대 한국어에 이르러서는 〈-ㅁ〉 분포가 제한되고, 점차 〈-기〉 및 관형화 내포문 구성 〈-은/는/을 것〉의 분포가 확대되었다.

관형화 내포문 구성   15세기 한국어에서 관형화 내포문 구성은 다음과 같은 내포어미에 의해서 이루어진다.

〈-은〉: 확정법 실현의 기능을 가지는 관형화 내포어미이다. 현대 한국어에까지 유지되어 있다.

60) ㄱ) 떠 무든 옷 (석보상절 6)
ㄴ) 두겨신 功德 (월인석보 21)

〈-을〉: 미정법 실현의 기능을 가지는 관형화 내포어미이다. 현대 한국어에까지 유지되어 있다.

61) ㄱ) 가다가 도라옳 軍士ㅣ (용비어천가 25)
ㄴ) 부톄 舍衞國ᄋᆞ로 오싫 길헤 머므르싫 지비라 (석보상절 6)

15세기 한국어에서 관형화 구성이 이루어질 때, 내포문 명사가 주체인 경우와 객체인 경우에 따라 비종결어미의 대립이 실현된다. 즉 내포문 명사가 객체인 경우에는 비종결어미 〈-오/우-〉가 실현되고, 주체인 경우에는 실현되지 않는다. 이와 같이 15세기 한국어에서는, 제17장에서 밝힌 바와 같이, 〈-오/우-〉에 의해서 관형화 내포문 구성에서 주체-대상법이 실현되었다.

62) ㄱ) 겨집돌히 子息을 낳다.
　　 ㄴ) 子息 나혼 겨집돌
　　 ㄷ) 겨집돌히 나혼 子息

그런데 이러한 주체-대상법은 17세기에 들어와서 거의 소멸하여 현대 한국어에 이르렀다(제17장 참조). 관형화 내포문 구성에서 주체-대상법은 복잡한 문법 체계를 간결하게 하려는 데서 소멸하였다. 이상과 같은 논의에서, 관형화 내포문 구성의 변화의 특징을 정리하면 다음과 같다.

63) 관형화 내포문 구성의 변화
　　 15세기 한국어에서 관형화 내포문 구성은 내포어미 〈-은, -을〉으로 실현되었는데, 비종결어미 〈-오/우-〉에 의해 주체-대상법을 함께 실현하였다. 그러나 17세기에 이르러 이 〈-오/우-〉가 소멸하면서 주체-대상법도 소멸하였다.

18.2.3 현대 한국어 의존구문의 통시적 해석

문제의 제기　엄밀한 의미에서 언어의 공시태는 새로이 생겨나는 요소와 없어져 가는 요소의 혼합체이다. 따라서 공시태는 과거를 반영하고 미래를 예측한다. 즉 모든 공시적 체계는 통시적 층위를 가지고 있다. 이러한 관점에 서서, 제15장에서 살핀 바 있는, 현대 한국어의 의존구문의 본질을 밝혀 보기로 한다. 다시 말하면, 〈형태론적 구성으로 인식되지만 그러나 분명히 통사론적 구성〉인 현대 한국어의 의존구문에 대한 통시적인 해석이다.

64) ㄱ) 나는 학교에 가-고 싶-다.

ㄴ) 빨리 학교에 가-아 보-아라.

65) ㄱ) 내일은 비가 오-ㄹ 지-도 모른다.

ㄴ) 나는 모르는 척 하-였다.

위의 문장 64), 65)의 밑줄 그은 구성들은 분명히 통사론적 구성인데도 혼히 형태론적 구성으로 인식된다. 이와 같이 본질적으로는 분명히 통사론적 구성인데, 혼히 형태론적 구성으로 인식되는 데에 대한 그 근거를 밝혀 설명하고, 아울러 그 근거가 통사 변화에서 어떠한 의의를 가지며, 또한 한국어 통사론 기술에서 어떤 타당성을 가지는지를 여기에서 밝히고자 한다. 이를 위하여 우선 다음과 같은 가설을 설정한다. 이러한 가설은 문법 변화의 한 방향인 통사론에서 형태론으로의 변화를 확인하는 결과이기도 하다. [7]

---

7) 문법 변화에서 통사론적 구성에서 형태론적 구성으로의 변화를 다룬 앞선 연구들은 다음과 같은 예가 있다. 앞선 연구들은 이러한 논의를 입증해 주는 근거가 될 수 있다.

김주원(1984)에서는 다음과 같은 경북방언의 문장을 들고서 이를 통사 변화의 한 양상으로 다루었다.

(ㄱ) 사람들이 많은 겉다.

(ㄴ) 비가 그칠 겉다.

문장 (ㄱ), (ㄴ)을 (ㄷ), (ㄹ)에서의 변화라고 보았다.

(ㄷ) 사람들이 많은 것(=거) 겉다.

(ㄹ) 비가 그칠 것(=거) 겉다.

문장 (ㄷ), (ㄹ)의 〈겄(=거) 겉-〉과 같은 통사적 구성이 〈겉-〉이라는 구성으로 변화한 것으로 보았다.

Givón(1971)에서는 통시적 통사론과 공시적 형태론을 다루면서 〈오늘의 형태론은 어제의 통사론〉이라는 것을 입증했다. Bantu 말의 동사 활용어미를 다루었는데 이러한 동사의 활용어미 형성을 통사론적 구성에서 형태론적 구성으로 변화한 것으로 보았다. Bantu 말 동사의 형태론적 구성은 다음과 같이 이루어져 있다고 한다.

(ㅁ) A-M-OP-verb stem-VDS *-

66) 역사적으로 의존구문은 통사론적 구성에서 형태론적 구성으로 변화하고 있다. 현대 한국어에서의 의존구문이 본질적으로는 통사론적 구성임에도 불구하고, 통사론적 구성으로도 인식되고 형태론적 구성으로도 인식되는 것은 이러한 변화를 예측하게 한다.

의존동사 구문의 경우 서술어 구성 AB=X에서 A를 필수적으로 요구하는 동사를 의존동사라 규정했는데, 의존동사 구문은 현대 한국어에서는 다음과 같이 인식되고 있다.

67) 의존동사 구문의 인식 양상
   ㄱ) 통사론적 구성으로 인식되는 경우
   ㄴ) 형태론적 구성으로 인식되는 경우 : 상위문과 하위문의 주어가 같은 것으로 상정되며, 하위문에 시제법이 실현되어 있지 않은 경우로서, 하위문과 상위문의 동사 사이에 긴밀한 통합 관계가 이루어진 경우
   ㄷ) 어휘론적 구성으로 인식되는 경우 : 재구조화하여 복합동사로 변화한 경우

이러한 의존동사 구문의 인식 양상을 바탕으로 하면, 의존동사 구문은 본질적으로 통사론적 구성이지만, 인식 양상이 통사론적 구성으로, 형태론적 구성으로, (더 나아가서, 어휘론적 구성으로) 나타난다고 하겠다. 이것은 바로 의존동사 구문이 현대 한국어 공시태에서 통사론적 구성에서 형태론적 구성으로 변화하고 있음을 예측할 수 있게 하는 것이다. 즉 다음과 같은 변화 과정을 설정할 수 있겠다.

(단, A : 주어일치소, OP : 조응표지, M : 시제-양상-양태소, VDS : 활용어미)

즉 Bantu 말의 M, VDS는 역사적으로 상위문 동사였으나, 이들이 형태론적 구성으로 변화했다.

68) 의존동사 구문의 변화 과정

통사론적 구성> 통사론적 구성 >형태론적 구성
형태론적 구성

이러한 방향의 변화 과정은 시제법의 변화에서 〈-었-〉과 〈-겠-〉의
발달 과정이 입증해 주고 있다(제17장 참조).

의존명사의 구문 관형화 내포문 구성에서 관형절의 수식을 받는 내
포문 명사가 의존명사인, 현대 한국어의 의존명사 구문의 인식 양상은
다음과 같다.

69) 의존명사 구문의 인식 양상

ㄱ) 통사론적 구성으로 인식되는 경우

ㄴ) 형태론적 구성으로 인식되는 경우 :

① 서로 이웃하고 있는 관형화 어미와 내포문 명사 사이에 긴밀한
통합 관계가 이루어져 그 결과 결합 관계로 인식될 경우(특히,
것, 지)

② 서로 이웃하고 있는 내포문 명사와 상위문 동사(〈하-〉일 경우
에) 사이에 긴밀한 통합 관계가 이루어져 그 결과 결합 관계로
인식될 경우(특히, 겸, 둥, 듯, 만, 뻔, 법, 상, 성, 양, 척,
체)

이러한 의존명사 구문의 인식 양상을 바탕으로 하면, 의존명사 구문
은 본질적으로 통사론적 구성이지만, 인식 양상이 통사론적 구성으
로, 형태론적 구성으로 나타난다. 이것은 바로 의존명사 구문이 현대
한국어 공시태에서 통사론적 구성에서 형태론적 구성으로 변화하고 있
음을 예측할 수 있게 하는 것이다. 즉 다음과 같은 변화 과정을 설정
할 수 있겠다.

70) 의존명사 구문의 변화 과정

통사론적 구성 > 통사론 구성 / 형태론 구성 > 형태론적 구성

의존구문의 통시적 해석 구성 AB＝X에서, B만으로는 X의 기능이 수행되지 못하고 필수적으로 A에 의존해야만 B가 X의 기능을 수행하는 경우가 의존 관계이다. 즉 AB＝X에서 X가 서술어일 때 B는 의존동사, X가 명사구일 때 B는 의존명사이다. 의존동사 구문의 본질은 동사구 내포문을 안은 복합문 구성으로 통사론적 구성이고, 의존명사 구문의 본질도 관형절을 안은 복합문 구성으로 통사론적 구성이다.

그런데 위에서 본 바와 같이 의존동사 구문이나 의존명사 구문은 현대 한국어에서 통사론적 구성, 형태론적 구성, 두 가지로 인식된다. 이와 같은 현대 한국어의 공시태는, 의존구문이 역사적으로 통사론적 구성 > 통사론적 구성·형태론적 구성 > 형태론적 구성으로 변화하고 있음을 예측할 수 있게 한다. 즉 통사론에서 형태론으로 변화하고 있다는 통시적인 해석을 하게 한다.

참고문헌

고영근 1987, 『표준 중세국어 문법론』, 탑출판사.

안병희·이광호 1990, 『중세국어 문법론』, 학연사.

이현희 1989, 「국어 문법사 연구 30년(1959-1989)」, 《국어학》 19, 국어학회.

허웅 1975, 『우리 옛 말본』, 샘문화사.

──── 1989, 『16세기 우리 옛 말본』, 샘문화사.

〈접속문〉

권재일 1985, 「중세 한국어의 접속문 연구」, 『역사 언어학』, 전예원.

───── 1988, 「접속문 구성의 변천 양상」, 《언어》 13-2, 한국언어학회.

김송원 1988, 「15세기 중기국어의 접속월 연구」, 건국대학교 대학원 국
　　　어국문학과 박사학위논문.

남윤진 1989, 「15세기 국어의 접속어미에 대한 연구─────{-아}, {-고},
　　　{-며}를 중심으로」, 《국어연구》 93, 서울대학교 국어연구회.

리의도 1990, 『우리말 이음씨끝의 역사』, 어문각.

최남희 1991, 「고대국어의 이음법에 대한 연구」, 《한글》 212, 한글학회.

〈내포문〉

강인선 1977, 「15세기 국어의 인용구조 연구」, 서울대학교 대학원 언어
　　　학과 석사학위논문.

권재일 1987, 「의존구문의 역사성─────통사론에서 형태론으로」, 《말》 12,
　　　연세대학교 한국어학당.

김주원 1984, 「통사 변화의 한 양상」, 《언어학》 7, 한국언어학회.

김흥수 1975, 「중세국어의 명사화 연구」, 《국어연구》 34, 서울대학교 국
　　　어연구회.

박성현 1989, 「국어의 부사화소 {-이}와 {-게}에 대한 사적 연구 : 기능과
　　　분포를 중심으로」, 《언어학연구》 3, 서울대학교 대학원 언어학과.

서정목 1982, 「15세기 국어 동명사 내포문의 주어의 격에 대하여」, 《진
　　　단학보》 53-54, 진단학회.

안주호 1991, 「후기 근대국어의 인용문 연구」, 《자하어문논집》 8, 상명
　　　여자대학교 국어교육과.

왕문용 1988, 『근대국어의 의존명사 연구』, 한샘.

이광호 1991, 「중세국어 부동사 어미 '-게'와 '-긔'의 의미 기능」, 《어문
　　　학논총》 10, 국민대학교 어문학연구소.

이기갑 1981, 「씨끝 '-아'와 '-고'의 역사적 교체」, 《어학연구》 17-2, 서
　　　울대학교 어학연구소.

이남순 1987, 「명사화소 '-ㅁ'과 '-기'의 교체」, 《홍익어문》 7, 홍익대학

교 국어교육학과.

이승욱 1989, 「중세어의 '(으)ㅁ', '-기' 구성 동명사의 사적 특성」, 『국어국문학논총』(이정 정연찬 선생 회갑기념), 탑출판사.

이현규 1975, 「명사형 어미 '-(으)ㅁ', '-기'의 사적 고찰」, 《논문집》 5, 한국사회사업대학.

───── 1981, 「국어 전용법 연구」, 영남대학교 대학원 국어국문학과 박사학위논문.

이현희 1986, 「중세국어 내적 화법의 성격」, 《한신대 논문집》 3, 한신대학.

───── 1990, 「중세국어 명사구 확장의 한 유형 ──형식명사 '이'와 관련된 몇 문제」, 『국어학논문집』(강신항교수 회갑기념), 태학사.

───── 1991, 「중세국어 명사문의 성격」, 『국어학의 새로운 인식과 전개』(김완진선생 회갑기념논총), 민음사.

전정례 1990, 「중세국어 명사구 내포문에서의 '-오-'의 기능과 변천」, 서울대학교 대학원 언어학과 박사학위논문.

정호완 1987, 『후기 중세어 의존명사 연구』, 학문사.

차현실 1981, 「중세국어의 응축보문 연구 : '-오/우-'의 통사기능을 중심으로」, 이화여자대학교 대학원 국어국문학과 박사학위논문.

채완 1982, 「국어수량사귀의 통시적 고찰──어순변화의 일례로서-」, 《진단학보》 53-54, 진단학회.

───── 1979, 「명사화소 '-기'에 대하여」, 국어학 8, 국어학회.

허원욱 1988, 「15세기 우리말 매김마디 연구」, 《한글》 200, 한글학회.

───── 1991, 「15세기 국어의 이름마디와 매김마디 연구」, 건국대학교 대학원 국어국문학과 박사학위논문.

홍종선 1983, 「명사화 어미의 변천」, 《국어국문학》 89, 국어국문학회.

Givón, T. 1971, Historical syntax and synchronic morphology : An Archaeologist's field trip, *CLS* 7, Chicago Linguistic Society.

한국어 통사론 연구논저 목록

강규선 1988, 「20세기 초기 국어의 경어법 연구」, 성균관대학교 대학원 국어국문학과 박사학위논문.

강기진 1985, 「국어 접속어미 '-니'와 '-니까'의 연구」, 《국어학》 14, 국어학회.

강 명 윤 1988, Topic in Korean Syntax : Phrase Structure, Variable Binding and Movement, Ph.D. Dissertation, MIT.

강명윤 1990, 「GB이론과 한국어 연구」, 《주시경학보》 6, 주시경연구소.

강범모 1983, 「한국어 보문 명사의 의미 특성」, 《어학연구》 19-1, 서울대학교 어학연구소.

강복수 1972, 『국어문법사 연구』, 형설출판사.

강신항 1978, 「안동방언의 서술법과 의문법」, 《언어학》 3, 한국언어학회.

강영세 1986, Korean Syntax and Universal Grammar, Ph.D. Dissertation, Harvard University.

강우원 1990, 「우리말 이음구조 연구」, 부산대학교 대학원 국어국문학과 박사학위논문.

강인선 1977, 「15세기 국어의 인용구조 연구」, 서울대학교 대학원 언어학과 석사학위논문.

강정희 1978, 「제주방언 접속문의 시제에 관한 일고」, 《어학연구》 14-2, 서울대학교 어학연구소.

강창석 1987, 「국어 경어법의 본질적 의미」, 《울산어문논집》 3, 울산대학교 국어국문학과.

고영근 1965, 「현대국어의 서법 체계에 대한 연구──선어말어미의 것을 중심으로」, 《국어연구》 15, 서울대학교 국어연구회.

──── 1970, 「현대국어의 준자립형식에 대한 연구」, 《어학연구》 6-1, 서울대학교 어학연구소.

──── 1974, 「현대국어의 존비법에 관한 연구」, 《어학연구》 10-2, 서울대학교 어학연구소.

──── 1975, 「현대국어의 어말어미에 대한 구조적 연구」, 《응용언어학》 7-1, 서울대학교 어학연구소.

──── 1976, 「현대국어의 문체법에 대한 연구」, 《어학연구》 12-1, 서울대학교 어학연구소.

──── 1978, 「형태소의 분석 한계」, 《언어학》 3, 한국언어학회.

──── 1980, 「국어 진행상 형태의 처소론적 해석」, 《어학연구》 16-1, 서울대학교 어학연구소.

──── 1981, 『중세국어의 시상과 서법』, 탑출판사.

──── 1982, 「서술성어미와 관형사형어미의 관련성에 관한 연구」, 《관악어문연구》 7, 서울대학교 국어국문학과.

──── 1983, 『국어 문법의 연구──그 어제와 오늘』, 탑출판사.

──── (편) 1985, 『국어학 연구사──그 흐름과 동향』, 학연사.

──── 1986-ㄱ, 「능격성과 국어의 통사 구조」, 《한글》 192, 한글학회.

──── 1986-ㄴ, 「서법과 양태의 상관 관계」, 『국어학 신연구』(약천 김민수교수 화갑기념), 탑출판사.

──── 1987, 『표준 중세국어 문법론』, 탑출판사.

──── 1989-ㄱ, 「국어의 형태적 유형성」, 『이정 정연찬선생 회갑기념논총』, (주)탑출판사.

──── 1989-ㄴ, 『국어 형태론 연구』, 서울대학교 출판부.

──── 1990, 「텍스트 이론과 국어통사론 연구」, 《배달말》 15, 배달말학

회.

───── 1992, 「형태소란 도대체 무엇인가」, 《홍익어문》 10-11 홍익대학
교 홍익어문연구회.

고영근·남기심 (편) 1983, 『국어의 통사·의미론』, 탑출판사.

고영근·성광수·심재기·홍종선 (편) 1992, 『국어학연구 백년사』, 일조
각.

교육부 1985/1991, 『인문계 고등학교 문법』, 대한교과서주식회사.

구현정 1989-ㄱ, 「조건과 주제」, 《언어》 14, 한국언어학회.

───── 1989-ㄴ, 「조건월의 화행」, 《국어학》 19, 국어학회.

───── 1989-ㄷ, 「현대 국어의 조건월 연구」, 건국대학교 대학원 국어국
문학과 박사학위논문.

국어국문학회 (편) 1989, 『국어국문학과 구미 이론』, 지식산업사.

국어연구회 (편) 1990, 『국어연구 어디까지 왔나』, 동아출판사.

국응도 1968, Embedding Transformations in Korean Syntax, Ph.D.
Dissertation, The University of Alberta.

권용경 1990, 「15세기 국어 서법의 선어말어미에 대한 연구」, 《국어연
구》 101, 서울대학교 국어연구회.

권재선 1976, 「포갠월」, 『한국어문논총』(우촌 강복수박사 회갑기념 논문
집), 형설출판사.

───── 1987, 『국어학 발전사(현대국어학)』, 우골탑.

권재일 1977, 「현대국어의 동사구 내포문 연구」, 서울대학교 대학원 언어
학과 석사학위논문.

───── 1980, 「현대국어의 관형화 내포문 연구」, 《한글》 167, 한글학회.

───── 1982-ㄱ, 「경북방언의 문장종결조사 {이}에 대하여」, 《인문과학
연구》 1 , 대구대학교 인문과학연구소.

───── 1982-ㄴ, 「어미 체계와 통사 기술」, 《언어학》 5, 한국언어학회.

───── 1983, 「현대국어의 접속문 어미 연구」, 《언어학》 6, 한국언어학
회.

───── 1984-ㄱ, 「접속문 구성에서의 의향법」, 《언어학》 7, 한국언어학
회.

———— 1984-ㄴ, 「현대국어의 약속문 어미 연구」, 《대구어문논총》 2, 대구어문학회.

———— 1984-ㄷ, 「현대국어의 의향법 연구」, 『목천 유창균박사 환갑기념 국어학논총』, 계명대학교 출판부.

———— 1985-ㄱ, 『국어의 복합문 구성 연구』, 집문당.

———— 1985-ㄴ, 「중세 한국어의 접속문 연구」, 『역사언어학』, 전예원.

———— 1986-ㄱ, 「문법 형태소의 성격」, 『국어학 신연구』(약천 김민수교수 화갑기념), 탑출판사.

———— 1986-ㄴ, 「문법범주 실현방법과 국어의 특징」, 《배달말》 11, 배달말학회.

———— 1986-ㄷ, 「형태론적 구성으로 인식되는 복합문 구성에 대하여」, 《국어학》 15, 국어학회.

———— 1987-ㄱ, 「강조법과 그 실현방법」, 《인문과학논총》 19, 건국대학교 인문과학연구소.

———— 1987-ㄴ, 「문법 기술에서의 '체계'에 대하여」, 《건국어문학》 11-12, 건국대학교 국어국문학연구회.

———— 1987-ㄷ, 「문법범주 실현의 다양성에 대하여」, 《한글》 196, 한글학회.

———— 1987-ㄹ, 「의존구문의 역사성 ——통사론에서 형태론으로」, 《말》 12, 연세대학교 한국어학당.

———— 1988-ㄱ, 「국어의 내포문」, 《국어생활》 12, 국어연구소.

———— 1988-ㄴ, 「문법 기술에서의 '정도성'에 대하여」, 《국어국문학》 100, 국어국문학회.

———— 1988-ㄷ, 「접속문 구성의 변천 양상」, 《언어》 13-2, 한국언어학회.

———— 1989-ㄱ, 「문법 기술에서의 '의미 관계'에 대하여」, 《한글》 205, 한글학회.

———— 1989-ㄴ, 「문법범주 실현방법의 역사성」, 《건국어문학》 13-14, 건국대학교 국어국문학연구회.

———— 1989-ㄷ, 「조사의 성격과 그 생략 현상에 대한 기술 방법」, 《어학

연구》25-1, 서울대학교 어학연구소.

———— 1990, 「외래 이론 수용과 한국어 문법 연구」, 《대구어문논총》 8, 대구어문학회.

———— 1991-ㄱ, 「문법 변화의 두 방향」, 『국어의 이해와 인식』(갈음 김석득교수 회갑기념 논문집), 한국문화사.

———— 1991-ㄴ, 「변형생성문법 이론의 수용과 한국어 문법 연구」, 《건국어문학》 15-16, 건국대학교 국어국문학연구회.

———— 1991-ㄷ, 「사동법 실현 방법의 역사」, 《한글》 211, 한글학회.

———— 1991-ㄹ, 「의향법과 그 통사 특성」, 《인문과학논총》 23, 건국대학교 인문과학연구소.

———— 1991-ㅁ, 「한국어 문법범주에 대한 언어유형론적인 연구, 《언어학》 13, 한국언어학회.

———— 1991-ㅂ, 「한국어 접속문 연구사」, 『언어학 연구사』, 서울대학교 출판부.

———— 1992, 「역사통사론의 성격」, 《학술지》 36, 건국대학교.

김경학 1984, 「구절구조 문법과 국어의 이중목적어 구문」, 《문법연구》 5, 문법연구회.

———— 1986, 『통제와 문법이론』, 한신문화사.

김경훈 1977, 「국어의 수식부사 연구」, 《국어연구》 37, 서울대학교 국어연구회.

———— 1980, 「국어의 위치 제약에 대하여」, 『현평효박사 회갑기념논총』.

———— 1981, 「국어의 양상구조에 대하여」, 《개신어문연구》 1, 충북대학교 국어국문학과.

김광해 1984, 「'의'의 의미」, 《문법연구》 5, 문법연구회.

———— 1983, 「국어의 의문사에 대한 연구」, 《국어학》 12, 국어학회.

김기혁 1987, 「국어 보조동사 연구」, 연세대학교 대학원 국어국문학과 박사학위논문.

———— 1988, 「국어문법에서 통사구조와 의미구조」, 《언어연구》 8, 경희대학교 언어연구소.

———— 1989-ㄱ, 「국어 문법에서 격의 해석」, 《말》 14, 연세대학교 언어

교육연구원.

─── 1989-ㄴ, 「진행구성의 문법범주」, 《배달말》 14, 배달말학회.

─── 1990, 「관형 구성의 통어 현상과 의미 관계」, 《한글》 209, 한글 학회.

─── 1991-ㄱ, 「공시적 현상과 통시적 해석」, 『국어의 이해와 인식』 (갈음 김석득교수 회갑기념 논문집), 한국문화사.

─── 1991-ㄴ, 「형태 통어적 구성과 중간 범주」, 《동방학지》 71-72, 연세대학교 국학연구원.

김남길 1974, Studies in the Syntax of Korean Complementation, Ph. D. Dissertation, University of Washington.

─── 1982-ㄱ, Suject raising and the verb phrase constituency in Korean, 《말》 7, 연세대학교 한국어학당.

─── 1982-ㄴ, Verb Phrase Complements in Korean, *Linguistics in the Morning Calm*, 한신문화사.

김동석 1991, 『N. Chomsky의 보편문법』, 형설출판사.

김동식 1980, 「현대국어 부정법의 연구」, 《국어연구》 42, 서울대학교 국어연구회.

─── 1981, 「부정 아닌 부정」, 《언어》 6-2, 한국언어학회.

─── 1984, 「객체높임법 '습'에 대한 검토」, 《관악어문연구》 9, 서울대 학교 국어국문학과.

─── 1988, 「선어말어미 {느}에 대하여」, 《언어》 13-1, 한국언어학회.

김두봉 1922, 『깁더 조선말본』, 새글집.

김문웅 1991, 『옛 부정법의 형태에 대하여──'내훈' 과 '어제내훈' 을 중심으로』, 『들메 서재극박사 환갑기념 논문집』, 계명대학교 출판부.

김미경 1990, 「국어 보조동사 구문의 구조」, 《언어》 15, 한국언어학회.

김민수 1971, 『국어문법론』, 일조각.

김민수·하동호·고영근 (편) 1977-1986, 『역대한국문법대계』, 탑출판 사.

김방한 1970, 『언어학논고』, 서울대학교 출판부.

─── 1985, 『언어학논고 Ⅱ』, 서울대학교 출판부.

──── 1988, 『역사-비교언어학』, 민음사.

──── 1991, 「역사-비교언어학의 어제와 오늘」, 『언어학 연구사』, 서울 대학교 출판부.

──── 1992, 『언어학의 이해』, 민음사.

김방한·문양수·신익성·이현복 1982, 『일반 언어학』, 형설출판사.

김봉모 1983, 「국어 매김말 연구」, 부산대학교 대학원 국어국문학과 박사 학위논문.

──── 1985, 「입음표현과 입음월」, 《부산한글》 4, 한글학회 부산지회.

──── 1990, 「국어의 견줌말 연구」, 《한글》 209, 한글학회.

김석득 1969, 「한국어 존대법의 확대 구조──심층구조의 존대법 표면구 조의 생성을 중심으로」, 《인문과학》 20, 연세대학교 인문과학연구 소.

──── 1971-ㄱ, 『국어구조론──피동 및 사동접미사의 공존관계와 변형 구조』, 연세대학교 출판부.

──── 1971-ㄴ, 「한국어 부정법에 대하여」, 《국어국문학》 53, 국어국문 학회.

──── 1977-ㄱ, 「국어의 존대의 같은 주고받음과 다른 주고받음에 대하 여」, 《언어》 2-1, 한국언어학회.

──── 1977-ㄴ, 「더낮춤법과 더높임법」, 《언어와 언어학》 5, 한국외국 어대학 언어연구소.

──── 1979, 「국어의 피사동」, 《언어》 4-2, 한국언어학회.

──── 1980, 「자리만듦성과 시킴월되기 제약」, 《말》 5, 연세대학교 한 국어학당.

──── 1983, 『우리말 연구사』, 정음문화사.

──── 1987-ㄱ, 「시킴법과 입음법」, 《국어생활》 8, 국어연구소.

──── 1987-ㄴ, 「완료와 정태지속에 대한 역사적 정보」, 《한글》 196, 한글학회.

──── 1991, 「토씨의 상위 분류론──'유동형태' 처리를 겸하여」, 《동방 학지》 71-72, 연세대학교 국학연구원.

──── 1992, 『우리말 형태론──말본론──』, (주) 탑출판사.

김선기 (역) 1963, 『언어분석론』(Bloch-Trager 1942), 대한교과서주식
　　회사.

김선호 1988, 「한국어 행위요구월 연구」, 건국대학교 대학원 국어국문학
　　과 박사학위논문.

김선희 1985, 「체언 수식 부사의 의미 분석」, 《한글》 187, 한글학회.

───── 1987, 「현대국어의 시간어 연구」, 연세대학교 대학원 국어국문학
　　과 박사학위논문.

김성화 1990, 『현대국어의 상 연구』, 한신문화사.

김세중 1987, 「국어의 명시적 수행문에 대하여」, 《한글》 196, 한글학회.

김송원 1988, 「15세기 중기국어의 접속월 연구」, 건국대학교 대학원 국
　　어국문학과 박사학위논문.

김승곤 1977, 「연결어미 '-고'에 대하여」, 《학술지》 21, 건국대학교.

───── 1978-ㄱ, 『한국어 조사의 통시적 연구』, 대제각.

───── 1978-ㄴ, 「연결형 어미 '-니까', '-아서', '-므로', '-매'의 말쓰임
　　에 대하여」, 《인문과학논총》 11, 건국대학교 인문과학연구소.

───── 1979, 「선택형 어미 '거나'와 '든지'의 화용론」, 《말》 4, 연세대
　　학교 한국어학당.

───── 1981, 「한국어 연결형 어미의 의미 분석 연구 1」, 《한글》
　　173-174, 한글학회.

───── 1984, 「한국어 이음씨끝의 의미 및 통어 기능 연구 1」, 《한글》
　　186, 한글학회.

───── 1986-ㄱ, 「이음씨끝 '-게'와 '-도록'의 의미와 통어적 기능」, 『국
　　어학 신연구』(약천 김민수교수 화갑기념), 탑출판사.

───── 1986-ㄴ, 「풀이자리토씨 '이다'에 대한 한 고찰」, 《한글》 191, 한
　　글학회.

───── 1989, 『우리말 토씨 연구』, 건국대학교 출판부.

───── 1991, 『한국어 통어론』, 건국대학교 출판부.

───── 1992, 『국어 토씨 연구』, 서광학술자료사.

───── (편) 1992, 『한국어의 토씨와 씨끝』, 서광학술자료사.

김승렬 1988, 『국어 어순의 연구』, 한신문화사.

김영배·신현숙 1987, 『국어문법론──통사 현상과 그 규칙』, 한신문화사.

김영욱 1989, 「중세국어의 존비법에 대한 연구」, 《국어연구》 89, 서울대학교 국어연구회.

김영주 1990, The Syntax and Semantics of Korean Case : The Interaction between Lexical and Syntactic Levels of Representation, Ph.D. Dissertation, Harvard University.

김영희 1974-ㄱ, 「대칭 관계와 접속조사 '와'」, 《한글》 154, 한글학회.

────── 1974-ㄴ, 「한국어 조사류어의 연구」, 《문법연구》 1, 문법연구회.

────── 1975, 「의문문의 이접적 특징」, 《문법연구》 2, 문법연구회.

────── 1976, 「형용사의 부사화」, 《어학연구》 12-2, 서울대학교 어학연구소.

────── 1978-ㄱ, 「겹주어론」, 《한글》 162, 한글학회.

────── 1978-ㄴ, 「삽입절의 의미론과 통사론」, 《말》 3, 연세대학교 한국어학당.

────── 1980, 「정태적 상황과 겹주어 구문」, 《한글》 169, 한글학회.

────── 1981, 「회상문의 인칭제약과 책임성」, 《국어학》 10, 국어학회.

────── 1984, 『한국어 셈숱화 구문의 통사론』, 탑출판사.

────── 1987, 「국어의 접속문」, 《국어생활》 11, 국어연구소.

────── 1988-ㄱ, 「등위 접속문의 통사 특성」, 《한글》 201-202, 한글학회.

────── 1988-ㄴ, 『한국어 통사론의 모색』, 탑출판사.

────── 1989, 「이론 수용과 통사론의 전개」, 《국어학》 19, 국어학회.

────── 1991, 「종속 접속문의 통사적 양상」, 『들메 서재극박사 환갑기념 논문집』, 계명대학교 출판부.

김완진 1970, 「문접속의 '와'와 구접속의 '와'」, 《어학연구》 6-2, 서울대학교 어학연구소.

김용경 1989, 「현대국어의 미정법 연구」, 건국대학교 대학원 국어국문학과 석사학위논문.

김용석 1979, 「목적어 조사 '-을/를'에 관하여」, 《말》 4, 연세대학교 한국어학당.

───── 1981, 「연결어미 '-는데'에 대하여」, 《배달말》 6, 배달말학회.

───── 1983, 「한국어 보조동사 연구」, 《배달말》 8, 배달말학회.

김인택 1991, 「이름마디와 그 유형」, 《우리말연구》 1, 우리말연구회.

김일병 1985, 「국어 동사의 현재시제에 대한 재고찰」, 《논문집》 10-13, 한국국어교육연구회.

김일웅 1978, 「{이}사역문과 타동사문」, 『눈뫼 허 웅박사 환갑기념 논문집』, 과학사.

───── 1982-ㄱ, 「우리말 대용어 연구」, 부산대학교 대학원 국어국문학과 박사학위논문.

───── 1982-ㄴ, 「지시의 분류와 지시사 '이, 그, 저'의 쓰임」, 《한글》 178, 한글학회.

───── 1983, 「담화문법의 필요성」, 《부산한글》 2, 한글학회 부산지회.

───── 1984-ㄱ, 「국어 시제 표현의 구조」, 《어문교육논집》 8, 부산대학교 국어교육학과.

───── 1984-ㄴ, 「풀이말의 결합가와 격」, 《한글》 186, 한글학회.

───── 1986, 「생략의 유형」, 『국어학 신연구』(약천 김민수교수 화갑기념), 탑출판사.

───── 1987-ㄱ, 「월의 생성 과정」, 《한글》 196, 한글학회.

───── 1987-ㄴ, 「월의 분류와 특징」, 《한글》 198, 한글학회.

───── 1990, 「의향법에 의한 월 분류의 문제점」, 《주시경학보》 5, 주시경연구소.

───── 1991-ㄱ, 「낱말과 월성분」, 《우리말연구》 1, 우리말연구회.

───── 1991-ㄴ, 「이음과 묶음」, 『국어의 이해와 인식』(갈음 김석득교수 회갑기념 논문집), 한국문화사.

김정대 1983, 「창원지역어 청자존대표현 '예'와 '요'──사회언어학적 접근」, 《어문논집》 1, 경남대학교 국어교육과.

───── 1988, 「사동 논의에 대한 반성」, 《어문논집》 3, 경남대학교 국어교육학회.

───── 1989, 「'-게 하다' 사동 구문의 기저 구조 (1)」, 《경남어문논집》

2, 경남대학교 국어국문학과.

──── 1990-ㄱ, 「'-게 하다' 사동 구문의 기저 구조 (2)」, 《인문논총》 2, 경남대 인문과학연구소.

──── 1990-ㄴ, 「비교 구문 논의를 위한 몇 가지 전제」, 《경남어문논집》 3, 경남대학교 국어국문학과.

김정수 1984, 『17세기 한국말의 높임법과 그 15세기로부터의 변천』, 정음사.

──── 1985, 「17세기 한국말의 느낌법과 그 15세기로부터의 변천」, 《한국학논집》 8, 한양대학교 한국학연구소.

김종록 1984, 「접속어미 {-려, -려(고), -고자, -도록}에 관한 연구」, 경북대학교 대학원 국어국문학과 석사학위논문.

──── 1989, 「부사형접사 '-이'와 '-게'의 통시적 교체」, 《국어교육연구》 21, 경북대학교 국어교육연구회.

──── 1992, 「국어 접속문 구성에서의 부정법」, 《어문학》 53, 한국어문학회.

김종택 1981, 「국어 대우법 체계를 재론함──청자 대우를 중심으로」, 《한글》 172, 한글학회.

김종훈 (역) 1961, 『언어학 개론』(Sapir 1921), 일우사,

김주원 1984, 「통사 변화의 한 양상」, 《언어학》 7, 한국언어학회.

──── 1990, 「국어사 연구의 방향 정립을 위한 제언」, 《민족문화논총》 11, 영남대학교 민족문화연구소.

김진수 1985, 「시간부사 '벌써', '이미'와 '아직'의 상과 통사 제약」, 《한글》 189, 한글학회.

──── 1987, 『국어 접속 조사와 어미 연구』, 탑출판사.

김진우 1985, 『언어──그 이론과 응용』, 탑출판사.

김차균 1980-ㄱ, 「국어 시제 형태소의 의미──회상 형태소 '더'를 중심으로」, 《한글》 169, 한글학회.

──── 1980-ㄴ, 「국어의 수동과 사역의 의미」, 《한글》 168, 한글학회.

──── 1981, 「'을' 과 '겠'의 의미」, 《한글》 173-174, 한글학회.

──── 1990-ㄱ, 『우리말 시제와 상의 연구』, 태학사.

──── 1990-ㄴ, 「관계절의 시제와 상위문 속에서의 연산」, 《한글》 207, 한글학회.

──── 1991-ㄱ, 「/느/의 분포와 형태론적 지위의 분석」, 《동방학지》 71-72, 연세대학교 국학연구원.

──── 1991-ㄴ, 「국어 때매김 형태소 체계에 대한 반성」, 『들메 서재극 박사 환갑기념 논문집』, 계명대학교 출판부.

김충회 1972, 「15세기 국어의 결어법 연구」, 《국어연구》 24, 서울대학교 국어연구회.

──── 1974, 「15세기 국어의 명령법 연구」, 《한양어문》 1, 한양대학교 국어국문학과.

김태엽 1986, 「의문형어미 '-ㄴ교'의 형성」, 『국어학논총』(백민 전재호박사 화갑기념), 형설출판사.

──── 1992, 「종결어미의 화계와 부름말」, 《대구어문논총》 10, 대구어문학회.

김태한 (역) 1965, 『언어분석개론』(Bloch-Trager 1942), 형설출판사.

김택구 1984, 「우리말 부사어의 통어 기능」, 『두메 박지홍선생 회갑기념 논문집』, 문성출판사.

김하수 1976, 「한국어 수량사 내포 구문의 통사론적 연구」, 연세대학교 대학원 국어국문학과 석사학위논문.

김한곤 1983, 「이른바 '-이' 사역·피동의 화용론적 조건」, 《한글》 180, 한글학회.

김해원 1991, 「국어 이중주격문의 통사·의미적 분석」, 서울대학교 언어학과 석사학위논문.

김형규 1975, 「국어 경어법 연구」, 《동양학》 5, 단국대학교 동양학연구소.

──── 1986, 『증보 국어사연구』, 일조각.

김형철 1987, 「19세기말 국어의 문체·구문·어휘의 연구」, 경북대학교 대학원 국어국문학과 박사학위논문.

김흥수 1975, 「중세국어의 명사화 연구」, 《국어연구》 34, 서울대학교 국어연구회.

────── 1976, 「계기의 '고'에 대하여」, 《국어학》 5, 국어학회.

────── 1977, 「동시구문의 양상」, 《국어학》 7, 국어학회.

────── 1980, 「인과구문의 해석」, 《국어문학》 21, 전북대학교 국어국문학회.

────── 1982, 「원인의 '-에'와 '-로'에 대하여」, 《국어문학》 22, 전북대학교 국어문학회.

────── 1989, 『현대국어 심리동사 구문 연구』, 탑출판사.

────── 1990, 「내면 인용 구문의 해석」, 《주시경학보》 6, 주시경연구소.

────── 1991, 「사동주의 원인성」, 『국어학의 새로운 인식과 전개』(김완진 선생 회갑기념논총), 민음사.

나진석 1971, 『우리말의 때매김 연구』, 과학사.

남광우 1961, 「사동·피동형의 역사적 고찰」, 《논문집》 3, 학술원.

남기심 1970, 「인용문의 체언형 및 관형사형되기에 관한 연구」, 《동서문화》 4, 계명대학교 동서문화연구소.

────── 1973, 『국어 완형보문법 연구』, 계명대학 출판부.

────── 1976, 「국어학이 걸어온 길」, 『언어과학이란 무엇인가』, 문학과 지성사.

────── 1978, 『국어문법의 시제문제에 관한 연구』, 탑출판사.

────── 1980, 「연결어미 '-고'에 의한 접속문에 대하여」, 《한국학 국제학술회의 논문집》 1, 한국정신문화연구원.

────── 1981, 「국어존대법의 기능」, 《인문과학》 45, 연세대학교 인문과학연구소.

────── 1982, 「국어의 공시적 기술과 형태소 분석」, 《배달말》 7, 배달말학회.

────── 1985, 「접속 어미와 부사형 어미」, 《말》 10, 연세대학교 한국어학당.

────── 1986, 「서술절의 설정은 타당한가?」, 『국어학 신연구』(약천 김민수교수 화갑기념), 탑출판사.

────── 1987-ㄱ, 「'-이다'구문의 통사적 분석」, 《한불연구》 7, 연세대학교 한불문화연구소.

──── 1987-ㄴ, 「국어 문법에서 격(자리)는 어떻게 정의되어 있는 가?」, 《애산학보》 5, 애산학회.

──── 1989, 「국어학의 구미 언어이론 수용의 역사」, 『국어국문학과 구미이론』, 지식산업사.

──── 1990, 「토씨 '와/과'의 쓰임에 대하여」, 《동방학지》 66, 연세대학교 국학연구원.

──── 1991, 「불완전명사 '것'의 쓰임」, 『국어의 이해와 인식』(갈음 김석득교수 회갑기념 논문집), 한국문화사.

남기심·F. Lukoff 1983, 「논리적 형식으로서의 '-니까'의 구문과 '-아서'의 구문」, 『국어의 통사·의미론』, 탑출판사.

남기심·고영근 1985, 『표준 국어 문법론』, 탑출판사.

남기심·고영근·이익섭 (편) 1975, 『현대국어문법(논문선)』, 계명대학 출판부.

남기심·이정민·이홍배 1977, 『언어학 개론』, 탑출판사.

남미혜 1988, 「국어 어순 연구──어순 재배치 현상을 중심으로」, 《국어연구》 86, 서울대학교 국어연구회.

남승호 1985, 「국어의 접속문 구성과 양상에 대하여」, 서울대학교 대학원 언어학과 석사학위논문.

남윤진 1989, 「15세기 국어의 접속어미에 대한 연구──{-아}, {-고}, {-며}를 중심으로」, 《국어연구》 93, 서울대학교 국어연구회.

남풍현 1976, 「국어 부정법의 발달」, 《문법연구》 3, 문법연구회.

──── 1977, 「국어 처격조사의 발달」, 『국어국문학논총』(이숭녕선생 고희기념), 탑출판사.

노대규 1977, 「상황소(Deixis)와 한국어 시제」, 《문법연구》 4, 문법연구회.

──── 1978, 「시시소와 시제이론」, 『눈뫼 허 웅박사 환갑기념 논문집』, 과학사.

──── 1983, 『국어의 감탄문 문법』, 보성문화사.

──── 1990, 「한국어의 약속문 연구」, 《동방학지》 69, 연세대학교 국학연구원.

노용균 1984, 「국어 의문문의 통사와 의미」, 서울대학교 대학원 언어학과 석사학위논문.

도수희 1987, 『국어 대용언 연구』, 탑출판사.

류광식 1990, 「15세기 국어 부정법의 연구」, 건국대학교 대학원 국어국문학과 석사학위논문.

류구상 1975, 「의존용언에 대한 사적 고찰」, 《숭전어문학》 4, 숭전대학교 국어국문학과.

───── 1981, 「부사와 {는}의 결합관계」, 《한글》 173-174, 한글학회.

───── 1984, 「국어의 주제조사 {는}에 대한 연구」, 경희대학교 국어국문학과 박사학위논문.

───── 1989, 「국어 조사 {를}에 대한 연구」, 《국어국문학회》 102, 국어국문학회.

류구상·이상규·이기갑·현평효 1991, 「경어 사용의 방언적 차이」, 《새국어생활》 1-3, 국립국어연구원.

류성기 1985, 「18세기 국어의 피동문과 사동문에 대한 연구」, 한국정신문화연구원 부속 한국학대학원 석사학위논문.

───── 1988, 「19세기 국어의 피동문과 사동문에 대한 연구」, 새국어교육 43-44.

류시종 1989, 「한국어동사 '보다'에 대하여」, 《언어학연구》 1, 서울대학교 대학원 언어학과.

류형동 1991, 「한국어의 어휘사동구문에 관하여」, 《언어연구》 3, 서울대학교 언어연구회.

리의도 1990, 『우리말 이음씨끝의 역사』, 어문각.

───── 1991-ㄱ, 「비례법 이음씨끝의 역사」, 《한글》 211, 한글학회.

───── 1991-ㄴ, 「설명법 이음씨끝 '-되'의 변천사」, 『국어의 이해와 인식』(갈음 김석득교수 회갑기념 논문집), 한국문화사.

문귀선 1989, The Syntax of Null Arguments with Special Reference to Korean, Ph.D. Dissertation, University of Texas at Austin.

민현식 1990, 「부사 연구사」, 『국어학논문집』 (강신항교수 회갑기념),

태학사.

──── 1991, 『국어의 시상과 시간부사』, 개문사.

박금자 1985, 「국어의 수량사 연구」, 《국어연구》 64, 서울대학교 국어연구회.

박기덕 1975, 「한국어의 S → S$_2^n$에 관한 연구」, 연세대학교 대학원 국어국문학과 박사학위논문.

박만수 1987, 「우리말 자리말 연구──자리말의 통합 양상을 중심으로」, 동아대학교 대학원 국어국문학과 박사학위논문.

박병수 1972, Complement Structures in Korean─A Syntactic Study of the Verb *ha-*, Ph.D. Dissertation, University of Pittsburgh.

──── 1974, 「한국어 명사보문 구조의 분석」, 《문법연구》 1, 문법연구회.

──── 1981, On the double object constructions in Korean, 《언어》 6-1, 한국언어학회.

──── 1984, 「통제·일치의 원리와 한국어 존칭어미」, 《언어연구》 4, 경희대학교 언어연구소.

──── 1988, Sentential Predicates in Generalized Phrase Structure Grammar : An Analysis of Korean Double Subject Constructions, *Korean Linguistics* 5.

박선자 1983, 「우리말의 때매김에 대한 해석」, 《국어국문학》 20, 부산대학교 국어국문학과.

──── 1983, 「한국어 어찌말 연구」, 부산대학교 대학원 국어국문학과 박사학위논문.

──── 1990-ㄱ, 「볼자리 가설과 우리말의 때매김」, 《언어연구》 12, 부산대학교 어학연구소.

──── 1990-ㄴ, 「우리말 풀이씨 뜻바탕의 설정 근거와 큰 갈래바탕」, 《주시경학보》 5, 주시경연구소.

박성현 1989, 「국어의 부사화소 {-이}와 {-게}에 대한 사적 연구 : 기능과 분포를 중심으로」, 《언어학연구》 3, 서울대학교 대학원 언어학과.

박순함 1967, A Transformational Analysis of Negation in Korean, Ph.D. Dissertation, The University of Michigan.

────── 1969, On the Prefixal Negatives in Korean──A Transformational Analysis,《어학연구》5-1, 서울대학교 어학연구소.

박승윤 1981, Studies in Korean Syntax : Ellipsis, Topic and Relative Construction, Ph. D. Dissertation, The University of Hawaii.

────── 1982, Causativization in Korean,《언어》7-2, 한국언어학회.

────── 1983,「생략에서의 동일성 조건」,《언어》8-1, 한국언어학회.

────── 1984,「'시작하다' 동사의 타동성 예외」,《언어》9-2, 한국언어학회.

────── 1986,「담화의 기능상으로 본 국어의 주제」,《언어》11-1, 한국언어학회.

────── 1988,「국어의 조건문에 대하여」,《언어》13-1, 한국언어학회.

────── 1990,『기능문법론』, 한신문화사.

박양규 1972,「국어의 처격에 대한 연구」,《국어연구》27, 서울대학교 국어연구회.

────── 1978,「사동과 피동」,《국어학》7, 국어학회.

────── 1980-ㄱ,「존칭체언의 통사론적 특성에 대하여」,《진단학보》40, 진단학회.

────── 1980-ㄴ,「주어의 생략에 대하여」,《국어학》9, 국어학회.

────── 1985,「국어의 재귀동사에 대하여」,《국어학》14, 국어학회.

────── 1991,「국어 경어법의 변천」,《새국어생활》1-3, 국립국어연구원.

박영배 1991,『영어의 통사변화』, 지식산업사.

박영순 1976,「국어 경어법의 사회언어학적 연구」,《국어국문학》72-73, 국어국문학회.

────── 1985,『한국어 통사론』, 집문당.

────── 1991,「국어 의문문의 의문성 정도에 대하여」,『국어의 이해와 인식』(갈음 김석득교수 회갑기념 논문집), 한국문화사.

박영준 1990,「중기 국어 명령문 종결어미 '-아/어'와 '-고려'에 대하여」,

『한국어학 신연구』(우운 박병채교수 정년퇴임기념), 한국어학연구
회.

박종갑 1987, 『국어 의문문의 의미기능 연구』, 홍문각.

──── 1991, 「국어의 부가 의문문의 언어학적 의의」, 『들메 서재극박사
환갑기념 논문집』, 계명대학교 출판부.

박종국 1980, 『말본사전』, 정음사.

박지홍 1986, 『고쳐 쓴 우리 현대 말본』, 과학사.

박창해 (역) 1961, 『기술언어학개론』(Gleason 1955), 경문사.

박형익 1989, 「동사 '주다'의 3가지 용법」, 《한글》 203, 한글학회.

──── 1991, 「여격 동사」, 『국어의 이해와 인식』(갈음 김석득교수 회갑
기념 논문집), 한국문화사.

박홍길 1984, 「하임·하임말의 변천에 관한 연구」, 『박태권 선생 화갑기
념논총』.

박희식 1984, 「중세국어의 부사에 대한 연구」, 《국어연구》 63, 서울대학
교 국어연구회.

배해수 1975, 「국어 부정법 연구」, 고려대학교 교육대학원 석사학위논
문.

──── 1990, 『국어 내용 연구』, 고려대학교 민족문화 연구소.

──── 1992, 『국어 내용 연구(2)』, 국학자료원.

배희임 1988, 『국어피동연구』, 고려대학교 민족문화연구소.

백봉자 1980, 「연결어미 '-느라면', '-느라고', '-느라니까'의 의미와 기
능」, 《말》 5, 연세대학교 한국어학당.

서상규 1984, 「부사의 통사적 기능과 부정의 해석」, 《한글》 186, 한글학
회.

──── 1991, 「16세기 국어의 정도어찌씨에 관한 연구」, 『국어의 이해와
인식』(갈음 김석득교수 회갑기념 논문집), 한국문화사.

서원임 1974, 「사동법 기술 시안」, 《문법연구》 1, 문법연구회.

서은아 1991, 「현대 국어의 말재어찌씨 연구」, 건국대학교 대학원 국어국
문학과 석사학위논문.

서정목 1979, 「경남방언의 의문법에 대하여」, 《언어》 4-2, 한국언어학

회.

───── 1982, 「15세기 국어 동명사 내포문의 주어의 격에 대하여」, 《진단학보》 53-54, 진단학회.

───── 1983, 「명령법 어미와 공손법의 등급──근대국어와 경상도 방언의 경우」, 《관악어문연구》 8, 서울대학교 국어국문학과.

───── 1984, 「의문사와 wh-의문 보문자의 호응」, 《국어학》 13, 국어학회.

───── 1985, 「접속문의 의문사와 의문보문사」, 《국어학》 14, 국어학회.

───── 1987, 『국어 의문문 연구』, 탑출판사.

───── 1988, 「한국어 청자 대우 등급의 형태론적 해석 (1)」, 《국어학》 17, 국어학회.

───── 1990, 「한국어 청자 대우 등급의 형태론적 해석 (2)──'오오체'에 대한 기술과 설명」, 『국어학논문집』(강신항교수 회갑기념), 태학사.

───── 1991-ㄱ, 「한국어 동사구의 특성과 엑스-바 이론」, 『국어학의 새로운 인식과 전개』(김완진선생 회갑기념논총), 민음사.

───── 1991-ㄴ, 「국어경어법의 변천」, 『국어사 논의에 있어서의 몇 가지 문제』, 한국정신문화연구원 어문연구실 제5회 학술세미나.

───── 1992, 「지배와 결속 이론에 의한 국어 연구」, 『국어학연구 백년사』, 일조각.

서정목・이광호・임홍빈 (역) 1984, 『변형문법이란 무엇인가』(Radford 1981, *Transformational Syntax*), 을유문화사.

서정목・이광호・임홍빈 (역) 1990, 『개정신판 변형문법, 그 만남의 첫 강좌』(Radford 1988, *Transformational Grammar : a first course*), 을유문화사.

서정섭 1991, 「국어 양보문 연구」, 전북대학교 대학원 국어국문학과 박사학위논문.

서정수 1968, 「변형생성문법의 이론과 국어 V-류어의 하위 분류」, 《아한》 1-1, 아한학회.

───── 1974, 「국어의 부정법 연구에 관하여──변형・생성 문법적 분석

연구를 중심으로」, 《문법연구》 1, 문법연구회.

──── 1975, 『동사 '하-'의 문법』, 형설출판사.

──── 1984, 『존대법의 연구, 현행 대우법의 체계와 문제점』, 한신문화사.

──── 1985-ㄱ, 「국어의 접속어미 연구 (1) ──── 대등접속어미」, 《한글》 189, 한글학회.

──── 1985-ㄴ, 「시간관계 접속어미」, 『역사언어학』, 전예원.

──── 1989, 「분석 체계와 종합적 설명법의 재검토 ──── 국어문법은 분석 체계로 기술되어야 한다」, 《주시경학보》 4, 주시경연구소.

──── 1990-ㄱ, 『국어 문법의 연구 Ⅰ』, 한국문화사.

──── 1990-ㄴ, 『국어 문법의 연구 Ⅱ』, 한국문화사.

──── 1991-ㄱ, 『현대한국어 문법연구의 개관 1』, 한국문화사.

──── 1991-ㄴ, 「국어 피동문의 몇 가지 특징」, 『들메 서재극박사 환갑 기념 논문집』, 계명대학교 출판부.

서정욱 1981, 「대구방언 서법체계 연구」, 계명대학교 대학원 국어국문학과 석사학위논문.

서종학 1983, 「15세기 국어의 후치사 연구 ──── 체언, 용언, 부사 파생의 후치사를 중심으로」, 《국어연구》 53, 서울대학교 국어연구회.

──── 1987, 「고대국어의 경어법에 대하여」, 《인문연구》 9-1, 영남대학교 인문과학연구소.

서태룡 1979-ㄱ, 「국어 접속문에 대한 연구」, 《국어연구》 40, 서울대학교 국어연구회.

──── 1979-ㄴ, 「내포와 접속」, 《국어학》 8, 국어학회.

──── 1980, 「동명사와 후치사 {은}{을}의 기저 의미」, 《진단학보》 50, 진단학회.

──── 1981, 「문법형태소 중심의 통사론 연구에 대하여」, 《한국학보》 25, 일지사.

──── 1982, 「국어의 의도·목적형에 대하여」, 《관악어문연구》 7, 서울대학교 국어국어국문학과.

──── 1985-ㄱ, 「국어의 명령형에 대하여」, 《국어학》 4, 국어학회.

────── 1985-ㄴ , 「통사」, 『국어국문학 연구사』, 우석.

────── 1988, 『국어 활용어미의 형태와 의미』, 탑출판사.

────── 1989, 「국어 활용어미의 체계화 방법」, 《애산학보》 8, 애산학회.

────── 1991, 「국어의 어미와 통사규칙」, 『국어학의 새로운 인식과 전개』 (김완진선생 회갑기념논총), 민음사.

성광수 1971, 「부정-변형에 대하여」, 《국어국문학》 52, 국어국문학회.

────── 1974, 「국어 주어 및 목적어의 중출 현상에 대하여」, 《문법연구》 1, 문법연구회.

────── 1976, 「국어 간접피동에 대하여」, 《문법연구》 3, 문법연구회.

────── 1978, 「체언 접속과 공격」, 《한글》 162, 한글학회.

────── 1979, 『국어조사의 연구』, 형설출판사.

────── 1981, 「국어 재귀대명사에 대한 재고」, 《한글》 172, 한글학회.

────── 1986, 「국어 피동사 공백과 의사피동의 원인」, 『국어학 신연구』 (약천 김민수교수 회갑기념), 탑출판사.

성기철 1972, 「어미 '-고'와 '-어'에 대하여」, 《국어교육》 18-20, 한국국어교육연구회.

────── 1975, 「경험의 형태 {었}에 대하여」, 《문법연구》 1, 문법연구회.

────── 1977, 「경험과 추정」, 《문법연구》 4, 문법연구회.

────── 1985, 『현대 국어 대우법 연구』, 개문사.

────── 1991, 「국어 경어법의 일반적 특징」, 《새국어생활》 1-3, 국립국어연구원.

성낙수 1975, 「한국어 회상문 연구」, 《문법연구》 2, 문법연구회.

────── 1976, 「보문명사 '터', '지'의 연구」, 《문법연구》 3, 문법연구회.

────── 1978, 「[이유·원인]을 나타내는 접속문 연구 (1)」, 《한글》 162, 한글학회.

────── 1979, 「[이유·원인]을 나타내는 접속문 연구 (2)」, 《연세어문학》 11, 연세대학교 국어국문학과.

────── 1984, 『제주도 방언의 풀이씨의 이음법 연구』, 정음사.

손호민 1974, Modals and speaker-hearer perspectives in Korean, *Papers in Linguistics* 7.

──── 1975, Retrospection in Korean, 《어학연구》 11-1, 서울대학교 어학연구소.

──── 1978, 「긴 형과 짧은 형」, 《어학연구》 14-2, 서울대학교 어학연구소.

──── 1981, Multiple topic constructions in Korean, 《한글》 173-174, 한글학회.

송문준 1985, 「현대국어 접속문의 의미 연구──진리 함수와 화용론적 특성에 대하여」, 서울대학교 대학원 언어학과 석사학위논문.

──── 1989, 「입음말에 대하여」, 《언어학》 11, 한국언어학회.

──── 1990, 「하임말에 대하여」, 『신익성교수 정년퇴임 기념논문집』, 한불문화.

송석중 1973, Some Negative Remarks on Negation in Korean, 《어학연구》 9-2, 서울대학교 어학연구소.

──── 1974, 「동의성──언어학자의 Frankenstein」, 《국어학》 2, 국어학회.

──── 1977-ㄱ, 「부정의 양상의 부정적 양상」, 《국어학》 5, 국어학회.

──── 1977-ㄴ, 「사동문의 두 형식」, 《언어》 3-2, 한국언어학회.

──── 1979, Positive Remarks on Korean Negation, 《어학연구》 15-2, 서울대학교 어학연구소.

──── 1981, 「한국말의 부정의 범위」, 《한글》 173-174, 한글학회.

──── 1982, On Interpreting the Scope of Negation in Korean, 《어학연구》 18-1, 서울대학교 어학연구소.

──── 1990, 「'이다' 논쟁의 반성」, 《애산학보》 10, 애산학회.

송재목 1990, 「16세기 언해자료에 나타난 부정법의 특성」, 《언어연구》 2, 서울대학교 언어연구회.

송영주 1991, 「{-더-}와 {-느-}의 의미 연구」, 전북대학교 대학원 국어국문학과 박사학위논문.

송창선 1985, 「국어 사동법 연구」, 경북대학교 대학원 국어국문학과 석사학위논문.

──── 1990-ㄱ, 「명사화소 '-(으)ㅁ, -기'의 통사 특성」, 《국어교육연

구》 22, 경북대학교 국어교육학회.

──── 1990-ㄴ, 「사동과 타동」, 《문학과 언어》 11, 문학과 언어 연구회.

──── 1991, 「부정문에 나타나는 '-지'의 통사 특성」, 《문학과 언어》 12, 문학과 언어 연구회.

송철의 1992, 『국어의 파생어형성 연구』, 태학사.

신경구 1982, Passive construction in Korean, 《언어》 7-1, 한국언어학회.

신경철 1982, 「국어의 음운론적 표현강화법」, 《논문집》 1, 상지대학 병설 실업전문대학.

──── 1983, 「국어의 어휘론적 표현강화법」, 《논문집》 2, 상지대학 병설 실업전문대학.

신상철 1987, A unifying theory of topic, conditional and relative constructions in Korean : A case for archimorpheme across syntactic categories, Ph.D. Dissertation, The University of Michigan.

신석환 1986, 「향가 문법형태소의 분석적 연구 : 선어말접사와 어말접사를 중심으로」, 계명대학교 대학원 국어국문학과 박사학위논문.

신선경 1986, 「인용문의 구조와 유형 분류」, 《국어연구》 73, 서울대학교 국어연구회.

신수송 1991, 『통합문법이론의 이해──어휘기능문법』, 한신문화사.

신용태 1990, 「접속구문에 대한 고찰──HPSG틀 내에서」, 서울대학교 대학원 언어학과 석사학위논문.

신지연 1988, 「국어 간투사(Interjection)의 위상 연구」, 《국어연구》 83, 서울대학교 국어연구회.

신현숙 1982, 「목적격 표지 /-를/의 의미 연구」, 《언어》 7-1, 한국언어학회.

신현숙 1989, 「'거리'와 '유동성'으로 본 대우표현」, 『제효 이용주박사 회갑기념논문집』, 한샘.

신효필 1990, 「HPSG를 기초로 한 한국어 동사의 하위범주화」, 서울대학교 대학원 언어학과 석사학위논문.

심재기 1979, 「관형화의 의미 기능」, 《어학연구》 15-2, 서울대학교 어학
연구소.

───── 1980, 「명사화의 의미 기능」, 《언어》 5-1, 한국언어학회.

───── 1981, 『국어 어휘론』, 집문당.

안동환 1981, 「우리말 관형사형에서의 '-었-'과 '-ɸ-'의 시제표시 기능」,
《한글》 171, 한글학회.

안명철 1983, 「현대국어의 양상 연구──인식양상을 중심으로」, 《국어연
구》 56, 서울대학교 국어연구회.

───── 1989, 「'것' 명사문과 '고' 보문화에 대하여」, 《외국어교육연구》
4, 대구대학교 외국어교육연구소.

───── 1991, 「인용구문 융합의 특성」, 『국어학의 새로운 인식과 전개』
(김완진선생 회갑기념논총), 민음사.

───── 1992, 「현대국어의 보문 연구」, 서울대학교 대학원 국어국문학과
박사학위논문.

안병희 1961, 「주체겸양법의 접미사 {-숩-}에 대하여」, 《진단학보》 22,
진단학회.

───── 1965-ㄱ, 「문법론」, 『국어학개론』, 수도출판사.

───── 1965-ㄴ, 「후기중세국어의 의문법에 대하여」, 《학술지》 6, 건국
대학교.

───── 1966, 「부정격의 정립을 위하여」, 《동아문화》 6, 서울대학교 동
아문화연구소.

───── 1968/1983, 「중세국어 속격어미 '-ㅅ'에 대하여」, 『국어의 통사·
의미론』, 탑출판사.

───── 1973, 「중세국어 연구자료의 성격에 대한 연구」, 《어학연구》
9-1, 서울대학교 어학연구소.

───── 1982, 「중세국어의 겸양법 연구에 대한 반성」, 《국어학》 11, 국
어학회.

───── 1992, 『국어사 연구』, 문학과 지성사.

안병희·이광호 1990, 『중세국어 문법론』, 학연사.

안주호 1991, 「후기 근대국어의 인용문 연구」, 《자하어문논집》 8, 상명여자대학교 국어교육과.

양동휘 1975, Topicalization and Relativization in Korean, Ph.D. Dissertation, Indiana University.

———— 1976-ㄱ, Korean Negation Revisited, 《언어》 1-1, 한국언어학회.

———— 1976-ㄴ, On Complementizers in Korean, 《언어》 1-2, 한국언어학회.

———— 1977, Instrumental causation, 《어학연구》 13-1, 서울대학교 어학연구소.

———— 1978, 「국어 관형절의 시제」, 《한글》 162, 한글학회.

———— 1979, 「국어의 피·사동」, 《한글》 166, 한글학회.

———— 1984, 「한국어 통사론 연구의 새로운 전망」, 《한글》 183, 한글학회.

———— 1989, 『지배-결속 이론의 기초』, 신아사.

양동휘·김용석·이홍배·임영재 1990, 『지배-결속 이론의 기초』, 한신문화사.

양명희 1990, 「현대국어 동사 '하-'의 의미와 기능」, 《국어연구》 96, 서울대학교 국어연구회.

양인석 1971, Korean Syntax : Case Markers, Delimiters, Complementation and Relativization, Ph.D. Dissertation, The University of Hawaii.

———— 1972, 「한국어의 접속화」, 《어학연구》 8-2, 서울대학교 어학연구소.

———— 1974, Two Causative Forms in Korean, 《어학연구》 10-1, 서울대학교 어학연구소.

———— 1976, 「한국어 양상의 화용론 (1) ; 제안문과 명령문」, 《언어》 1-1, 한국언어학회.

엄정호 1989, 「소위 지정사 구문의 통사구조」, 《국어학》 18, 국어학회.

———— 1990-ㄱ, 「종결어미와 보조동사의 통합 구문에 대한 연구」, 성균

관대학교 대학원 국어국문학과 박사학위논문.

─── 1990-ㄴ, 「보문자와 완형보문」, 『국어학논문집』(강신항교수 회갑 기념), 태학사.

여찬영 1975, 「중세어 부정법 소고」, 《연세어문학》 6, 연세대학교 국어 국문학과.

연규동 1991, 「중세어 어미의 형태분석에 대하여」, 《언어연구》 3, 서울 대학교 언어연구회.

연재훈 1989, 「국어 중립 동사 구문에 대한 연구」, 《한글》 203, 한글학 회.

─── 1991, The interaction of the causative/passive and neutral -verb construction in Korean, 《언어연구》 3, 서울대학교 언어연구 회.

오준규 1971, Aspects of Korean Syntax : Quantification, Relativiza-tion, Topiclization and Negation, Ph.D. Dissertation, The Univer-sity of Hawaii.

옥태권 1987, 「국어 상-조동사의 의미 연구」, 부산대학교 대학원 국어국 문학과 박사학위논문.

왕문용 1988, 『근대국어의 의존명사 연구』, 한샘.

─── 1989, 「명사 관형 구성에 대한 고찰」, 《주시경학보》 4, 주시경연 구소.

─── 1991, 「중세국어의 조사 '의'와 '에'」, 『국어학의 새로운 인식과 전 개』(김완진선생 회갑기념논총), 민음사.

왕한석 1986, 「국어 청자 존대어 체계의 기술을 위한 방법론적 검토」, 《어학연구》 22-3, 서울대학교 어학연구소.

우순조 1992, 「한국어 관계표지의 실현양상에 대하여(1) (2)」, 《언어학논 집》 1~2, 언어정보연구원.

우형식 1990, 「국어 타동구문에 관한 연구」, 연세대학교 대학원 국어국문 학과 박사학위논문.

원대성 1985, 「명사의 상적 특성에 대한 연구」, 《국어연구》 65, 서울대 학교 국어연구회.

유동석 1984-ㄱ, 「양태조사의 통보기능에 대한 연구」, 《국어연구》 60, 서울대학교 국어연구회.

───── 1984-ㄴ, 「{로}의 이질성 극복을 위하여」, 《국어학》 13, 국어학회.

───── 1990-ㄱ, 「국어 상대높임법과 호격어의 상관성에 대하여」, 《주시경학보》 6, 주시경연구소.

───── 1990-ㄴ, 「상대높임법에 대한 통사론적 접근」, 《국어교육논집》 11, 부산대학교 국어교육학과.

───── 1991, 「중세국어 객체높임법에 대한 통사론적 접근」, 『국어학의 새로운 인식과 전개』(김완진선생 회갑기념논총), 민음사.

유동준 1982, 「국어의 능동과 피동」, 《국어학》 12, 국어학회.

유명희 1982, 「타동 접미형과 '-게 ㅎ-'형의 의미 비교」, 연세대학교 대학원 국어국문학과 석사학위논문.

유목상 1985, 『연결 서술어미 연구』, 집문당.

유창돈 1964, 『이조국어사 연구』, 이우출판사.

유현경 1985, 「접속문의 통사적 특질 연구」, 연세대학교 대학원 국어국문학과 석사학위논문.

───── 1986, 「국어 접속문의 통사적 특질에 대하여」, 《한글》 191, 한글학회.

윤평현 1989 「국어의 접속어미에 대한 연구──의미론적인 기능을 중심으로」, 전남대학교 대학원 국어국문학과 박사학위논문.

윤혜석 1990, A Restrictive Theory of Morphosyntactic Interaction and Its Consequences, Ph.D. Dissertation, University of Illinois at Urbana-Champaign.

이숙 1985, 「연결어미 '-느라고'의 의미적·통어적 분석」, 《말》 10, 연세대학교 한국어학당.

이강로 1968, 「현대국어 화법에 대한 연구」, 《논문집》 3, 인천교육대학.

이경우 1983, 「현대국어 부정법의 일고찰」, 《홍익어문》 2, 홍익대학교 국어교육학과.

───── 1990, 「최근세 국어에 나타난 경어법 연구──개화기 신소설 자료

를 중심으로」, 이화여자대학교 대학원 국어국문학과 박사학위논문.

이관규 1990, 「국어 대등구성에 대한 연구」, 고려대학교 대학원 국어국문학과 박사학논문.

이광호 1972, 「중세국어의 대격 연구」, 《국어연구》 27, 서울대학교 국어연구회.

──── 1976, 「중세국어 시제 의미에 대하여──그 분포상의 제약을 중심으로」, 《한국어문학대계》 3, 형설출판사.

──── 1980, 「접속어미 [면]의 의미 기능과 그 상관성」, 《언어》 5-2, 한국언어학회.

──── 1988-ㄱ, 『국어 격조사 '을/를'의 연구』, 탑출판사.

──── 1988-ㄴ, 「국어의 '목적어-주어 동지표문' 연구」, 《국어학》 17, 국어학회.

──── 1990, 「중세국어 호격조사의 통사 특성」, 『국어학논문집』(강신항 교수 회갑기념), 태학사.

──── 1991, 「중세국어 부동사 어미 '-게'와 '-긔'의 의미 기능」, 《어문학논총》 10, 국민대학교 어문학연구소.

이규창 1992, 『국어존대법론』, 집문당.

이규희 1983, 「동의적 연결어미의 구문상 제약」, 《말》 8, 연세대학교 한국어학당.

이기갑 1978, 「우리말 상대높임 등급체계의 변천 연구」, 서울대학교 대학원 언어학과 석사학위논문.

──── 1981-ㄱ, 「15세기 국어의 상태 지속상과 그 변천」, 《한글》 173-174, 한글학회.

──── 1981-ㄴ, 「씨끝 '-아'와 '-고'의 역사적 교체」, 《어학연구》 17-2, 서울대학교 어학연구소.

──── 1982, 「전남 북부방언의 상대높임법」, 《언어학》 5, 한국언어학회.

──── 1985, 「현실법 표지 '-ㄴ'의 변천 : 중앙어와 전남방언에서」, 『역사언어학』, 전예원.

──── 1987-ㄱ, 「의도구문의 인칭 연구」, 《한글》 196, 한글학회.

──── 1987-ㄴ, 「미정의 씨끝 '-으리-'와 '-겠-'의 역사적 교체」, 《말》 12, 연세대학교 한국어학당.

──── 1989, 「한국어의 어순뒤섞기와 용인성 측정법」, 《어학연구》 25-1, 서울대학교 어학연구소.

──── 1990-ㄱ, 「한국어의 어순뒤섞기의 제약」, 『신익성교수 정년퇴임 기념논문집』, 한불문화.

──── 1990-ㄴ, 「한국어의 어절 구조」, 《언어연구》 2, 서울대학교 언어연구회.

──── 1991, 「한국어 어순 연구사」, 『언어학 연구사』, 서울대학교 출판부.

이기동 1975, Lexical causatives in Korean, 《어학연구》 11-1, 서울대학교 어학연구소.

──── 1976, Arguments against lexicalization: with reference to deadjectival causatives in Korean, 《언어》 1-1, 한국언어학회.

──── 1977, 「대조・양보 접속어미에 대한 연구 (1)」, 《어학연구》 13-2, 서울대학교 어학연구소.

──── 1978, 「한국어 피동형 분석의 검토」, 《인문과학논총》 9, 건국대학교 인문과학연구소.

──── 1981, A Tense-Aspect-Modality System in Korean, 《애산학보》 1, 애산학회.

──── 1987, 「마침꼴의 의미 연구」, 《한글》 195, 한글학회.

이기문 1972, 『개정 국어사개설』, 민중서관.

이기용 1978, 「언어와 추정」, 《국어학》 6, 국어학회.

──── 1979, 「두 가지 부정문의 동의성 여부에 대하여」 《국어학》 8, 국어학회.

──── 1980, 「몬테규 문법에 입각한 한국어 시제어 분석」, 《언어》 5-1, 한국언어학회.

──── 1981, 「Montague 문법에 입각한 한국어의 자유어순과 격표시의 분석」, 《말》 6, 연세대학교 한국어학당.

이남덕 1971, 「십오세기 국어의 서법 연구」, 이화여자대학교 대학원 국어국문학과 박사학위논문.

이남순 1981-ㄱ, 「현대국어 시제와 상에 대한 연구」, 《국어연구》 46, 서울대학교 국어연구회.

—— 1981-ㄴ, 「'겠'과 'ㄹ것'」, 《관악어문연구》 6, 서울대학교 국어국문학과.

—— 1982, 「단수와 복수」, 《국어학》 11, 국어학회.

—— 1983, 「'에'와 '로'의 통사와 의미」, 《언어》 8-2, 한국언어학회.

—— 1984, 「피동과 사동의 문형」, 《국어학》 13, 국어학회.

—— 1985, 「주격중출문의 통사구조」, 《국어국문학》 93, 국어국문학회.

—— 1987, 「명사화소 '-ㅁ'과 '-기'의 교체」, 《홍익어문》 7, 홍익대학교 국어교육학과.

—— 1988, 『국어의 부정격과 격표지 생략』, 탑출판사.

—— 1990, 「계산방식과 수량사 구성」, 『국어학논문집』(강신항교수 회갑기념), 태학사.

—— 1991, 「상의 개념과 형식들」, 『국어학의 새로운 인식과 전개』(김완진선생 회갑기념논총), 민음사.

이맹성 1968, 「한국어 체언형에 관한 변형분석적 연구」, 《어학연구》 4-1(별권), 서울대학교 어학연구소.

—— 1975, 「한국어 종결어미와 대인 관계 요소의 상관 관계에 대한 연구」, 《인문과학》 33-34, 연세대학교 인문과학연구소.

이병근 1986, 「발화에 있어서의 음장」, 《국어학》 15, 국어학회.

이병근·서태룡·이남순 (편) 1991, 『문법 I』, 태학사.

이상규 1979, 「현대국어의 VP-보문화 분석 고찰」, 경북대학교 대학원 국어국문학과 석사학위논문.

이상복 1976, 「{-요}에 대한 연구」, 《연세어문학》 7-8, 연세대학교 국어국문학과.

—— 1978, 「국어의 연결어미에 대하여——'-아서'를 중심으로」, 《말》 3, 연세대학교 한국어학당.

—— 1983, 「한국어의 인용문 연구」, 『국어의 통사·의미론』, 탑출판

사.

———— 1984, 「국어의 상대 존대법 연구」, 《배달말》 9, 배달말학회.

이상수 1987, 「영어의 강조표현의 기능적 연구」, 부산대학교 대학원 영어
영문학과 박사학위논문.

이상억 1970, 「국어의 사동·피동 구문 연구」, 《국어연구》 26, 서울대학
교 국어연구회.

이상태 1977-ㄱ, 「{-면}무리 이음월에 대하여」, 《배달말》 2, 배달말학
회.

———— 1977-ㄴ, 「이음말 {야}와 그 월의 구조」, 《한글》 160, 한글학회.

———— 1981, 「조건문 연구」, 《논문집》 17, 경상대학교.

———— 1986, 「{-을수록} 구문의 통사와 의미에 대하여」, 『국어학 신연
구』(약천 김민수교수 화갑기념), 탑출판사.

———— 1988, 「국어 접속어미 연구」, 계명대학교 대학원 국어국문학과 박
사학위논문.

이석규 1987, 「현대국어 정도 어찌씨의 의미 연구」, 건국대 대학원 국어
국문학과 박사학위논문.

이 선 우 1983, Syntax of Some Nominal Constructions in Korean,
Ph.D. dissertation, The University of Wisconsin Madison.

이숭녕 1969, 「주격중출의 문장구조에 대하여」, 《어문학》 20, 한국어문
학회.

———— 1981, 『중세국어문법——15세기어를 주로 하여』, 개정증보판, 을
유문화사.

이승욱 1973, 『국어 문법체계의 사적 연구』, 일조각.

———— 1989, 「중세어의 '(으)ㅁ' '-기' 구성 동명사의 사적 특성」, 『국어
국문학논총』(이정 정연찬선생 회갑기념), 탑출판사.

이승재 1985, 「경기지역의 청자경어법 어미에 대하여——의문법을 중심
으로」, 《방언》 8, 한국정신문화연구원 어문연구실.

———— 1992, 『고려시대의 이두에 대한 연구』, 태학사.

이승환·이혜숙 (역) 1966, 『변형생성문법의 이론』(Chomsky 1957),
범한서적주식회사.

이승환·임영재 (역) 1975, 『생성문법론』 Chomsky (1965), 범한서적주식회사.

이시형 1989, 「보문자 '게' '도록'의 대비 고찰」, 『국어국문학논총』 (이정 정연찬선생 회갑기념), 탑출판사.

───── 1990, 「한국어 연결어미 '-어, -고'에 관한 연구」, 서강대학교 대학원 국어국문학과 박사학위논문.

이윤표 1989, 「국어 공범주의 연구」, 고려대학교 대학원 국어국문학과 박사학위논문.

이주행 1992, 『현대국어문법론』, 대한교과서주식회사.

이은경 1990, 「국어의 접속어미 연구」, 《국어연구》 87, 서울대학교 국어연구회.

이은규 1983, 「국어피동법 연구」, 《문학과 언어연구》 13, 문학과 언어연구회.

이익섭 1973, 「국어 수량사의 통사기능에 대하여」, 《어학연구》 9-1, 서울대학교 어학연구소.

───── 1974, 「국어 경어법의 체계화 문제」, 《국어학》 2, 국어학회.

───── 1978-ㄱ, 「피동성 형용사문의 통사 구조」, 《국어학》 6, 국어학회.

───── 1978-ㄴ, 「한국어의 재귀대명사에 대하여」, 《인문논총》 1, 서울대학교 인문대학.

───── 1978-ㄷ, 「상대시제에 대하여」, 《관악어문》 3, 서울대학교 국어국문학과.

───── 1986, 『국어학개설』, 학연사.

이익섭·임홍빈 1983, 『국어문법론』, 학연사.

이익환 1979, Korean Particles, Complements, And Question : A Montague Grammar Approach, Ph.D. Dissertation, The University of Taxas at Austin.

───── 1979, 「한국어 '까지, 마저'와 부정의 범위」, 《언어》 4-1, 한국언어학회.

───── 1980, Syntax and Semantics of Korean Sentential Comlements of Nouns, 《어학연구》 16-1, 서울대학교 어학연구소.

―――― 1987, 「이중 주어 구문에 대한 분석」, 《말》 12, 연세대학교 한국 어학당.

―――― 1989, 「국어 외부부정의 의미 해석」, 《동방학지》 64, 연세대학교 국학연구원.

이인모 1976, 「중세국어의 서법과 시제의 연구」, 고려대학교 대학원 국어 국문학과 박사학위논문.

이정 1978, 「서법의 정의와 분류」, 《말》 3, 연세대학교 한국어학당.

―――― 1979, 「서법(mode)에 관하여」, 《한글》 163, 한글학회.

이정민 1973, Abstract Syntax and Korean with Reference to English, Ph.D. Dissertation, Indiana University.

―――― 1975, 「국어의 보문화에 대하여」, 《어학연구》 11-2, 서울대학교 어학연구소.

이정택 1991, 「사동과 문법범주」, 『국어의 이해와 인식』(갈음 김석득 교 수 회갑기념 논문집), 한국문화사.

이종철 1964, 「현대국어의 시제와 상의 연구」, 《국어연구》 12, 서울대학 교 국어연구회.

이지양 1982, 「현대국어의 시상형태에 대한 연구――'-었-', '-고 있-', '-어 있-'을 중심으로」, 《국어연구》 51, 서울대학교 국어연구회.

이태영 1988, 『국어 동사의 문법화 연구』, 한신문화사.

이필영 1981, 「국어의 관계관형절에 대한 연구」, 《국어연구》 48, 서울대 학교 국어연구회.

―――― 1986, 「호격 및 감탄조사에 관한 연구」, 『국어학 신연구』(약천 김 민수교수 화갑기념), 탑출판사.

이향천 1990, 「피동의 의미와 기원」, 서울대학교 대학원 언어학과 박사학 위논문.

이현규 1975, 「명사형 어미 '-(으)ㅁ', '-기'의 사적 고찰」, 《논문집》 5, 한국사회사업대학.

―――― 1978, 「국어 물음법의 변천」, 《한글》 162, 한글학회.

―――― 1981, 「국어 전용법 연구」, 영남대학교 대학원 국어국문학과 박사

학위논문.

───── 1985, 「객체존대 '-ᄉᆞᆸ-'의 변천」, 《배달말》 10, 배달말학회.

이현복 1969, A study of Korean Syntax, Ph. D. Dissertation, London University.

───── 1989, *Korean Grammar*, Oxford University Press, London.

이현우 1986, 「현대국어의 접속 양상에 대한 연구」, 《국어연구》 70, 서울대학교 국어연구회.

이현희 1982-ㄱ, 「국어의 의문법에 대한 통시적 연구」, 《국어연구》 52, 서울대학교 국어연구회.

───── 1982-ㄴ, 「국어 종결어미의 발달에 대한 관견」, 《국어학》 11, 국어학회.

───── 1986, 「중세국어 내적 화법의 성격」, 《한신대 논문집》 3, 한신대학.

───── 1989, 「국어 문법사 연구 30년 (1959-1989)」, 《국어학》 19, 국어학회.

───── 1990, 「중세국어 명사구 확장의 한 유형──형식명사 '이'와 관련된 몇 문제」, 『국어학논문집』(강신항교수 회갑기념), 태학사.

───── 1991-ㄱ, 「중세국어 명사문의 성격」, 『국어학의 새로운 인식과 전개』(김완진선생 회갑기념논총), 민음사.

───── 1991-ㄴ, 「국어문법사 기술에 있어서의 몇 가지 문제」, 『국어사 논의에 있어서의 몇 가지 문제』, 한국정신문화연구원 어문연구실 제5회 학술세미나.

이현희(상명) 1991, 「높임 토씨의 통시적 연구」, 《자하어문논집》 8, 상명여자대학교 국어교육과.

이홍배 1970, A Study of Korean Syntax : Performatives, Complementations, Negation and Causation, Ph.D. Dissertation, Brown University.

───── 1971, The Category of Mood in Korean Transformational Grammar, 《어학연구》 7-1, 서울대학교 어학연구소.

───── 1974, 「국어의 변형생성문법 (1)」, 《문법연구》 1, 문법연구회.

──── 1975, 「국어의 관계화에 대하여」, 《어학연구》 11-2, 서울대학교 어학연구소.

──── 1975, 「국어의 변형생성문법 (2)」, 《문법연구》 2, 문법연구회.

──── 1979, 「국어의 변형생성문법 (3)」, 《문법연구》 4, 문법연구회.

──── 1984, 「지배·결속 이론과 한국어」, 《말》 9, 연세대학교 한국어학당.

이홍식 1990, 「현대국어 관형절 연구」, 《국어연구》 98, 서울대학교 국어연구회.

이환묵 (역) 1971, 『변형문법의 이론적 배경』, Chomsky 1966, *Cartersian Linguistics.* 전남대학교 출판부.

──── 1982, 「국어 함수표현에 관한 연구──아니, 또, -도」, 서울대학교 대학원 언어학과 박사학위논문.

이효상 1991, Tense, Aspect, and Modality : a Discourse-Pragmatic Analysis of Verbal Affixes in Korean from a Typological Perspective, Ph.D. Dissertation, University of California, Los Angeles.

임규홍 1986, 「국어의 분열문에 관한 연구」, 《어문학》 48, 한국어문학회.

──── 1990, 「겹주어월의 통사 구조와 수용 가능성」, 《어문학》 51, 한국어문학회.

임성규 1989-ㄱ, 「현대국어의 강조법 연구」, 충남대학교 대학원 국어국문학과 박사학위논문.

──── 1989-ㄴ, 「강조법의 문법적 위상과 변별 기준」, 《한글》 206, 한글학회.

임지룡 1982, 「상대성 접속어미에 관한 연구」, 경북대학교 대학원 국어국문학과 석사학위논문.

──── 1992, 『국어의미론』, 탑출판사.

임칠성 1991, 「현대국어의 시제어미 연구」, 전남대학교 대학원 국어국문학과 박사학위논문.

임홍빈 1972-ㄱ, 「국어의 주제화 연구」, 《국어연구》 28, 서울대학교 국어연구회.

—— 1972-ㄴ, 「NP병렬의 {와/과}에 대하여」, 《논문집》 4, 서울대학교 교양과정부.

—— 1973, 「부정의 양상」, 《논문집》 5, 서울대학교 교양과정부.

—— 1974-ㄱ, 「{로}와 선택의 양태화」, 《어학연구》 10-2, 서울대학교 어학연구소.

—— 1974-ㄴ, 「명사화의 의미특성에 관하여」, 《국어학》 2, 국어학회.

—— 1974-ㄷ, 「주격 중출론을 찾아서」, 《문법연구》 1, 문법연구회.

—— 1975, 「부정법 {어}와 상태 진술의 {고}」, 《논문집》 8, 국민대학.

—— 1976, 「존대·겸양의 통사절차에 대하여」, 《문법연구》 3, 문법연구회.

—— 1977, 「피동성과 피동구문」, 《논문집》 12, 국민대학.

—— 1978, 「부정법 논의와 국어의 현실」, 《국어학》 6, 국어학회.

—— 1979, 「복수성과 복수화」, 《한국학논총》 1, 국민대학.

—— 1980, 「{-겠-}과 대상성」, 《한글》 170, 한글학회.

—— 1981-ㄱ, 「선어말 {-오/우-}와 확실성」, 《한국학논총》 3, 국민대학교.

—— 1981-ㄴ, 「존재 전제와 속격표지 '의'」, 《언어와 언어학》 7, 한국외국어대학교 언어연구소.

—— 1982-ㄱ, 「기술보다는 설명을 중시하는 형태론의 기능 정립을 위하여」, 《한국학보》 26, 일지사.

—— 1982-ㄴ, 「선어말 {-더-}와 단절의 양상」, 《관악어문연구》 7, 서울대학교 국어국문학과.

—— 1982-ㄷ, 「국어의 역사와 현대국어」, 《국어국문학》 88, 국어국문학회.

—— 1983-ㄱ, 「국어의 '절대문'에 대하여」, 《진단학보》 56, 진단학회.

—— 1983-ㄴ, 「국어의 피동화의 통사와 의미」, 『국어의 통사·의미론』, 탑출판사.

—— 1984-ㄱ, 「선어말 {-느-}와 실현성의 양상」, 『목천 유창균박사 환갑기념 논문집』, 계명대학교 출판부.

──── 1984-ㄴ, 「문장종결의 논리와 수행-억양」, 《말》 9, 연세대학교 한국어학당.

──── 1985-ㄱ, 「{-시-}와 경험주 상정의 시점」, 《국어학》 14, 국어학회.

──── 1985-ㄴ, 「현대의 {-삽-}과 예사높임의 '-오-'」, 『선오당 김형기 선생 팔질기념 국어학논총』 창학사.

──── 1987-ㄱ, 『국어의 재귀사 연구』, 신구문화사.

──── 1987-ㄴ, 「국어의 명사구 확장 규칙에 대하여」, 《국어학》 16, 국어학회.

──── 1987-ㄷ, 「국어 부정문의 통사와 의미」, 《국어생활》 10, 국어연구소.

──── 1989, 「구조주의와 생성이론」, 『국어국문학과 구미 이론』, 지식산업사.

──── 1990, 「어휘적 대우와 대우법 체계의 문제」, 『국어학논문집』 (강신항교수 회갑기념), 태학사.

──── 1991, 「국어 분류사의 성격에 대하여」, 『국어학의 새로운 인식과 전개』(김완진선생 회갑기념논총), 민음사.

──── 1992, 「생성문법의 도입과 전개」, 『국어학연구 백년사』, 일조각.

장경희 1977, 「17세기 국어의 종결어미 연구」, 《사대논총》 16, 서울대학교 사범대학.

──── 1982, 「국어 의문법의 긍정과 부정」, 《국어학》 11, 국어학회.

──── 1983, 「{더}의 의미와 그 용법」, 《언어》 8-2, 한국언어학회.

──── 1985, 『현대국어의 양태범주 연구』, 탑출판사.

──── 1987, 「국어의 완형보절의 해석」, 《국어학》 16, 국어학회.

──── 1990, 「국어 발화의 확대 구조」, 《한글》 209, 한글학회.

장석진 1973-ㄱ, A Generative Study of Discourse in Korea : on Connecting Sentences, 《어학연구》 9-2, 서울대학교 어학연구소.

──── 1973-ㄴ, 「시상의 양상 : '계속' '완료'의 생성적 고찰」, 《어학연구》 9-2, 서울대학교 어학연구소.

장소원 1986, 「문법기술에 있어서의 문어체 연구」, 《국어연구》 72, 서울대학교 국어연구회.

장숙영 1988, 「16세기 국어의 이음씨끝 연구——번역노걸대와 번역박통사를 대상으로」, 건국대학교 대학원 국어국문학과 석사학위논문.

장윤희 1991, 「중세국어의 조건 접속어미에 대한 연구」, 《국어연구》 104, 서울대학교 국어연구회.

전광현 1991, 「근대국어연구의 현황과 과제」, 『제21회 동양학학술회의강연초』, 단국대학교 동양학연구소.

전병쾌 1984, 『한국어 부정구조의 분석——변형·생성 문법적 고찰』, 한신문화사.

전수태 1984, 「진술 미완의 {-아}와 진술 완료의 {-고}」, 《한글》 185, 한글학회.

전정례 1990-ㄱ, 「중세국어 명사구 내포문에서의 '-오-'의 기능과 변천」, 서울대학교 대학원 언어학과 박사학위논문.

—— 1990-ㄴ, 「중세국어 의존명사구문에 대한 일고찰」, 《언어학》 12, 한국언어학회.

—— 1991, 「국어 통사 변화의 한 양상,——선어말어미 '-오-'의 소멸과 명사성의 약화」, 《주시경학보》 8, 탑출판사.

전혜영 1989, 「현대 한국어 접속어미의 화용론적 연구」, 이화여자대학교 대학원 국어국문학과 박사학위논문.

정교환 1987, 「국어 문장부사의 연구」, 동아대학교 대학원 국어국문학과 박사학위논문.

정문수 1984, 「상적 속성에 따른 한국어 풀이씨의 분류」, 《문법연구》 5, 문법연구회.

—— 1987, 「한국어 독립격조사의 기능과 체계」, 《덕성어문학》 4, 덕성여자대학교 국어국문학과.

정영주 1989, 「우리말 매김씨 연구」, 건국대학교 대학원 국어국문학과 박사학위논문.

정인상 1980, 「현대국어의 주어에 대한 연구」, 《국어연구》 44, 서울대학교 국어연구회.

정인승 1938, 「모음상대법칙과 자음가세법칙」, 《한글》 6-9, 한글학회.

——— 1956, 『표준고등말본』, 신구문화사.

정재형 1987, 「현대 국어의 강조 표현 연구」, 부산대학교 대학원 국어국문학과 석사학위논문.

——— 1991, 「국어의 어순과 초점에 대하여」, 《우리말연구》 1, 우리말연구회.

정정덕 1986, 「국어 접속어미의 통사·의미론적 연구」, 한양대학교 대학원 국어국문학과 박사학위논문.

정제문 1982, 「언어기술의 방향성에 대하여」, 서울대학교 대학원 언어학과 석사학위논문.

정호완 1987, 『후기 중세어 의존명사 연구』, 학문사.

정희원 1990, 「한국어 내포문 통제구문의 유형 ; HPSG를 중심으로」, 서울대학교 대학원 언어학과 석사학위논문.

정희자 1988, The Function of Tense in Korean Narrative, 《언어》 13-2, 한국언어학회.

조미정 1986, Fixed Word Order and the Theory the Pre-Verbal Focus Positon in Korean, Ph.D. Dissertation, University of Washington.

조오현 1991, 『국어의 이유구문 연구』, 한신문화사.

주시경 1910, 『국어문법』, 박문서관.

차현실 1981, 「중세국어의 응축보문 연구 : '-오/우-'의 통사기능을 중심으로」, 이화여자대학교 대학원 국어국문학과 박사학위논문.

——— 1990, 「반말체 구성과 반말체 어미의 문법적 기능에 대하여」, 《이화어문논집》 11, 이화여자대학교 한국어문학연구소.

채연강 1985, 「현대 한국어 연결어미에 대한 연구」, 성균관대학교 대학원 국어국문학과 박사학위논문.

채완 1977, 「현대국어 특수조사의 연구」, 《국어연구》 39, 서울대학교 국어연구회.

——— 1979, 「명사화소 '-기'에 대하여」, 《국어학》 8, 국어학회.

——— 1982, 「국어수량사귀의 통시적 고찰——어순변화의 일례로서」, 《진단학보》 53-54, 진단학회.

───── 1986, 『국어 어순의 연구──반복 및 병렬을 중심으로』, 탑출판 사.

───── 1990-ㄱ, 「국어 어순의 기능적 고찰」, 《동대논총》 20, 동덕여자 대학교.

───── 1990-ㄴ, 「국어 분류사의 기능과 의미」, 《진단학보》 70, 진단학 회.

최경자 1985, 「국어 명령문의 화행 분석」, 서울대학교 대학원 언어학과 석사학위논문.

최규수 1990, 「우리말 주제어 연구」, 부산대학교 대학원 국어국문학과 박 사학위논문.

───── 1991, 「입음월의 기능과 구조」, 《우리말연구》 1, 우리말연구회.

최기선 1989, 「한국어 해석을 위한 격이동 패턴의 고찰」, 『인지과학』, 민 음사.

최기용 1983, 「한국어 첫째 하임법 연구」, 서울대학교 대학원 언어학과 석사학위논문.

최기호 1978, 「17세기 국어의 마침법(종지법) 연구, 맺음씨끝을 중심으 로」, 《논문집》 2, 목원대학.

───── 1979, 「17세기 국어의 존대법 체계 연구, 용언의 굴곡어미를 중 심으로」, 연세대학교 대학원 국어국문학과 석사학위논문.

───── 1981, 「17세기 국어 {습}의 통사 기능」, 《말》 6, 연세대학교 한 국어학당.

최남희 1983, 「고대국어의 목적격 조사에 대하여」, 《논문집》 20, 건국대 학교 대학원.

───── 1986, 『고려향가의 차자표기법 연구』, 홍문각.

───── 1987-ㄱ, 「선어말어미 '-*ᄉᆞᆸ-'의 통어적 기능」, 《건국어문학》 11-12, 건국대학교 국어국문학연구회.

───── 1987-ㄴ, 「선어말어미 '*-오/우-'의 통어 기능」, 《동의어문논집》 3, 동의대학교 국어국문학과.

───── 1988, 「고대국어의 때매김법에 대하여」, 《동의어문논집》 4, 동의 대학교 국어국문학과.

―― 1991, 「고대국어의 이음법에 대한 연구」, 《한글》 212, 한글학회.

최동주 1988, 「15세기 국어의 안맺음씨끝 '-더-'에 관한 연구」, 서울대학교 대학원 언어학과 석사학위논문.

최명옥 1976, 「현대국어의 의문법 연구――서부경남방언을 중심으로――」, 《논문집》 15, 학술원.

최범훈 1981, 『중세한국어 문법론』, 이우출판사.

최성호 1987, 「현대 국어의 안맺음씨끝의 의미 연구――특히 '었'과 '더'를 중심으로」, 서울대학교 대학원 언어학과 석사학위논문.

최재웅 1987, Anti-Quantifiers and A Theory of Distributivity, Ph. D. Dissertation, The University of Massachusetts.

최재희 1989, 「국어 접속문의 구성에 관한 연구」, 성균관대학교 대학원 국어국문학과 박사학위논문.

최현배 1971, 『우리 말본』, 네번째 고침판, 정음사.

최현숙 1988, Restructuring Parameters and Complex Predicates: A Transformational Approach, Ph.D. Dissertation, MIT.

한길 1978, 「한국어 부정어에 관한 연구――'아니다', '없다', '말다'의 해체분석을 중심으로」, 연세대학교 국어국문학과 석사학위논문.

―― 1982, 「반말 종결접미사 {-아}와 {-지}에 대하여」, 《말》 7, 연세대학교 한국어학당.

―― 1986, 「현대국어의 반말에 관한 연구」, 연세대학교 대학원 국어국문학과 박사학위논문.

―― 1991, 『국어종결어미 연구』, 강원대학교 출판부.

한동완 1986, 「과거시제 '엇'의 통시론적 고찰」, 《국어학》 15, 국어학회.

―― 1991, 「국어의 시제 연구」, 서강대학교 대학원 국어국문학과 박사학위논문.

한영목 1988, 「한국어 구문도해 연구」, 충남대학교 대학원 국어국문학과 박사학위논문.

―― 1992, 『국어 구문도해 문법론』, 한신문화사.

한재영 1984, 「중세국어 피동구문의 특성에 대한 연구」, 《국어연구》 61, 서울대학교 국어연구회.

────── 1986, 「중세국어의 시제체계에 대한 관견 : 선어말어니 {더}의 위치정립을 중심으로」, 《언어》 11-2, 한국언어학회.

────── 1991, 「향가의 부정 표현에 관련된 몇 문제」, 『국어학의 새로운 인식과 전개』(김완진선생 회갑기념논총), 민음사.

한재현 1981, 『생략과 대용 현상──한국어와 영어를 중심으로』, 한신문화사.

한학성 1987, The Configurational Structure of the Korean Language, Ph.D. Dissertation, University of Texas at Austin.

────── 1990, 『GB 통사론──그 기본원리 및 방법론』, 한신문화사.

한현종 1990, 「현대국어의 시제체계의 수립과 그 제약조건」, 《국어연구》 99 , 서울대학교 국어연구회.

허웅 1954, 「존대법사 : 국어문법사의 한 토막」, 《성균학보》 1, 성균관대학교.

────── 1963, 『언어학 개론』, 정음사.

────── 1963, 『중세국어 연구』, 정음사

────── 1975, 『우리 옛 말본』, 샘문화사.

────── 1979, 『인문계 고등학교 문법』, 과학사.

────── 1981, 『언어학──그 대상과 방법』, 샘문화사.

────── 1982, 「한국말 때매김법의 걸어온 발자취」, 《한글》 178, 한글학회.

────── 1983, 『국어학──우리말의 오늘·어제』, 샘문화사.

────── 1987, 『국어 때매김법의 변천사』, 샘문화사.

────── 1989, 『16세기 우리 옛 말본』, 샘문화사.

────── 1991, 『15, 16세기 우리 말본의 역사』, 탑출판사.

허원욱 1988, 「15세기 우리말 매김마디 연구」, 《한글》 200, 한글학회.

────── 1991, 「15세기 국어의 이름마디와 매김마디 연구」, 건국대학교 대학원 국어국문학과 박사학위논문.

홍사만 1983, 『국어특수조사론』, 학문사.

홍순성 1986, 「국어 대명사의 조응 현상에 관한 연구」, 영남대학교 대학원 국어국문학과 박사학위논문.

────── 1991, 「부정접사 "無-, 未-, 不-, 非-"에 관하여」, 『들메 서재극

박사 환갑기념 논문집』, 계명대학교 출판부.

홍양추 1984, 「우리말의 어순과 뒤섞기」, 『두메 박지홍선생 회갑기념논문집』, 문성출판사.

───── 1987, 「국어 매인이름씨 연구」, 건국대학교 대학원 국어국문학과 박사학위논문.

───── 1989, 「국어 부사절 내포문 연구」, 《한글》 203, 한글학회.

홍윤표 1969, 「15세기 국어의 격 연구」, 《국어연구》 21, 서울대학교 국어연구회.

───── 1975, 「주격어미 '가'에 대하여」, 《국어학》 3, 국어학회.

───── 1976, 「비교구문에서의 격어미와 후치사」, 《논문집》 15, 학술원.

───── 1978, 「방향성 표시의 격」, 《국어학》 6, 국어학회.

───── 1979, 「국어의 조사」, 《언어》 4-2, 한국언어학회.

───── 1980-ㄱ, 「근대국어의 격연구 (Ⅰ)──주격」, 『김준영선생 화갑기념논총』, 형설출판사.

───── 1980-ㄴ, 「근대국어의 격연구 (Ⅱ)──속격」, 『현평효박사 회갑기념논총』, 형설출판사.

───── 1981-ㄱ, 「근대국어의 {-로}와 도구격」, 《국문학논집》 10, 단국대학교 국어국문학과.

───── 1981-ㄴ, 「근대국어의 처소표시와 방향표시의 격」, 《동양학》 11, 단국대학교 동양학연구소.

───── 1982, 「국어현상을 토대로 하는 문법사 연구를 위하여」, 《한국학보》 28, 일지사.

───── 1985, 「조사에 의한 경어법 표시의 변천」, 《국어학》 14, 국어학회.

───── 1989, 「전통문법이론의 수용과 국어 연구」, 『국어국문학과 구미이론』, 지식산업사.

───── 1991, 「근대국어의 통사론」, 『제21회 동양학학술회의 강연초』, 단국대학교 동양학연구소.

홍재성 1982, 「-러 연결어미문과 이동동사」, 《어학연구》 18-2, 서울대학교 어학연구소.

──── 1986, 「교차 장소보어 구문 연구」, 《한글》 191, 한글학회.

──── 1987, 『현대 한국어 동사구문의 연구』, 탑출판사.

홍종선 1980, 「국어 부정법의 변천 연구」, 고려대학교 대학원 국어국문학
　　　과 석사학위논문.

──── 1983-ㄱ, 「명사화 어미의 변천」, 《국어국문학》 89, 국어국문학
　　　회.

──── 1983-ㄴ, 「명사화어미 '-음'과 '-기'」, 《언어》 8-2, 한국언어학
　　　회.

──── 1984, 「속격·처격의 발달」, 《국어국문학》 91, 국어국문학회.

──── 1986, 「국어 체언화 구문의 연구」, 고려대학교 대학원 국어국문학
　　　과 박사학위논문.

──── 1987, 「국어 시제의 발달」, 《어문론집》 27, 고려대학교 국어국문
　　　학연구회.

──── 1992, 「문법사 연구」, 『국어학연구 백년사』, 일조각.

황병순 1980, 「국어 부정법의 통시적 고찰」, 《어문학》 40, 한국어문학
　　　회.

──── 1983, 「'마는'에 이끌리는 접속문에 대하여」, 《배달말》 8, 배달말
　　　학회.

──── 1984, 「화행이론에 의한 문법기술의 설명력에 대하여──경상도
　　　지역어의 의문법 어미를 통해」, 『유창균박사 환갑기념 논문집』, 계명
　　　대학교 출판부.

──── 1985, 「국어 양상 구성소에 대하여, '문→명제+양상'이란 점에
　　　서」, 『국어학논총』(소당 천시권박사 화갑기념), 형설출판사.

──── 1986, 「'-어'와 '-고'의 기능에 대하여」, 『국어학 신연구』(약천 김
　　　민수교수 화갑기념), 탑출판사.

──── 1987, 『국어의 상표시 복합 동사 연구』, 형설출판사.

황적륜 1975, Role of Sociolinguistics in Foreign Language Educa-
　　　tion with Reference to Korean and English Terms of Address and
　　　Levels of Deference, Ph.D. Dissertation, Texas University.

──── 1976-ㄱ, 「국어의 존대법」, 《언어》 1-2, 한국언어학회.

―――― 1976-ㄴ, 「한국어 대우법의 사회언어학적 기술――그 형식화의 가능성」,《언어와 언어학》 4, 한국외국어대학 언어연구소.

油谷幸利 1978, 「현대한국어의 동사 분류――Aspect를 중심으로」,《朝鮮學報》 87, 조선어학회.

Akmajian, A. - F. Heny 1975, *An Introduction to the Principles of Transformational Syntax,* MIT Press, Cambridge.

Anttila, R. 1989, *Historical and Comparative Linguistics,* John Benjamins Publishing Company, Amsterdam.

Benveniste, E. 1968, Mutations of linguistic categories, Lehmann, W., - Malkiel, Y., eds., *Directions for Historical Linguistics,* University of Texas Press, Austin.

Bloch, B. - G. Trager 1942, *Outline of Linguistic Analysis,* Linguistic Society of America, Baltimore.

Bloomfield, L. 1933, *Language,* Holt, Rinehart and Winston, New York.

Bybee, J. 1985, *Morphology, A Study of the Relation between Meaning and Form,* John Benjamins Publishing Company, Amsterdam.

Bynon, T. 1977, *Historical Linguistics,* Cambridge University Press, Cambridge.

Chomsky, N. 1957, *Syntactic Structures,* Mouton The Hague.

―――― 1965, *Aspects of the Theory of Syntax.,* The MIT Press, Cambridge.

―――― 1981, *Lectures on Government and Binding,* Foris Publications, Dordrecht.

―――― 1986, *Knowledge of Language : Its Nature, Origin and Use,* Praeger, New York.

Comrie, B. 1976-ㄱ, The syntax of causative constructions : Cross-language similarities and divergences, Shibatani, M.ed.1976.

———— 1976-ㄴ, *Aspect,* Cambridge University Press, Cambridge.

———— 1985, *Tense,* Cambridge University Press, Cambridge.

———— 1989, *Language Universals and Linguistic Typology,* second ed., The University of Chicago Press, Chicago.

Dik, S. 1978, *Functional Grammar,* North-Holland, Amsterdam.

Fisiak, J. ed. 1984, *Historical Syntax : Trends in Linguistics, Studies and Monographs* 23, Mouton de Gruyter, Berlin

Givón, T. 1971, Historical syntax and synchronic morphology: An Archaeologist's field trip, *CLS* 7, Chicago Linguistic Society.

———— 1979, *On Understanding Grammar,* Academic Press, New York.

———— 1984, *Syntax : A Functional Typological Introduction,* John Benjamins Publishing Company, Amsterdam.

Gleason, E. 1955/1965, *An Introduction to Descriptive Linguistics,* Holt, Rinehart and Winston, New York.

Greenberg, J. 1966, Some universals of grammar with particular reference to the order of meaningful elemants, Greenberg, J. ed. *Universals of Language,* MIT Press, Cambridge.

Haegeman, L. 1991, *Introduction to Government and Binding Theory,* Basil Blackwell, Cambridge.

Haiman, J. 1985, *Iconicity in Syntax,* John Benjamins Publishing Campany, Amsterdam.

Halliday, M. 1985, *An Introduction to Functional Grammar,* Edward Arnold, Baltimore.

Harris, Z. 1951, *Methods in Structural Linguistics* The University of Chicago Press, Chicago.

Hockett, C. 1958, *A Course in Modern Linguistics,* The Macmillan Company, New York.

Jacobs, R.-P. Rosenbaum 1968, *English Transformatlonal Grammar,* Blaisdell Publishing Company, Waltham.

Jespersen, O. 1924, *The Philosophy of Grammar,* George Allen & Unwin Ltd., London.

King, R. 1969, *Historical Linguistics and Generative Grammar,* Prentice-Hall, Inc., New Jersey.

Langacker, R. 1968, *Language and Its Structure,* Harcourt, Brace & World, Inc., New York.

Li, C. ed. 1977, *Mechanisms of Syntactic Change,* University of Texas Press, Austin.

Lightfoot, D. 1988, Syntactic change, F. Newmeyer ed. *Linguistics : The Cambridge Survey I,* Cambridge University Press, Cambridge.

Lightfoot, D. 1979, *Principle of Diachronic Syntax,* Cambridge University Press, Cambridge.

Liles, B. 1971, *An Introductory Transformational Grammar,* Prentice-Hall, Inc., Englewood Cliffs.

Lyons, J. 1968, *Introduction to Theoretical Linguistics,* Cambridge University Press, Cambridge.

Newmeyer, F. 1983, *Grammatical Theory : Its Limits and its Possibilities,* The University of Chicago Press, Chicago.

Nida, E. 1949, *Morphology : The Descriptive Analysis of Words,* The University of Michigan Press, Ann Arbor.

Radford, A. 1981, *Transformational Syntax,* Cambridge University Press, Cambridge.

Radford, A. 1988, *Transformational Grammar : a first course,* Cambridge University Press, Cambridge.

Ramstedt 1937, *A Korean Grammar,* Suomalais-Ugrilainen Seura, Helsinki.

Riemsdijk, H.- E. Williams 1986, *Intoduction to the Theory of Grammar,* MIT Press, Cambridge.

Ross, J. 1877, *Corean Primer,* Shanghai.

Sapir, E. 1921, *Language : An Introduction to the Study of Speech*, Harcourt, Brace & World, Inc., New York.

Saussure, F. de 1916/1972, *Cours de Linguistique Générale*, Payot, Paris.

Sells, P. 1985, *Lectures on Contemporary Syntactic Theory*, Stanford University Press, Stanford.

Shibatani, M. ed. 1976, *Syntax and Semantics 6, Causative Construction*, Academic Press, New York.

한국어 통사론

1판 1쇄 펴냄 • 1992년 12월 12일
1판 3쇄 펴냄 • 1997년 9월 25일
2판 1쇄 펴냄 • 2000년 4월 8일
2판 7쇄 펴냄 • 2019년 12월 11일

지은이 • 권재일
발행인 • 박근섭, 박상준
펴낸곳 • (주) 민음사

출판등록 • 1966. 5. 19. (제16-490호)
서울특별시 강남구 도산대로1길 62(신사동)
강남출판문화센터 5층(우편번호 06027)
대표전화 02-515-2000 • 팩시밀리 02-515-2007

www.minumsa.com

ⓒ 권재일, 1992, 2000. Printed in Seoul, Korea

ISBN 978-89-374-5422-6 94710
ISBN 978-89-374-5420-2 (세트)